全国高等院校旅游专业统编教材

旅游市场营销学(第3版)

刘德光　主编

北京·旅游教育出版社

责任编辑：郭珍宏

图书在版编目(CIP)数据

旅游市场营销学/刘德光主编. —北京：旅游教育出版社，2002.3(2019.1)
（全国高等院校旅游专业统编教材）
ISBN 978-7-5637-0988-5

Ⅰ.旅…　Ⅱ.刘…　Ⅲ.旅游—市场营销学　Ⅳ.F590.6

中国版本图书馆 CIP 数据核字(2002)第 012234 号

全国高等院校旅游专业统编教材

旅游市场营销学
（第3版）

刘德光　主编

出版单位	旅游教育出版社
地　　址	北京市朝阳区定福庄南里1号
邮　　编	100024
发行电话	(010)65778403　65728372　65767462(传真)
本社网址	www.tepcb.com
E-mail	tepfx@163.com
排版单位	北京旅教文化传播有限公司
印刷单位	北京柏力行彩印有限公司
经销单位	新华书店
开　　本	787毫米×960毫米　1/16
印　　张	18.75
字　　数	305千字
版　　次	2015年2月第3版
印　　次	2019年1月第2次印刷
定　　价	30.00元

（图书如有装订差错请与发行部联系）

出版说明

为适应旅游业的发展要求，满足旅游高等教育的需要，我们根据高等院校旅游专业的课程设置、教学目标，在国家旅游局人事劳动教育司的主持下，集合国内旅游高等院校的众多专家学者，自20世纪90年代起，先后出版了系列旅游高等院校教材。该套教材出版以来，得到了广大院校师生和业界的普遍好评，至今仍是众多院校的首选教材，一版再版。迄今为止，该套教材不仅为众多院校广泛使用，而且是规模最大、品种最多的一套高等院校旅游专业教材。

但是我们深知，教材出版本身是一个不断完善的动态过程，需要产业的推动、研究的深化、时间的积淀，更需要广大师生的参与。本着这一目的，根据21世纪旅游业的发展要求与广大师生的殷切希望，我们根据教育部与国家旅游局对旅游学科的规划与行业要求，对本套教材进行了必要的增补与修订，以确保该系列教材的科学性、权威性。

与原教材相比，本版教材注意了课程设置与教材编写的科学性、针对性、规范性，使整套教材更适合学科教学和行业发展要求。在此基础上，本版教材强调了教材的研究含量，旨在倡导教材编写的严肃性、高等教育的研究性，避免教材编写中存在的简单雷同现象，体现了国家骨干教材应有的规范性与原创性。可以说，本版教材更加贴近了我国高等院校旅游专业教学实际，严格按照课程设置和教学目标设计安排教材内容，使高等教育教材的先进性与研究性得到充分保证。

在此次增补与修订中，我们始终强调教材编写应有的学术规范，无论从选题确定，乃至注释引文、参考文献，每一个细节都力求体现教材编写应有的学术规范。为了实现这样的目标，我们先后在全国广泛遴选作者，聘请在学科研究与教学领域有所建树的专家学者担任教材的编写工作。不少作者都有相关领域的专著成果作为教材写作的支撑，为本套教材的研究含量提供了必要保障。

作为国内唯一一家旅游教育专业出版社，我们始终得到广大旅游院校师生的关心与帮助，在新世纪，我们更期待着大家一如既往的呵护。我们希望将我们的教材建设成为一个开放式的园地，能始终站在学科研究与行业发展的前沿，随时反映旅游教育最新发展的动态。我们期待着教材使用者的意见和建议，更期待着潜在作者的新思路、新理念、新观点、新教学方式——我们定会"从善如流"，不断调整完善现有教材，不断吸纳新的作者、新的观点。

旅游教育出版社

前言

迅猛发展的科学技术极大地促进了社会生产力的发展,从而一方面大大地提高了整个社会的生产效率,解放了劳动者,使人们有更多的闲暇去享受生活;另一方面也大幅度地提高了人们的收入水平,使人们有足够的购买力去实现享受生活的愿望。旅游业就是一个能给人们以物质和精神享受的行业,它已成为21世纪最有发展前途的产业。与此同时,旅游业内部竞争却异常的激烈,呈现出相互矛盾的特征:一方面,旅游消费者的需求未能很好地得以满足;另一方面大量的旅游企业却又开拓市场困难,市场占有率低下,经济效益和社会效益不佳。因此,旅游业急需一大批了解旅游市场运行规律,善于进行旅游市场营销的人才。我们编写此书的目的就是希望能为培养这方面的人才作出应有的贡献。本书适合于高等院校旅游管理专业的学生以及其他专业有志于从事这方面工作的学生学习,也适合于旅游业从业人员的在职培训学习。

本书全面系统地阐述了旅游市场营销学的基本理论和方法,如旅游市场理论、旅游购买行为理论、营销环境理论、营销信息管理的理论和方法、市场细分的理论和方法、市场定位的理论和方法、营销组合的理论和方法、旅游营销管理的理论和方法等;深入地介绍了旅游市场营销的战略和策略,如现有业务的投资组合战略、新业务的发展战略、市场竞争战略、目标市场战略,以及旅游产品策略、旅游定价策略、旅游销售渠道策略、旅游促销策略等;重点分析了旅游服务的基本理论和方法,除此之外,还结合案例介绍了旅游营销策划的基本方法。

为了给学习者以足够的旅游市场营销知识,本书吸取了许多专家学者的研究成果,参阅了大量的旅游市场营销学的教材,以及相关的专著和论文,力求全面系统地介绍旅游市场营销的基本理论和方法。编者在大量地继承和吸收他人已有成果的基础上,力求有所创新,使得本教材不是已有教材的简单重复。本教材创新之处:一是重视经济全球化对旅游业的影响。经济全球化和市场竞争的国际化对旅游业的影响是巨大而深远的,因此,旅游市场营销活动不能忽视这方面的影响,本教材力求使旅游企业站在一个更高的层面,不再区分国内市场与国外市场,而是以全球市场为营销对象来介绍其战略和策略。二是重视新技术特别是电子商务对旅游市场营销活动的影响。新技术特别是电子商务在旅游市场营销活动中的应用,将改变一些传统的旅游市场营销方式,从而极大地提高旅游市场营销的效率,因此,旅游企业必须要重视新技术特别是电子商务在旅游市场营销活动中的应用。

三是根据实践的发展，对一些传统的理论，作了一些改变，如提出了旅游服务质量评价的新标准，调整了波士顿集团咨询法的有关数据，使之便于操作和更符合实际。四是重视旅游市场营销理论和方法的实际应用，有针对性地提供了一些案例，以便学习者在掌握了旅游市场营销学的理论和方法之后，能够进行有效的市场营销活动。

  本教材由刘德光主编，刘培松和唐静任副主编。刘德光编写第一、四、十二、十三章，唐静编写第三、七、八、九、十章，刘培松编写第二、五、六、十一章。在编写过程中，听取了中南财经政法大学工商管理学院市场营销教研室一些专家的指导意见，并参阅了国内外同行们大量的研究成果，本书出版后很多同行和企业界人士提出了很多改进之处，在这次修订的过程中，我们也做了一些相应的修改。在此，我们表示衷心的感谢。另外，由于时间紧迫和水平有限，本教材难免有疏漏之处，敬请同行们批评指正。

编者

目 录

第一章 导 论 ··· 1
    本章导读 ··· 1
    第一节　旅游市场 ··· 1
    第二节　旅游市场营销 ·· 2
    第三节　旅游市场营销学的研究对象和研究内容 ························· 6
    思考与练习 ··· 10

第二章 旅游者购买行为分析 ··· 11
    本章导读 ·· 11
    第一节　旅游者购买行为概述 ··· 11
    第二节　影响旅游者购买行为的心理因素 ································· 15
    第三节　影响旅游者购买行为的因素 ······································· 27
    第四节　旅游者购买决策过程 ··· 33
    思考与练习 ··· 38

第三章 旅游市场营销环境分析 ·· 39
    本章导读 ·· 39
    第一节　旅游市场营销环境概述 ··· 39
    第二节　旅游市场宏观营销环境分析 ······································· 41
    第三节　旅游市场微观环境分析 ··· 50
    第四节　旅游营销环境分析及对策 ·· 57
    思考与练习 ··· 63

第四章 旅游市场营销信息收集与市场预测 ································· 64
    本章导读 ·· 64
    第一节　旅游市场营销信息及信息系统 ··································· 64
    第二节　旅游营销调研 ·· 69

第三节　未来旅游市场预测 …………………………………… 74
　　思考与练习 …………………………………………………… 81

第五章　旅游市场的营销战略 …………………………………… 82
　　本章导读 ……………………………………………………… 82
　　第一节　旅游市场营销战略概述 ……………………………… 82
　　第二节　业务投资组合战略 …………………………………… 87
　　第三节　新业务拓展战略 ……………………………………… 91
　　第四节　市场竞争战略 ………………………………………… 96
　　第五节　目标市场战略 ………………………………………… 102
　　思考与练习 …………………………………………………… 106

第六章　旅游市场的营销战术 …………………………………… 107
　　本章导读 ……………………………………………………… 107
　　第一节　旅游市场细分及其趋势 ……………………………… 107
　　第二节　旅游市场定位 ………………………………………… 115
　　第三节　旅游市场营销组合 …………………………………… 118
　　思考与练习 …………………………………………………… 123

第七章　旅游产品策略 …………………………………………… 124
　　本章导读 ……………………………………………………… 124
　　第一节　旅游产品概述 ………………………………………… 124
　　第二节　旅游产品市场生命周期与营销策略的选择 ………… 129
　　第三节　旅游产品组合 ………………………………………… 133
　　第四节　旅游新产品的开发 …………………………………… 138
　　第五节　包价旅游产品 ………………………………………… 144
　　思考与练习 …………………………………………………… 146

第八章　旅游价格策略 …………………………………………… 147
　　本章导读 ……………………………………………………… 147
　　第一节　旅游价格的制定 ……………………………………… 147
　　第二节　旅游定价的基本方法和策略 ………………………… 154
　　第三节　旅游企业的价格调整及对价格调整的反应策略 …… 161
　　思考与练习 …………………………………………………… 164

第九章 旅游销售渠道策略 ········ 165
 本章导读 ········ 165
 第一节 旅游销售渠道概述 ········ 165
 第二节 旅游中间商 ········ 169
 第三节 旅游销售渠道的设计 ········ 174
 第四节 旅游销售渠道的管理 ········ 180
 第五节 旅游销售渠道的变化趋势和发展方向 ········ 184
 思考与练习 ········ 188

第十章 旅游产品促销策略 ········ 189
 本章导读 ········ 189
 第一节 促销策略与营销沟通 ········ 189
 第二节 旅游广告策略 ········ 198
 第三节 旅游销售促进 ········ 205
 第四节 公共关系及宣传 ········ 211
 第五节 人员推销 ········ 215
 第六节 旅游印刷品 ········ 221
 思考与练习 ········ 225

第十一章 旅游服务市场营销 ········ 226
 本章导读 ········ 226
 第一节 旅游服务营销概述 ········ 226
 第二节 旅游服务质量 ········ 231
 第三节 旅游服务的有形展示 ········ 236
 第四节 服务品牌、定价、促销和公关 ········ 239
 思考与练习 ········ 249

第十二章 旅游市场营销活动的管理与控制 ········ 250
 本章导读 ········ 250
 第一节 旅游市场营销活动的计划管理 ········ 250
 第二节 旅游市场营销活动的组织管理 ········ 253
 第三节 旅游营销的控制 ········ 258
 思考与练习 ········ 264

第十三章　旅游营销策划 ………………………………………… 265
　本章导读 ……………………………………………………… 265
　第一节　策划与旅游营销策划 ……………………………… 265
　第二节　旅游营销策划的特点和类别 ……………………… 267
　第三节　旅游营销策划的基本程序 ………………………… 270
　第四节　旅游营销策划的技巧 ……………………………… 274
　第五节　旅游营销节庆策划案例 …………………………… 276
　第六节　旅游营销综合策划案例 …………………………… 281

参考文献 …………………………………………………………… 289

第一章

导 论

本章导读

旅游市场营销学是一门新型的应用学科,是市场营销学在旅游这个特殊专业的分支。在旅游业发达的美、日、西欧各国,旅游市场营销学已成为旅游企业高级管理人员的必修课程。要大力发展我国的旅游经济,提升我国旅游企业的竞争能力和发展能力,必须加强学习旅游市场营销学的理论和方法,并应用于实践。

本章将简要介绍旅游市场的概念和特点,并对市场营销和旅游市场营销的概念进行界定,在此基础上阐述旅游营销观念的发展历程,最后,指出旅游营销学的研究对象、研究内容和研究方法。本章的重点是营销观念,它是市场营销学的精要,是指导旅游企业营销的核心思想,后面章节所介绍的营销战略和策略都只不过是它的具体化,因此,我们必须深刻地理解和掌握旅游市场营销观念。

第一节 旅游市场

一、旅游市场的概念

旅游营销活动是在旅游市场中开展的,因此,必须弄清楚什么是旅游市场、旅游市场有什么特点。旅游市场是社会经济发展到一定程度,旅游活动商品化、社会化的产物。人们对旅游市场概念的理解,因社会经济发展阶段和认识角度的不同而不同,因而,旅游市场的概念具有多种表述:传统的旅游市场是指旅游者与旅游经营者双方买卖旅游产品的场所;经济学意义上的旅游市场是指在旅游产品交换过程中所反映的各种经济行为和经济关系的总和;市场营销学上的旅游市场是指旅游者、旅游经营者、旅游产品三要素组成的统一体。旅游者是构成旅游市场的基本条件,因为没有旅游者也就不会有旅游活动。旅游经营者也是旅游市场产生的一个必不可少的条件,没有旅游经营者就没有旅游产品的供给,也就无法满足旅游者的需求。而旅游产品是旅游者与旅游经营者买卖的标的物,是使这二者产生关系的媒介,因此,没有旅游产品也不可能产生旅游市场。所以,这三个要素,互为条件,相互制约,共同组成旅游市场。

以上从三个方面论述了旅游市场的含义,传统的旅游市场概念把旅游市场理解为旅游者与旅游经营者交易的地点,强调的是交易的地点;经济学意义上的旅游市场被理解为交易所产生的经济关系,强调交换过程中所反映的经济关系;市场营销学上的旅游市场则是从其构成要素来分析,强调其为三要素的统一体。由此可见,旅游市场不是一个单一意义的概念,而是一个综合意义的概念,它所包含的内容非常丰富。特别是市场经济发展到现在,旅游市场的交易方式和交易手段在新技术的影响之下发生了巨大的变化,虽然旅游市场大量的交易是在固定的场所进行的,但是越来越多的交易是通过因特网来完成的,是没有固定交易场所的,因此,传统的旅游市场概念不能包括旅游市场概念的所有外延。

二、旅游市场的特点

旅游活动的特殊性决定了其有如下特点:

(1)旅游市场全球性特点:旅游的供给和旅游的需求都是以全球为范围的,一方面,世界各地都在积极发展旅游业,全世界的风景旅游景点都可成为旅游的供给;另一方面,旅游已成为全世界人们共同的愿望,因而旅游的需求也来自世界各地。

(2)旅游市场异地性特点:旅游活动大部分都是离开旅游者惯常的居住环境开展的,也就是说,旅游者为了获得新奇的经历,大都在异地旅游,这就决定了旅游活动的异地性特点。

(3)旅游市场波动性特点:旅游市场具有很强的波动性,这主要是因为影响旅游市场需求的因素复杂多变,如:国际局势、突发事件、季节性、重大的社会活动、节假日、汇率、物价、人们的收入以及心态等,都可能导致旅游需求出现波动。同时,旅游的供给有一部分也表现出波动性,因为一些旅游景点会受季节性影响,如哈尔滨的冰灯节只能在冬季才能举行,钱塘江的海潮也是有季节性的。

(4)旅游市场高度竞争性特点:旅游市场是一个全球统一的大市场,其市场化程度比较高,虽然旅游者人数众多,但旅游企业也很多,并且其营销的是不能储存的和易于折损的旅游产品,因而市场竞争异常激烈。

第二节　旅游市场营销

一、市场营销

市场营销一词译自英文 Marketing,意指企业在市场中所开展的与产品和服务销售有关的活动。人类对市场营销的认识是随着市场竞争形势的变化而不断发展的。1960 年美国市场营销协会给"市场营销"下的定义是:"市场营销是引导货物和劳务从生产者流转到消费者或用户所进行的一切企业活动。"从这个定义可知:

企业的市场营销活动是从产品生产出来以后开始的,产品到达消费者或用户即告结束,当然这个定义是与当时经济发展水平、市场竞争状况相适应的。但是,随着经济的迅速发展,产品日益丰富,消费者有更多的产品选择余地,买方市场格局形成,导致市场竞争激烈,把市场营销仅仅局限于产品的流通过程的定义,显然太窄了,它没有全面阐述和表达市场营销的整个活动过程,不能适应新时期市场竞争的需要。事实上,在产品还没有生产出来之前,就要对市场进行研究,通过了解市场需求来设计适销对路的产品,在产品销售出去之后,还要提供一系列售后服务,如送货、安装、退换、维修等,以确保消费者用得满意,如果消费者用后不满意,就会影响到该产品的声誉和以后的销售。

鉴于以上原因,美国著名市场营销学家菲利普·科特勒在1984年给市场营销下的定义是:"市场营销是企业的这种活动:识别目前尚未满足的需要和欲望,估量和确定需求量的大小,选择本企业能最好地为其服务的目标市场,并决定适当的产品、服务和计划,以便为目标市场服务。"

1985年,美国市场营销协会给市场营销重新下了一个定义:"市场营销是通过组织或个人对思想(或主意)、货物和劳务的构想、定价、促销和渠道等方面的计划和执行,以达到个人和组织的预期目标的交换过程。"

从以上对市场营销的定义可以得出一系列基本含义:

(1)市场营销的主体既包括以一定形式出现的法人,也包括自然人;既包括营利性企业,也包括非营利性组织,如政府、学校、医院、宗教团体等。

(2)市场营销主体都有自己的营销目的,并且要达到营销目的,就必须通过市场同别人交换产品或服务,以满足别人的需要和欲望。

(3)市场营销的商品不仅包括单一的货物产品,还包括思想、劳务等非物质形态产品。

(4)市场营销的活动从调研市场需求开始,之后进行产品设计、生产、销售,直至售后服务结束,贯穿生产领域、流通领域和消费领域。

二、旅游市场营销

旅游市场营销是市场营销学的分支学科,是市场营销在旅游业的具体运用。

(一)旅游市场营销的概念

所谓旅游市场营销是旅游企业或其他组织通过对旅游产品的构思、定价、促销和分销的计划与执行过程,以满足旅游者需求和实现旅游企业目标。

从以上概念可知,旅游市场营销具有以下四个方面的含义:

(1)旅游的主体主要是各种旅游企业,如宾馆、饭店、旅行社和风景点等,但也包括非营利性的政府有关机构,如旅游管理局等。

(2)所有的旅游企业或其他组织都有自身的营销目的,要实现其营销目的,就必须通过市场交换其旅游产品,以满足交换者的需要和欲望。

(3)旅游市场营销的旅游产品主要是以服务产品为主,如导游服务、预订服务等,同时也有实物产品,如旅游纪念品。

(4)旅游市场营销是综合性、全方位的营销活动,涉及社会的各个方面。由于旅游产品是由食、住、游、行、娱、购六个要素组成的整体产品,因而,旅游市场营销活动会涉及餐饮、住宿、交通、娱乐、商业等行业。

(二)旅游市场营销的特征

1. 需求导向

旅游企业的一切经营活动都必须以旅游者的需求作为出发点和归宿。首先,旅游企业内部管理必须以了解顾客的需求为基础,在旅游产品的设计、服务的提供和价格的制定上都要以顾客的满意为前提;其次,旅游企业要把旅游消费者导向观念贯彻到旅游企业内部的每一个部门和每一个人,旅游企业的一切经营行为都要以满足旅游者的需求为目标。

2. 战略导向

旅游企业必须重视旅游者的长期满足,只有这样,才能够得到旅游消费者的认同,才能有利于旅游企业长远的发展,为此,经营管理旅游企业必须贯彻社会市场观念,要首先考虑社会的利益,制定出有利于社会和旅游企业利益的长期发展战略,并实施这种战略。

三、旅游市场营销观念的发展

营销观念是指导旅游企业从事旅游营销活动的思想观念和经营哲学,是旅游企业一切经营活动的出发点,也是旅游企业制定营销战略和策略的根本指导思想。一般来说,营销观念的变化,必然带来营销战略和策略的变化。随着旅游业的发展,旅游企业的营销观念,同其他各种类型企业的营销观念一样,也在不断地发展变化。

(一)传统市场观念(生产销售导向观念)

1. 生产观念

生产观念是以产品生产为中心,以提高生产效率、增加产品的产量、降低成本为重点的营销观念。在产品供不应求的卖方市场中,经营者往往以生产观念指导旅游企业的营销活动。

旅游企业的生产观念产生的历史背景:在20世纪20年代以前西方旅游业发展的初期,产品与服务供不应求是一种普遍现象,旅游企业以生产大量旅游产品、提高接待能力为工作中心。在这样的大背景下产生了旅游企业的生产观念。

生产观念的表现形式:生产观念是一种"以产定销"的观念,因而表现为重生产轻营销、重产量轻质量。其主要特点为:旅游企业把主要的精力放在产品的生产方面,追求高效率、大批量、低成本的生产,忽视市场需求的差异化,旅游企业的管理以生产部门为主。持这种营销观念的旅游企业经营者认为:旅游者的需求是大量存在的,并且不会下滑,旅游企业要做的只是降低生产成本,增加旅游产品的产量,使旅游者买得起、买得到旅游产品。

2. 产品观念

旅游企业的产品观念是以旅游产品的改进和生产为中心,以提高现有旅游产品的质量和功能为重点的营销观念。当市场供求关系发生变化、供不应求的局面得以缓解之时,一些旅游企业转向开始产品观念。

旅游企业的产品观念产生的历史背景:随着生产的发展,西方旅游市场供不应求的紧张局面得以缓解,旅游者有较多的旅游产品可供选择,那些质量高、性能好、有特色的旅游产品比一般的旅游产品市场销售要好,因而,促使旅游企业产生了产品的观念。

产品观念的表现形式:产品观念同样也是一个"以产定销"的观念,所不同的是旅游企业开始重视旅游产品的质量、功能和特色。持这种观念的经营者认为:"皇帝的女儿不愁嫁""酒好不怕巷子深",只要旅游产品好,不愁没销路,旅游企业所应该做的就是提高旅游产品质量,增加旅游产品功能,不断地改进旅游产品,使旅游产品尽可能地达到完美。

3. 推销观念

旅游企业的推销观念是以旅游产品的生产和销售为中心,以促进购买、激励销售为重点的营销观念。这是在旅游产品出现供过于求的情况下,旅游企业被迫采取的营销观念。

旅游企业产生推销观念的背景:20世纪50~60年代,发达国家旅游产品的供给大量增加,出现供过于求的局面,市场竞争激烈,一些旅游企业的产品销售困难,为了在市场竞争中取胜,旅游企业不得不重视旅游产品的销售,推销观念就应运而生。

推销观念的表现形式:推销观念仍然是一种"以产定销"的营销观念,旅游企业还是根据自身条件来决定生产什么旅游产品,以及生产多少旅游产品,所不同的是,旅游企业开始关注旅游者,寻找旅游者,并设立销售部门来推销旅游产品。

(二)现代市场观念(市场需求导向观念)

随着经济的进一步发展,产品的供给极大地丰富,在买方市场的大格局下,市场竞争异常激烈,传统的市场观念已不能适应新形势的需要,现代市场观念便产生了。

1. 市场营销观念

市场营销观是以市场需求为中心,以研究并满足市场需求为重点的新型的营销观念。市场营销观念的确立,标志着旅游企业在营销观念上发生了巨大的、深刻的变革,旅游企业也由传统的封闭式企业转变为开放式的开拓型企业。

旅游企业市场营销观念产生的背景：20世纪80年代，西方旅游企业在经营过程中，也被迫面对旅游产品严重供过于求和市场竞争异常激烈的状况，他们不得不研究市场需求，不得不引入在制造业中已成功应用的市场营销观念来指导旅游企业的营销活动。

市场营销观念的表现形式：持这种营销观念的旅游经营者主张顾客需要什么，我们就生产什么、销售什么。旅游企业的经营思想开始发生由"以产定销"到"以销定产、适销对路、产销结合"的根本性转变。

进入20世纪90年代，我国旅游市场也进入买方市场时代，那种"坐店等客上门"的状况已一去不复返了。一些旅游企业适应市场环境的变化，纷纷转变观念，引入市场营销观念，以旅游者的需求为中心来开展各项营销活动。

2. 社会营销观念

社会营销观是以市场需求和社会效益为中心，以发挥企业的优势、满足消费者和全社会的长远利益为重点的营销观念。

旅游企业社会营销观念产生的背景：20世纪70年代以后，一些旅游企业打着"以旅游消费者的需求为中心"的幌子，不顾社会的整体利益，大量地浪费资源，严重地污染环境，造成社会资源的巨大浪费和社会环境的严重破坏，社会公众利益也被严重侵害。这引起了西方各国消费者的强烈反对，一些旅游企业不得不反省自己的经营行为，在追求自身利益最大化的同时，考虑兼顾社会利益，力争取得更好的社会利益，以寻求旅游企业与社会的和谐发展，于是社会营销观念便产生了。

社会营销观念的表现形式：社会营销观念是一种全新的市场营销观念，它主张旅游企业的营销活动不仅要满足旅游者的欲望和需求，而且要符合旅游者和全社会的最长远利益，要由"以旅游者为中心"转变为"以社会为中心"。因此，旅游企业在市场营销中，要将旅游市场需求、旅游企业优势与社会利益三者有机地结合起来，确定旅游企业的经营方向。

上面介绍了一些市场观念，每一种市场观念的产生都有其历史背景，跨越其历史背景，就不能指导旅游企业的市场营销活动。另外，旅游企业的市场观念还在不断的发展之中，因为旅游企业的营销实践还会面临新的问题，因此，新的市场观念也会不断地产生用以指导营销的实践。

第三节　旅游市场营销学的研究对象和研究内容

一、旅游市场营销学的研究对象

旅游市场营销学的研究对象是：旅游营销主体（主要是旅游企业）的市场营销活动规律，即研究旅游市场营销主体如何适应不断发展变化的旅游市场的需求，如何将旅游产品转移给旅游者,满足他们的需求和欲望,以实现旅游企业自身的目标。

二、旅游市场营销学的研究内容

旅游市场是一个生产能力过剩、市场需求变化无常的市场,旅游企业要在这样的市场条件下销售易折损的旅游产品将不可避免地遭遇激烈的竞争,旅游市场营销学就是一门研究旅游企业如何应付旅游市场竞争,提高旅游企业市场竞争能力,以实现旅游企业目标的应用性学科。它的研究内容包括:首先要研究旅游者现实和潜在的需求,要分析旅游者的特征,如旅游者的社会文化背景、价值观念、宗教信仰、年龄特点、职业、经济收入、消费水平、购买习惯、旅游兴趣和偏好等,根据旅游者的需求和旅游企业的旅游资源状况来确立旅游企业的目标市场,在此基础之上,设计出能满足旅游者需求的旅游产品,制定合适的竞争价格,建立高效的分销网络,采取有效的促销措施,以达到扩大销售量、提高旅游企业的经济效益和社会效益的目的。为此,旅游企业要研究其市场竞争的战略和策略,具体包括现有业务投资组合战略、新业务投资战略、市场竞争战略、目标市场战略,以及旅游产品策略、旅游价格策略、旅游销售渠道策略、旅游产品促销策略等。除此之外,还要研究如何策划营销和如何对营销活动进行管理。

三、旅游市场营销学的研究方法

旅游市场营销学的研究方法较多,归纳起来有如下几种:

(一)分类研究法

所谓分类研究法就是对旅游营销活动中不同的产品、不同的职能、不同的阶段等分别进行研究的方法,具体有:

1. 产品研究法

产品研究法就是以各类旅游产品及其组合为研究对象,着重分析它们的市场需求变化及发展趋势,以及旅游产品的开发、产品质量控制、定价、分销和促销等。如农产品的市场营销、饭店产品的市场营销、旅游资源产品的市场营销等。

2. 机构研究法

机构研究法着重分析研究分销渠道系统中各个层次和各种类型的市场营销机构的市场营销问题。例如,旅游产品生产者、旅游批发商、旅游零售商、旅游代理商的功能、作用以及他们的营销活动。

3. 职能研究法

即通过详细分析研究各个旅游市场职能以及旅游企业在执行其职能中所遇到的问题,来研究和认识旅游市场营销问题。例如,在买方市场的条件下旅游企业的定价问题、竞争问题等。

4. 社会研究法

社会研究法主要是研究旅游企业或组织的各种旅游市场营销活动对社会所产生的积极或消极影响，以及影响的程度。这是一种以社会营销观念为导向的研究方法，其目的在于寻求旅游企业的利益与社会的根本利益的完美结合。

5. 管理研究法

管理研究法也称决策研究法，是从管理决策的角度来研究市场营销问题。由于旅游企业的营销活动中存在着很多问题需要决策，而决策是否科学合理，直接关系到旅游企业营销的成败。管理研究法就是以系统工程的原理和方法为指导，充分运用经济学、社会学、心理学、管理学、运筹学、计算机等学科的知识，对旅游市场营销活动进行综合性研究，以便提高营销活动中决策的科学性。

（二）定性分析研究法

旅游营销中有很多问题，诸如旅游者的态度、行为、动机、趋势等无法量化，只能对其进行定性分析，定性分析是建立在逻辑思维和经验判断的基础之上的。定性分析研究法在旅游市场营销学中占有重要的地位。

（三）定量分析研究法

定量分析是建立在数学、统计学、系统工程等学科的基础之上，运用数学模型进行的数量分析。定量分析能够揭示事物发展、变化的程度，而旅游市场营销中有很多问题需要进行定量分析，如旅游市场的规模、增长率、容量和旅游企业的市场占有率等问题都需要进行定量的分析，以得到较准确的结果，便于营销决策人员进行决策。

需要指出的是，在进行旅游市场营销研究的时候，有时要综合运用多种方法进行研究。

典型案例

迪士尼的市场营销导向

快速看一眼这个受人喜爱的公司的合并收入声明，你就会知道它的主题公园和游乐场的重要性。他们所创造的收入，是迪士尼公司总收入的34%，其创造的利润是总利润的35%。迪士尼乐园和迪士尼世界，以及东京迪士尼乐园、迪士尼电影制片场、迪士尼巴黎游乐场的巨大成功是应用市场营销导向的第一范例。

迪士尼本人是主题公园概念的创始人。一天，他和两个女儿在一个娱乐公园游玩时，想出了这个主意。他注意到当他的女儿耗费很长时间骑木马时，他除了坐着观看无事可做。于是他想到，要满足消费者的需求，就必须创立一个为整个家庭服务的娱乐概念。自从迪士尼乐园1955年初次登台，迪士尼世界就发生了魔术般的变化。当公众开始享受新的娱乐项目时，公司又制订了其他项目计划。在迪士尼有这样一种认识，那就是娱乐必须是永远新鲜的，如果它有很长一段时间保持不变，那么它就可能不再有趣了。

尽管迪士尼的发展历史本身就是一个故事,但是在它的幕后所发生的故事更吸引我们。当你读到第二章时,你就会看到,我们这个行业的最大困难之一,便是服务质量的标准测定。当某个人说,"你不能往人的脸上涂微笑时",你就会明白友好和精神振奋的雇员是多么重要,他们能保证消费者的满意度。既然提到了人的因素,那么迪士尼是怎样和他的员工们成功地做到这一点的呢?答案就是通过仔细编拟条例和设置培训课程。

每一个新的员工都必须参加迪士尼的传统培训,经历一段在迪士尼大学的全日制学习过程。他们学习迪士尼公司的理念和运用程序。他们要懂得迪士尼是一个娱乐行业——这种行业要使人们微笑和愉快。迪士尼甚至编制了一种新的语言以确保它的员工能记住基本的原理:

Backstage　幕后的部分
Casting　个人服务
Costumes　制服
Disney Theme Show　主题公园和游乐场的经历展
Guests　消费者
Host/Hostesses　每一个迪士尼的员工
Onstage　对消费者的承诺
Presenting the show　服务于顾客,使顾客高兴
Role　工作职位

从这些条款中很容易就看出迪士尼将满足顾客需要放到了第一位,而且它还能清晰地监察自身的服务行为。

新的迪士尼员工也懂得了他们的外貌对反映迪士尼形象有多么重要。为了帮助说明这些条款,迪士尼制作了四种不同颜色、鬓角、指甲、项链、名字的标牌,甚至于擦脸油和除臭剂的使用也列了上去。无论是底层还是高级部门,迪士尼都用姓氏进行标识,员工们必须佩戴名字标牌以展示他们的身份。

另一个迪士尼市场营销导向的表现,就是通过固定的顾客调查报告,来决定顾客的满意程度。每周都要调查成百上千的顾客,以确保公司高水准的经营。

在旅游与酒店业这一领域,再没有比迪士尼乐园更好的实例,它散发着特有的芳香。从他们极尽仔细地进行新的市场机会的研究,我们可以看出,这个公司是现代市场营销导向的典范。

(资料来源:李力,章蓓蓓. 旅游与酒店业市场营销. 辽宁科学技术出版社,2001)

问题

1. 还有哪一个旅游与酒店业组织也表现出这种社会市场营销导向,他们是如何证实这一导向的?

2. 在迪士尼案例中证实了哪几点市场营销导向的特色?

思考与练习

1. 怎样认识旅游业的发展？
2. 什么是旅游需求？旅游需求的特征是什么？
3. 旅游需求受哪些因素的影响？
4. 什么是旅游产品？旅游产品由哪些因素构成？
5. 应如何理解旅游市场的概念？
6. 应怎样理解市场营销、旅游市场营销的含义？
7. 旅游市场营销的研究对象和研究方法有哪些？
8. 比较分析生产观念、产品观念、推销观念、市场营销观念与社会营销观念的区别。

第二章

旅游者购买行为分析

本章导读

掌握旅游者的行为方式是有效的市场营销的前提。影响旅游者的因素主要有个人和社会两方面的因素，个人因素主要包括需要、欲望和动机、感知、领会、态度、个性等，社会因素主要包括经济、文化、家庭、相关群体和口传信息等。本章将介绍消费者购买行为的概念、购买模式，并在此基础上分析影响消费者购买行为的因素。最后，详细阐述旅游者购买决策过程。

旅游者要经历决策的不同阶段，实际所经历的阶段以及阶段的顺序要随购买品和可替代品之间差异度的变化而变化。旅游营销者要想获得成功，就必须了解旅游者的心理活动过程和决策程序。

第一节 旅游者购买行为概述

旅游者为什么要外出旅游，其旅游的时间、路线的选择是怎样决定的，这是每个旅游营销者都必须回答的问题。旅游企业要想在激烈的市场竞争中占领先机，就必须从旅游者的心智——商战的最终领域下功夫，只有准确把握了旅游者的心理活动规律，才能制定行之有效的营销策略，最大限度地满足旅游者的需求，并最终实现企业的目标。

一、旅游者购买行为的含义

旅游者购买行为是指旅游者购买旅游产品的活动及与这种活动有关的决策过程，它包括旅游者为什么购买、购买什么样的旅游产品、如何购买、何时购买、何地购买、由谁购买以及购买多少等问题。对于旅游产品的经销商来讲，它还包括旅游者对旅游产品的具体要求，如旅游产品和设施的质量、数量，旅游者的构成、比例，影响旅游者购买行为的经济、社会、文化等因素，以及旅游者的购买决策过程。

二、旅游者购买行为的类型

旅游者的购买行为由于受旅游者的个性、社会因素以及环境因素的影响，表现

为不同的购买行为。因此,旅游者购买行为按照不同的标准可以分为不同的类型。常见的分类有如下几种:

(一)按旅游购买的决策单位分类

按照旅游购买的决策单位,旅游者购买行为可分为旅游者个体的购买行为和旅游组织机构的购买行为。前一种购买行为主要是个体旅游者单独出游的旅游购买行为,这种购买行为是指组织机构组织众多的个体旅游者结伴而行,在旅行过程中的购买行为。后一种购买行为根据购买决策单位的不同,还可以再次划分为两种,即一般组织机构的旅游购买行为和中间商的旅游购买行为。

(二)按旅游者购买的参与程度分类

按照旅游者购买的参与程度的高低,旅游者的购买行为可分为当日往返旅游购买行为、短程旅游购买行为和远程旅游购买行为。进行当日往返旅游购买和短程旅游购买时,旅游者的决策过程简单,信息水平要求较低;进行远程旅游购买时,由于这种旅游耗时长、价值高,旅游者会投入较大精力搜集信息、慎重决策,因而,这种购买行为要复杂得多。

(三)按旅游者的性格特点分类

人生百态,众多旅游者的性格千差万别,因此,这种分类方法比较复杂,种类也很多,主要包括以下几种:

(1)习惯型。这类旅游者往往根据自己的习惯而购买某种旅游产品。这类产品大多比较廉价,需要量大,旅游者对这些产品非常熟悉信任,有着较好的印象,一旦需要时,就会想起它。如在乘火车时经常购买的方便面和火腿肠。

(2)经济型。这种旅游者特别重视旅游价格,对价格变动特别敏感,善于发现别人不易察觉的价格差异,比较有耐心,只有旅游产品价格较低时,才购买。

(3)知识型。这类旅游者在实际购买时,对事先购买的旅游产品都事先经过分析、研究,不易受外界因素如朋友、广告等的影响,很冷静、慎重,他们会反复比较,细心挑选,按需购买。一般老年旅游者的购买行为大都属于此类。

(4)冲动型。这类旅游者以年轻人居多,其购买行为大多属于情感的反应,易受旅游产品的外观、广告宣传和现场情景的影响。他们在购买时,喜欢追求新产品,从个人兴趣出发,不大要求产品的实用性和其他性能,也不太注重价格,只要是自己喜欢的,价格昂贵也购买。

(5)不定型。这类旅游者的心理反应尚未稳定,还没有形成自己的购买习惯。他们购物时,有时反复分析、考虑、比较,做到"胸有成竹"后才买;有时"一见钟情",迅速购买。他们在购买时,不确定程度较高。

三、旅游者购买行为模式

旅游消费者购买行为是各种各样的,既有主观上的考虑因素,也受客观因素的

影响限制。从经济学和行为科学的观点来看,旅游购买行为包括以下模式:

(一)边际效用模式

经济学关于边际效用的理论认为,商品的价值取决于"边际效用",即首先把效用解释为消费者主观上感到商品对其欲望满足的程度,又提出"效用递减律",认为人们在消费一种商品时,每增加一个单位消费其增加的效用是递减的,最后一个单位即边际单位的效用最小,其效用称"边际效用"。边际效用决定该商品每一单位的价值。这一理论的积极意义在于,指出了消费者在实现购买行为之前,总是从最大限度满足自身需要出发,在产品价格与自己的收入之间进行最合理的购买决策,换言之,即力图用最低的价格使购买的产品获得边际效用的最大化。

运用边际效用理论来分析旅游者的购买行为,能够使旅游企业的经营者明确:旅游者购买某种产品的次数的增加,必然使得产品的边际效用趋于递减。因此,旅游者不可能总在同一类型的产品和服务上进行消费,其购买行为取决于哪一种产品能在相同的支出下给旅游者带来最大的边际效用。如果在每一种产品上相同的消费产生相同的边际效用,消费者购买行为便会处于一种均衡状态。比如,国内许多旅行社以各种优惠的条件招徕旅游者,目的就是为了刺激旅游者的购买行为,打破旅游者面临的均衡状态,并使旅游者相信自己获得了最大的边际效用。

根据边际效用模式分析旅游者的购买行为,可以促使旅游产品的经销商尽可能地提高产品的效用,降低产品价格。但是,其不足之处也是显而易见的,即把价格作为影响购买行为的唯一因素未免有失片面。在旅游产品的消费过程中,由于不同的旅游者有不同的购买行为,不同的旅游产品也各有特色,而旅游消费者对产品的效用观也存在着差异,因此,单纯地刺激旅游者产生购买行为的做法效果不一定明显。国内某些旅游企业以降低服务质量为代价大搞"压价竞销"的做法并不能使旅游产品的边际效用有所提高,而是走向了它的反面。

(二)行为科学的旅游购买行为模式

行为科学是20世纪40年代出现的属于现代管理科学的一个流派。60年代以后,行为科学在西方各国获得了迅速发展,并对西方的整个科学体系产生了深刻影响。它主要研究现代企业管理中人的心理与行为的规律性,研究社会环境、人与人的关系和人的行为动机对工作的影响,强调通过激发人的动机、协调群体内的关系、满足正式组织与非正式组织的心理需要来达到管理的目的。

对于旅游市场购买行为来讲,行为科学的旅游购买模式克服了边际效用模式只注重从价格因素考察购买行为的不足,认为旅游者的购买行为受社会、文化、经济及旅游者个人等多种因素的影响。行为科学的旅游购买行为模式具体包括"需要—动机—行为"模式和"刺激—反应"模式。

1."需要—动机—行为"模式

旅游者的需要、动机以及购买行为构成了旅游购买活动的周期。当旅游者产生旅游需要而未得到满足时,就会引起一定程度的心理紧张。当出现满足需要的目标时,需要就会转化为动机,动机推动旅游者进行旅游购买。当旅游者的需要通过旅游活动得到满足时,心理紧张感就会消失。购买及消费结果又会影响到新的需要的产生,一个新的循环过程就又开始了。旅游购买的"需要—动机—行为"模式,如图2-1所示。

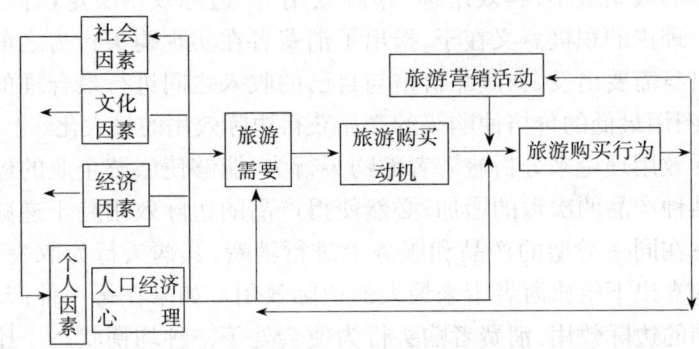

图 2-1 旅游购买行为的"需要—动机—行为"模式

从图2-1中可以看出,旅游购买行为产生于旅游需要和旅游购买动机。旅游者的旅游需要受社会因素(社会阶层、相关群体、家庭、地位与角色)、文化因素(文化、亚文化)以及经济因素(社会生产力发展水平和个人经济收入)等外部因素的影响。同时,旅游购买行为还受旅游者个人因素(年龄、知觉、学习、态度及人格)的影响。另外,社会文化和经济因素又对个人因素产生影响,从而间接地在更深层次上对旅游者的旅游需要产生影响。

在从旅游动机到旅游行为产生的过程中,旅游者会主动地搜寻相关信息,并同时接受来自旅游企业的信息,以供决策使用。这时,旅游行为的产生还受到旅游营销活动的影响。旅游者的心理因素也限制着外界信息的输入与加工,并最终影响到旅游购买行为。最后,旅游购买行为和消费行为会对旅游营销活动以及旅游者旅游需要的产生和旅游决策发生作用,从而影响下一次旅游购买活动。

2. "刺激—反应"模式

行为主义心理学家认为:人的行为是外部刺激作用的结果。行为是刺激的反应,当行为的结果能满足人们需求时,行为就倾向于重复;反之,行为则趋向于消退。因此,从某种意义上讲,行为也是上次行为得到强化的结果。

最初,行为主义心理学家认为人的内部心理活动是不可掌握的,是一个黑箱(blackbox),因此他们直接研究"刺激—反应"这一模式。以后的心理学家对这一模式进行了修正,把个体的因素也吸收到模式之中,形成了"刺激—个体—反应"模式。经过对个体决策及影响决策的各种因素的考察,就可以得到一个解释旅游购买行为的修正的"刺激—反应"模式,如图2-2所示。

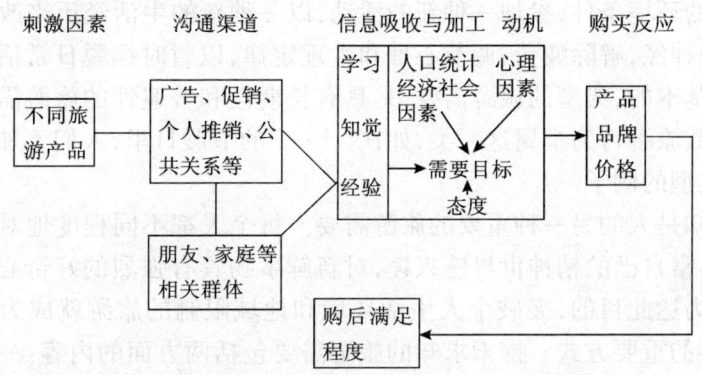

图2-2　旅游购买行为的"刺激—反应"模式

在图2-2中,市场上的各种产品通过广告、促销、个人推销等手段成为影响旅游者购买行为的刺激因素。另外,诸如朋友、家庭等相关群体也以自身对产品的看法和评价影响旅游者的购买决策。旅游者通过个体的学习、知觉以及经验对接受的信息进行吸收和加工。经过加工的外部刺激同旅游者个体的态度等心理因素和人口统计、经济及社会因素共同影响到旅游需要及动机,并最终促使购买行为产生。旅游者购买后的满意程度直接形成购买消费经验,并影响下一次购买行为。

第二节　影响旅游者购买行为的心理因素

一、需要和动机

（一）需要和旅游需要

1. 需要

心理学认为,需要是有机体延续和发展其生命所必需的客观条件的反映,是产生行为的原动力,需要不满足是激起人们活动的普遍原因。一般来讲,需要的形成必须有两个条件:一是个体感到缺乏什么东西,有不足之感,其缺乏的东西,既包括个体本人维持生命的物质要素,也包括满足人们心理要求的社会要素;二是个体期望得到什么东西,以求得满足之感。

2. 旅游需要

旅游需要是人类总需要中的一个组成部分,主要包括旅游者对食品、衣服、住房、休息、安全、归属、社会交往及受人尊重等内容。人们在日常的生活和工作中,时间稍长一些,就会产生一种单调和枯燥感,就会形成一种心理和生理上的疲惫感。特别是现代社会竞争激烈，人们承受着各种各样的巨大的压力，因此，就需要寻找一个新的环境条件，参加一种新的活动，以一种新的生活经历来改变生活内容和节奏，放松神经，解除疲劳，调节心理和生理定律，以暂时摆脱日常活动之累。这是人们的最基本的、典型的旅游需要，是具有长期性和普遍性的旅游需要。我国现阶段的大多数旅游行为都属这一类，如在"十一"的节假日里，人们不加选择地蜂拥外出，就是典型的例子。

探索求知是人的另一种重要的旅游需要。每个人都不同程度地对了解自身以外的事物、丰富自己的精神世界感兴趣，对新鲜事物具有强烈的好奇心，希望了解、认识它们。为达此目的，突破个人生活环境和地域限制的旅游就成为人们探索求知、开阔眼界的重要方式。探索求知的旅游需要包括两方面的内容：一是对自然现象的认识和对自然景观的审美；二是对不同文化和历史的认识，对不同民族生活方式的体验以及对社会的美的欣赏。欧美发达国家的旅游者喜欢到世界各地旅游就是此类型。

此外，还有其他方面的一些旅游需要。如为了扩大社会交往、保持与社会的经常接触而产生的探亲访友、旧地重游、宗教朝圣等活动；为满足个人成就和个人发展需要而产生的开会、考察、求学等活动；为达到一定经济目的而产生的贸易、经商购物等活动。

（二）旅游需要的特征

（1）差异性。不同的旅游者由于年龄、性别、收入、职业、学历、性格以及所处地理位置、环境的不同，其旅游需要就会呈现明显的差异性。如多数老年人喜欢爬山，而年轻人则喜欢一些刺激的、有挑战性的旅游项目。有寒暑假的老师则不喜欢"五一""十一"期间外出旅游，去凑热闹。出差机会多的人会在出差时顺便旅游一番。

（2）非重复性。一般的购物，呈现明显的重复性和周期性，如生活必需品消费者就必须多次重复购买。而旅游需要一般情况下是不会重复的，旅游者总会不断寻找新的更具吸引力的旅游活动。这主要缘自旅游产品与一般消费品有很大的差异所致。

（3）发展性。旅游需要变化最快，是一个逐渐由低级到高级、由简单到复杂、由追求数量满足到追求质量满足的过程。如以前人们旅游一般只是走马观花，能照几张相就不错了，现在，随着数字化、手提式录像机的普及，人们还要把自己与旅游景点融为一体，带回家中欣赏。

（三）旅游需要的类型

旅游需要按照性质来分，可分为生理性需要和心理性需要。生理性需要是由旅游者在身体发展过程中，对饥渴、温暖、睡眠等生理活动所产生的需要。如旅游者在外旅行了一天，就需要饱餐一顿，洗个热水澡，睡个好觉，这些旅游者的基本需要就属于生理性需要。心理性需要是旅游者为提高自身的物质和文化生活水平而产生的需要。它属于一种高级需要,比生理需要复杂得多,且变化快,如坐飞机头等舱,待在最豪华的旅馆套间里,或者订菜单上最昂贵的菜,是出于被人尊重的需要,以表明某个人相对于其他人更重要。

现在最流行的、运用最多的,是按需要层次来分类,这其中最有名的是马斯洛的需要层次论。

首先,马斯洛把需要分为五个层次,从低到高依次是:生理需要、安全需要、归属需要、尊重需要和自我实现。它们构成了一种金字塔,如图2-3。

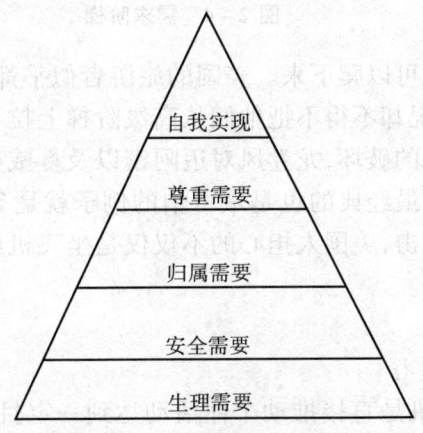

图2-3 需要金字塔

（1）生理的需要:包括人体生理上的主要需要,即衣、食、住、行、医药等生存的基本条件。

（2）安全的需要:包括职业的稳定性、工作条件的好坏、工作强度的大小、财产的安全性等。

（3）归属的需要:包括社会交往、人际关系、爱情、归属等各方面的需要。

（4）尊重的需要:包括自尊和受别人尊敬。

（5）自我实现的需要:尽力发挥自己的才干,作出力所能及的最大贡献。

按照马斯洛的观点,人的需要强度与需要层次成反方向变化,即需要层次越低,需要强度就越大,需要层次越高,需要强度就越小。同时,人的低级需要是有限的,是比较容易满足的;而人的高级需要是无限的,是不容易满足的。

马斯洛需要体系的另一个方式是将它看作一个需求阶梯,如图2-4。人的需求是顺着这个阶梯往上爬的,即只有较低层次的需要相对满足之后,才会出现较高层次的需要。

图 2-4 需求阶梯

阶梯可以爬上去也可以爬下来。美国的旅游者似乎都已超越了对生理和安全的需要,但有些特殊情况却不得不把他们从高级阶梯上拉下来,迫使他们关注此类需求。如地震对旧金山的破坏,龙卷风对迈阿密以及夏威夷的破坏,使得游客更加关注这些地方的安全。最经典的也是最可怕的例子就是2001年的"9·11"事件,由于遭受严重的恐怖袭击,美国人担心的不仅仅是坐飞机旅行的安全,还担心在上班和家中时的生命安全。

(四)旅游动机

1. 动机的含义及过程

心理学家认为,动机是直接推动个体活动达到一定目的的内部动力。它是指导人们去做他们所想做的事的一个过程,是在人们希望其需要得到满足时被激发产生的。一旦某种需要被激发,一种紧张的状态便会存在,它驱使人们企图减少或排除这种紧张。厂商便试图生产出这些产品和服务,以提供人们所期望的帮助,并使人们减少这种紧张感。

图 2-5 给出了动机产生的全过程:

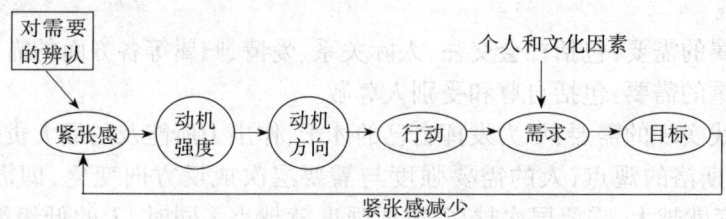

图 2-5 动机产生的全过程

如学生在大考的时候,心情往往比较紧张,于是就产生一种想放松的强烈动机,在这种动机的驱使下,特意去看一场电影或打一场球,使这种紧张减轻,达到放松的目的。

2. 旅游动机的特征

（1）内隐性。由于旅游动机是一种内部刺激，不能从表面上反映出来，因而在不同程度上具有一定的隐蔽性，有的还隐蔽得比较深。如一些间谍人员，往往就是利用旅游作掩护，从事一些间谍活动。

（2）冲突性。旅游者一般有很多旅游动机，这些动机往往不是和谐、协调的，有时会出现矛盾冲突。这种冲突分两种类型：一种是接近型的动机冲突，即旅游者面临两个或两个以上同时具有吸引力的旅游方案，若从中选择一个会左右为难。另一种是回避型的动机冲突，即旅游者在决定旅游行为时，既有积极之后果，又有消极的后果，或者说既不想多花钱，又不愿失去好的享受。

（3）强弱性。是指主导动机和辅助动机的相互转移。如旅游者在购买化妆品时，求美动机是主导动机，求廉动机是辅助动机；但在购买食品时，求廉动机转化为主导动机，求美动机变为辅助动机。

（4）模糊性。在旅游这个大千世界里，动机是五花八门的。旅游者在旅行购物时，有些动机是有意识的、比较清晰，但更多的动机是下意识或潜意识的，自己并不是很清楚，这使得旅游动机具有较大的模糊性，给营销人员研究旅游动机增加了难度。

（5）可导性。由于旅游动机具有强弱性、冲突性和模糊性，因此，旅游动机是可以也是需要引导和诱导的，这需要政府、旅游企业和营销人员以及新闻媒介等方面共同努力。如政府延长假日，支持旅游企业上市；旅游企业规范企业行为，提高旅游质量，开发新的旅游产品；导游真诚对待旅游者等。

3. 旅游动机的类型

旅游动机是多种多样的，特别是购买动机，更是复杂，包括求新、求美、求廉、求名、求荣、求趣等。但从动机性质来分，一般分为感情动机和理智动机。

（1）感情动机。感情动机是由旅游者的情绪和情感所引起的旅游动机，如好奇、好胜、一致、模仿、安全、虚荣等。如对泰国的人妖表演，年轻人受旅行社宣传和周围的口传影响，容易产生一种强烈的冲动和欲望，非要去实地欣赏一番不可。

感情动机具有冲动性、即景性、不稳定性等特点，因而往往易受外界因素的影响。在感情动机驱使下的购买行为，比较重视旅游产品的外观，讲求式样新颖、造型别致、花色明快、美观大方。因此，针对这类旅游动机，旅游企业应在设计和经营产品时多在"新颖""奇特""美观"上下功夫。

（2）理智动机。理智动机是由旅游者对旅游行为进行认识分析后所产生的旅游动机，主要表现为谨慎、比较、选择、戒备等心理。如外出旅游，有几条线路可供选择，旅游者在决策过程中，会反复比较各种线路的价格、惊险度、新奇性，然后根据自己的性格和经济状况作出判定。

理智动机具有客观性、周密性和稳定性等特点，因而往往不受外界因素的影响。在理智动机驱使下的旅游行为,特别是购买行为,比较注重旅游产品的质量,讲求实用可靠、廉价高效、使用方便、设计科学。因此,针对这类旅游动机,旅游企业在设计旅游产品时,应多在"安全""价廉""方便"上下功夫。

此外,根据旅游需要的内容,还可把旅游动机分为休闲身心动机、探索求知动机、社会交往动机、地位和声望动机及经济动机等。

二、感知

(一)旅游者的感知过程

旅游者所接触的产品及信息直接作用于其感觉器官,由此产生感觉。在感觉的基础上,旅游者对感觉刺激进行选择、组织和解释,使之成为一个有意义的、连贯的、综合的客观现实的现象,进而形成知觉,这就是旅游者感知的形成过程。如图2-6所示。

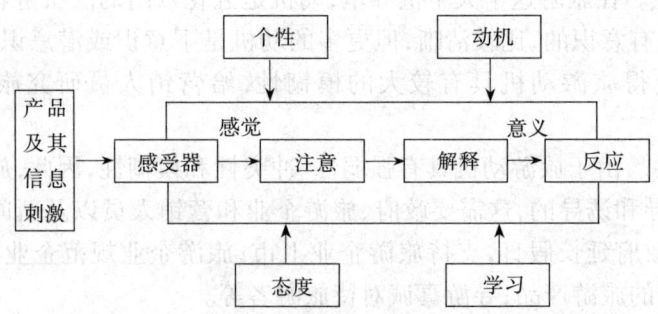

图2-6 旅游者的感知过程

(二)旅游者的感知特性

在旅行的过程中,导游把两个旅游者引进同一家旅游商店,导购同一种他们都需要的商品,接受同一个服务人员的接待,结果是一个人购买了该商品,而另一个人却没有购买。为什么会出现这种情况呢?这就在于旅游者感知信息的过程有选择性、理解性和整体性三个特征。

1. 感知的选择性

旅游者感知的选择性是指旅游者个体优先对少量的某些信息进行感知。这是因为旅游者个体的感觉器官和大脑对外部信息的接受和加工能力是有一定限度的,而且由于感知受众多心理因素的影响,对外部信息会呈现出一定的倾向性,这种倾向性主要体现在以下三方面:一是与人们目前需要有关的,如旅游者在肚子饿了的时候,就易于感知与食物有关的刺激物;二是预期将出现的,如旅游者清晨在山顶看日出,就对光线特别敏感;三是差异度较大或较为特殊的,如旅游者登高山时气候的明显变化,会给旅游者留下深刻的印象。

2. 感知的理解性

旅游者对外界刺激物的感知,并不是像照相机那样完全准确无误地将原物反映出来,而是按照一定的规则和自己的理解将接收的关于外界刺激物的大量离散的信息组成某个完形。这其中就可能会有个人的偏见或成见,就会对客观事物造成曲解。对自己倾向的东西,会采用支持而非挑战的方式对信息作出阐述;对自己反对的东西,则采取否定的方式作出阐述。如所谓的"阳春白雪者"对街边的大排档不屑一顾,认为有失体面;而所谓的"下里巴人者"对豪华宴席嗤之以鼻,认为规矩太多,虚情假意,不够痛快,还吃不饱。

3. 感知的整体性

感知的整体性就是旅游者对外界刺激有选择地进行感知,并使之整体化,作为有意义的和连贯的现实印象进行解释和记忆。如对一家酒店,旅游者的感知不仅仅会在客房和餐厅上,其整体布局、服务质量、环境气氛等都会融合在一起,形成一个整体的印象。在营销实践中,旅游部门往往利用知觉的这种整体性或以它为前提条件突出自己的特色。如美国航空公司的"飞在友好的美国天空中"和麦当劳的"你今天应该休息"这些广告都是以旅游者对美国航空公司的整体质量和麦当劳的有益身心健康的食品与气氛为前提条件的。

(三)影响感知的因素

旅游者之所以对某些刺激印象深刻、一见如故,而对另外一些刺激视而不见、听而不闻,一方面是受旅游者个体自身心理因素的影响,另一方面则是外界刺激物所具有的特性所致。这里主要讨论影响感知的外界因素,主要包括规模、颜色、强度、运动、位置、对照、隔离性、织品、形状和环境等。

1. 规模

许多客户将规模与质量等同。大的旅行社、旅馆或饭店、航空公司、旅游景点或旅游批发商,让人感到它会提供更好的服务。如果印刷体广告的规模更大,那么就会吸引更多的注意力。

2. 颜色

颜色也具有感知暗示性。彩色广告比黑白广告更能吸引客户的注意力。在20世纪80年代,土石的颜色意味着质量,这一倾向性已逐渐降低;靛蓝则意味着古老的时尚(返古)。刷上彩色并带有标识语的飞机给人一种印象,即这个航空公司充满活力并具有进取心。出租车公司大量地使用色彩,以使他们的服务和广告突出,如武汉的出租车顶部的标志就有黄色、红色、蓝色之分。

3. 强度

广告信息强度如果很大,就能吸引更多的人。许多电视上播出的为公众服务的广告,比如说禁毒、救助、严禁酒后驾车、使用安全带和帮助饥饿的人等,信息的播出强度都很大。在心理学上有个定律,刺激感知的强度与旅游者获得感知的效果不是简单的倍数关系,而是平方的关系,即如果旅游者接触广告的次数增加一倍,则广告播放的次数应增加到原本的四倍,依此类推,要想增加旅游者的感知印象,则必须相应大幅度增加刺激物的强度。

4. 运动

作为刺激性因素,运动的物体比静止的物体更可能吸引旅游者的注意力。这就是电视成为最流行的广告中介的理由之一。它会显示可视的动感画面,而电台广告却不能。具有运动部分的标志和商品展示,会比固定的东西更引人注意。

5. 位置

广告、交易品的展示台及标志的位置会影响人们对它的感知,例如,报纸、杂志、菜单的某个或某几个部分比其他的部分,更容易被人读到。

6. 对比

公司通过使它的促销信息和便利设施突出于它的竞争对手来有效地吸引客户的注意力,这种方法被称作"对比"。例如,在印刷体广告上使用一个特别大的标题,或者涂上其他广告所未使用过的显著颜色,例如,黑色、银色或金色。

7. 隔离性

使用白色空间来隔离印刷体广告和竞争者的信息是一个比较有效的感知技巧。实际上,这种"隔离空间"可能是白色的、黑色的、红色的、黄色的或其他任何一种颜色,而有效性都是一样的。此观念就是提供一个可视的边界,以同纸页上的其他项目分隔开,从而使本广告更为突出。

8. 织品

织品是另一个影响感知的因素。椅子垫、墙挂、地毯、信笺、小册子和直接邮递的材料及菜单都可以给顾客创造某种感知。

9. 形状

以一种显著的、不同寻常的形状来设计便利设施或促销材料,会使它们有别于竞争者而显得格外突出。例如,许多餐馆使用奇形怪状的菜单——在瓶子上、棕色纸带上和雕刻的画板上,以使它们独树一帜。

10. 环境

环境作为一个刺激性因素,指的就是服务的便利设施和促销材料所处的地理位置。例如,将一个饭店或旅馆建在一个非公开的位置,或者将一个广告设置在一本高级杂志上,就暗示着高的质量和价格。

(四)错觉

人们在反映事物的空间、时间和运动特性的时候,并不总是非常真实、完全正确的,在一定的条件下,人们有可能会产生错误的反映。因此,还存在着另一类比较特殊的知觉,那就是错觉。所谓错觉是指人脑对客观事物的不正确的反映。在空间知觉、时间知觉和运动知觉过程中都有可能产生错觉现象,主要有以下几种:

1. 图形错觉

这是种类最丰富的错觉之一,比如下图 2-7 介绍了几种比较典型的图形错觉。

(1)垂直水平错觉:同等长度的水平线和垂直线,但大多数人会认为垂直线比水平线长。

(2)缪勒、莱依尔错觉:本是两条同等长度的直线,但由于下面直线的两个箭头朝外,上面直线的两个箭头朝内,使得下面的直线似乎较长些。

(3)海林错觉:两条水平平行直线,受一组放射线的影响,看起来似乎弯曲而不平行了。

(4)佐尔纳错觉:一组斜向平行线,受一些方向不同的小斜线的影响,看上去似乎不平行了。

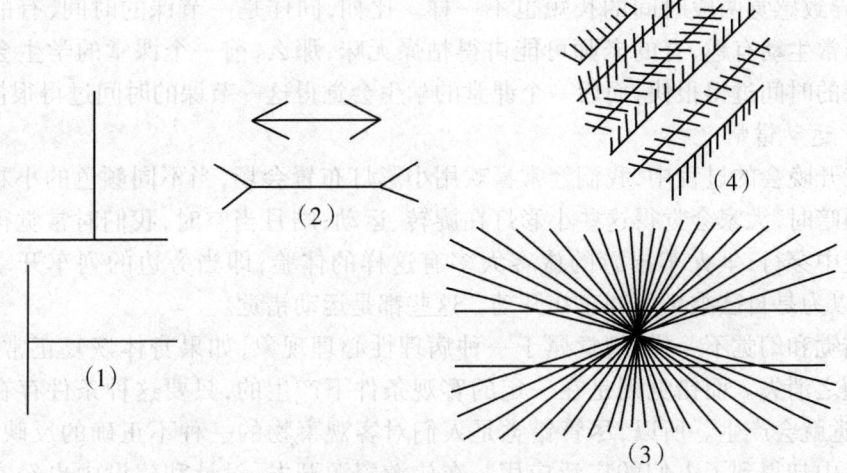

图 2-7 图形错觉

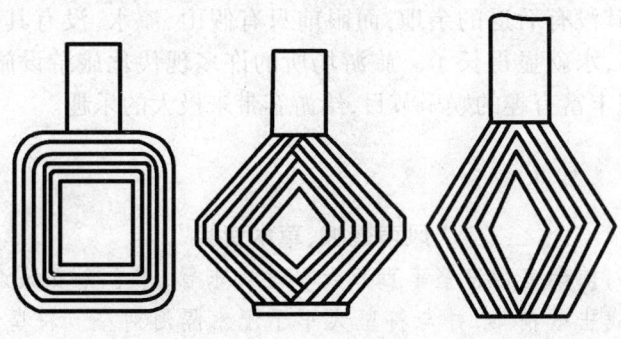

图 2-8 大小错觉

2. 形重错觉

一斤棉花和一斤铁的重量本来是一样的,但人们往往会觉得铁比棉花重。

3. 大小错觉

相同容积的容器,如果形状不一样,大小也会显得不一样,如上页图 2-8。

4. 方位错觉

在海上飞行时,由于水天连成一片,推动了自然环境的视觉参考标志,飞行员很容易产生倒飞现象,即虽然飞机实际上是倒飞的,飞行员却可能以为是正飞。所以,在这种状态下,飞行员就只有依靠飞行仪器来判断飞机的状态。

5. 时间错觉

同样长的两段时间,可能因为个体的状态或对这段时间内发生的事情有无兴趣,而导致感觉两段时间的长短也不一样。比如,同样是一节课的时间,有的老师讲得非常生动有趣,有的老师可能讲得枯燥无味,那么,前一个课堂的学生会觉得这节课的时间过得很快,而后一个课堂的学生会觉得这一节课的时间过得很慢。

6. 运动错觉

在开晚会的过程中,我们经常喜欢用小彩灯布置会场,当不同颜色的小彩灯轮换着明暗时,大家会觉得这些小彩灯在旋转、运动;皓月当空时,我们时常觉得月亮在云层中穿行;坐火车出游的旅客大多有这样的体验,即当旁边的列车开动的时候,会以为是自己乘坐的列车在开动。这些都是运动错觉。

错觉和幻觉不一样,幻觉属于一种病理性心理现象,如果身体恢复正常,幻觉也就随之消失。而错觉则是在一定的客观条件下产生的,只要这种条件存在或出现,错觉就会产生。所以,尽管错觉是人们对客观事物的一种不正确的反映,但是在生活中却得到了人们的广泛应用。在旅游资源开发、设计和建设中也经常应用错觉原理。特别是中国的园林艺术,常常利用人的错觉,渲染风光、突出景致。比如,园林中的高山、流水,都是通过缩短视觉距离的办法,将旅游者的视线限制在很近的距离内,使其没有后退的余地,而眼前只有假山、流水,没有其他的参照物,这样山就显得高了,水就显得长了。旅游场所的许多现代化旅游设施也常常利用人的错觉原理组织丰富有趣的娱乐节目,给游客带来极大的乐趣。

典型案例

"风声鹤唳、草木皆兵"

公元 383 年,前秦皇帝符坚率百万大军进攻东晋,东晋谢安派谢石率八万军队迎战,东晋军首战击败前秦,并与符坚大军于淝水隔河对垒。符坚听到前锋被杀、要塞失守,心中大惊,登高望远,见东晋军队阵容严整,旗帜鲜明,向八公山上看去,但见漫山遍野都是东晋军(草木而已,因败阵而生错觉),心中悚然。后在对阵中前秦大败,几十万大军兵败如山倒,在逃跑中,听到风声鹤鸣都以为东晋军队追来了,一刻不敢停歇,马不停蹄向下败退,结果将散兵亡,最终导致前秦灭亡。这就是"风声鹤唳、草木皆兵"。

问题:为什么会出现这种现象?

典型案例

温柔的剃须刀

锡克公司生产和销售剃须刀,主要竞争对手是吉列公司。为了透彻地了解竞争对手以便找到攻击点,锡克公司调查了消费者对吉列剃须刀的看法。发现吉列剃须刀以在野外环境中工作的、脸上布满皱纹的男人为特征形象,消费者感觉吉列剃须刀的使用者像"孤独的狼",他们的脸是人们不愿意触摸的。因此,锡克公司策划了一则广告,情节是一名妇女温柔地轻抚一位男人的脸庞,使消费者对锡克剃须刀产生一种亲近的、温柔的感觉。

三、学习

旅游者的行为大多数都是通过后天的学习和领会得来的,只有少数行为是由本能反应而产生的。这里的学习是指个人通过某种体验所产生的一种相对持久的行为变化,是一种具有社会性和实践性的活动。学习的方式主要有三种,即获得信息、联想和思维。

作为旅游营销者,要了解学习的相关特性,即强化、重复、泛化和分化,同时要准确掌握旅游者的学习过程模式,如图2-9:

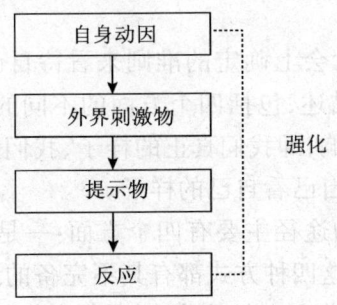

图2-9 旅游者的学习过程

动机是指人们促使自己采取行动的内在因素,当这种因素与一个外部刺激物相互作用时,内在的动因就会成为动机。而提示是指人们在决定如何对外界刺激物作出反应时的指导线索。当人们的行动结果与其预期结果相一致时,人们的行为就会得到强化,产生明显的反应。

四、信念和态度

信念是指人们对某一事物的看法。如人们认为可口可乐是一种可以接受的饮料,日本产品质量好、价格不贵,而德国产品质量好、价格贵。

对于营销者来说,消费者对某一品牌的信念构成了这一品牌的形象,人们是根据自己的信念来行动的。因此,如何培养消费者对产品产生正确的信念,即建立合理的产品形象,这是营销者的重要任务。如果人们对产品的信念是错误的,营销者就需要去纠正它们。如中国产品要在世界市场上升级,卖高价,就需要纠正不少外国顾客对中国产品的传统信念:质量低的廉价产品。对酒店来说,要进入国际五星级酒店的客源市场,适当利用国际著名酒店管理集团如希尔顿、喜来登的品牌还是有价值的。

态度是指人们对某一事物的一种相对稳定的评价、情感和倾向。如喜欢某些事物,不喜欢另外一些事物。又如有些消费者购物的态度是要买最好的产品,他们认为日本公司生产出了世界上最好的产品,对这些消费者来说,购买日本的东芝彩电、三菱空调和索尼音响是一种自然的选择。

对旅游营销者来说,还需要认识到旅游者的态度是非常难于改变的。因此,要特别注意下面两个问题:第一,一家酒店应该努力发现并进入这样一个市场,在这个市场上,大多数顾客对该酒店产品的态度是信任的、欢迎的;第二,不要轻易设法去改变人们的态度,如果要去改变的话,要准备好花费大量的时间和金钱。

五、自我观念

自我观念是指个体以社会上确定的准则来看待自己,也就是自己对自己以及周围事物的关系的概括性描述,包括四个方面的不同的要素:真实的自我、理想中的自我、相关团体和自我影响,即我们真正的样子、我们想要成为的样子、我们认为其他人看我们的样子、我们自己看自己的样子。

旅游者自我观念形成的途径主要有四个方面:一是自我评价,二是反应评价,三是社会比较,四是偏见。这四种方式都有其不完备的地方,很少人知道他们真正的样子,并且许多人不想知道这一点,他们更不愿意与其他人谈论这个话题。另一方面,旅游者们喜欢思索和谈论他们理想中的自我(想要成为的样子)。理想中的自我是一个很强的促动因素,旅游者总是想尽力接近他们想要的样子。对于相关团体,即旅游者所属的社会团体或者旅游者想要从属的社会团体,旅游者很重视他们对自己的看法。

人的自我影像是市场营销自我概念理论中的最重要的一个因素。它通常是真实的自我、理想中的自我、别人眼中的自我的混合体。旅游者经常买一些给他们的相关团体以正面印象的东西。乘坐和平航空公司的航班,待在巴黎的乔治大旅馆,都会增加旅游者与朋友和商务伙伴交往时的分量。旅游者也购买一些东西,以接近他们理想中的自我。有时旅游者们恰恰是掩盖了自己真实的样子。

第三节 影响旅游者购买行为的因素

一、文化因素

文化因素对旅游者的行为具有最广泛和最深远的影响。人们经常购买产品,与其说是因为它们的用途,不如说是它们的意义。对于消费的选择,如果不考虑其文化背景,有时简直无法理解。对于这一点,旅游者特别是国际旅游者比其他消费者有更深的体会,因为他们到过许多地方,强烈地感受到了文化对旅游行为和消费购物的影响。

文化的含义有多层。从最广义的角度讲,文化是指人民群众在社会历史实践过程中所创造的物质财富和精神财富的总和,从这层意义上讲,文化就等同于文明了。从狭义的角度讲,文化是指社会的意识形态以及与之相适应的制度和结构。我们在这里所讲的文化是指信仰、价值观、态度、习惯、传统、风俗,以及某个团体所共有的行为方式的混合体,是一种综合性的社会文化。

社会文化对旅游者的影响是多方面的,从旅游购买的角度讲,主要是影响其购买基准。所谓购买基准,是旅游者在其所处的文化环境中,经过学习建立起来的,比较持久的购买行为法则。旅游者在确定购买动机与选择购买方案时,离不开购买基准。以往的实践经验、外界提供的信息资料,在建立购买基准的过程中起着重要作用。

在不同民族、不同国家、不同地区里,旅游者的购买基准是不相同的。例如:美国餐前鸡尾酒的销售量,在西部高于平均水平,而在南部人们则很少购买。在我国,女式高跟鞋显然在城市里比在农村里的销售量大,这说明城乡在女式高跟鞋方面的购买基准不同。

随着人们生活习惯的改变,购买基准也会发生变化。例如:法国人喜欢喝酒,德国人的啤酒消费以桶来计。然而,欧洲人这种传统的饮酒习惯现在发生了变化。许多德国人改喝果汁、牛奶和冰淇淋等混合饮料。在法国巴黎,传统的茴香酒已被冷饮所取代。产生这种变化的主要原因是,在欧、美,重视健康已成为一种风气,因而,越来越多的人向含有酒精的饮料告别。

社会文化是影响消费者行为的决定性因素之一,这是许多研究者所主张的。在夏威夷大学曾有二十多个国家的学生居住在同一宿舍楼内,观察他们的行动,会发现有许多不同点。比如,美国人一般是男女成对去就餐,日本人则尽可能地大伙一起去食堂,中国人也是大家一块儿去吃饭。日本女性除了特殊情况外,一般都穿西服,与此相对照,印度等国的女性,即便在做化学实验时也继续披卷"沙丽"。以上两例,显然是受文化影响的结果。

民族、种族、国别、宗教、年龄和地区的群体文化的多样化和差异性,使得各种亚文化以不同的速度发展和变化。

亚文化是主文化的一部分,其成员具有共同的独特性的行为模式。同时,亚文化的成员又是他们生活在其中的主文化的一部分,因此,其行为、信念无不打上主流文化的烙印。如图2-10所示,个体在多大程度上拥有某一亚文化的独特行为,取决于他认同该亚文化的程度。

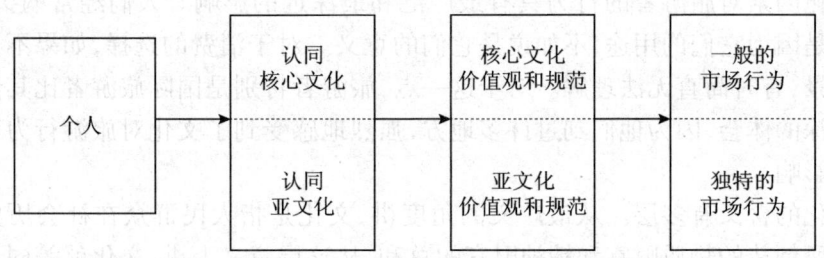

图2-10 亚文化认同会产生独特的市场行为

文化并非静止的。他们经常会受到新一代的挑战,以及经济、技术、环境、政治和社会变化的影响。这种变化必然会导致旅游购买行为的变化,旅游营销人员一定要有长远的眼光,及时地了解这种变化趋势,相应地调整自己的营销策略,始终保持占领市场的先机。

二、社会因素

从哲学的角度讲,人的本质是其一切社会关系的总和。任何一名旅游者在决定自己的旅游行为时,都会受到各种社会因素的影响,诸如家庭、同事、朋友以及自己所属的正式组织与非正式组织的影响,使自己的个人行为与社会需要在大方向上保持一致,以此来促成社会秩序的规范性和统一性。

(一)社会阶层

改革开放前,"阶级"观念深入人心,典型的如"工农商学兵"这一提法。现在人们大大淡化了"阶级"这一意识,取而代之的是分析社会阶层,这对营销人员有重要的意义。

在任何社会,社会成员由于相互接触和交流,慢慢会形成一些共同的理想、共同的价值观念,并逐渐形成一种规范或制度,为更多的成员所接受和认同。当个人的行为与这种制度相一致时,会受到人们的赞许,其社会地位相应地就提高。反之,如果个体的行为与这种规范制度相悖,则会受到人们的鄙夷不屑,其社会地位也相应地下降。因而,各个社会成员都有相应的地位和相应的角色。具有相同地位和角色的成员在社会心理上就形成了一个阶层。所以，社会阶层是根据地位和声望、价值观以及生活方式等标准划分的相对稳定的人的集团。如图2-11所示的按收入划分的美国阶层结构。

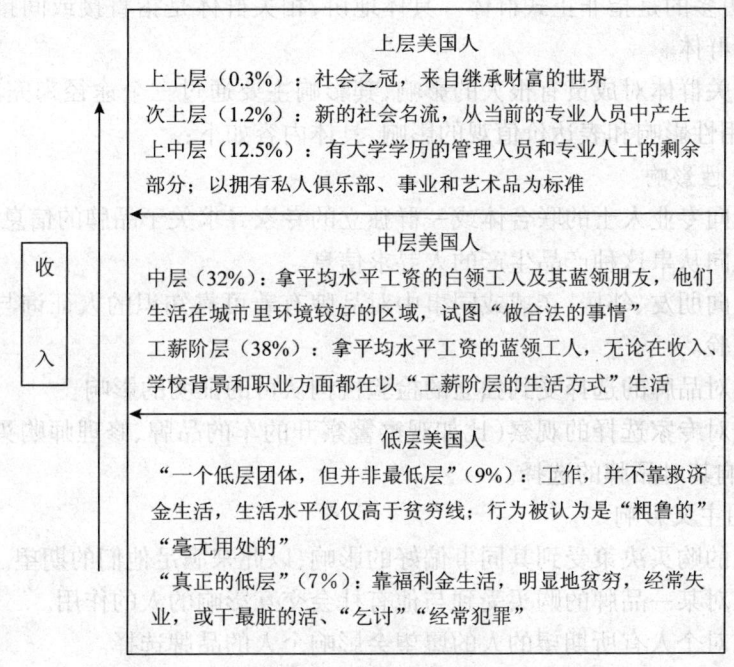

图2-11 美国的阶层划分

确定一个社会阶层的因素很多，其中最重要的是收入和职业声望。由于社会阶层具有明显的有界性、条理性、互斥性、全面性和关联性五个特征，社会阶层对旅游行为具有很大的影响。同一阶层的人的消费心理具有明显的相似性，在价值观念、对人的态度、自我认识、日常生活、对广告的反应等方面有趋同的心理趋势。一般而言，社会中上层的人收入较高，受教育程度高，有比较多的个人时间，也比较开放和自信，愿意接受外界的新鲜事物，都比较喜欢旅游，这部分人是旅游市场最重要的目标对象。而处在社会中下层的人，由于收入较低，终日奔波，就易形成一种比较节约和不愿冒险的性格，他们宁愿将有限的积蓄花费在购买家用电器、住房等耐用消费品上，也不太愿意外出旅游。但旅游营销人员也不能忽视这部分市场，应该根据他们的特点，有针对性地开发一些费用低、时间短的旅游项目，提高其兴趣，调动其积极性，让其适当增加旅游支出。这样就可以兼顾社会各个阶层，以取得良好的社会效益和经济效益。

（二）相关群体

一个人的行为受到许多群体的影响，因为每个人都有属于他们所确认的几个群体,这是由其本质特性所决定的。群体基本上可以分为两大类型:一为正式群体,一为非正式群体。正式群体是以为实现组织的目标而建立或发展起来的。非正式群体是人们为了满足某个共同的心理需求而结合在一起的。相关群体包含这两类群体,更多的是指非正式群体。具体地讲,相关群体是指直接或间接影响其态度和行为的群体。

由于相关群体对成员有很大的影响,其影响主要通过三个途径来完成,即信息性影响、实用性影响和表达价值观的影响,具体内容如下:

1. 信息性影响
● 个人向专业人士的联合体或一群独立的专家寻求关于品牌的信息。
● 个人向从事这种产品生产的人寻求信息。
● 个人向朋友、邻居、亲戚或同事中对品牌有着可靠知识的人征询与品牌相关的知识和经验。
● 个人对品牌的选择受到独立的检验机构认可的证明的影响。
● 个人对专家选择的观察(比如观察警察开的车的品牌、修理师购买的电视机品牌)会影响其对品牌的选择。

2. 实用主义影响
● 个人的购买决策受到其同事偏好的影响,以此来满足他们的期望。
● 个人对某一品牌的购买受到与他有社会交互影响的人的作用。
● 满足对个人有所期望的人的愿望会影响个人的品牌选择。

3. 表达价值观的影响
● 个人感到对某一品牌的购买或使用能提高自己在别人心目中的形象。
● 个人感到购买或使用某一品牌的人具有他喜欢的某些特点。
● 个人有时感到像广告中使用某品牌的人是一件好事。
● 个人感到购买或使用某品牌的人是被别人羡慕或尊重的。
● 个人感到购买某品牌有助于向别人显示他希望成为什么样的人(运动员、成功的商人、好父母等)。

这种影响有积极的一面,可以为成员提供交往机会,增强其安全感,解决很多实际困难。其消极的一面是成员必须受其约束,表现为明显的从众行为,压抑其个性。因此,相关群体对旅游行为有重大的影响,其为旅游者提供行为的标准和方向,在很大程度上影响旅游者的态度和自我观念。某个单位组织其成员到新马泰出境"公费"旅游,因为费用出自该单位的小金库,部分同志不想去,就找领导商量,能不能不去旅游,而把钱发给他们,该单位领导解释说这是集体决定的,不出去旅游也不能发钱,这些同志也只好随大流了。这就是个典型的例子。

旅游营销人员在分析相关群体的影响力时,应弄清这些群体是一种主要群体,还是一种次要群体。一般而言,主要的相关群体,如家庭、朋友、同事和邻居,他们的影响是比较直接的,倾向于正式化;而次要群体,如一些协会、媒体等,他们的影响是间接的,倾向于非正式化。因此,在搞好广告宣传的同时,更要注重服务好旅游者,让他们的口传信息发挥巨大的作用。在这个过程中,要善于发挥这些相关群体里"意见领袖"的作用。每一个群体里都有意见上的领袖,他们因自己某方面的才能,如消息灵通、足智多谋、胆略超人、有较强的社会交往能力等,而在群体里颇有影响。他们抢先收集信息或购买服务和产品,再为其他成员输送信息,以此来引导潮流。纽约的一个专业组织对50年来美国的"意见领袖"做了调查研究,他们估计美国将近10%~12%的人是意见领袖,这些人的收入超过了平均水平,大部分人都上过大学,对美国的生活方式有着重大的影响。

(三) 家庭

所谓家庭,是指以有婚姻、血缘和继承关系的成员为基础组成的一种社会生活组织形式和单位。父母、夫妻、子女是家庭的基本成员。在所有的相关群体中,家庭是最重要的,因为很多旅游活动都是以家庭为单位进行的。因此,旅游营销人员应该充分重视家庭对旅游行为的影响。

首先,研究家庭的生命周期。家庭生命周期是指家庭从着手建立到最后消亡的全过程。一般把这一过程分成七个阶段,即:未婚阶段、新婚阶段、子女幼小阶段、子女学习阶段、子女成年阶段、子女分居阶段和独身老人阶段。旅游行为在家庭的不同生命周期阶段都有各自的特点。在未婚阶段,大多数都是一些关系较好的朋友结伴旅游,以中短程为主,在旅游的过程中,追求惊险,很少购物。在新婚阶段,主要是蜜月旅游,随着年轻夫妇生育年龄的推迟,甚至出现一些"丁克"家庭(双收入、无小孩),新婚阶段的旅游行为也越来越多。在子女幼小阶段和子女学习阶段,正好步入了所谓的"中年之忧"阶段,旅游行为相对最少,但"半公费",即利用出公差旅游的机会在增加。在子女成年阶段和子女分居阶段,随着收入增加,负担减轻,各方面的需求呈跳跃发展,旅游行为也大大增加。在独身阶段,退休后,各方面需求减少,进入纯消费需要阶段,对旅游的需求旺盛。只要身体允许,这些老人就尽量外出,只是其旅游更注意安全,购物更注重价值性。

其次,研究家庭购买角色。在家庭旅游活动的舞台上,家庭成员扮演着四种不同的角色:倡导者、影响者、决策者、参与者。

家庭旅游的倡导者一般性情比较活泼,信息灵敏,易于接受新事物,在传递信息上有着不可低估的作用。孩子尚小的时候,一般父母是倡导者,而孩子一旦长大,他们就成了积极的倡导者了。旅游企业可以通过这类倡导者将旅游信息输入到家庭其他成员处,以促使旅游行为的发生。

家庭旅游的影响者,是在家庭中对倡导者的建议持赞成或反对但并无决定权的人。在一个标准的五口之家,这类人多半是老人,他们对帮助家庭决策者作出正确决策有一定的作用。一般来说,如果影响者对倡导者的建议持支持赞成的态度,那么就容易促成决策者作出决定,如果影响者对倡导者持反对态度,那么就有可能阻碍决策者作出决定。

家庭旅游的决策者,是指在家庭购买中握有决定权、能拍板的人。这种人一般都掌有家庭的经济大权,是家庭中的"财政部长",在家庭旅游决策中具有举足轻重的作用,是旅游企业争取的重点对象。在国际上,也将其称为"家庭购买权威中心点",并将其分为四类:第一类是丈夫决策型,即由丈夫作出决定;第二类是妻子决策型,即由妻子作出购买决定;第三类是协商决策型,即夫妻双方商量作出决定;第四类是各自决策型,即丈夫和妻子分别作出决定,其前提是经济上相互独立,各人的钱各人花。从我国目前的情况看,前三者决策型居多,第四种比较少,但在沿海经济发达、思想活跃的城市,也开始出现了此种类型。家庭旅游的决策到底哪种形式最好,没有固定的模式,不能一概而论,这与家庭成员各自的收入、职业、所处的社会阶层以及对旅游知识掌握的多少有关。

家庭旅游的参与者,就是指亲自参加旅游的人以及具体从事旅游产品购买的人。这对旅游营销人员更有直接的意义,特别是购物活动。因为决策者往往是决定买什么,对重要的商品也是决定买什么牌子,至于到什么地方买,什么时间买,往往就取决于参与者了。

三、经济因素

经济因素对人的消费行为具有重要的影响,经济因素包含的内容很多,如国民生产总值、增长速度、个人收入、利率、汇率、税收、信贷等,这里只考虑与旅游市场和旅游者个人最密切相关的因素,即个人收入。

旅游者收入包括旅游者个人工资、红利、租金、退休金、馈赠等收入。旅游者的购买力来自旅游者收入,所以要弄清旅游者收入和支出的各个环节和方面。

首先,考察我国旅游者的收入来源,主要是工资,但比较低,似乎大都不足以能外出旅游购物。但结合我国实情,坐飞机和住高级酒店的人还是很多,这大多数是出公差和公开化的对等接待,是不花旅游者个人钱的。另一方面,我国很多职工还有隐性收入,往往比工资还高。所以,我国旅游市场的发展速度很快。

其次,分析旅游者的个人支出的情况。我国的机关和事业单位的福利待遇很好,相比发达国家的旅游者而言,我国旅游者的可任意支配的收入占总收入的比例比他们高,这对旅游营销人员是个重要信息。因为旅游支出的多少是由可任意支配的收入而不是由名义上的收入决定的。在考察旅游者个人收入的时候,往往与其支出模式联系起来,这就涉及"恩格尔系数"和"恩格尔定律"。

恩格尔是德国的一位统计学家,他经过多年的调查研究,发现了家庭收入变化与各方面支出变化之间比例关系的规律性。首先,他确定恩格尔系数,即家庭中用于购买食物的支出占家庭收入的比重,然后由此说明一些经济现象,就成了恩格尔定律。其基本观点如下:一是随着收入的增加,恩格尔系数一般会降低,反之,随着收入的下降,恩格尔系数会增加。二是恩格尔系数以50%为界,如果一个人的恩格尔系数高于50%,则说明这个人是较低收入者,恩格尔系数越高,则收入越低。如果一个人的恩格尔系数低于50%,则说明这个人是较高收入者,恩格尔系数越低,则收入越高。推广到一个地区和国家,如果一个地区的恩格尔系数高于50%,则这个地区就是欠发达地区,系数越高,则越不发达。如果一个地区的恩格尔系数低于50%,则说明这个地区是较发达地区,系数越低,则说明这个地区就越发达。目前,我国总的恩格尔系数还高于50%,只有北京、上海、深圳等少数地区和大城市的恩格尔系数已经低于50%,这说明我国旅游者的总体收入水平还比较低。只有大力发展经济,提高旅游者的收入,降低其恩格尔系数,我国的旅游市场才会有更大的发展。

第四节　旅游者购买决策过程

旅游者在决定购买旅游产品后,在购买的过程中,会受到很多因素的影响,比较复杂。在这里我们主要分析购买行为类型和购买决策过程两个内容。

一、购买行为类型

旅游者购买决策随其购买决策类型的不同而变化。较为复杂和花钱多的决策往往意味着购买者的反复权衡和众多人的参与。根据旅游者的介入程度和品牌间的差异程度,可将旅游者的购买行为分为四种,见表2-1。

表2-1　旅游者的购买行为类型

品牌差异＼介入程度	高度介入	低度介入
品牌差异大	复杂购买行为	寻求多样化购买行为
品牌差异小	化解不协调购买行为	习惯性购买行为

(一)习惯性购买行为

对于价格低廉、经常被购买、品牌差异小的商品,消费者不需要花时间进行选择,也不需要经过搜集信息、评价产品特点等复杂过程,因而,其购买行为最简单。如对天天吃的青菜和食盐的购买。在这种购买行为中,消费者只是被动地接收信息,出于熟悉而购买,也不一定进行购买后评价。对于营销者来说,要善于运用强制性的被动式的促销对这类产品的消费者进行宣传,这也是可口可乐公司和百事可乐公司大做路牌广告的原因。酒店餐饮部的饮料、快餐和其他一些日常用品也可以采用该策略。

(二)寻求多样化购买行为

有些产品品牌差异明显,但消费者并不愿花长时间来选择和估价,而是不断变换产品的品牌,这样做并不是因为对产品不满意,而是为了寻求多样化。对于营销人员而言,这类产品的购买者经常想品尝新的不同品牌的产品,或者不同类的产品,因此,对产品要不断地推陈出新。同时,营销人员还可采用销售促进和占据有利货架位置等办法,保障供应,鼓励消费者多买。对酒店而言,各种休闲、度假、喜庆的餐饮品种、娱乐活动就属于此类产品。

（三）化解不协调购买行为

有些产品品牌差异不大,消费者不经常购买,而购买时又有一定的风险,所以旅游者一定要比较、看货,只要价格公道、购买方便、机会合适,旅游者就会决定购买。购买以后,旅游者也许会感到有些不协调或不够满意,在使用的过程中,会了解更多的情况,并寻求种种理由来减轻、化解这种不协调,以证明自己的购买决定是正确的。如某个消费者在购买房子时,他只能选择底层和顶层,结果他选择底层。虽然底层的光线不是很好,空气质量也差些,但他会说,顶层难爬（没有电梯）,时间一长就会有些漏水,这些解释就会在其心理产生变化,开始有些患得患失,最后坚信其决定是正确的。

对营销人员来说,在推销这类产品时,要给消费者提供方便,如送货上门、免费安装,要尽一切努力制造品牌差异,包括通过广告创造想象中的差别,许多化妆品就是这样做的。实际上大多数同类型、同档次又相邻的酒店也是一样,它们之间的实际差别不大,酒店的营销人员就要想尽一切办法创造自己酒店的形象差别与影响力,为旅游者提供预订的方便。

（四）复杂购买行为

当消费者购买一件贵重的、不常买的、有风险的而且又非常有意义的产品时,由于产品品牌差异大,消费者对产品不了解,因而要有一个学习过程,以广泛了解产品性能、特点,从而对产品产生某种看法,最后决定购买。这就要求营销人员必须成为这类产品的专家,有足够的知识与耐心向消费者进行介绍,并能说服消费者购买自己品牌的产品。对酒店而言,旅游者租用办公楼、长包房、选择会议场所就属于这类决策,旅行社合作伙伴的远程旅游也属这种类型。

二、旅游者购买决策的过程

一般而言,旅游者的购买过程可分为五个阶段:需要觉醒、信息调研、判断选择、购买决策及买后评价,如下图 2 - 12 所示。

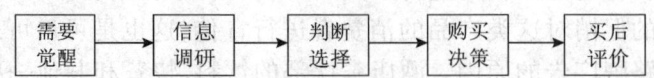

图 2 - 12　旅游者购买决策过程

(一)需要觉醒

购买过程是从旅游者对某一问题或需要的认识开始,旅游者意识到的在实际情况同期望情况之间的差异以及内在的和外在的刺激因素都可能使需要觉醒。旅游需要从需要层次上看不是低层次的需要,旅游营销人员必须利用各种营销手段,对旅游者进行刺激,唤起其欲望。如南斯拉夫的一座小镇的旅游企业就成功地制造过一起新闻,引起强烈的轰动效应,觉醒了旅游者的需要。该小镇附近有七个湖泊,当地的渔民发现其中的六个湖泊的鱼苗逐渐长大,而另一个湖泊里竟没有一条鱼。有经验的渔夫断定:鱼被"湖怪"吃了。后来经专家调查,湖里有一条重约120~200公斤的专吃小鱼的大鲇鱼。于是渔业合作社从外地请来了五位能手准备捕获它。此消息被当地的酒店和旅行社知道后,马上在各种媒体上进行广泛宣传,说湖中出现了"湖怪",并报道了流行在渔民中关于"湖怪"的传说,以及大鲇鱼的存在和组织优秀渔民去捕捉的真相。一下子,成千上万的游客被那条神奇的鲇鱼唤起了压抑已久的兴奋,他们蜂拥而至,对渔夫与鲇鱼的精彩决斗报以暴风雨般的掌声。当然,着迷的游客们并没有因此而忘了饿,他们吃掉了20000张烤肉饼,喝光了30000瓶饮料。"一天完成了一年的计划",旅游企业的营销人员毫不掩饰内心的喜悦。

(二)信息调研

一位被唤起需求的消费者可能会去寻找更多的信息。这时,四种信息来源会被查询:商业的、公共的、社会交往的和内在的。商业的信息主要是指从推销员、广告、零售商、商品包装、商品展销会、商品目录及商品说明书等方面获得的信息。公共的信息是指通过报纸、杂志、电视、电台等大众传播媒介以及政府机构和各种非企业的评审组织发布的信息。社会交流的信息是指消费者在社会交流过程中,从家庭成员、亲戚朋友、邻居及同事那里获得的信息。内在的信息是指消费者本人通过以前购买使用或当前试用中获得的知觉。下表2-2是海外旅游者了解我国情况的信息来源分析。

表2-2 海外旅游者来华了解途径

分类	了解途径					
	广告	亲友	报刊	旅游书籍	旅游商人	其他
旅游者总平均	9.3	28.4	15.1	18.5	19.7	9.0
华侨	8.0	52.1	11.1	10.3	8.8	9.7
港澳同胞	17.7	26.6	17.6	15.9	12.2	10.0
日本	5.6	15.6	31.3	26.2	8.3	13.0
美国	7.1	32.0	9.0	25.8	18.2	7.9

旅游者调查信息的强度是不断变化的,从需要觉醒逐渐过渡到主动的信息调查。旅游营销人员要事先进行分析,提前作出反应,引导旅游者朝着自己设计的路

线前进。如对一些尚未开发的旅游景点,营销人员首先要重点宣传其神秘、迷人之处,接着再介绍开发的过程和安全性等,最后再报价,确定旅游时间和旅游路线,让旅游者从一种模糊的状态逐渐清醒过来,进而产生一种行动的欲望。

（三）判断选择

当消费者收集了各种信息之后,就会对其加以整理和系统化,并且进行对比分析和评价。这种对比和评价一般是围绕产品的属性而展开的。

任何一个旅游者在购买商品时,不仅要考虑产品的质量、价格,而且要比较同类商品的不同属性以及属性的重要程度。例如,对于下列产品,人们通常考虑进行对比和评价的属性主要有：

电视机：图像、音质、价格、造型。

车胎：寿命、安全、价格、质量。

汽车：耗油量、车速、安全、式样、价格。

电冰箱：耗电量、容量、价格、式样、保鲜效果。

照相机：快速、图像、价格、型号。

牙膏：防蛀、洁齿、味道、香型。

在现实生活中,每一个产品的所有属性并非都是最优的。因此,消费者并非对产品的所有属性感兴趣,而只是对其中的几种属性感兴趣,他们对属性分析后,就会建立自己心目中的属性等级。例如,对于专业摄影者来说,他购买照相机首先考虑的是图像清晰、快速成影,其次才考虑(有的可能不考虑)价格;而对于初学摄影者来说,他首先考虑的是价格,其次才考虑图像。又如有四辆小汽车,各自属性可用表2-3来表示。

表2-3 不同汽车的不同属性

品牌	价格	耗油量（公里/升）	车速（公里/每小时）	操作	式样
甲	15万	26	100	7	9
乙	25万	28	90	10	10
丙	18万	30	120	9	6
丁	40万	25	140	10	8

旅游者对上述四种品牌的小汽车进行分析评价、比较,他要求购买的汽车价格在18万元以下,每公升油可跑26公里以上,车速每小时跑100公里以上,操作至少是7以上,式样至少是6等以上。根据这些要求,图2-15中的乙、丁两种品牌汽车就被排除在外,而在甲、丙两种汽车中进行选择。

可见每种商品的属性在购买者心目中的重要程度是不同的,企业应当根据购买者对不同属性的态度进行市场细分。如对酒店营销者来说,要分析顾客在选择酒店时在考虑哪些因素,这些因素各自的重要性或权数如何。他们是选择清洁卫生,还是选择交通便利？他们是选择辅助设施多,还是选择价格便宜？这样做可以更好地设计与推销能满足游客需要的酒店产品。

(四) 购买决策

这是消费者购买行为过程中的关键性阶段,因为只有作出购买决策以后,才会产生实际的购买行动。消费者经过分析比较和评价以后,便产生了购买意图。但消费者购买决策的最后确定,除了其自身的喜好外,还受其他因素的影响,如他人态度、预期环境因素、非预期环境因素。可用图 2-13 表示如下。

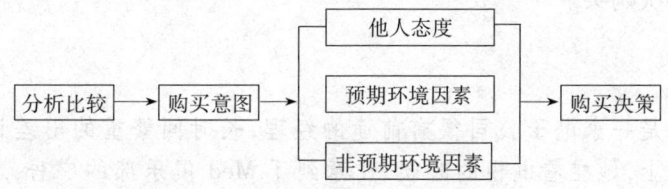

图 2-13 购买决策影响因素

第一,他人态度。这是影响购买决策的因素之一,如妻子要买一条连衣裙,受到丈夫反对,她就改变或放弃购买意图。他人态度对消费者购买决策的影响程度,取决于他人反对态度的强度及他人劝告可接受的强度。

第二,预期环境因素。消费者购买决策要受到产品价格、产品的预期利益、本人的收入等因素的影响,这些影响是消费者可以预测到的,所以称为预期环境因素。

第三,非预期环境因素。消费者在购买决策过程中除了受到上述因素影响外,还要受到推销态度、广告促销、购买条件等因素的影响,这些影响消费者是不大可能预测到的,所以称为非预期环境因素。比如消费者在购买化妆品过程中,她原来准备购买某一品牌的化妆品,后受到各种大众传播媒介的影响,改变了原来的决定。

因此,在消费者的购买决策阶段,营销人员一方面,要向消费者提供更多的详细的有关产品的情报,便于消费者比较优缺点;另一方面,则应通过各种销售服务,提供方便顾客的条件,加深其对企业及商品的良好印象,促使其作出购买本企业商品的决策。

(五) 买后评价

按照现代市场营销理论,消费者购买行为的完成,并不是市场营销的终点,只有消费者获得良好的购后感受和评价才算达到了营销的目的。一般来讲,消费者在购买行为结束后,通常的感受有三种:满意、不满意和疑虑。

旅游者的满意程度取决于旅游者所感受的实际质量和其所预期的质量。如果旅游者所感受的实际质量高于其预期质量或与其相符,旅游者是会满意的。如果旅游者所感受的实际质量低于其预期质量,旅游者是不会满意的。这就要求营销人员在做宣传的过程中,要合理地降低旅游者的事先的期望,尽量留一手,让旅游者由于享受到额外的利益,提高其实际感受质量,甚至得到一些意外的惊喜,这就可收到意想不到的好效果。坚决不能做的事是搞虚假宣传,吊起旅游者的胃口,结果却让其大失所望。截流前"繁荣"的三峡告别游就是一个很好的例子。

旅游者在购买行为发生后产生的购买疑虑现象,主要是由于旅游者在购买行为之前比较、选择或思考不充分,或者在购买过程中出现了一些麻烦和不尽如人意的地方等情况引起的。他们对购后的感受是中性的,有时是摇摆不定的。旅游营销人员可以通过信息资料的发送,增加旅游者对产品的认同和满意程度,激励和引导旅游者的再次购买。

典型案例

苏珊·琼是一家电子公司很有前途的经理,长时间繁重的出差计划使她倍感疲惫。一天晚上,她在看电视的时候,注意到了 Med 俱乐部的广告,它描述了乡村的休闲生活。这个广告使她产生了休闲这一行为动机,以满足她减轻疲惫的需要(生理上的),但她还没准备给旅行社打电话。在随后的几周内,她收到了这个俱乐部的一些直邮材料(信息提示),让她决定是否来此度假,并说明了时间、地点等。在一次商业会议上,她跟另外两位经理谈到度假这一话题,结果发现这两个人曾去过那个乡村俱乐部,并且很喜欢那里。而后苏珊又碰到以前大学联谊会的一位姐妹,由于户外运动,她的皮肤微黑,而且还穿着 Med 俱乐部的 T 恤衫。信息提示有了累积的功效,所以苏珊拜访了旅行社,并预订了去墨西哥 Med 乡村俱乐部一周的旅程(她对信息提示的反应)。

苏珊用了很长时间去度假,得到了很好的休整。在她下一次于激烈的竞争中再度感到疲惫时,就又飞到了位于加勒比海的 Med 乡村俱乐部。这一次,她又度过了一段美好的时光,并强化了她第一次去墨西哥游乐的正面感受,这样就又完成了一次领会的过程。

问题:苏姗是如何平衡自身的各种需要的?

思考与练习

1. 简述旅游者的"需要—动机—行为"模式。
2. 简述旅游需要的内容和特征。
3. 简述马斯洛的需要层次论。
4. 旅游者感知的特征有哪些?
5. 简述影响旅游者购买行为的社会因素。
6. 简述恩格尔定律。
7. 旅游者的购买行为有哪几种类型?

第三章

旅游市场营销环境分析

本章导读

作为社会经济组织的旅游企业,其生存和发展依赖于一定的环境,是在一定的外界环境条件下开展其市场营销活动的。而这些外部环境条件既会给旅游企业带来新的市场发展机会,同时也可能给企业造成某种威胁。优秀的企业应善于分析环境给其带来的两方面影响,抓住机会,规避风险,寻找企业深层次的发展。在20世纪70年代和80年代经济缓慢增长的阶段,仍有许多企业家创造出了非凡的业绩,就很好地证明了这一点。面对不断变化的市场营销环境,旅游企业的营销人员需要及时调整政策,并通过市场调查系统和市场情报系统观察环境,判断环境变化的动向,扬长避短,趋利避害,迎接市场营销环境带来的挑战,抓住机遇,实现旅游企业的预期目标。本章主要介绍:旅游营销环境的概念、特点;旅游宏观环境所包含的内容;旅游微观环境所包含的内容;旅游营销环境的分析方法和应采取的应对策略等。

第一节 旅游市场营销环境概述

一、旅游市场营销环境的概念

著名的营销学家菲利浦·科特勒曾经这样解释市场营销环境:它是"影响企业的市场和营销活力的不可控制的参与者和影响力"。也就是说,市场营销环境主要影响企业的市场营销管理能力,它关系到企业能否有效地与其目标顾客进行交易,是企业发展和维持与其目标顾客关系的外在参与者和影响者,包括影响企业生存和发展的各种外部条件。具体对旅游企业而言,旅游市场营销环境就是旅游企业环境营销策略的不可控制的参与者和力量,这些参与者和力量影响着旅游企业的管理者发展和维持同目标顾客进行成功交易的能力。

旅游企业市场营销环境的内容是广泛而复杂的,市场营销环境的不同因素和不同方面都会制约旅游企业的市场营销活动,并有着不同程度的影响。一般旅游企业的市场营销环境由两部分构成,一是微观市场营销环境,一是宏观市场营销环境。微观市场营销环境是与旅游企业密切联系，直接影响其营销活动的各种参与者。这些参与者包括供应商、中间商、顾客、竞争者、公众以及影响营销管理决策的企业内部各个部门。宏观市场营销环境是指影响微观环境中所有参与者的一些较大的社会力量，包括人口、经济、政治、法律、科学技术、社会文化和自然地理等各方面的因素。在微观市场营销环境和宏观市场营销环境的关系问题上，微观环境直接制约和影响企业的市场营销活动，而宏观环境要通过微观环境间接影响和制约企业的市场营销活动，因此，微观环境受制于宏观环境。

二、旅游市场营销环境的特点

旅游市场营销环境是一个多因素、多层次且不断变动的综合体。其特点主要表现在：

（一）客观性

旅游企业只要从事市场信息营销活动，就必须面对不同的环境条件，受到各种环境因素的影响和制约。企业要生存和发展，就要努力适应客观存在的营销环境，企业的管理人员应清醒地认识到环境给企业带来的影响是多样的，应对此作出正确的判断，并要善于抓住稍纵即逝的市场机会和准备应付各种可能的挑战。

（二）差异性

微观环境和宏观环境对于旅游企业所造成的影响是不尽相同的，微观环境系统和宏观环境中的各种因素对于旅游企业的影响也会有一定差异，它们会在不同层面上影响企业的市场营销活动，因而，企业必须能清楚地识别，哪些因素将对营销活动带来新的发展机遇，而哪些因素又会带来潜在的威胁，哪些因素对于企业影响深远，哪些因素关系紧要，并据此采取不同的策略来应付和适应营销环境的差异性。

（三）关联性

旅游市场营销环境中的各个因素是相互依存、相互影响、相互制约的，其对于旅游企业所造成的影响往往也不是单个因素的作用，而是各种相关因素综合影响的结果，因而，旅游企业在进行市场营销环境分析时，不能只关注单个因素所起的影响，还要充分注意各种因素之间的相互作用。

（四）动态性

营销环境是旅游企业生存发展的基础和条件，但营销环境也总是处于一个不断变化的过程中。像我国目前的市场营销环境相对于十多年前就已经有了很大的改变，这些改变都将对企业的营销活动产生一定的影响。在各种环境因素中，有些因素比如说社会文化因素、自然因素等变化相对较慢较小，对于企业营销活动的影响相对长而稳定；而经济因素、技术因素等的变化则比较迅速，对于企业营销活动的影响也要短一些，跳跃一些。

（五）不可控性

市场营销环境对于企业的影响是多方面的、复杂的，而且旅游企业对此也不能实行有效的控制。旅游企业无法去随意改变国家的政治法律环境和人口环境，有些因素即使可以暂时稍加控制，但随着时间的变化可能又变为不可控的，而且在各个环境因素之间还经常存在矛盾关系，这些都决定了旅游企业无法去控制其市场营销环境。

第二节　旅游市场宏观营销环境分析

企业宏观市场营销环境或给企业创造机会，或给企业带来威胁，这些因素都是旅游企业所无法控制的，企业必须对此进行密切关注并及时采取对策。宏观营销环境包括六大主要力量：人口环境、经济环境、物质环境、技术环境、政治法律环境及社会文化环境。

一、人口环境及其对旅游企业营销活动的影响

人口是构成市场的基本要素。旅游营销人员首先感兴趣的宏观环境因素便是人口环境，旅游市场是由那些想购买旅游商品同时又有能力支付的人所组成的，人口多说明市场具有较大的潜在容量。此外，人口的年龄结构、地理分布、流动性、教育程度等人口特征也将对旅游市场格局发生深刻影响，并最终影响旅游企业的市场营销活动和经营管理。所以，旅游企业必须关注人口环境，关注人口特性和人口动态，推出适应人口环境变化的营销策略。

（一）人口的数量和增长速度

世界人口正呈现爆炸性的发展态势，目前世界人口总数已达到70.5亿，并还将以每年1.1%的速度增长。我国总人口数已超过13亿，每年的增长速度为0.9%。人口数量的众多及进一步增长，对于企业来说有两方面的影响：一方面，人口数量是决定市场规模和潜在容量的一个基本要素。在人们有一定购买力的条件下，人口越多，就意味着对旅游产品的需求越多，旅游市场的容量也就越大。我国人口众多，应该说旅游市场在规模扩展方面是有很大潜力的。而且，人口的进一步增长也说明消费需求的增长，旅游市场在今后还有进一步扩大的可能性。从这方面来说，人口数量众多及进一步增长给旅游企业提供了广阔的市场空间和发展机会。但是，在另一方面，市场的形成和扩大还要以一定的购买能力为前提，单纯的人口增长并不能带来市场规模的扩大。如果人口增长的同时不能伴随经济发展和收入水平的提高，这样的人口增长对于旅游企业来说是没有经济意义和现实意义的。而且，如果人口过度增长还会导致经济衰退，那么，也会限制旅游企业的发展。

(二) 人口结构

人口结构包括人口的年龄结构、性别结构、家庭结构、社会结构以及民族结构。近年来，随着人口出生率下降和老龄化的加剧以及传统家庭观念的改变，人口结构也出现了一些新的变化。

1. 年龄结构

不同年龄层次的人对于旅游产品会有不同的需求。老年人有充足的闲暇时间去消费旅游产品，但一般他们支付能力不强，需要一些大众化的旅游产品。而年轻人追求旅游产品所能带来的新奇、刺激和享受，却苦于没有足够的时间。所以，旅游企业应针对不同年龄层次的消费者开展不同的市场营销活动。我国目前所呈现出的年龄结构特点是青少年比重约占总人口的一半，他们应该成为旅游企业所要努力培养、重点发展的目标群体。另外，目前我国人口老龄化现象还不十分严重，但已出现了人口老龄化的趋势。对于这一部分市场，旅游企业应认真研究老年人的旅游消费需求特点，开发适于他们的产品，使老年市场也成为企业一个富有发展潜力的细分市场。

2. 家庭结构

家庭是购买和消费旅游产品的基本单位。现在世界上的普遍趋势是家庭规模越来越小，在西方发达国家，无子女的年轻夫妇所组成的家庭越来越多，给众多的旅游企业如饭店业、航空业大大提供了获利的机会。因为这种家庭一般拥有较为丰厚的收入，而没有子女又使得他们有较多的时间用于旅游和外出餐饮。在我国也出现了类似的现象，越是经济发达地区，家庭规模就越小。家庭规模的变小、家庭数量的剧增在一定意义上意味着对相关旅游产品需求的增长。

3. 社会结构

我国的农村人口约占人口总数的47.5%左右，但是由于历史因素和现实条件的限制，使得这47.5%的农村人口还不具备较强的购买旅游产品的能力。因此，现阶段旅游企业市场营销活动的重点还是应集中在城市，尤其是一些经济发展迅速的大中城市。在那里，城市居民平均收入较高，有购买旅游产品的需求和能力。不过，部分经济发达地区的农村同样具有较高的消费水平，但对于购买旅游产品的动机可能还不是十分强烈，旅游企业应通过多种渠道进行引导和宣传。

(三) 人口的地理分布和区间流动

人口的地理分布是指人口在不同地区的密集程度。受到自然地理条件和经济发展程度等多方面因素的影响，人口的地理分布不会是平均的。我国人口的地理分布现状就是东南沿海一带人口相对集中，西北地区则人口相对减少，人口密度也呈现出由东南向西北递减的趋势。此外，城市人口也较为集中，一些特大城市人口密度很大，农村人口则相对分散。并且，人口的这种分布形势也与人口的购买能力相吻合，即人口集中、密度大的东南沿海和城市一般居民具有较强的支付能力，在人口分散的西部地区和农村居民则没有较强的购买能力。正因为如此,许多旅游企业都将自己开展市场营销活动的重点放在了经济较为发达、人口较为集中的东南沿海一带的大城市。但是,随着经济的发展,人口的区间流动也会越来越频繁,西部开发正在逐步成为热点,由此而引起的人口流动值得引起旅游企业的关注,前往西部的流动人口的增加扩大了当地的市场规模,而前往西部旅游的人口数量会越来越多,随之而来的经济发展将使得西部市场大有潜力可挖。

二、经济环境及其对旅游企业营销活动的影响

旅游经济环境是指旅游企业从事营销活动所面临的外部社会条件,其运行状况及发展趋势会对旅游企业营销活动产生直接或间接影响。那么经济环境对旅游企业营销活动的影响可以从直接和间接两个方面来探讨。

1. 直接影响旅游企业营销活动的经济因素

旅游市场的形成除需要一定数量的人口做基础之外,还需要具备一定的购买能力作为前提条件。而购买能力主要与收入、价格、储蓄和信贷这些经济因素密切相关,它们构成了影响企业市场营销活动的直接经济环境。

(1) 消费者收入水平。消费者对旅游产品的购买能力主要取决于消费者的收入。消费者的收入包括消费者个人的工资、红利和租金、赠予等收入。但消费者不会将所有的收入都用来购买旅游产品。因此,研究和衡量消费者收入时应考虑两个有意义的指标,即个人可支配收入和个人可任意支配收入。个人可支配收入是在个人收入中扣除税款和非税性负担后所得余额,是个人收入中可以用于消费支出或储蓄的部分,它构成实际的购买力。个人可任意支配收入是在个人可支配收入中减去用于维持个人与家庭生存不可缺少的费用(如房租、水电、食物、衣着等基本开支)后剩余的部分。这部分收入主要用于购买人们基本生活需要之外的产品,比如说旅游产品。对于旅游营销人员来说,个人可任意支配收入是旅游企业在开展营销活动时所应考虑的主要对象。另外,在分析消费者收入时还应注意对货币收入和实际收入的区分,实际收入和货币收入并不完全一致。受通货膨胀、失业、税收等因素的影响,在货币收入增加时也有可能出现实际收入反而下降的情况。而只有实际收入才真正影响消费者的实际购买力,它是在扣除物价变动因素后实际购买力的反映。对此,旅游营销人员应予以足够的重视,不能单纯地以货币收入的多少来评价消费者购买能力的高低。

(2) 消费者支出模式和消费结构。消费者支出模式会随着消费者收入的变化而发生变化,并影响一个国家或地区的消费结构。在西方经济学中常用恩格尔系数来反映这种变化。恩格尔系数说明,在一定的条件下,当家庭个人收入增加时,收入中用于食物支出部分的增长速度要小于用于教育、医疗、享受等方面支出的增长速度。食物开支占消费量的比重越大,恩格尔系数越高,生活水平越低;反之,食

物支出占消费支出的比重越小,恩格尔系数越低,生活水平越高。只有在生活水平较高的情况下,一般消费者才会产生对购买旅游产品的需求。恩格尔系数是衡量一个国家、地区、城市、家庭生活水平高低的重要参数。按联合国划分富裕程度的标准,恩格尔系数在60%以上的国家为饥寒;在50%~60%之间为温饱;在40%~50%之间为小康;40%以下为富裕。我国现阶段已经进入中等发达国家行列,一部分地区的恩格尔系数低至35%。这些数据表明我国经济发展将会引起消费者收入的增长,并将给旅游市场的发展带来很大的潜力,旅游业的前景是较为乐观的。

消费者支出模式除了受消费者收入影响之外,还与家庭生命周期阶段和家庭所在地点有一定关系:一般情况下,没有孩子的年轻夫妇组成的家庭,和孩子已经有独立生活能力的家庭对于旅游产品的需求会比较强烈,而有孩子并且孩子尚未独立生活的家庭会将较多的收入用于对孩子的教育、医疗和储蓄。城市家庭与农村家庭相比较,对收入的支出安排也有不同,城市消费者相对于农村消费者会有更多的旅游产品消费支出。

消费结构指在消费者消费过程中各种消费支出占总支出的比例关系。旅游企业开展营销活动也要以优化的消费结构为基本立足点。长期以来,由于多种因素的制约,导致我国消费结构的畸形发展,消费者的支出以食物、衣着等生活必需品为主,但是,随着经济的发展和居民生活水平的不断提高,消费结构将会发生变化,消费者用于旅游消费的支出将会增加。像最近两年在"十一"期间所出现的旅游热潮就说明了逐渐富裕起来的消费者普遍都有增加旅游产品消费的倾向,消费结构已经不再像以前那样以追求物质上的温饱为主,而是也开始注重如旅游产品之类的能满足精神需要的消费支出。

旅游企业应该注意到在消费结构和支出模式中所出现的这些变化,结合消费者的需要向消费者提供适宜的旅游产品,把握由此而带来的市场机会。

(3)消费者储蓄和信贷。消费者收入有一部分会以多种形式储蓄起来,形成推迟的、潜在的购买力。在收入一定的情况下,储蓄越多,消费支出就越少,但潜在消费能力会很大。所以,旅游企业营销人员应全面了解消费者的储蓄情况和储蓄目的,以判断消费者对于旅游产品的需求和购买能力。在我国,消费者长期以来都有较高的储蓄倾向,使得企业实现产品价值有一定困难。不过旅游企业也看到,在这种情况下消费者仍具有相当的潜在消费能力,应努力去转变消费者的消费观念,扩大对旅游产品的宣传,引导消费者合理地安排旅游支出,将潜在的购买能力转化为现实的购买能力。

消费者信贷是消费者通过提前支取未来收入的方式提前购买产品。在西方国家,消费者信贷普遍存在,运用也十分广泛。它向消费者提供了一个购买超过自己现有支付能力商品的渠道,从而也创造了更多的就业机会,更多的收入需求,并且还可以调节积累与消费、供给与需求的矛盾。在我国,消费信贷还不是十分普遍,运用的范围也比较有限,主要局限于为一些事业单位所提供的服务信贷。旅游消费信贷还处于一个刚刚起步的阶段。不过,随着人们消费观念的逐渐改变和相关配套机制的完善,旅游消费信贷将会得到发展,使消费者购买旅游产品的能力得到提高。

2. 间接影响旅游企业营销活动的经济因素

(1) 经济发展水平。一个国家和地区的经济发展水平会制约旅游企业的市场营销活动。经济发展水平的高低会影响居民收入的多少,居民收入多少会导致对产品的不同需求,最后对企业的营销活动产生影响。在经济水平较高的国家和地区,消费者收入较高,对于一些满足基本需要之外的产品如旅游产品的需求较为强烈,并且比较注重旅游产品的质量、特色和品牌;而在经济发展水平较低的国家和地区,受到相对较低的收入的限制,居民收入中的主要部分会用于相关基本生活的必需品,即使有对旅游产品的需求,也主要关注旅游产品的价格因素。由此我们可以看出,旅游企业应对处于不同经济发展水平的国家和地区采取相应的市场营销策略。

根据美国学者罗斯顿的"经济成长阶段"理论,世界各国的经济发展可分为五种类型:传统经济社会;经济起飞前的准备阶段;经济起飞阶段;经济成熟阶段;大量销售阶段。前三个阶段属于发展中国家,后两个阶段属于发达国家。按照目前的实际情况,我国已经初步进入经济成熟阶段,但是离大量销售阶段还有一定的差距。这一方面说明我国的经济发展水平还不是很高,对于旅游产品的需求还会受到购买能力的一定限制;另一方面也说明在经济发展的过程中,对于旅游产品的需求将会有很大增长,而且购买能力也会显著提高。旅游企业应抓住这个机遇,实现企业的进一步发展。

(2) 地区发展情况。我国地区经济发展很不平衡,东部、中部和西部三大地带在经济发展程度上存在较大差异,同时,在各个地区的不同省市,经济发展程度也有不同。这种地区经济发展的不平衡决定了各地区在对于旅游产品需求的强烈程度、购买能力和支付能力上都会表现出不同的特征。旅游企业在制定营销战略,确定目标市场时应考虑到这种经济发展不平衡对于旅游市场和旅游需求的影响,实施符合市场情况和消费者需要的营销措施。

(3) 城市化程度。城市化程度是指城市人口占全国总人口的百分比。城市化程度对于企业营销活动的影响主要表现在:城乡居民之间因经济、文化等的不同所导致的不同的消费行为。对于旅游企业而言,城市消费者的收入相对稳定丰厚,由于普遍有较高的文化程度,思想开放,消费观念转变快,容易接受新生事物,是旅游企业重点争取的目标市场;而在农村,要形成和扩大对旅游产品的消费需求还需要长时期的宣传和引导工作。

三、政治法律环境及其对旅游企业营销活动的影响

政治法律环境是由政府机构、法律以及在社会上影响和制约企业活动的"压力

集团"所组成。政治环境指明了企业营销活动的方向,法律环境则规定了企业营销活动的行为准则。政治环境与法律环境密切相联,共同作用于旅游企业的市场营销活动。

1. 政治环境

政治环境指一个国家和地区的政治形势、状况及国家的方针政策。这些因素的变化可能会影响企业的市场营销活动。

(1)政治局势。政治局势表明了旅游企业所在国家或地区的政治稳定状况。政局稳定是关系到旅游企业能否开展营销活动的关键因素。政局的稳定有利于发展和提高生产力水平,提高人均收入,为旅游企业创造良好的外部营销环境。政局不稳,会对生产力造成严重破坏,阻碍经济的发展,并削弱居民的购买力,给旅游企业的市场营销活动带来不利的影响。旅游业受政局的影响比较大,旅游目的地国家如果发生了战争、暴乱、罢工或政权更替等政治事件,就说明旅游市场存在较大风险,旅游企业应尽量避免在这样的国家开展营销活动,尤其是那些开展国际旅游业务的旅游企业,更要对东道国的政局稳定情况作出预测,防范由此而引发的风险。

(2)国家方针政策。国家在不同时期根据不同需要所制定的一些方针政策也会影响旅游企业的营销活动。在我国已经提出了到2020年左右将我国由亚洲旅游大国建设成世界旅游强国,将旅游业发展成为国民经济支柱产业的战略目标。为此,国家也制定了一系列有利于旅游业发展的方针政策,如加强旅游基础设施建设,增加资金投入,扩大西部旅游业的对外开放等,这些对于旅游企业来说都是难得的发展机遇。如何利用国家方针政策带来的市场机遇,做好营销工作,是旅游营销人员值得关注的问题。

(3)国际关系。国际关系是指国家在政治、经济、军事、文化等方面的关系,旅游企业尤其是从事国际旅游业务经营的旅游企业对国家之间的关系更应引起高度的关注。如果两国之间保持良好的关系,对于旅游企业的营销活动会创造十分有利的条件。如果两国政府是敌对状态,旅游企业就无法正常开展旅游产品的营销工作。国内游客无法去购买国外旅游产品,而国外游客也不能到本国内进行观光旅游和度假。

2. 法律环境

法律是由国家制定或认可,体现统治阶级意志,并以国家强制力保证实施的各种行为规范。旅游企业的营销活动应以各种法律法规为行为准则,在开展国际营销活动时还要了解和遵守东道国的法律制度及相关的国际法规、国际惯例和准则。

目前,在法律环境中影响旅游企业营销活动的主要趋势有:

(1)管理企业的立法逐步增多。西方国家一贯强调以法治国,主要是通过法律手段来实现对旅游企业营销活动的管理和控制,而在我国对于旅游企业实施管理的各项法规正在逐步完善。这些有关的法律法规的作用是:首先,保护了各企业的正当权益,实现了公平竞争;其次,保护了消费者的正当权益不受损害。旅游法规可防止旅游企业用夸大的广告、欺骗的价格和名不副实的旅游产品来欺骗消费者,谋取不正当利益,使旅游企业的市场营销活动规范化;最后,这些法律法规还保护社会的整体利益和长远利益。像目前在旅游资源的开发过程中由于不注重保护环境,造成了对旅游资源的严重破坏,而根据相关法律规定可促使企业在开发旅游资源的同时做好保护工作,以免给自然环境造成更大的损伤和破坏。

旅游企业的营销人员应该很好地了解这些保护企业利益、消费者利益和社会利益的旅游法规和相关法规,使企业的营销活动在符合法律规定的行为准则下进行。

(2)政府机构执法更严。各国根据自己的实际情况都要指定相应的执法机关来进行执法,对企业的营销活动有重大影响。在我国,与旅游业有关的政府机构很多,环境保护局、技术监督局、旅游局等,它们都会从不同方面对旅游企业的营销活动进行监督和控制,以保护正常的行业发展秩序,维护消费者正当权益,促进旅游业健康发展。一旦旅游企业有违法违规现象发生,将会受到严厉的惩罚,对营销活动也将产生不利影响。所以,旅游企业要自觉用各项法律法规来规范自己的营销行为,并自觉接受执法部门的管理和监督,在自己的正当权益受到竞争者侵害时,也可以运用法律武器来解决争端,保护自己。

不断完善的法律体系、更为严格的执法给旅游企业的营销活动增加了更多的限制,营销人员要善于同旅游企业的公共关系部门和法律部门共同合作制订营销计划。

四、自然地理环境及其对旅游企业营销活动的影响

自然地理环境包括一个国家或地区的自然资源、地形地貌和气候条件,自然地理环境对于旅游企业的营销活动有特别的意义。很多旅游景点或产品都依托于一定的自然地理环境,一旦自然地理环境发生变化或遭到严重破坏,就会导致旅游产品的消失。所以,旅游企业要尽量避免由自然地理环境所造成的威胁,利用由自然地理环境带来的机会,对自然地理环境的变化作出正确的分析和评价。

地球的资源包括无限资源、可再生的有限资源和不可再生的有限资源。随着人类经济的发展,自然资源被开发和利用的程度越来越高,使得某些原材料的供应日益短缺,在某些国家和地区,水资源的供应已成为严重的问题。由于很多工业国家的发展对石油都有极大的依赖性,作为不可再生资源的石油已经成为未来经济发展的最严重的问题,高昂的石油价格促使人们去寻找石油的替代能源。人类的活动及现代工业的发展也对自然环境造成了严重的威胁,使环境污染越发严重,生态平衡日益遭到破坏。

旅游企业对自然地理环境有很强的依赖性,对于这些趋势的出现,旅游企业应采取积极的措施来应对。现在,由于在自然地理环境方面出现了一些对人类生存

造成不良影响的变化,消费者的环保意识正在逐渐增强,他们也认识到人类的生产和消费不能破坏人类赖以生存的环境。为此,许多饭店已提出了创建"绿色饭店"的主张,使用更加清洁高效的能源,循环利用水资源,不随意使用一次性物品等,这些措施迎合了现代的消费趋势和消费潮流,使企业获得了良好的声誉,取得了社会效益。有些旅游自然资源在开发和旅游的过程中遭到了人为的严重破坏,造成了不可挽回的损失,旅游景点应做好旅游资源的保护工作,保护这些宝贵的旅游资源,并引导旅游消费者的消费行为,不要让旅游者的旅游活动破坏自然资源。

在环境保护方面,各国政府机构都扮演了积极的角色,随着在自然资源管理方面政府强有力的介入,旅游企业应严格遵循政府有关环境保护的各项法律法规,并积极参与环保事务,求得消费者利益、企业利益和社会利益的统一。

五、科学技术环境及其对旅游企业营销活动的影响

科学技术是现代生产力发展中最活跃和具有决定性的因素,对于经济发展、社会进步、生活方式的变革都起着巨大的推动作用。目前,科技进步在我国国民生产总值中的比重已达80%,科技的发展给国民经济生活所带来的影响在方方面面已经体现。科技环境作为一个重要的营销环境因素,与其他环境因素一起共同影响着企业的营销活动。

(1)科学技术的发展为旅游企业的市场营销提供了物质手段。科学的进步和设备的技术开发使得许多饭店都拥有计算机预订系统,简化和方便了顾客购买旅游产品。而互联网的普及使得旅游电子商务的发展欣欣向荣,这些都会不可避免地对旅游企业的市场营销活动产生影响,为他们提供了新的管理方法和更为先进的技术,使得市场营销活动中的物质手段越来越丰富。

(2)科技的发展改变了人们的生活方式、消费观念和需求结构。科技的发展会使人们的生活方式和消费结构都发生深刻的变化。在美国,由于科技进步而导致了汽车工业的发展,使美国人的生活方式发生了重大的改变,驾车旅游成为许多美国人的休闲方式,由此引起了美国汽车旅馆、假日旅馆的繁荣。现代科技的进步可谓一日千里,它让人们有更多的选择旅游商品的机会、更方便的购买旅游产品的方式,旅游企业应看到这个变化,不断增加旅游产品的科技含量,增加科技化的营销手段,以适应消费者的变化。

(3)科技的发展提高了旅游企业的营销效率。交通运输工具运输能力的提高和运输状况的改善,使旅游消费者得以更加快速、方便、安全地到达旅游目的地;信息和通信设备的发展使饭店通过电话、电传、电脑等方式就可以完成产品预订工作;现代信息传媒的普及使旅游企业可以通过广播、电视、互联网来发布广告,将旅游产品的信息传到全国甚至世界各地;现代计算机技术的运用使旅游企业可以更为有效地了解消费者的需求及动向。所有这些变化最终都大大提高了营销效率，让企业可以更了解消费者，并提供更让消费者满意的旅游产品；让消费者可以更方便地购买旅游产品，更舒适地享受旅游产品，更全面地了解旅游产品，更畅通地与旅游企业进行信息交流。

（4）因特网对于企业营销的影响是巨大而深远的。首先，因特网加快了信息的传递，使旅游企业开展全球经营的时间和空间的距离迅速缩小，促使大多数旅游企业以世界市场为目标市场，开展全球营销。其次，越来越多的旅游者直接通过因特网来获得旅游目的地的有关信息，从而使得旅游中间商的作用迅速下降。另外，大多数旅游企业通过因特网发布信息，在因特网上进行促销，由于在因特网上能够与潜在的旅游消费者实现互动的交流，使促销效率迅速提高。最后，旅游者和旅游目的地国际化。一方面旅游者来自世界各地；另一方面，他们所选择的旅游目的地也是世界各地。总之，因特网加快了世界旅游业的发展，同时，也给旅游企业的营销活动带来了巨大的影响。

六、社会文化环境及其对旅游企业营销活动的影响

人们总是生活在社会当中，社会塑造了人们的基本信仰、价值观念和生活准则，从而构成了影响企业营销活动的社会文化环境。社会文化环境包括两个部分：一是比较稳定的持续的价值观念的核心文化，一是容易受外界因素影响而发生变化的亚文化与次文化。社会文化因素通过影响消费者的思想和行为来影响企业的市场营销活动。

核心文化对于消费者的影响是持久的，不会轻易发生变化，旅游营销人员应该了解文化主要在哪些方面给消费者行为造成影响。比如消费者对待旅游活动的看法，其是否将旅游活动视为积极有益的活动；在不同文化中消费者购买决策的特殊形式，由谁作旅游决定，决策时的信息来源和衡量标准是什么；不同文化所需要的营销技巧不同，要特别注意避免采取一些为特定文化下的消费者所不能接受的营销方式；不同文化消费者的购买习惯，是倾向于直接购买还是通过旅游中间商；不同文化消费者的购买动机等。

每一种文化都包含着许多亚文化。亚文化群体中的成员具有共同的信仰、偏好以及行为方式，旅游营销人员通过研究各种亚文化群体的不同的需求和消费行为来选择不同的亚文化群体作为自己的目标市场。

消费者的价值观念、审美标准、受教育程度等往往会影响消费者社会文化背景的形成。旅游企业除了研究社会文化环境对消费者造成的影响之外，还要研究社会文化环境易受哪些因素影响，并加以引导。旅游企业可提高旅游宣传的频率，扩大旅游宣传的范围，培养健康的旅游消费观念，让消费者将旅游活动视为一种放松身心的有益活动，以促进旅游需求。旅游企业还要识别具有不同社会文化背景的

消费者，了解他们的风俗习惯、喜好禁忌，避免在开展营销活动的过程中由于不了解这方面的情况造成不必要的冲突和误会，引起旅游消费者的反感。

第三节　旅游市场微观环境分析

旅游企业的微观环境主要由供应商、中间商、顾客、竞争对手、公众及企业内部参与营销决策的各部门组成。

一、供应商

供应商是向旅游企业及其竞争对手提供生产旅游产品所需各种资源的企业或个人。供应商所提供的资源是旅游企业进行正常运转的保障，也是向市场提供旅游产品的基础。所以，旅游企业与供应商之间的紧密联系是对企业营销活动产生直接影响和制约的因素。供应商主要从以下几个方面来影响旅游企业的营销活动：

1. 供货的质量

供应商所提供的各种原材料、技术设备等的质量直接关系到产品质量的好坏。尽管从总体上来说旅游产品是一种无形产品，但是旅游产品的生产还需要借助于一定的物资材料并通过一些有形的方式表现出来，对于餐饮产品和住宿产品来说就是这样。如果供应商不能提供高质量有保证的产品，就会使旅游产品的质量受到不良影响，损害产品形象和企业形象。因而，旅游企业在选择供应商时一定要注意供应商的供货质量。

2. 供货的价格

供应商的供货价格是企业生产成本的一个组成部分，供应商所提供的原材料、设备、能源的价格高，生产企业所生产的产品的价格就会被迫提高，由此会影响产品的竞争能力，以及企业的销量和利润。对于企业所需的主要原材料的价格变化趋势，旅游企业应该有足够的了解，以随时应对突如其来的市场变化。

3. 供货的及时性与稳定性

旅游产品的生产需要供应商连续地、适时地提供生产所需的各项资源，如果某些原料的供应不能及时送达，或供应不足、供应短缺，都会影响旅游企业向市场提供旅游产品的数量和质量，使消费者不能购买到满意的旅游产品，使旅游企业的形象和声誉受到损害。为此，旅游企业应掌握主要供货商的变化和动态，保证货源供应的及时、连续和稳定。

由于供应商的供货质量、供货价格、供货是否及时与稳定都会对企业的营销活动发生影响，企业在选择供应商时应特别慎重。首先，要充分了解供应商的资信状况，将那些供货品质好、价格合理、交货及时、信誉良好、效率高的供应商作为自己的合作伙伴，并与之建立起长期的业务关系，使供货的连续性和稳定性得到保证。

其次,为了避免供应商对企业的一些不利控制,企业不要过分地依赖一家或少数几家主要的供应商,而是要使自己的供应商多样化。企业所选择的供应商越少越集中,就越容易受到供应变化的影响和打击,而分散地向多个供应商采购,就可以有效减少供应商对企业的控制,即使在市场变化、企业与供应商关系变化时,也不会使企业面临没有供货的困境。

二、营销中介单位

营销中介单位是指帮助旅游企业销售、推广产品给最终消费者的企业或个人,主要有旅游中间商、营销服务机构和金融机构等,这些中介单位所提供的服务使旅游企业的市场营销活动得以顺利进行。在市场经济发展的过程中社会分工会越来越细,这些中介单位在企业市场营销中也会发挥越来越大的影响和作用。旅游企业必须重视营销中介单位对企业营销活动的影响,并保持与它们的合作关系。

1. 旅游中间商

旅游中间商是帮助旅游企业寻找顾客或直接同顾客进行交易的商业性企业。旅游中间商一般分为旅游零售商、旅游批发商,以及专门的奖励旅游经营商和会议经营商。旅游中间商的存在对于旅游企业开展营销活动产生了重要影响。旅游生产企业在经营场所的空间位置上相对集中,而旅游消费者分散在各地,旅游中间商解决了这种空间上的分离,使分散的消费者能方便地购买到旅游产品,为其提供空间效用;旅游生产企业无法充分了解旅游消费者的需求,缺乏有意义的需求消息,而旅游消费者了解旅游产品供给状况的渠道也十分有限,缺乏供给信息,同时,旅游中间商长期与旅游消费者和旅游生产企业接触,掌握了大量有关旅游产品需求和供给的信息,能用自己的专业知识为旅游消费者提供消费咨询、建议和指导,同时又能为旅游生产企业提供反馈信息和改进意见,提高信息效用;旅游生产企业所生产的旅游产品大多是有限的单项旅游产品,而且是批量生产,而旅游消费者需要的是有特色的旅游产品,并采取零星购买的方式,旅游中间商从旅游企业那里大量订购旅游产品再经过自己的组合包装,或以包价旅游产品的方式出售,或以专门计划的旅游产品形式出售,能更好地满足消费者需要,提高了品种效用和数量效用。所以,旅游中间商所承担的职能大大提高了营销活动的效率,其服务质量如何将会直接影响到旅游产品的销售情况。出于这一点,旅游企业要做好中间商的评价挑选工作,选择合适的中间商,并与中间商建立保持良好的合作关系。在合作过程中,要全面了解和掌握中间商的经营活动,并采取激励措施推动中间商开展业务活动,根据业务完成情况评估中间商的表现,及时进行调整,一旦中间商不能履行其职责,可考虑终止与该中间商的合作关系。

2. 营销服务机构

营销服务机构是帮助企业选择最恰当的市场并协助企业向选定市场推销产品

的企业或个人,主要包括广告公司、传播媒介公司、市场调研公司和营销咨询公司等。一般旅游生产企业在处理市场调研、广告制作、营销咨询之类有关营销服务的业务时,要作出是由企业自己来做还是委托这些专门的营销服务机构来帮助的决定。现在大多数旅游生产企业还是以合同方式通过这些专业营销服务机构来开展营销活动。旅游生产企业可以依靠市场调查公司进行市场信息的收集、整理和分析;向营销咨询公司征求营销活动的意见、建议和指导;依靠广告公司制作旅游产品广告;通过传播媒介公司传递信息。在企业决定委托营销服务机构来处理这些业务时需要谨慎地选择,仔细考察每个不同的专业公司所提供的服务质量、服务内容、服务特色及其价格水平,对它们作出恰当的判断和评价。在营销服务机构基本选定之后,还需要对他们的工作进行定期检查。对于那些不能达到预期服务水平和效果、不能胜任工作的专业公司,应及时派员调整,保证企业的利益。

3. 金融机构

这里的金融机构主要是指协助旅游企业进行融资活动,为旅游产品购买与销售提供资金保险服务的各种公司,如银行、信贷公司、保险公司等。旅游企业和金融机构的联系是非常密切频繁的,旅游企业的财产需要通过保险公司进行保险,企业间的业务往来要通过银行账户进行结算。如果银行的贷款利率上升,或是信贷来源受到限制,都会给旅游企业的发展带来不便,并影响旅游企业的市场营销活动。因此,旅游企业要大力发展同金融机构的关系,保证企业有畅通的融资渠道,避免因贷款成本的上升或信贷来源受到限制而造成的不利影响。

三、顾客

旅游生产企业的营销活动是以顾客需要为中心而展开的,旅游生产企业的目的是要有效地向目标市场提供旅游产品,可以说顾客是影响旅游企业营销活动最基本、最直接的环境因素。旅游市场的顾客主要包括个体购买者和公司购买者。

1. 个体购买者

个体购买者是指为了满足个人或家庭物质需要和精神需要而购买旅游产品的购买者,如观光旅游者、度假旅游者等。这类顾客购买旅游产品是用于自己消费,以获得物质享受和精神享受,而并不是为了谋利。个体购买者具有以下特征:

(1)个体购买者多以个人或家庭为基本消费单位,包括了各种类型、各个阶层的人员,更多地受到消费者个人因素如年龄、教育程度、收入水平等方面的影响,对旅游产品的价格需求弹性较大。

(2)个体购买者人数众多,市场分布分散,成交次数频繁,交易数量小,大多喜欢通过旅游中间商来购买旅游产品。

(3)个体购买者在年龄、性别、偏好、文化、习惯方面各有不同,对于旅游产品的需求存在较大差异性。

(4)个体购买者大多缺乏对旅游产品的专门知识,对旅游产品的购买是一种非专家购买,所以,其购买行为具有很大程度的可诱导性,旅游企业应做好产品的宣传工作,给消费者提供适当的建议,指导消费,有效地引导其购买行为。

(5)个体购买者的购买能力及用于消费旅游产品的时间都有一定限度,而且旅游产品之间具有较强的可替代性,使得个体购买者在购买旅游产品时有较大的选择性,购买流动性强。

2. 公司购买者

公司购买者是指为了满足开展业务的需要而购买旅游产品的公司或组织。比如有的公司到宾馆、度假村召开会议。公司购买者的主要特征是:

(1)公司购买者购买旅游产品的最终目的并不是追求旅游产品所带来的身心享受,而是为了通过旅游产品给人所带来的享受达到开展业务活动的最终目的,因此公司购买具有派生性。

(2)公司购买者对旅游产品的需求不像个体购买者那样容易受到价格变动的影响,由于这笔购买费用由公司支出,所以价格变动不会在很大程度上影响公司购买者对旅游产品的需求,其价格弹性较小。

(3)公司购买者在公司内部一般都有专门从事旅游产品购买的部门和专业人员,他们具有专业化的旅游知识,对于旅游产品有深刻的了解和认识,不像个体购买者那样易受诱导,其购买行为是一种专家购买。

(4)公司购买者相对于单个的、分散的、为数众多的个体购买者来说,在数量上显然要小得多,但在每次购买的规模上要比个体购买者的购买规模大。

从以上分析可以看出,个体购买者和公司购买者在购买旅游产品时会表现出不同的特征。旅游营销人员如果不考虑到这种差异,采取一视同仁的营销策略,就可能达不到良好的效果。较好的办法是对公司购买者和个体购买者分别制定不同的营销策略,在产品、价格、渠道、促销方面针对其特点采取不同的措施,以满足他们各自不同的需求。

四、竞争者

旅游企业在通过市场营销活动服务于目标市场的过程中必然会受到来自于其他企业的竞争和挑战,竞争对手的存在直接影响企业的经营管理,竞争对手在旅游产品价格、广告宣传、促销手段等方面的变化,都会给企业带来不同的影响。旅游企业必须认清竞争形势,识别竞争对手,关注竞争对手,并设法建立竞争优势,保持顾客对本企业的信赖与忠诚。

1. 行业竞争强度

根据迈克尔·波特的分析,行业竞争强度主要取决于六种力量,即:供应商的讨价还价能力;购买者的讨价还价能力;替代产品的威胁;现有企业的竞争状况;新进入者的威胁及其他相关者的权力。旅游企业通过对以上六种力量的分析可以明确总体上的行业竞争强度及自己在竞争中处于什么样的市场地位。旅游企业最好建立一个能连续收集竞争信息的情报系统,经常将自己的产品价格、渠道、促销手段及效果与竞争对手进行比较,确定企业主要的竞争对手,并要了解竞争对手的战略和目标、竞争对手的优势与劣势、竞争对手的反应模式。在此基础上,作出相关的决策,即哪些竞争对手需要攻击,哪些竞争对手需要回避,使企业能发动更准确的进攻并在遭到进攻时采取有效的防卫措施。

2. 市场竞争强度

行业竞争强度描述了在旅游业内旅游企业之间相互竞争的状况及旅游企业对于行业内主要竞争对手的认定和识别。很多旅游企业由此也认为竞争者对于旅游企业的影响仅限于行业之内,但事实上旅游企业所面临的实际和潜在的竞争者范围是广泛的。为此,必须区分四个层次的竞争者:(1)欲望竞争者。企业必须知道在顾客当前所有需要满足的欲望中最需要满足的欲望是什么?假设现在某人在经历了一周的辛苦工作后,在周末休息时,他会想到要以什么样的方式来度过周末。体育运动、看电影、在家里休息以及外出旅游这些念头都会出现,这些都构成了欲望竞争者。关键在于这个人想满足什么欲望。如果这个人想选择外出旅游的方式,那么就面临着类别竞争的问题。(2)类别竞争者。类别竞争者是指能满足同一需要的同种产品之间的竞争。比如这个人选择以外出旅游的方式来度过周末,那么他可选择到旅游景点、主题公园、博物馆或饭店宾馆,这些都会满足他的旅游需要,可以说是一组类别竞争者。(3)形式竞争者。是满足同一需要的同种产品的不同形式之间的竞争。如果这个旅游者决定选择旅游景点,那么各类旅游景点都会被考虑,当地的、附近的、自然的、人文的都可满足他通过游览旅游景点度过周末的欲望,只是形式不同,故称作形式竞争者。(4)品牌竞争者。是满足消费者同一需要的同种产品、同一形式、不同品牌之间的竞争。如消费者最终决定到当地的自然旅游景点去度假,那么可供选择的景点有几处,也就是说他面临着不同品牌之间的竞争,故称为品牌竞争者。如下页图3-1。

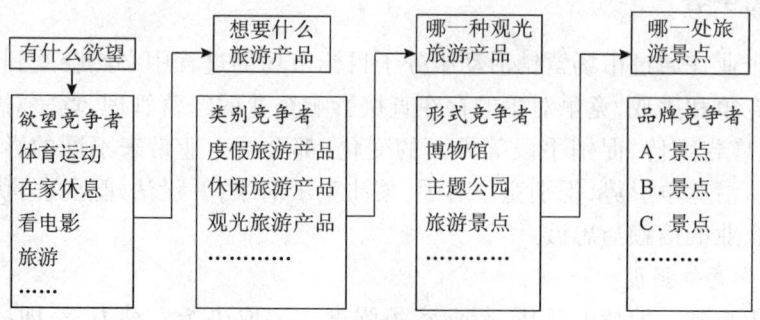

图3-1　不同层次的竞争者

所以,旅游企业不仅要树立行业竞争观念,还要树立市场竞争观念;不仅要识别行业竞争强度和行业竞争对手,还要识别市场竞争强度和市场竞争对手。只有这样,才能在激烈的市场竞争中站稳脚跟,实施有效的竞争措施,顺利地开展营销活动,保证企业目标的实现。

五、公众

旅游企业除了要与竞争对手争夺目标市场之外,还要意识到有各种类型的公众在关注企业的业务活动,并对此表示支持或反对,从而,对企业的经营活动产生巨大的影响。因此,公众就是对旅游企业实现其目标的能力感兴趣或发生影响的任何团体或个人。旅游企业要善于处理与主要公众的关系,一般旅游企业都设有专门的公共关系部门负责安排同各类公众的关系,它会收集与企业有关的公众的意见和态度,发布和交流信息,树立企业的良好形象和声誉。在出现对于企业不利的反面宣传时,公共关系部门还要通过各种方式去消除反面宣传所带来的不利影响,减少由此而带来的损失,帮助企业恢复声誉。尽管有公共关系部门来处理与公众的关系,旅游企业也不应将公共关系全部交由公关部门处理,而是要让所有员工都积极参与公共关系事务,从高层到基层,从上级到下级,从高级职员到一般职员,都负有与公众建立和保持良好关系的责任。为了处理好企业与各类公众的关系,企业应该明确公众正在追求的而企业又能够满足的是什么,并据此来制订公共关系活动计划。

旅游企业周围的主要公众有:

(1)金融公众。金融公众是关心和影响旅游企业取得资金能力的集团,包括银行、投资公司、证券公司、保险公司,他们对企业的融资能力有重要影响。旅游企业应努力使金融公众对自己的经营感到满意和放心,在金融公众中建立良好的信誉。

(2)媒介公众。媒介公众是能刊载、播送新闻、特写和评论的机构,包括报纸、杂志、电台、电视台等,它们能帮助企业实现和外界的联系。旅游企业通过与媒介的良好关系能扩大企业和产品的知名度与影响力。

(3)政府公众。政府公众是负责企业的业务经营活动的政府机构和企业的主管部门,如制定有关经济法规和政策的机构、工商行政管理局、物价局等。旅游企业在制订营销计划时要考虑政府公众对其的影响,比如保证广告的真实性,制订合理的价格,还要考虑政府政策措施的变化。

(4)公民行动团体公众。公民行动团体公众是指有权对旅游企业营销活动作出质询的团体和组织,指责旅游企业的经营活动破坏环境,旅游产品损害消费者权益,不符合消费需求,并要求企业采取相应措施,它们包括消费者协会和一些环境保护组织。

(5)地方公众。地方公众是企业周围的一些居民和社区组织,他们对企业的态度直接影响企业的营销活动。旅游企业要和地方公众之间保持经常的联系。企业可以指派专人负责处理与地方公众的关系,积极参与地方公众的日常事务,为一些公益事业提供赞助,赢得地方公众的好感与合作。

(6)普通公众。普通公众是不购买旅游企业产品,但深刻影响消费者对旅游企业及其产品看法的个人。尽管他们并不购买旅游产品,旅游企业也需关注他们对产品和企业经营活动的态度。企业在普通公众中的形象会影响到消费者的行动。旅游企业可以建立有效的消费者意见处理系统来听取消费者意见,改进不足之处,树立在普通公众中的形象。

(7)内部公众。内部公众是旅游企业内部全体员工。董事长、经理、管理人员和一般员工都属于企业的内部公众。处理好和企业内部公众的关系是企业搞好外部公众关系的前提。企业可通过发行内部杂志、业务通信和其他沟通信息的方式来向内部公众通报信息,激励他们的积极性。如果内部公众对企业深感满意,具有强大的凝聚力和向心力,那么这种积极的态度也能向企业外部公众传播,利于企业保持和外部公众的良好关系。

各种不同类型的公众对于旅游企业的影响是多方面的,既有可能增强企业宣传其目标的能力,也有可能会妨碍企业实现目标。所以,旅游企业应努力采取措施,保持同各类公众的合作关系,树立企业的良好形象,保证旅游企业顺利地开展营销活动。

六、企业内部营销环境

企业内部营销环境制约着企业营销活动的效果,不同的内部营销环境可以使企业在面向相同外部环境开展营销活动时取得不同的结果。所以,良好的企业内部营销环境有助于企业实施成功的营销活动,企业内部营销环境包括企业资源、企业组织结构和企业文化。

(1)企业资源。企业资源是指企业在人力、物力和财力等方面的各种资源。企业的营销策略需要依靠一定的人力资源来制定和执行。人力资源是旅游企业最宝贵的资源,优秀的旅游企业应建立完善的人力资源机制,进行旅游人才的挑选、考核、评价和储备工作,保证旅游企业员工的高素质。旅游企业管理水平的高低、各项规章制度的优劣决定了企业营销机制的工作效率,也决定了是否能保证营销活动有序、高效地开展。旅游企业还需有足够的资金和相应的硬件设施来作为营销活动的物质基础,离开物质基础的支持,营销活动就无从开展,而且物质条件的状况还直接决定了企业营销活动的规模。

(2)企业组织结构。旅游企业的组织结构是否合理对旅游企业影响很大,这主要体现在企业营销部门和其他部门在组织结构的相互关系上。营销部门在企业中的地位影响到营销活动能否顺利进行。以传统观念导向为基础建立的企业组织结构和以市场营销导向为基础的企业组织结构会有很大不同。在以传统观念导向为基础的旅游企业组织结构中,市场营销部门通常被放置在不重要的位置,要听从生产部门、销售部门、财务部门的安排,不能发挥其应有的作用。在以市场营销观念为导向的旅游企业组织结构中,则以市场营销部门和消费者需求为中心来建立企业组织结构。不过,由于旅游企业内部各部门在经营目标、职能侧重点等方面都有所不同,营销部门和其他部门难免就会发生种种冲突,所以,需要在保证营销部门地位的前提下协调营销部门与其他部门之间的关系,营造良好的工作环境和工作氛围,使各部门共同为实现企业目标而努力。

(3)企业文化。企业文化是指企业的管理人员和员工共同拥有的一系列共同的思想观念和企业的管理风貌,包括价值标准、经营哲学、管理制度、思想教育、行为准则以及企业形象等,它是一个重要的企业内部环境要素。企业文化有助于提高企业内部的凝聚力,形成良好的员工行为规范,提高员工的工作积极性,发挥员工的创造能力,激发员工更努力地工作,以取得更高的绩效。全体员工紧密团结、协调一致的工作环境和氛围也增强了员工对于企业的归属感,并通过员工的态度向外传达,提升企业的形象。旅游企业可以通过建立并实施在人事、组织、激励等方面的规章制度,开展员工喜闻乐见的各种活动,使员工更加了解企业、热爱企业,创造良好的企业文化,最终有利于企业的营销活动。

第四节 旅游营销环境分析及对策

一、市场营销环境的分析方法

市场营销环境的分析方法常用的有两种:一是SWOT分析法,二是机会——风险分析法。

1. SWOT分析法

SWOT分别是英文Strength(优势)、Weakness(劣势)、Opportunity(机会)、Threaten(威胁)的缩写。SWOT分析法就是企业对内部的优势、劣势和外部环境的机会与威胁进行综合分析,据此对可能的多个营销战略方案作出评价,最终选出合适的方案。

(1)外部环境分析(机会与威胁)。企业的外部环境是企业所无法控制的,外部环境中的某些因素可能会给企业带来有利的发展机会,而另外一些因素又可能威胁到企业的生存和发展。所以,企业必须对外部环境作出全面的分析和评价。

外部环境机会是指给企业营销活动带来好处的有利因素,是对企业营销活动富有吸引力的领域,它说明在市场上还存在未被满足的需求,既可能来源于宏观环境,也可能来源于微观环境。同样的环境机会对于不同的企业有不同的意义,环境机会能否成为企业的机会要看其是否符合企业发展目标,并与企业现有资源和条件相适应,以及企业能否比竞争对手更有效地利用此环境机会。

外部环境威胁是限制企业营销活动发展的不利因素,是对企业的挑战。外部环境给予企业的威胁一方面表现为环境因素直接威胁企业营销活动,另一方面也有可能是企业的目标、任务及资源同环境机会相矛盾。

(2)内部环境分析(优势与劣势)。外部环境中的有利因素为企业提供了发展机会,要把握住这一机会,旅游企业还需具备一定的经营能力和竞争能力。所以,企业要定期检查自己在营销、财务、组织等方面的优势与劣势所在,并将每一要素都按照特强、稍强、中等、稍弱或特弱划分等级。通过这样的划分,企业可以了解自己突出的优势是什么,还存在哪些明显的不足之处。并明确已有的优势是否足以帮助企业把握现有的市场机会,企业是否还需获取和发展一些优势以找到更好的市场机会。另外,企业还要重视各种优势之间的协调配合,更好地发挥优势效应,防止由于部门冲突引起内耗而丧失优势。

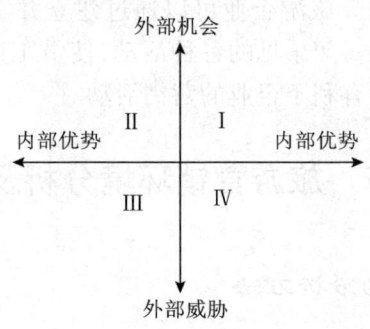

图 3-2 SWOT 分析图

(3)SWOT 分析。如图 3-2 所示,在第Ⅰ象限,外部环境给企业带来了良好的发展机会,而且企业内部优势十分明显,可以采取发展型战略,抓住有利的市场机会实现企业的进一步发展;第Ⅱ象限,尽管外部机会十分诱人,但内部缺少足够的优势与之匹配和适应,所以企业不要急于去采取行动,而是应先改变内部不利局势,改善企业不足之处,树立企业优势,然后再去利用市场机会,采取先稳定后发展的战略;第Ⅲ象限的状况表明,外部环境给企业形成了威胁,而企业自身状况又不佳,处于十分危险的境地,企业应努力扭转劣势,躲避威胁,宜采取紧缩战略;第Ⅳ象限,企业内部经营良好,有较强实力,只是外部环境出现不利影响,应该用内部优势实现多角化经营,并寻找新的市场机会,宜采用多种经营战略。

评价外部环境机会和威胁可运用机会矩阵和威胁矩阵,如图3-3、图3-4和图3-5。

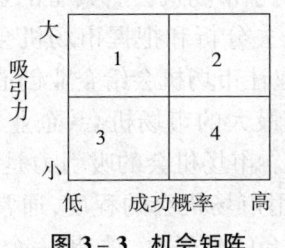

图3-3 机会矩阵

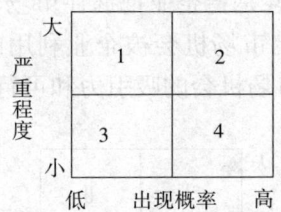

图3-4 威胁矩阵

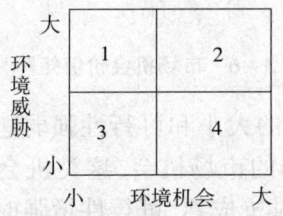

图3-5 机会威胁矩阵

通过环境机会吸引力大小和成功率高低可建立机会矩阵,企业能否在每一个特定机会中取得成功取决于企业是否具备相应的业务实力。

通过环境威胁严重程度的大小和出现概率的高低可建立威胁矩阵,各种威胁应按其严重性和出现的可能性进行分类,对较关键的出现可能性较大的威胁准备应变计划。

2. 机会—风险分析法

(1)市场机会。市场机会是对企业有利的特定的营销环境条件。利用市场机会企业可以通过一定的营销活动来创造经济效益,为企业创造的经济利益越大,说明市场机会的价值越大。市场机会有这样几个特征:第一,市场机会可以为企业带来经济效益或社会效益,具有利益性。第二,市场机会只有对那些具有相应内部条件的企业才成其为机会,具有针对性。第三,市场机会从产生到消失的过程通常十分短暂,甚至是稍纵即逝,具有时效性。第四,市场机会是客观存在的,每个企业都可发现和共享,具有公开性。由于市场机会所具备的这些特征,旅游企业必须结合企业自身条件和外部环境变化去分析和把握市场机会,以找到真正适合自己的市场机会并有效地加以利用,争取让市场机会给企业创造最大的利益。

为了帮助企业寻找到价值最大的市场机会,企业可以从市场机会的吸引力和可行性两方面来对其进行评价。市场机会的吸引力是企业利用该市场机会所能创造的最大利益,表明了企业利用市场机会的程度,通常用市场需求规模、利润率和发展潜力等指标来反映市场机会的吸引力。如果一个市场机会能为企业提供较大的需求规模,带来较高的利润率,或有乐观的发展潜力,就说明该市场机会的吸引力是较大的。市场机会的可行性是指企业把握住市场机会并将其转化为具体利益的可能性,环境则从客观上决定市场机会被企业利用的可行性的大小。评估市场机会的价值大小,要综合考虑市场机会的吸引力和可行性,如图3-6。

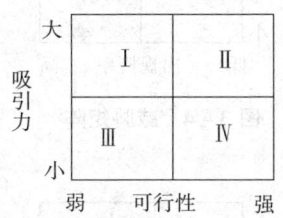

图3-6 市场机会价值矩阵

可以根据市场机会吸引力的大小和可行性强弱建立市场机会价值评估矩阵。区域Ⅰ为吸引力大但可行性弱的市场机会,这类机会通常不会具有很大的价值。但企业应随时做好准备,一旦时机成熟,可行性增强时便可迅速反应,尽快把握市场机会。区域Ⅱ是吸引力大、可行性强的市场机会,对企业而言是一种最佳状态,这类市场机会的价值也最大。不过这类市场机会不会经常出现,是十分稀缺的,企业对这类机会应具有敏锐的洞察力和保持高度关注。区域Ⅲ是吸引力小、可行性弱的市场机会,也是价值最低的市场机会,一般企业都不会去注意。值得一提的是,市场总是处在不断变化之中,如果有极特殊的情况发生,可能会使这类机会的可行性和吸引力都增强,企业对此应有相应的准备。区域Ⅳ为吸引力小、可行性强的市场机会。说明这类机会的风险较小,但获利能力也较差,通常会作为企业常规营销活动的主要目标。同样地,企业也要注意这类机会的变化趋势,并及时调整战略措施。

(2)市场风险。市场风险是在企业营销活动过程中客观存在的不利因素。旅游营销人员应注意对风险的防范和管理,结合企业经营目标,努力减轻风险对企业的影响程度。

旅游企业需要对风险进行衡量,衡量风险时要考虑风险损失发生的概率及损失的严重程度。结合两方面的因素来评价风险将会给企业带来的影响和损失,并分清不同类别的风险,可以结合下面的风险评估矩阵来进行风险的评估,作出合理决策,如图3-7。

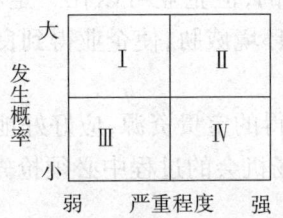

图3-7 市场风险矩阵

在对风险进行评估时还要注意:风险损失具有相对性,即除测量绝对损失外还要考虑企业承受风险的能力。风险损失具有综合性,同一风险事件可能会产生多种类型的损失,包括直接损失和间接损失、有形损失和无形损失。风险损失具有时间性,有些风险的损失是立竿见影的,有些则要经过一段时间才能体现其损失的严重程度。

旅游企业还须对风险进行控制。企业可以采用损失回避、损失控制、风险隔离、风险结合和风险转移等方式来阻止或减轻风险损失。

(3)机会风险矩阵。将旅游企业所面临的市场机会和市场风险在上述分析的基础上可运用机会—风险矩阵分析,如图3-8。

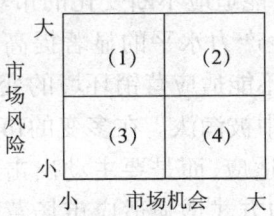

图3-8 机会—风险矩阵

在此分析的基础上还可用机会—风险矩阵将企业所面临的外部风险机会集中图解出来,以全面地进行分析。

这样的分析可得出四种不同的情况:①理想的业务是环境风险小而拥有较多的环境机会。②投机性的业务是环境机会和风险都较多,有同样高的出现率。③麻烦的业务是环境机会很少,环境风险却很大。④成熟的业务是虽然没有太多的环境机会,但来自于环境的风险也很少。

二、企业的对策

企业所面临的市场机会、风险威胁都是客观存在的,并会随着时间的推移逐渐发生变化。企业如不能及时利用机会可能会失去大好的发展契机,若不能恰当处理风险和威胁,也会导致情况恶化,使企业陷入困境。从总体上来说,企业对于市场机会和环境威胁是不可控制的,但企业可以在一定程度上实施对市场机会和威胁的影响,利用市场机会,减轻环境威胁,使企业得到良性发展。

1. 利用市场机会

市场机会对企业来说是难得的宝贵资源,应好好地加以利用。

(1)抢先。企业在利用市场机会的过程中必须抢先一步,争取主动,做到"人无我有"。

(2)创新。企业在利用市场机会时要大胆创新,突出特色,做到"人有我优"。

(3)应变。市场机会具有均等性和可变性,企业应提出预见性的应变对策。

2. 化解环境威胁

(1)反抗。企业设法限制或扭转不利因素的发展。

(2)减轻。对客观存在的威胁设法减轻其危害性。

(3)转移。躲开环境威胁,进攻竞争对手的薄弱环节和空当。

(4)改良。改进自身产品,增强对环境威胁的防御能力。

(5)利用。因势利导,利用环境变化将威胁因素转化为市场机会。

(6)防备。防患于未然,杜绝威胁的产生。

总之,市场营销环境是旅游企业经营活动的约束条件。旅游企业经营的成败,关键的一点要看旅游企业是否能适应不断变化的市场营销环境。在目前的实际生活中,科学技术的飞速发展、生产力水平的显著提高,都使得市场营销环境的变化速度越来越快,旅游企业如果不能适应营销环境的变化和发展,缺乏对营销环境的应变能力,就只能在市场竞争中被淘汰。在多变的市场营销环境面前,旅游企业所要做的并不是消极等待、被动适应,而是要主动出击,积极能动地去适应市场营销环境。旅游企业可以用不同的方式增强适应市场营销环境的能力,在环境中寻找新的市场机会,避免来自于环境的威胁,并在可能的条件下运用自己的资源、知识、经验和能力去影响和改变营销环境,为旅游企业开拓和创造有利的活动空间。现代的大市场营销理论告诉人们,旅游企业可以利用各种方式影响和改变环境中某些可能被改变的因素,对于营销环境有一定的能动性和反作用。大市场营销理论还指出,为了成功地进入特定市场或在特定市场经营,旅游企业可以运用能控制的方式或手段,影响造成营销障碍的人或组织,使其改变做法,从而改变营销环境。所以,对于旅游营销人员来说,除了要制定不断适应外部环境变化的营销组合,还要积极主动地适应和改变营销环境。只有这样,才能在新的时代、新的形势下,抓住市场机会,打造旅游企业的优势,增强竞争力,实现旅游企业目标。

思考与练习

1. 如何理解旅游市场营销环境的概念和特点?
2. 政治局势是如何影响旅游营销活动的?
3. 经济环境对旅游者的消费选择会产生什么影响?
4. 以某一旅行社或某一饭店为例,对其宏观和微观营销环境进行分析,并提出对策。

第四章

旅游市场营销信息收集与市场预测

本章导读

在经济全球化、国际化和信息化的大背景之下,旅游企业营销战略的确定、营销策略的运用以及营销计划的制订,都要依赖于不断变化的市场信息,市场信息是旅游企业制定营销战略和策略、开展营销活动的基础,市场调研和市场预测是旅游企业获得旅游市场信息的最有效途径,因此,这些内容是营销学的基本知识。本章主要介绍:旅游市场营销信息与信息系统的概念和旅游市场营销信息系统的构成;旅游营销调研的概念、内容、程序和方法;旅游市场预测的概念、类型、内容、程序和方法等。

第一节 旅游市场营销信息及信息系统

一、旅游市场营销信息与信息系统

旅游市场营销信息是关于旅游营销环境和营销活动的实际状况、特性及相互关系的各种信息、资料、数据和情报的总称。它具有涉及面广、包含内容多,并且总是在不断地变化的特点。

(一)旅游市场营销信息的内涵

旅游市场营销信息包括旅游企业内部的营销环境信息和外部的营销环境信息。

1. 内部营销环境信息

内部营销环境信息是指来自于旅游企业内部、影响企业营销活动的各种信息,它具有可控性的特点。内部营销环境信息具体包括:

(1)本企业的资源状况,如人、财、物等的状况。

(2)本企业的管理状况,如管理组织、管理人员、管理水平等的状况。

(3)本企业营销组合方面的信息,如产品、服务、定价、分销及促销等方面的状况。

2. 外部营销环境信息

外部营销环境信息是指来源于外部宏观和微观环境的营销信息,它具有不可控制的特点,并且是变化多样的,它极大地影响着旅游企业的营销活动,因此,旅游企业必须认识和了解它,并要采取及时、有效的措施,以适应外部营销环境的变化。外部营销环境信息具体包括:

(1)政治、法律方面的营销信息:国际政治环境,客源地和接待地双方的政治制度和政治体制,政局,大型的政治活动,基本的对外政策,双方居民的政治文化心理等。旅游企业还应关注政府和立法机关有关企业经营行为的立法,以及政府为保护消费者权益而制定的法律和法规。开展国际营销的旅游企业,还必须关注双边和多边的有关公约和协定。

(2)经济方面的营销信息:客源地和接待地双方的经济发展状况,如国内生产总值、人均国民收入、通货膨胀率、失业率、物价水平及国际收支等指标;客源地和接待地双方的经济发展政策和产业政策,如宏观的财政政策、货币政策、税收政策等。除此之外,旅游营销人员应密切关注目标市场的购买力的变化,如个人的实际收入、可自由支配的收入、储蓄、利率及个人贷款方式等的变化。

(3)社会文化方面的营销信息:社会的组成结构,人们基本的价值观、生活观和审美观,宗教信仰和生活习惯,民族特点和风俗;社会的人口构成和职业构成以及受教育的程度等。

(4)技术方面的营销信息:现代技术对现代生产方式的影响,现代技术对人类生活方式的影响,现代技术对旅游企业营销活动的影响等。

(5)顾客和社会公众方面的营销信息:旅游市场的规模和旅游市场的增长情况;顾客的购买能力、出游频率、出游方式;顾客对价格的敏感程度和对特殊服务的需要,以及旅游的季节性变化等;公众的态度和意见,尤其要密切关注当地居民、大众传播媒介、政策机构以及非官方的旅游组织等公众的态度与意见。

(6)供应商、营销中介机构方面的营销信息:供应商的商业信誉、产品价格及产品和服务的质量;营销中介机构的实力、商业信誉、经营能力、过去的营销业绩、渠道能力;佣金要求、参与营销的积极性等。

(7)竞争对手方面的营销信息:本旅游企业的竞争对手是谁?竞争对手的实力如何?竞争对手竞争的战略和策略是什么?竞争对手与本旅游企业竞争的主要产品和服务是什么?其产品和服务的质量如何?优势是什么?劣势是什么?等等。

(二)旅游市场营销信息的来源

旅游市场营销信息复杂多样的特点,决定了旅游营销信息的来源是多方面的。从总体上可以归纳为四个方面,即各类组织机构、各种传播媒体、旅游者和旅游中间商。

1. 各类组织机构

各类组织机构包括国家领导机关、国家和地方的统计部门、旅游业各级主管部门和旅游行业协会,以及市场调研机构、信息中心、信息市场等经营性的组织。这些组织机构是旅游营销信息的主要来源,且具有权威性。

2. 各种传播媒体

各种传播媒体包括广播、电视、报纸、杂志、互联网等,这些媒体一方面吸收大量信息,另一方面又传播大量的营销信息,因此,传播媒体也是旅游企业营销信息的主要来源之一。

3. 旅游中间商

旅游中间商是连接旅游消费者与旅游企业的桥梁,由于长期与旅游消费者接触,因此掌握了大量的第一手有关旅游者的营销信息,故旅游企业可以通过旅游中间商获得大量的营销信息。

4. 旅游者

旅游企业的一切经营活动都要以旅游者的需求为中心,旅游者代表了旅游市场真正的、最终的需求,他们是最重要的,也是最直接的信息载体,因此,他们传播出来的信息对旅游企业的营销活动最有参考价值。旅游营销人员可以通过观察、调查和利用为游客直接服务的机会去获取他们有意无意所传出来的各种信息。

二、旅游市场营销信息系统

旅游企业要获得准确及时的营销信息,必须要建立一个旅游市场营销信息系统,以便收集、分析、加工、存储和传输营销信息,利用杂乱无章的营销信息为旅游企业的营销服务。

(一)旅游市场营销信息系统的概念

所谓旅游市场营销信息系统是指旅游企业内部由旅游营销人员、信息处理机器设备以及运作程序构成的相互影响的系统。该系统从旅游企业的外部和内部来收集、分析、加工、存储和传输营销信息,为旅游营销管理人员对营销活动的决策和管理提供支持。

(二)旅游市场营销信息系统的构成

旅游市场营销信息系统由四个主要的子系统组成,即内部报告子系统、营销情报子系统、营销调研子系统和营销分析子系统。这些子系统从旅游企业内部和外部环境中及时不断地搜集各种原始的营销信息,再对这些原始的营销信息进行分析、加工处理,之后将加工处理过的营销信息提供给营销决策人员。旅游营销决策人员根据旅游市场营销信息系统提供的信息来制订、执行和控制营销计划。旅游市场营销信息系统及其运作方式见下图4-1。

1. 旅游企业内部报告子系统

内部报告子系统是由旅游企业各职能部门如营销部、会计部、人力资源部等共同建立,旅游企业的每一职能部门都是通过这个子系统向其他有关部门传递本部

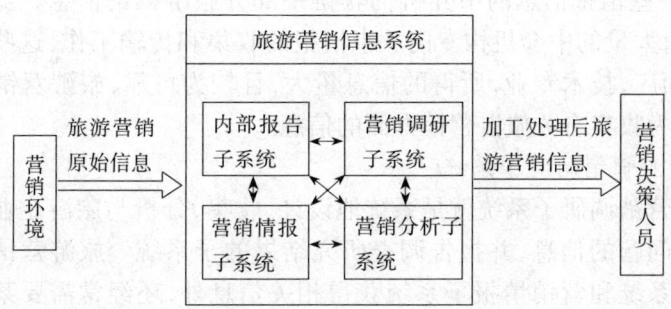

图 4-1 旅游营销信息系统及其运作方式

门的相关信息。旅游营销人员的营销决策和营销计划的执行都要考虑内部报告系统提供的信息,如:旅行社旅行团的预订情况、出团情况、回款情况;饭店的预订情况、入住率、客房的价格、其他附属服务/产品的销售情况等。这些信息都对旅游企业的营销活动产生影响。

内部报告子系统搜集的应该是有效的、准确的、及时的和充分的信息,因为只有这样的信息,才能够为旅游企业的营销决策提供有力的支持,为此,旅游企业应该建立一个高效的、相互协调的并以旅游营销者为导向的内部报告子系统,这个子系统可以及时地向有关部门发出旅游营销人员所需要的信息,以便于这些部门依此导向及时搜集、传送营销人员所需要的信息。

2. 旅游企业营销情报子系统

旅游企业营销情报子系统是为营销决策人员提供日常的关于旅游营销环境和营销活动发展变化的信息系统。该子系统提供的是当前的正在发生的数据。

营销决策人员进行情报收集的方法主要有:

(1)营销决策人员自己收集信息。旅游营销决策人员在日常工作的各个环节之中,通过大量阅读专业报纸杂志,收看电视,收听广播,以及同旅游者谈话,与供应商和销售人员交谈,或参加旅游行业举办的各种活动,在无意之中获得一些信息。

(2)通过销售人员收集信息。由于销售人员是直接接触外部的营销环境和顾客的人员,因此,他们会接触到大量的营销决策人员接触不到的营销情报,并且销售人员也便于收集这些外部信息。营销决策人员应充分利用销售人员这一优势,制定专门的制度,并培训销售人员向其报告营销环境及营销活动的发展变化。

(3)通过旅游代理商来收集营销信息。旅游代理商同游客直接接触,因此,最了解游客需求的变化以及营销环境变化对游客的影响,旅游营销的决策人员要充分重视旅游代理商这一营销情报来源,要与旅游代理商进行经常的沟通,及时了解情报。

(4)通过一些情报信息的中介机构获得一部分旅游营销信息。随着市场经济的进一步发展,大量的中介机构专门从事情报的收集和传输工作,这些中介机构实力雄厚,信息面广,技术专业,所得的信息量大,且较为可靠,旅游营销的决策人员可以委托其代为收集有关旅游营销方面的信息。

3. 旅游企业营销调研子系统

旅游企业营销调研子系统就是系统地设计、收集、分析与旅游企业有关的某些特定旅游营销问题的信息,并报告调查研究结果的子系统。旅游营销决策者除了从内部报告子系统和营销情报子系统获得相关信息外,还经常需要某个特定问题的信息,如某饭店欲推出一项旅游产品,首先必须要了解和掌握这项旅游产品的相关信息。旅游企业营销调研子系统就是专门收集和加工处理这些信息的系统,具体包括:旅游市场特点研究、旅游市场趋势研究、旅游市场潜量研究、销售分析、市场占有率分析、竞争产品研究、定价研究、分销研究、促销研究等。

4. 旅游企业营销分析子系统

旅游企业营销分析子系统是旅游企业用以分析营销信息数据资料和营销问题的一整套先进技术。旅游企业营销分析子系统的主要功能在于:通过运用分析营销信息和数据的先进技术,从营销调研活动获取的大量信息中挖掘出更为精确可靠的研究结果,以供旅游营销决策者使用。该子系统由统计库和模型库组成,见图4-2。

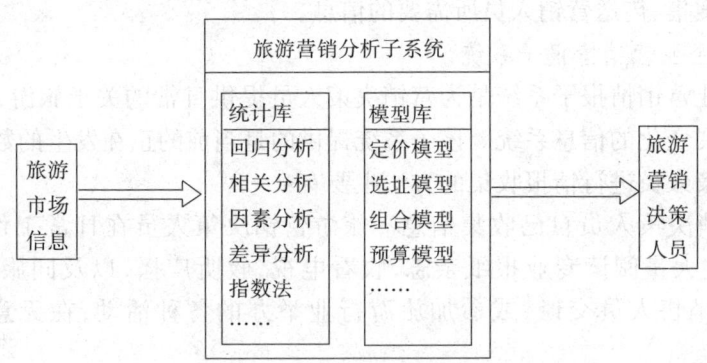

图4-2 旅游营销分析子系统

(1)统计库。统计库是从已获得的信息数据中提取有意义信息的统计方法的集合体。统计库可以根据旅游营销决策的需要,提供各种统计分析方法。在旅游营销决策中较为常用的这类分析方法有回归分析、相关分析、因素分析、差异分析、指数法等。

(2)模型库。模型库是用以帮助营销人员更好地进行决策而应用的模型的集合体。模型库里有大量的模型,而模型是借助于文字、符号、图形、实物、数学公式、对物质对象或社会经济现象进行模拟,描述事物和现象的主要特征和变化规律,是一种定量的、抽象的概括。而旅游企业营销分析子系统的模型库就是一个能够帮助旅游营销决策者作出正确营销决策的营销模型的集合,它包括:产品销售预测模型的定价、销售地点的选择模型、促销媒体组合模型、营销组合预算模型、广告预算模型、市场竞争反应模型等。

(三)旅游营销信息系统的基本职能

1. 收集市场信息

市场是瞬息万变的,旅游营销的决策人员要使自己的决策不至于过时,就必然要求其获得的市场信息具有时效性、真实性和完善性,而完整的旅游营销信息系统能够迅速及时地收集市场信息,并能够满足旅游营销决策人员的需要。

2. 加工、合成市场信息

未经加工处理的市场信息是杂乱无章的,总是在不断地产生、不断地消失,难以为旅游营销决策人员提供支持。旅游企业营销信息系统能够根据旅游企业营销决策的需要,将离散无序的市场信息进行科学的加工、合成,使其转换为对营销活动具有利用价值的合成信息。

3. 传递市场信息

加工合成信息的目的就是要在旅游营销决策中加以利用,因此,一旦市场信息被加工、合成后,就要及时地被传递给与营销相关的部门和相关的人员,以便于他们利用其进行营销决策。

4. 贮存市场信息

旅游营销信息系统具备信息的贮存功能,能够将加工合成后的市场信息加以贮存,以备当时的需要和以后的需要,因为有些市场信息可能当时就被使用,而另一些要以后才能被使用。

第二节　旅游营销调研

旅游营销决策人员在进行营销决策时,除了要了解内部的整体环境外,还必须对一些特定的问题进行集中性的研究,这一过程就是旅游营销调研的过程。

一、旅游营销调研概述

(一)旅游营销调研的概念

旅游营销调研是指为提高旅游营销决策人员的决策水平而系统地收集、分析、加工以及传递营销信息,并提出与本旅游企业面临的特定营销状况或问题相关的调研结果的过程。旅游营销调研涉及旅游营销环境及营销活动的各个方面,对所有有关旅游营销决策的各种信息或旅游营销决策中遇到的各种问题都要加以研究,因此,旅游营销调研的内容极为广泛。

(二)旅游营销调研的内容

旅游营销调研的内容是非常广泛的,一般地,旅游营销调研的主要内容包括旅游营销环境调研、旅游市场需求调研、旅游产品调研、旅游产品价格调研、旅游促销调研和旅游分销渠道调研等。

1. 旅游营销环境调研

旅游营销环境调研涉及所有可能影响旅游业发展的方方面面,具体包括:①经济政策。即一定时期内有关旅游业发展的方针政策。②市场所在地经济发展状况和旅游者的购买力状况。③旅游消费者。应了解其结构和总量,判断市场规模。④社会时尚。应了解旅游消费者的偏好。⑤竞争情况。应了解主要竞争对手的经营能力和规模,营销战略和策略等。

2. 旅游市场需求调研

旅游市场需求调研包括现实需求和潜在需求的调研。主要有旅游市场需求规模的调研、需求结构的调研、旅游市场需求发展趋势的调研、旅游消费者购买动机和购买行为的调研等。

3. 旅游产品调研

旅游产品是旅游企业赖以生存的物质基础,旅游企业只有不断地推出能满足旅游者需求的旅游产品,才能在激烈的旅游市场竞争中求得生存和发展。旅游产品调研包括:旅游者对旅游产品的意见要求、旅游产品的市场占有率和销售潜力、旅游产品的改进或旅游新产品的开发、旅游产品组合、旅游产品市场生命周期等。

4. 旅游产品价格调研

旅游企业的盈亏与旅游产品销售的价格有很大的关系,而作为非必要支出项目的观光旅游、休闲度假更是受到价格的影响,因此,旅游企业要想盈利就必须制定出正确的产品价格策略,为此,首先必须要做好旅游产品价格的调研。旅游产品价格调研包括:旅游产品定价情况及变化趋势的调研、替代品的供求和价格调研、需求价格弹性调研、旅游新产品定价策略的调研等。

5. 旅游促销调研

旅游促销是刺激旅游销售的有效手段,旅游促销调研包括:促销对象、促销方法、促销投入、促销效果、企业形象调研,公共关系调研,广告的调研,人员推销的调研,营业推广的调研等。

6. 旅游分销渠道调研

要提高销售效率、降低销售费用,旅游企业就必须选择合适的旅游产品分销渠道。在选择合适的分销渠道之前,必须要做好如下内容的调研:销售渠道长度和宽度调研、旅游中间商的调研、降低销售费用和提高销售渠道效率的调研等。

以上所列旅游营销调研内容是就一般情况而言的,是总体概念上的调研内容。然而,不同的旅游企业、不同的地区、不同时期的营销调研内容应有所不同。

二、旅游营销调研的程序

旅游营销调研程序是指从明确旅游营销活动中面临的特定问题开始,到对这一问题的营销调研结束的全部过程中按顺序进行的工作步骤。一般而言,有效的旅游营销调研活动如下图 4-3 所示,应包括五个基本步骤。

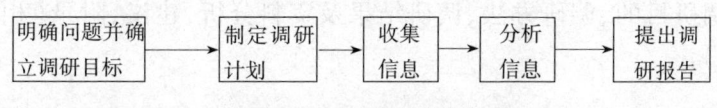

图 4-3　旅游营销调研过程

1. 明确问题并确立调研目标

旅游企业在营销活动中有时会面临很多的问题,有一些问题无关紧要,而另一些问题则会严重影响旅游企业的营销活动,是旅游企业必须要解决的问题,不能回避。旅游营销调研的目的就是要在调查研究的基础上,寻求解决这些问题的方法。旅游营销调研的第一步,就是要求旅游营销人员弄清楚本次营销调研要解决的问题,在此基础上确立营销调研的目标。旅游营销调研的目标一旦确立,下面的整个调研过程就要围绕这一目标进行。目标正确,就等于成功了一半,反之,调研就失去意义。

2. 制订调研计划

为了进行有效的调研活动,旅游企业必须制订正确的调研计划,正确的调研计划包括下述内容:

(1)调研的目的:即本次调研所要达到的目的。

(2)调研的项目:即为了达到调研目的,本次调研所要进行的调研项目。

(3)调研的方法:即为了达到调研目的,完成调研项目所采用的调研方法。

(4)调查人员和调查日程安排:为了实施调研,必须要安排一定人员和确立一个调研日程,以确保调研能按期完成。

(5)调研的经费预算:即确立调研活动的各项费用。

3. 收集信息

收集信息是旅游营销调研的实质性工作阶段,虽然信息来源很广泛,但收集时应遵循"从内到外,从现有到实地"的原则。首先要收集现有的文字资料,如企业内部的各种记录、统计报表,企业外部的统计资料,旅游市场的有关行情信息资料等。其次要进行实地调查。如果现有的资料不足以说明问题,则必须通过实地调查去收集新的市场信息。

4. 分析信息

为了使已搜集的信息准确、真实、精练、系统和有针对性,必须对其进行加工和分析,在对信息进行分析时,必须采用一些先进的统计技术和决策模型,从繁杂的数据中提炼更多的调查结果,并得出正确的结论。

5. 提出调研报告

旅游营销调研的最后一个阶段,就是根据调查资料和分析研究结论,撰写出简明扼要的调研报告,提出建设性意见,供决策者参考。调研报告一般包括下述内容:调研目的、调研方法、调研结果及资料分析、建议、附录(相关资料、图表附后备查)。

三、旅游营销调研的方法

旅游营销调研方法主要有四种,即文案调查法、询问法、观察法和实验法。下面分别介绍:

(一)文案调查法

文案调查法就是通过收集各种旅游统计资料,从中提取与旅游营销有关的信息,再对这些信息进行统计分析的一种调查方法。这一方法的优点在于:所花费的时间少,费用不高,能够为旅游营销提供广泛大量的信息。

文案调查法主要有三种方法:文献资料筛选法、剪辑分析法、情报网络法。

文案调查法的信息来源主要有:国家机关公布的有关资料,旅游行业协会的资料,新闻媒介、书籍、旅游年鉴提供的资料,研究机构、专业情报机构、咨询机构提供的资料和研究结果,以及企业内部积累的资料等。

(二)询问法

询问法是指旅游营销调研人员以口头或书面询问被调查者的方式收集与营销调研计划有关的信息的一种方法。依据与被调查者的接触方式,询问法又可分成以下几种形式:

1. 面谈式询问

面谈式询问是指旅游营销调研人员直接当面访问被调查者以获取有关信息的方法。该方法经常被使用,其具体形式有个别交谈、小组交谈,也有一次性面谈或多次面谈等。面谈式调查法的优点在于:能直接获取被调查者的意见,得到第一手的真实资料。方式灵活,启发性好。该方法可以针对不同的调查者采取不同的询问方法。该方法的缺点是:调查的时间长,费用大,因而调查的成本高;调查结论受调查者和被调查者的主观因素影响比较大。

2. 电话式询问

所谓电话式询问是指旅游营销调研人员根据抽样要求,选取样本,用电话询问被调查者,以此获取有关信息的方法。该种方法的优点是:获取信息的速度快,经济省时。它适用于那些工作繁忙，不愿接待来访者的被调查者。由于被调查者不受调查人员在场的心理拘束，对于那些当面不便回答的敏感问题，不失为一种好的调查方法。该种方法的缺点是：电话询问受通话时间的限制，提问不能太多，不能作深入的交谈，因此，很难判断所得信息的真实性。

3. 邮寄式询问

所谓邮寄式询问是指旅游营销调研人员将设计好的调查表邮寄给被调查者，请他们根据要求填写调查表，填好后按时寄回的一种获取有关信息的方法。该种方法的优点是：调查面广，成本低；可以避免调查人员的主观偏见；被调查者有思考、讨论的余地，较适合敏感性问题的调查。其缺点表现在：问卷回收率低，信息反馈时间长，代表性和准确性难以把握，只适用于有一定文化程度的调查对象和简单、易于回答的问题的调查。

4. 留置式问卷调查法

留置式问卷调查法是指旅游营销调研人员把调查表送交被调查者，请他们填写，再定期收回填写好的调查表，由此而获取有关信息的方法。留置式问卷调查法可以避免邮寄式询问回复率低的缺点，还可以克服面谈式的某些不足之处。

(三) 观察法

所谓观察法是指旅游营销调研人员在现场观察具体事物和现象的一种收集资料的方法。该方法的主要优点是：由于被调查者处于"无意识状态"，被调查者没有感觉到自己正在被调查，没有相互交流，没有个人主观影响，因而所取得的资料真实性较高。该方法的不足之处在于：观察所需时间较长，并且只能观察到表面的信息，而很难了解其内在原因。观察法一般可分为以下四种：

1. 亲身经历法

指旅游营销调研人员通过亲自参与旅游活动而获取旅游市场信息的一种调查方法。

2. 直接观察法

指旅游营销调研人员亲自或派人到现场观察调查对象，以此获取有关旅游市场信息的一种调查方法。

3. 行为记录法

旅游营销调研人员用特定的装置在调查现场记录被调查对象在一定时间内的有关行为的调查方法。

4. 痕迹观察法

指旅游营销调研人员通过观察调查对象所留下的痕迹来收集有关旅游市场信息的调查方法。

(四) 实验法

所谓实验法是指旅游营销调研人员通过特定的小规模试验以获取相关信息的一

种方法。实验法来源于自然科学中的实验求证原理,它通过小规模的营销活动的实验来测试某一产品或某项营销措施的效果,以决定是否要进行推广。实验法的具体做法是从影响调查对象的众多因素中,选择一个或几个因素作为自变量,研究这些变量对旅游企业营销问题的影响。常用的实验法有两种:

1. 实验室实验

即实验在特定控制的环境下进行,这种方法常用于传播媒体的选择和广告效果的研究。例如,某旅游企业在进行传播媒体的选择时,就可以请一批旅游者,听取他们的意见。

2. 现场实验

现场实验就是在市场上进行小范围的实验,即把旅游新产品先投放到有代表性的旅游市场进行试销,由此了解旅游消费者的反映,收集相关的信息资料,再进行分析、预测,最后决定是否进行全面推广。

实验法的优点是:客观性较强,有很好的实际应用价值。旅游企业在改变其产品的品种、外观造型、包装装潢、价格、广告宣传、分销渠道和陈列方式等时,均可进行实验。通过实验,能直接了解引起某一旅游市场营销问题变化的原因和结果,并能直接检验营销活动的效果。实验法的主要缺点是时间较长,费用较高,选择合适的实验对象较难。但总的说来,实验法是一种科学的方法,经过精心安排的实验所得的结果具有较高的参考价值。

第三节 未来旅游市场预测

一、旅游市场预测的含义

所谓旅游市场预测就是在旅游市场调研获取的各种资料与信息的基础之上,运用科学的方法,根据旅游企业的需要,对旅游市场未来一段时期内的发展规模和趋势作出的分析与判断。

旅游市场预测是旅游市场营销决策的基础,是旅游企业编制发展计划和调整营销计划的重要依据,是增强旅游企业及其产品竞争力的有效途径,因此,必须要认识到旅游市场预测的重要性,认真地搞好旅游市场预测,根据预测的结果,不断地推出能满足旅游者需求的产品,才能减少旅游企业经营的盲目性和风险性,使自己在日益激烈的市场竞争中立于不败之地。

二、旅游市场预测的类型

根据不同的标准,旅游市场预测可划分为不同的类型:

(一)按旅游市场预测的范围划分

按旅游市场预测的范围划分,旅游市场预测可分为旅游宏观市场预测和旅游微观市场预测。

1. 旅游宏观市场预测

旅游宏观市场预测是指对影响旅游营销的总体市场状况的预测,主要包括旅游消费者的收入水平、购买力状况、价格水平、旅游消费者的需求及构成,以及目标市场的经济政策对供求的影响等方面的预测。其目的是了解旅游市场的总体供求状况,为旅游企业确定经营方向、制定营销战略和策略提供依据。

2. 旅游微观市场预测

旅游微观市场预测是指从旅游企业的角度,对其经营的旅游产品的市场发展前景的预测,主要包括旅游企业经营的具体商品的需求和销售预测,旅游企业的市场占有率和经营效果等情况的预测,促销效果预测等,其目的是为旅游企业制订相应的营销计划提供依据。

(二)根据旅游市场预测期的长短划分

根据旅游市场预测期的长短,旅游市场预测可分为长期预测、中期预测和短期预测。

1. 长期预测

长期预测一般指 5 年以上的预测。主要用于宏观预测,其任务通常是为制定长期规划提供依据。

2. 中期预测

是指对 1 年以上 5 年以下的旅游市场动态所作的预测,其任务是为制定中期发展规划提供依据。

3. 短期预测

短期预测是指 1 年以内的预测,其目的是使旅游企业及时调整营销策略,迅速适应市场需求的变化。

(三)根据旅游预测采用的方法的性质划分

根据旅游预测采用的方法的性质来划分,旅游市场预测可分为定性预测和定量预测。

1. 定性预测

所谓定性预测是指根据旅游营销调研资料和主观经验,通过对预测目标性质的分析和推断,估计未来一定时期内旅游市场商情变化趋势的一类预测方法的总称。定性预测侧重于旅游市场变化趋势的预测。

2. 定量预测

定量预测是根据营销调研的数据资料,运用数学和统计方法,找出其变化的一般规律,并依此规律对其前景作出量的估计的一类预测方法的总称。定量预测着重于旅游市场变化的量化。

旅游市场现象都是量与质的统一体,在实际市场预测中,定性预测与定量预测不可分割,定量预测应以定性预测为前提,定性预测应以定量预测为补充,只有将两者有机地结合,才能搞好预测。

三、旅游市场预测的内容

凡是影响旅游企业营销的诸种因素都应属于预测内容之列,因此,旅游企业市场预测的内容十分广泛。但考虑到实际操作的可能性及预测的时效性,一般都是对对旅游营销具有直接影响的因素进行预测,具体内容如下:

(一)旅游市场环境预测

旅游业是一个高度依托性的行业,受环境因素的变化影响较大,因此,在制订营销计划和进行营销决策之前,就需要用定性预测的方式对国内外的政治、经济形势及产业结构的变化趋势,自然环境和生活方式的变化趋势,旅游业相关行业的发展变化趋势等作出预测。

(二)旅游市场需求预测

旅游市场需求预测主要是从旅游市场需求总量预测、旅游需求结构预测和旅游客源预测三个方面进行。

1. 旅游市场需求总量预测

旅游市场需求总量是指在一定区域、一定时间内以及一定营销环境和一定的营销费用水平条件下,旅游者可能购买的旅游产品总量。

测量旅游市场需求总量的公式为:

$$Q = \sum_{n=1}^{n} p_n v \qquad n = 1,2,3\cdots\cdots n$$

式中:Q——市场需求总量

n——特定产品的可能购买人数

p_n——第 n 个旅游者平均购买数量

v——特定产品的平均价格

2. 旅游需求结构预测

在对旅游市场需求总量作出预测之后,还必须对旅游需求的结构作出预测,以便针对性地推出旅游产品去满足旅游消费者的需要。旅游消费者的需求主要是在餐饮、住宿、交通旅行、游览、娱乐和购物等方面,旅游企业必须在这几个方面分别作出预测。

3. 旅游客源预测

旅游企业发展业务的对象就是游客,因此,旅游企业非常有必要对旅游客源作出预测,以便采取有针对性的促销策略。旅游客源预测包括:旅游者数量变化、旅游者季节变化、旅游者地区分布状况、旅游者构成变化和旅行游览时间的长短变动等。

(三)旅游容量预测

旅游需求与供给是旅游市场的两个主要因素,在预测市场需求的同时,也应对旅游容量或旅游承载力进行预测。准确地测定旅游目的地的现有旅游容量并预测旅游极限容量,使旅游目的地的接待能力处在一个合理容量之内,维持供需的相对平衡,这样才能够在很好地满足旅游者需要的前提下,保持旅游资源的吸引力和维护自然生态环境的稳定。旅游容量预测包括:旅游心理容量、旅游资源容量、旅游生态容量、旅游经济发展容量和旅游地域社会容量等的预测。

(四)旅游价格预测

旅游市场的波动一般都是通过旅游价格的变化来反映。旅游价格预测的主要内容为:

(1)旅游行业价格变化趋势及其对供求关系产生的影响。

(2)本旅游企业的主要竞争对手的价格策略,及其对旅游市场价格的影响。

(3)本旅游企业价格的变化对市场需求、本旅游企业效益的影响。

(五)旅游效益预测

1. 市场占有率预测

市场占有率是一个旅游企业旅游产品的销售量与该产品市场总销售量的比例。其计算公式为:

$$市场占有率 = \frac{某旅游企业产品或服务的销售量}{该产品或服务总的销售量} \times 100\%$$

对市场占有率的预测,便于旅游企业了解其在行业中的竞争地位,然后根据不同的竞争地位,采取不同的竞争策略。

2. 旅游效益预测

旅游企业经营的目的就是要获得适当的经济效益、社会效益和生态效益,因此,必须对旅游企业经营的成本和收益进行预测,只有对旅游的效益有一个较准确的判断,才能够确立正确的营销战略和策略。

四、旅游市场预测程序

旅游市场预测是一个复杂的系统工程,要使旅游预测结果正确,具有科学性,旅游预测就必须有计划、按步骤地进行。旅游市场预测的一般程序如图4-4所示:

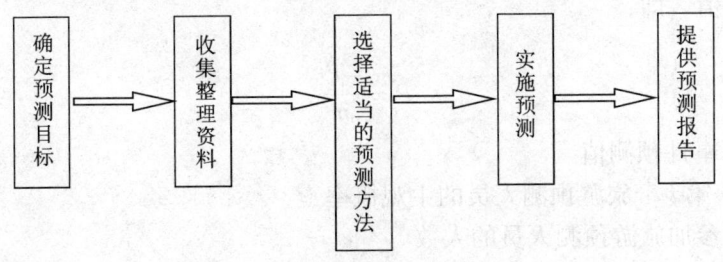

图4-4 旅游市场预测的一般程序

1. 确定预测的目标

确定预测目标,即要明确为什么进行预测以及要预测什么,明确了目标,才能有的放矢,才能正确地选择市场变量和确定具体的预测项目,以便下一步围绕目标去收集所需资料。

2. 搜集整理资料

预测的结果与资料的多少以及资料的可靠程度密切相关,因此,要广泛地收集与预测目标有关的资料,并且收集的资料要具有针对性、真实性和可比性。除此之外,还必须对资料进行整理和分析,以使资料更适合预测的需要。

3. 选择适当的预测方法

旅游市场预测的方法很多,并且各具不同的特点,预测时应根据预测的对象、内容、目标和所掌握的信息资料的情况,去挑选行之有效的预测方法。

4. 实施预测

在获得充分的信息之后,就要进行预测。在进行预测时,如果是定性预测,就要在客观资料的基础之上,凭主观的认识和经验,进行逻辑推理,对未来的趋势加以判断;如果是定量预测,就要根据旅游企业营销活动中各种因素、现象之间相互关系等的数据资料建立数学模型,通过对数学模型的计算来预测未来。

5. 提出预测报告

预测结果出来以后,就要撰写预测报告,以供旅游营销决策人员使用。

五、旅游市场预测的方法

下面从定性和定量两方面分别介绍旅游市场预测的方法:

(一)定性预测的方法

1. 旅游营销人员意见预测法

由于旅游营销人员直接参与市场上各种旅游营销活动,非常了解旅游消费者和竞争对手的情况,特别是对他们自己营销范围内的情况更为熟悉,因此,他们的意见具有较高的参考价值。应用这种方法,首先要组织一些对预测对象熟悉的人员,其次由这些人员提出各自的主观概率,最后求概率的平均值,即得到事件可能发生的预测值。即:

$$P = \frac{\sum_{i=1}^{n} p_i}{n}$$

式中:P——事件预测值

P_i——第 i 个旅游预测人员的主观概率

n——参加旅游预测人员的人数

2. 专家意见预测法

又称德尔菲(Delphi)法,由美国兰德公司于 20 世纪 40 年代首先创立,是在旅

游市场营销预测中应用较为广泛的一种定性方法。它是通过发函询问的方式进行预测的,具体做法如下:

(1)确定预测目标。这是专家意见预测法首先要做的事情。

(2)选择专家。在确定预测目标之后,就要选择一些在拟预测问题方面的行家参与预测。一般地,要求人数适当,结构合理,具有代表性。

(3)发送预测问卷。问卷要介绍预测的目标、所要解决的问题和要求,以及相关的情况,并附有填表说明。

(4)预测反馈。请专家以不记名的形式在规定的时间内将预测表格或问卷寄回,由预测组织者统计汇总后,将所得结果再反馈给专家,使他们有机会参考其他人的意见对自己的预测作出修改。如果某位专家的意见与他人的预测相差较大,而又坚持己见时,则请他阐明理由。按照这种形式,经过3至4轮征询专家意见后,预测结果一般可趋于集中。

(5)汇总专家意见。对众专家的预测结果进行处理,得出预测结论,完成本次预测过程。

(二)定量预测的方法

1.平均数预测法

这是时间序列预测法中的一种预测方法,它是以一定时期内预测目标的时间序列的平均数作为预测目标趋势的预测依据,据此计算趋势预测值。

(1)简单平均数法。即是根据过去多期资料数据计算算术平均值,来说明某种现象在时间上的发展趋势的一种预测方法。这种方法简单易行,但精确度差,不能充分反映发展趋势和季节变动的影响,适用于短期预测。其计算公式为:

$$\hat{y}_{n+1} = \frac{1}{n}(y_1 + y_2 + \cdots\cdots y_n)$$
$$= \frac{1}{n}\sum_{i=1}^{n} y_i$$

式中:$\hat{y}_{n+1}$ 为 $n+1$ 期的预测值

n 为时间序列的资料期数

$y_1, y_2 \cdots\cdots y_n$ 为各期的观察值

(2)加权平均数法。即对不同时期的实际数给予不同的权数处理后再求加权平均值的一种预测方法。一般来说,参与预测的一组历史数据中,远期数据影响较小,近期数据影响较大,因此,为了减少误差,就应该给近期数据的权数较大,给远期数据的权数较小,这样可体现各期数据的不同影响程度,因而,这种方法的预测结果比简单平均法更为准确。其计算公式为:

$$\hat{y}_{n+1} = \frac{y_1 k_1 + y_2 k_2 + \cdots\cdots k_n y_n}{k_1 + k_2 + \cdots\cdots k_n}$$

$$= \frac{\sum_{i=1}^{n} y_i k_i}{\sum_{i=1}^{n} k_i}$$

式中:$\hat{y}_{n+1}$ 是 $n+1$ 期的预测值

y_i 是第 i 期的观察数据($i = 1,2,3\cdots\cdots n$)

k_i 是第 i 期数据的权数($i = 1,2,3\cdots\cdots n$)

例:已知某旅行社 1 ~ 3 月的实际销售量如下表,预测 4 月份的销售量。

月 份	1	2	3	4
销售量(y_i)	110	125	140	
权值(k_i)	0.20	0.30	0.5	

$$y = \frac{\sum_{i=1}^{3} y_i k_i}{\sum_{i=1}^{3} k_i} = \frac{110 \times 0.20 + 125 \times 0.30 + 140 \times 0.5}{0.20 + 0.30 + 0.5} = 129.5$$

2. 回归预测法

所谓回归预测法,就是对具有相互联系的现象,根据大量的观察和相关因素分析,找出其变量间的统计规律,用一种数量统计方法建立合适的数学模型,近似地表达变量的平均变化关系,并依此模型进行预测的一种预测方法。这个数学模型称为回归方程。如果研究的因果关系只涉及两个变量,并且变量间存在着确定的线性关系形态,则被称为一元线性回归。这里只讨论一元线性回归在旅游市场预测中的应用。应用一元线性回归进行旅游市场预测的主要步骤是:

(1)确定预测目标和影响因素,收集历史统计资料数据。

(2)建立一元线性回归方程,即:

$$y = a + bx$$

式中:y——因变量,即预测值;

x——自变量,通常为时间标值;

a、b——回归参数(a 为直线截距,b 为趋势线斜率)。

(3)建立标准方程,求 a、b 直线回归参数。

标准方程为:

$$\begin{cases} \sum y = na + b\sum x \\ \sum xy = a\sum x + b\sum x^2 \end{cases}$$

如果简化计算,可将时间序列原点移到数列中心,使 $\sum x = 0$,即:

$$\begin{cases} \sum y = na \\ \sum xy = b\sum x^2 \end{cases}$$

(4)用回归方程进行预测,并对预测结果进行分析(如误差分析)。

例:某景点2007—2013年的营业收入如下,预测2014—2015年的营业收入,数据见下表:

年份	时间序数	营业实绩(万元)	收入x期数	期数平方
n	x	y	xy	x^2
2007	-3	50	-150	9
2008	-2	58	-116	4
2009	-1	60	-60	1
2010	0	66	0	0
2011	1	70	70	1
2012	2	72	144	4
2013	3	70	210	9
$\sum_n = 7$	$\sum_x = 0$	$\sum_y = 446$	$\sum_{xy} = 98$	$\sum_{x^2} = 28$

表中数据,时间序数已作简化处理。根据旅游饭店7年的营业收入实绩进行预测的步骤为:

A. 历史数据资料的处理结果如表所示。即:$n=7$,$\sum_{x=0}$,$\sum_{y=446}$,$\sum_{xy=98}$,$\sum_{x^2}=28$;

B. 将数据代入标准方程,即简化方程式:
$\sum_y = na$,即:$446 = 7a$,得 $a = 63.7$;
$\sum_{xy} = b\sum_{x^2}$,即:$98 = 28b$,得 $b = 3.5$;

C. 将回归参数代入回归模型,得到:$y = 63.7 + 3.5x$;

D. 如果计算2014年到2015年的饭店营业收入,则时间序数 x 分别为4,5。

预测值为:
2014年营业收入:$y = 63.7 + 3.5 \times 4 = 77.7$(万元)
2015年营业收入:$y = 63.7 + 3.5 \times 5 = 81.2$(万元)

E. 针对旅游饭店的实际情况,再进行误差分析。

思考与练习

1. 旅游营销信息要反映哪些方面的状况?
2. 试述旅游营销信息系统的含义及构成。
3. 试述旅游营销调研的概念、内容及种类。
4. 试述旅游营销调研的程序。
5. 试述旅游市场需求预测的概念、内容及方法。

第五章

旅游市场的营销战略

本章导读

战略在营销管理中有着重要的作用,因此,首先要弄清战略的含义、特征及制定程序等基本内容。在具体的营销战略中,现有业务的投资组合战略、新业务的拓展战略、市场竞争战略和目标市场战略是其主要内容,它们决定着旅游企业的营销方向。

第一节 旅游市场营销战略概述

一、战略的含义

战略这个词本是军事用语,原意是指为实现战争目标对战术进行的指导,它有对抗的含义。它后来在企业经济领域被广泛使用,在这个领域,战略是指为实现组织的长远目标所选择的发展方向、所确定的行动方针以及资源分配方针和资源分配方案的一个总纲,它包括营销、研究与开发、财务、人事、公关、采购、生产等分战略。其中,营销战略是战略的一个重要组成部分,因为营销包括分析、执行、计划和控制等过程,贯穿于企业管理的始终。菲利普·科特勒就认为企业工作的 90% 都是营销工作。

二、旅游市场营销战略的特征

(一)决定性

企业的战略规划与一般日常事务管理的根本区别在于战略是关系企业兴衰存亡和决定企业整体利益的管理,而不是一般的局部利益的管理,作为一种高级决策,它是最大限度实现企业整体利益的根本保证。

市场犹如繁荣的港口,进进出出,你来我往,川流不息。市场又如一个天然有序的排列场,只有决策正确,才能占有一席之地。石英表的技术最先是瑞士人发明的,可这项专利却被锁在抽屉里长达十几年后,才被日本人找出来,得以重见天日。日本人大量生产石英表的战略决定,使其企业大受其益,而瑞士的名贵精工机械表受到了很大的冲击。我国的巨人集团,本来从事电脑行业,却贸然进入生物制品和房地产市场,这个战略决定最终使其债台高筑,遭受惨痛的失败。旅游市场营销战略的决定性特征,要求旅游营销者在作战略规划时,要眼界宽阔,有大局观,对营销系统加以全面把握,使各个局部在营销战略的整体中得到协同发展。

(二)长远性

营销战略的制定,是一种长期性的目标管理,旨在谋求企业长期的生存和发展,它要求营销人员要具有长远发展的战略眼光,高瞻远瞩,特别是不能为了短期利益,采用各种虚假和欺骗的手段,形成一时的消费热潮,而造成一种长期的危害。1997年,宜昌旅游企业大力开展"告别三峡游"的宣传活动,形成了游三峡的高潮,很多企业争相购买豪华游轮,盖宾馆和办出租车公司。很快,高潮过后,便是长时间的低谷,这些企业普遍陷入了困境。现在,国家制定了"开发大西部"的宏观战略,西部有很丰富的旅游资源,在开发的过程中,一定要有长远的眼光,注意保护环境,长远发展。

(三)危机性

市场的不确定因素很多,并且总是千变万化的,因此,在作战略决策时,总会有一定的风险。这种风险主要来自于以下几个方面:第一,决策者们始终无法掌握全面的信息,正如克莱斯勒的总裁雅科尔所说:"你只能在掌握95%的情况下作出决策,否则当你又掌握了剩下的5%时,时机已过。"第二,由于决策者们自身的原因,如教育、经历、成长环境、个性等方面,在面对同一市场情况时,他们往往会作出不同的决策。很显然,最佳决策只有一个,其他的决策都存在一定的风险性。如欧洲迪士尼乐园开业之初,由于选址问题,园区的附属酒店销量不容乐观。

(四)调适性

战略一般是针对重大问题的中、长期计划,在实施的过程中,不能一成不变,而要根据外部市场环境和内部条件的变化不断加以调整,抓住有利机会,消除不良影响和潜在威胁,以顺利实现企业的目标。

三、旅游市场营销战略的制定程序

战略的制定是件极端重要而又非常困难的管理任务,应当遵循科学的程序,进行系统分析,并要调动各方面的积极性,充分发挥想象力和创造力。图5-1给出了战略制定的程序,下面我们便对制定战略的各个环节作一个简要的说明。

(一)问题的提出和目标的确定

制定战略的第一步在于正确地提出问题。正如艾伯特·爱因斯坦(Albert Einstein)所说:"我希望知道我应该向自己提出什么问题!"那么,制定战略通常应当向自己提出哪些问题呢?

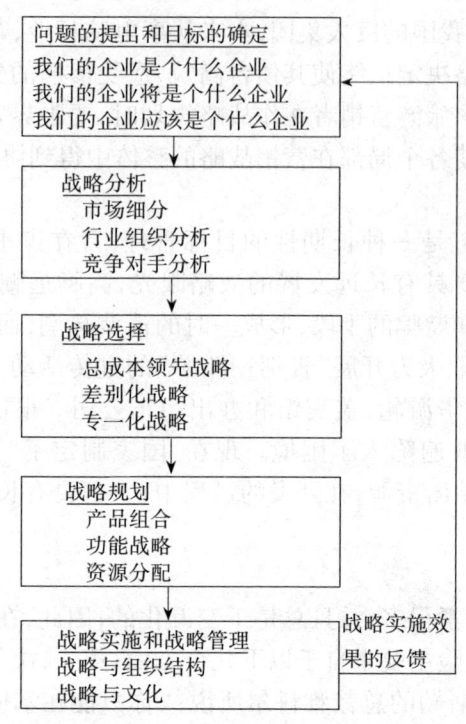

图 5-1 战略制定的程序

美国著名管理学家彼得·F.德鲁克认为,应当从下述三个方面出发:即我们的企业是个什么企业?将是个什么企业?应该是个什么企业?要回答这三个问题需要进一步设问:"谁是我们的顾客?""我们的顾客购买的到底是什么?""我们应当进入什么市场?""什么市场是最有发展前途的市场?"要回答这些问题,就要进行战略分析,而且还需要运用想象力,要摆脱以往的经验和现状束缚,尤其是要摆脱现有产品和业务的束缚。

(二)战略分析

战略分析的主要任务是选择企业应当进入的市场,分析这些市场的结构特征和潜在需求以及竞争对手的优势和劣势。主要的分析内容和方法有市场细分、行业组织分析和竞争对手分析。

1. 市场细分

所谓市场细分,就是根据构成总体市场的不同顾客的需求特点、购买行为和购买习惯,将他们细分为若干相类似的顾客群体。在此基础上,根据企业的优势,确定目标市场,为制定战略提供依据。市场细分的具体内容将在下一章内容中详述。

2. 行业组织分析

行业组织分析是采用行业经济的方法,对企业所处的行业或是打算进入的行业的集中度、行业内产品的差别,以及行业壁垒等问题进行分析。由于集中度指标能够反映市场结构的基本特征、形成原因和变化趋势,且容易量化和便于测量,因此,采用得最为广泛。

常用的集中度指标有绝对集中度、相对集中度和哈菲德尔指数等。以绝对集中度指标为例,它是用市场上前几位企业(一般是前4位或前5位)的生产量(一般为销售额)或资本存量与整个市场生产量或资本存量的比例来表示。其计算公式为:

$$C_n = \sum_{i=1}^{n} X_i / \sum X_i$$

式中,C_n 为 X 行业市场前几位企业的绝对集中度。

绝对集中度反映一个行业的垄断程度,其中的生产集中度指标,已成为发达国家的一个基本的经济统计指标。

行业壁垒分析是为制定进入战略或防御战略提供依据的。形成行业壁垒的因素主要有:

(1) 规模经济。大规模的经济性表现为在一定时期内产品的单位成本随总产量的增加而降低。规模经济的存在阻止了对行业的侵入,因为它迫使"入侵者"或者冒大规模生产的风险,或者以小规模生产而在产品成本方面处于劣势。酒店和餐饮业都存在着一定的规模效应,它们可以通过连锁之路筑起一定的行业壁垒。

(2) 产品差别化。产品差别化意味着现有企业通过广告、产品质量、顾客服务等建立起的商标及顾客信誉上的优势。差别化所构成的行业壁垒,将迫使"入侵者"耗费大量资金克服原有企业的信誉优势。这种努力通常会带来初始阶段的亏损。

(3) 控制销售渠道。对于一种产品来说,批发或零售渠道越少,现有企业通过长久的关系、高质量的服务对它们控制的程度就越大,则其他企业进入该行业就越困难。

(4) 专有技术。产品的专有知识或设计特点,通过专利或保密的方法也可构成行业壁垒。

(5) 最佳原材料来源的控制。这种行业壁垒在采掘产业最为典型。

(6) 政府政策。政府能够限制甚至封锁对某行业的入侵,如发放许可证等。

3. 竞争对手分析

制定战略的实质,是为了获取相对于竞争对手的持久的竞争实力地位和竞争优势。要达到这一目的,就必须对竞争对手进行分析,做到"知己知彼,百战不殆"。竞争对手分析的详细内容见本章第四节。

(三) 战略选择

战略分析是为战略选择和战略规划提供依据的。所谓战略选择,就是要确定企业应采取的战略类型。从根本上说,企业战略尽管形式各异,叫法不同,但基本类型不外乎以下三种:

1. 总成本领先战略

这种战略的主导思想是以低成本取得行业中的领先地位。按照这一基本方针,要求坚决建立起大规模的高效生产设施,利用经验曲线全力以赴降低成本,尽量压缩各项管理费用。尽管质量、服务以及其他方面不容忽视，但贯穿于整个战略之中的是单位产品成本低于竞争对手。

成本领先的优势有利于建立起行业壁垒，有利于企业采取灵活的定价策略，将竞争对手排挤出市场。为了成功地实施成本领先战略，所选择的市场必须对某类产品有稳定、持久和大量的需求，产品的设计要便于制造和生产，要广泛地推行标准化、通用化和系列化。这方面一个最典型的例子是美国的麦当劳快餐连锁店。麦当劳把快餐业的夫妻店式的旧经营方式，改造成为大批量、标准化的大规模工厂化生产，使每片肉、每片洋葱、每个圆面包和每根炸土豆条看起来都一模一样，并且在精确的加工时间内从全自动化的流程中生产出来。同时，适应大规模生产的要求，在产品质量、服务速度、清洁卫生、服务态度方面建立了严格的标准，从而树立了极高的信誉，确保了市场需求的持续稳定增长。

2. 差别化战略

所谓差别化战略就是使企业在行业中别具一格，具有独特性，并且利用有意识形成的差别化，建立起差别竞争优势，以形成对"入侵者"的行业壁垒，并利用差别化带来的较高的边际利润补偿因追求差别化而增加的成本。旅游企业在顾客服务这个环节可以充分利用差别化战略，建立起自己的优势。

3. 专一化战略

这类战略主攻某个特殊的细分市场或某一种特殊的产品。这一战略依据的前提是：企业业务的专一化能够以更高的效率、更好的效果为某一狭窄的战略对象服务，从而在某一方面或某一点上超过那些有较宽业务范围的竞争对手。

大量的事实表明，旅游企业应根据自己的情况，重点采取某一种类型的战略，并全力以赴，而不应当徘徊其间，丧失特色。

（四）战略规划

战略规划的任务是将战略分析和战略选择的结果进一步体现在产品组合、功能战略和资源分配上。产品组合通常表现在三个方面：产品组合的深度，即产品品种的数量；产品组合的广度，即产品种类的数量；产品组合深度与广度的关联性，即产品种类之间的相关程度。产品组合首先要突出优势产品和主导产品的地位，应当围绕主导产品作系列化的展开。挖掘产品组合的深度，有利于占有更多的细分市场，提高顾客的满意程度；扩大产品组合的广度，可以分散企业经营的风险，充分利用企业在销售、服务方面已经形成的规模和能力；加强产品组合的关联性，则可充分发挥企业的核心技术优势，挖掘生产系统的生产潜力。

功能战略主要是针对行业中成功的关键因素强化企业在开发研制、制造、采购、销售、服务等方面的关键环节。

任何企业，其资源总是有限的，要使得有限的资源发挥最大效益，就必须集中使用。因此，在战略规划中，按何种优先次序来分配资源就成为一个重要问题。关于这一点,我们将在下一节中作进一步讨论。

(五)战略实施和战略管理

战略实施碰到的首要问题是组织保证。必须认识到,组织是手段,是实现战略和目标的手段。"战略决定结构"应作为战略实施阶段所依据的原则,不同的战略要求不同的组织结构与之相适应。例如,总成本领先战略,一般要求一种集权化的按职能划分部门的专业化分工的体制;而差别化战略要求一种适于激发创新精神的项目管理,或是分权化的按产品或市场划分部门的组织体制。将不同的战略混同在一种组织体制下实施,就会造成上面提到的徘徊其间的结果,难以形成各自的特色。

第二节 业务投资组合战略

业务投资组合战略主要是决定企业资源如何在现有的各个业务单位之中进行分配,以达到企业利润的最大化。为达此目的,首先,要对现有业务单位进行科学量化分析,不能再像以前那样只是凭感觉定性地下结论。其次,是针对不同类型的业务单位的特点,分别制定不同的对策,扬长避短,优胜劣汰,最后留下一个完美的业务投资组合图。

一、战略业务单位的划分标准

一家公司,特别是大型的跨国公司,其生产的产品成千上万种,而且产品更新换代的速度很快,这就需要找到一种方法把这些产品进行归类区分,这是制定业务投资组合战略的第一步。一般地,划分战略业务单位的标准有以下几条:

(1)它是一项独立业务和相关业务的集合体。

(2)它有自己独立的组织机构,独立于其他业务。

(3)它有自己专门的负责人,有分配资源和获取报酬的权利,同时也承担相应的责任。

(4)它有自己的竞争对手。

按照这个划分标准,长虹集团生产的46英寸彩电和59英寸的彩电就属于同一个战略业务单位,而VCD和空调才是不同的战略业务单位。

二、战略业务单位的评价

对现有战略业务单位的评价,一般采用的是美国波士顿咨询公司所创导的"成长——份额矩阵法"即BCG法。它的基本思路是以企业该业务的销量为依据,分别计算出市场增长率和相对实力指数,然后根据这两个数据对各个战略业务单位确定其位置,分析其特点。在这里,我们适当调整原来的参数数据,以便更符合实际情况。

(一)计算各业务的市场增长率和企业的相对实力指数

某业务的市场增长率是指该业务所在的整个行业的销售增长率。从统计学角度分析,行业的增长率是指整个行业中该业务的销售额增量与基期销售额之比的百分数。很显然,这个百分数越低,则说明该业务越不被人看好,其发展前景黯淡;这个百分数越高,则说明该业务越有发展前途。市场增长率的公式如下:

$$S = \frac{\Delta Q}{Q_0} \times 100\% = \frac{Q_1 - Q_0}{Q_0} \times 100\%$$

其中,S——该行业的销售增长率

Q_1——本期全行业的销售额

Q_0——基期全行业的销售额

某业务的相对实力指数是指本企业该业务的销售量与该行业其他企业中最大一家的销售量之比。很显然,相对实力指数越高,则说明该企业在此行业中的竞争实力越强。反之,则说明该业务的竞争力越差。其计算公式如下:

$$M = \frac{Qi}{Qm}$$

其中,Qi——本企业的销售量

Qm——本行业其他竞争对手中最大一家的销售量

(二)划分业务区域,并对企业业务进行分类评价

以市场增长率为纵坐标,相对实力指数为横坐标,建立平面坐标系;分析确定临界值,将横轴和纵轴各分为左右上下两个区域,这样就形成了四个区域。按照菲利普·科特勒的观点,销售增长率以10%作为临界值,相对实力指数以1为临界值。这里我们把相对实力指数略微下降,暂定为0.8。因为如果以1为临界值,则意味着,每个行业中只有一家企业(销量最大的一家)在坐标的右边,也就是每个行业中只有一家的业务属于后面所要界定的明星类业务和现金牛类业务,这与实际情况不符。与此相适应,把企业的业务划分为以下四种类型:①明星业务,即市场增长率高,相对实力指数大的业务。②现金牛业务,即市场增长率低,相对实力指数大的业务。③问题业务,即市场增长率高,相对实力指数小的业务。④瘦狗类业务,即市场增长率低,相对实力指数小的业务。如图5-2所示。

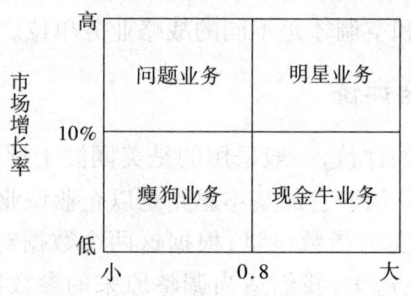

图5-2 业务构成分析图

例如:某企业所属的七种产品的销售情况如下表所示,现把这七种业务进行准确分类。

某企业七种产品销售情况表

业务	本企业销售额	行业中最大三家企业的销售额			全行业销售额	
					基期	本期
A	0.5	1.0	1.0	0.8	20	21.4
B	0.6	2	1.8	2	30	36
C	0.4	0.5	0.5	0.45	20	23
D	1.1	1.1	1	0.9	25	28
E	0.9	0.9	0.9	0.8	20	21
F	2	2	1.5	1.6	20	20.4
G	1.3	1.3	1	1	15	15

首先计算各业务的销售增长率 S 和相对实力指数 M:

$S_A = (21.4 - 20)/20 \times 100\% = 7\%$ $M_A = 0.5/1 = 0.5$

$S_B = (36 - 30)/30 \times 100\% = 20\%$ $M_B = 0.6/2 = 0.3$

$S_C = (23 - 20)/20 \times 100\% = 15\%$ $M_C = 0.4/0.5 = 0.8$

$S_D = (28 - 25)/25 \times 100\% = 12\%$ $M_D = 1.1/1 = 1.1$

$S_E = (21 - 21)/21 \times 100\% = 5\%$ $M_E = 0.9/0.9 = 1$

$S_F = (20.4 - 20)/20 \times 100\% = 2\%$ $M_F = 2/1.6 = 1.25$

$S_G = (15 - 15)/15 \times 100\% = 0$ $M_G = 1.3/1.3 = 1$

然后以 10% 为纵坐标市场增长率(即销售增长率)的临界点,以 0.8 作为横坐标相对实力指数 M 的临界点,对企业的业务进行划分:A 为瘦狗类业务;B 为问题业务;C 为介于明星业务与问题业务之间的业务;D 为明星业务;E、F、G 为现金牛业务。如图 5-3 所示。

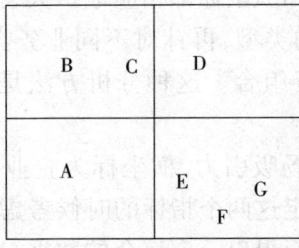

图 5-3 业务构成实例图

三、业务投资组合战略

所谓业务投资组合战略就是指在现有业务构成分析的基础上，根据外界环境和内部条件的变化，针对不同业务的特点，采取不同的对策，以形成一个最佳的组合战略，以最大限度地实现企业的目标。一般而言，有以下几种战略可以选择：

(1)发展战略。就是采取积极措施，不断地提高相对实力指数和市场增长率，特别是相对实力指数，因为这意味着该战略业务单位市场份额的扩大。这种战略主要适合于明星类业务和一些有前景的问题业务。问题业务只有通过发展，才能提高相对实力指数，变成明星业务。而明星业务的高增长率一般是伴随着巨额的营销费用，它并不能给企业带来滚滚现金。因此，也要采用发展战略，提高其竞争实力，抢占更多市场，然后巩固下来，逐渐变成现金牛业务。

(2)维持战略。这种战略的目的是保持战略业务单位现有的市场份额，主要适合于比较强大的现金牛业务。因为现金牛业务的相对实力指数大，意味着市场份额已经很大，如果一味地提高其份额，势必会使营销费用增加、成本增加，加剧市场的竞争。如果形成垄断，甚至会引起政府的干预。

(3)收缩战略。就是在现有规模的基础上，适当地收缩战线，减少投入，让市场份额保留在一个较低的合理的水平上。这种战略绝不是放弃这些业务，它特别适合于实力相对弱小的现金牛业务和暂不具备大力发展条件的问题业务。

(4)撤退战略。就是完全放弃此种战略业务单位，其目的是出售或清算业务，以便把资源转移到更有利的领域。这种战略主要适合于瘦狗类业务。

四、业务投资组合战略的发展

自波士顿咨询集团公司创建了 BCG 法后，人们又在此基础上进行发展，提出了两种分析方法：其一是日本 NEC 公司倡导的多象限分析法（即 NEC 法），其二是美国通用电器公司倡导的多因素分析法（即 GE 法）。NEC 法主要是在一般的四象限分析法的基础上，将横坐标和纵坐标都相应地扩大，构成九象限、十六象限等，然后将企业的业务划分成相应的类型，再针对不同业务类型的特点，采取不同的措施，以形成一种最佳的业务投资组合。这种分析方法是 BCG 法的一般性拓展。在这里，我们重点介绍 GE 法。

首先，确定纵坐标为市场吸引力，横坐标为企业的业务力量，这与波士顿集团咨询法很类似，只是它在决定这两个指标的时候考虑了诸多变量，而且给各种变量相应的权数，最后加以计算而得出一个综合的数据，这是其第一个改进之处。如影响市场吸引力的主要因素有：总体市场大小、市场增长率、利润率、竞争强度、技术要求、能源要求、环境及政策影响等。影响企业业务能力的因素主要有：市场份额、产品质量、生产能力、渠道管理能力、单位成本、研发能力、人员素质、企业历史等。

其次，把横纵坐标都划分为三等份，这样就形成了九个象限，组成一个多因素投资组合，如图5-4所示。

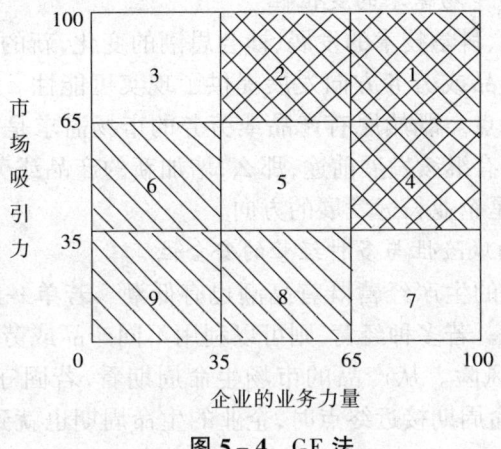

图5-4　GE法

此投资组合图分为三个区域：

(1)右上角区域(又叫作"绿色区域"，这个区域的三个小格是"大强、中强、大中"即1、2、4格)，对这个区域的业务，主要采用发展战略。

(2)左下角区域(又叫"红色区域"，这个区域的三个小格是"小弱、小中、中弱"即6、8、9格)，对这个区域的业务，主要采用收缩和放弃战略。

(3)中间对角形区域(又叫作"黄色区域"，这个区域的三个小格是"小强、中中、大弱"即3、5、7格)，对这个区域的业务，主要采用维持性战略。

第三节　新业务拓展战略

企业在制订了业务投资组合计划之后，就会重点发展一些业务，相应地也会淘汰一些没有前景的业务。同时，由于市场竞争的加剧和企业经营发展的需要，还要不断地向外拓展新业务，不断创新，使企业进行必要的正常的新陈代谢，从而充满活力。

一、拓展新业务的必要性

(一)原有产品或劳务需求规模与经营规模的有限性

虽然企业可以在一定范围内引导消费需求，但某一产品或劳务的市场需求容量总是有限的，这是企业无法抗拒和改变的。当任何一种产品或劳务的市场竞争发展到一定阶段时，企业已难以通过扩大生产规模来扩大企业规模，因为经过前期弱肉强食的残酷竞争，实现了优胜劣汰，竞争的获胜者们在实力上基本势均力敌，在市场上各占一方，这种鼎立的格局在一定时间内是不易改变的。任何一方扩大产销规模的企图都会引起竞争对手强有力的反击，强强相争，往往两败俱伤。因此,寡头们往往能够达成妥协与默契,维持各自相对稳定的生产规模。此外,政府对垄断倾向的干预也使企业在原有产品或劳务项目上的垄断性扩展难以实现。

(二)外界环境与市场需求的变化性

随着时代的变迁、科学技术的发展、社会思潮的变化,新的市场需求不断出现,这就为企业向其他产品或劳务方向发展提供了现实可能性。适应外界环境变化,是企业发展的新增长点。既然原有产品或劳务的市场需求是有限的,原有产品或劳务的生产经营又没有继续发展前途,那么,增加新的产品或劳务项目以满足尚未满足的市场需求,才是企业长远发展的方向。

(三)单一经营的风险性与多种经营的安全性

任何产品或劳务的生产经营既有高潮也有低潮。若单一经营,当企业处于低潮时将难以渡过难关。若多种经营,则可以利用不同产品或劳务高低潮的时间差,以丰补歉,抵御经营风险。从产品的市场生命周期看,若固守某种产品的单一经营,当产品的市场生命周期接近终点时,企业的生命周期也就到了终点。多种经营则可以利用不同产品市场生命周期的时间差与空间差,避免企业生命随产品生命的终结而终结,使企业生命得以延续。

二、新业务的拓展战略

新业务的拓展战略就是对未来的业务发展方向作出的战略规划,即如何开发新产品、开拓新市场、进行营销创新,以增强企业实力。它主要包括扩大化战略、一体化战略和多角化战略三种形式。

(一)扩大化战略

扩大化战略,也称密集增长战略,就是在公司现有的业务领域里寻找未来的发展机会,促使业务扩大化。它最主要的是从现有产品和现有市场两个要素去考虑如何进行拓展,这样就可采用以下几种方法。见图5-5所示。

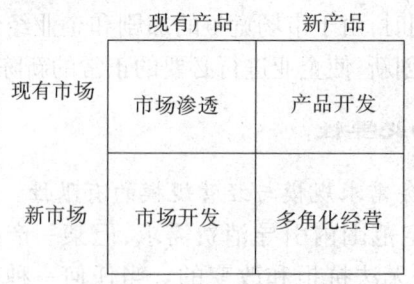

图5-5 产品结构发展矩阵

1. 市场渗透战略

市场渗透战略就是利用现有产品,争取在现有市场上增加销量,扩大市场份额的一种策略。这种策略在产品的上市初期企业实力不是很强、竞争不是很激烈时比较有效,它主要采取鼓励现有顾客多买、争取潜在顾客和争取竞争对手的顾客这三种方法。

(1)鼓励现有顾客多买。企业通过广告、宣传和强有力的促销工作,促使顾客提高现有产品的使用频率,增加每次的购买量,以达到多用、多买的目的。运用这种方法扩大销量,会使整个行业受益,从而得到竞争对手的支持和合作以形成合力。一些简单的方法,如增加牙膏出口的口径、各种短期的销售促进等都不是长久之计,关键是要进行正确的消费者教育,以形成一种意识,即多消费是一种有益的行为。如以前每天最多只化一次妆,到现在早妆、中妆、晚妆和任何公共场合的化妆都已司空见惯。电信部门借助媒体和社会力量呼吁全社会特别是中学生减卡救树,将寄贺卡改为用电子邮件、打电话等新的方式来拜年和互致问候,以促进电信业务量增加。旅游企业也可借用此思路,如酒店现大力推出的年夜饭,就是一种有益的尝试。

(2)争取潜在顾客。首先要分析潜在顾客尚未购买的原因。一般有以下几方面原因:第一是经济原因,如收入不是很高;第二是产品本身的原因,如产品质量不稳定,外形、色彩不如意,旅游线路设计不科学,旅游时间不合理等;第三是心理方面的原因,如持币待购、从众消费等心理因素。找准原因之后,就可对症下药了。如属经济原因,2014年南京青奥会举办之际,一些旅行社适时推出为国际购票公众提供签证、观赛、航班、旅游、住宿等全方位服务,以方便旅游者出行。如属产品本身和心理方面的原因,则加快研发力度,开展行之有效的营销宣传,尽快消除消费者的顾虑。化妆品企业鼓励男性使用化妆品就是很好的例子。这种方法有一定的难度,但可能避免竞争,形成多赢的局面。

(3)争取竞争对手的顾客。这是一种下策,一般会引起竞争者的反感,加剧市场竞争。但在竞争激烈、目标市场有限或开发殆尽时,也可以不得已而为之。如现在的家电产品(特别是彩电)、酒店的客房入住,都是采用降价的方法来争夺市场。在使用这种方法时,要采用正确的策略,特别是要抓住竞争对手出现危机的有利时机,如产品质量出现问题、脱销、财务危机、重大的人事变动等时机主动出击,就可以收到良好的效果。

2. 市场开发策略

市场开发策略是企业通过在新地区或国外增设商业网点或采用新分销渠道,加强广告促销等措施,在新市场上扩大现有产品销售的一种策略。如竞争激烈的彩电市场就把眼光投向了广阔的农村市场和发达的海外市场;河南莲花味精厂把目光投向国外;旅行社不断推出越来越远的国际旅游项目等。此外,还有一些企业,改变过去由商业部门独家销售的单一渠道,增加企业直销、工商联销、集团代销等销售方式,以灵活的方式来扩大销售业务。

3. 产品开发策略

产品开发策略是企业通过增加花色、品种、规格、型号等,向现有市场提供新产品或改进产品的一种策略。这是企业经常使用的一种策略,主要包括以下几种方法:

(1)增加新的特色。根据目标顾客的要求,采用差异化的方法对原来产品的功能、质量、外形、包装、色彩等方面进行改进,以体现自身的特点,满足顾客的需要。如海尔集团不仅推出了单缸、双缸、双自动、波轮、滚筒等各种型号的洗衣机,还根据农民顾客的特点,生产了能洗红薯的洗衣机。某家高档的涉外酒店在接待台胞时,就把房里的双人床改换成两张稍大的单人床;而在接待国内旅客时,又换成双人床。

(2)增加新的档次。由于顾客的收入有高、中、低档之分,其购物旅游的需要也要相应区分出档次。如旅行社推出了豪华团、经济团和专门针对学生的低收费团,就拉开了旅游的档次。酒店也是如此,旅游营销者不能总把目光盯在那些高收入者身上,否则路只会越走越窄。

(3)增加新的换代品。企业在制定产品策略时,一定要有长远的眼光,要做到"人无我有,人有我新,人新我精"。只有不断地推出新产品,才能保持此优势。如长虹集团最新推出的背投电视就成了其利润的新增长点。而现在新马泰旅游的降温,就缘于其旅游路线的单一。说到泰国,好像就只有人妖,只有曼谷和巴提雅似的,而泰国其他地方和其他风景都被忽略了。因此,要开展一个了解"旅游者,你需要什么"的运动,根据旅游者的需要,提供一代又一代的新产品来满足市场的需要。

(二)一体化战略

一体化战略,是指在现有业务基础上向现有业务的上游或下游方向发展,形成产供销一体化,以扩大现有业务的发展战略。它主要包括后向一体化、前向一体化和水平一体化三种形式。

1. 后向一体化

即企业在现有业务的基础上,向上游方向发展,通过联合、兼并或收购若干原材料供应商,拥有或控制其供应系统,实现供产一体化。如长虹集团要办事,都是绵阳市政府各级机关上门去为它服务。因为长虹集团和依靠长虹集团的企业贡献了绵阳市财政收入的60%。在长虹的鼎盛时期,光是给长虹供应硬纸箱的企业就可每年上缴几百万元的税收。一些旅游地区,如武夷山、九寨沟等地更是如此。可见企业的后向一体化战略不仅解决了其生产经营过程中的"巧妇难为无米之炊"的难题,同时也扩大了影响,促进了现有业务的发展。

2. 前向一体化

即企业在现有业务的基础上,向下游的业务发展,通过收购、联合、或兼并若干企业,拥有和控制其分销单位,实现产销一体化。同样是长虹集团,1998年3月份暴发了济南七大商场联合拒售长虹彩电的事件,使其分销活动和声誉受到了影响,股价也出现了一定程度的下降。这就说明了前向一体化策略的重要性。

3. 水平一体化

水平一体化策略是指企业通过收买、兼并、联合同行业的其他企业,形成一体化经营的战略。同行业之间既是竞争对手,更是合作伙伴,应一改以前那种"零和博弈"为"双赢博弈"。如在石油市场,就有"欧佩克"这样的合作组织,他们实行一体化的政策,共同影响和控制世界石油市场,以达到自己的目的。在旅游行业,航空公司之间的合作(如转乘客)、旅行社之间的合作(如对等接待)等,也是一体化策略的体现。

(三)多角化战略

多角化战略是指企业利用现有的资源和优势,向不同行业的其他业务发展,扩大企业生产范围和市场范围的营销战略。这种战略能使企业的特长充分发挥,使企业的人力、物力、财力等资源得到充分的利用。它主要包括技术关系多角化、市场关系多角化和跨行业多角化三种战略。

1. 技术关系多角化

技术关系多角化是指在现有业务的基础上,利用现有的产品线技术、营销网络、特长、经验等,增加产品种类,从同一圆心向外扩大业务经营范围,所以又称同心多角化战略。技术关系多角化的最大优点就是新产品和原产品有较强的技术关联性,因而风险小,容易取得成功。如海尔集团的冰箱和空调两种产品,其关键技术都是制冷技术。长虹集团的彩电和 VCD 产品,也是有一定联系的。旅游企业的轮渡公司经营公交运输,酒店企业开辟娱乐运动项目也是如此。

2. 市场关系多角化

市场关系多角化是在现有市场关系的基础上,发展与其行业有关的其他业务的战略。市场关系多角化的最大优点就是新的业务与原业务有较强的市场关联,可以充分利用企业现有的声誉,进行恰当的品牌延伸,使现有业务与新业务相辅相成,相互促进。如机场、火车站或汽车站增加为旅客服务的商店、旅行社、招待所、餐馆及金融机构等。我国一家跨国建筑公司在以较低的价格中标承建一工程项目后,外方问我方负责人:"这么低的价格,哪会有利润?"中方负责人谈了他的想法:"我们的报价虽然较低,但我们决不会偷工减料,以降低成本。我们较低的报价一方面是由于我方的廉价劳动力,另一方面就是周边市场。这个工程需要一年半的时间,在建筑工地周围还有许多的中国人加上我公司本身的建筑工人,我准备建餐厅和一些中式娱乐项目,这样就可以增加我们的利润。"事后证实,他的决策是正确的,他所运用的就是市场关系多角化战略。

3. 跨行业多角化

跨行业多角化是指利用企业的人才优势、资金优势或根据联合经营的需要,发展与原有业务无明显关系的新业务的发展战略。它是实力雄厚的大企业集团采用的一种经营战略。如我国的海尔集团控股鞍山信托,从传统的家电领域向金融证券服务领域进军。在使用该战略时,一定要慎重,一定要具备成熟充分的条件。否则,隔行如隔山,只知犯"红眼病",盲目介入,往往会招致惨痛的失败,如前面提到的巨人集团公司就是一例。这些条件主要包括外部条件和内部条件。外部条件一般有该行业的市场准入度、竞争激烈程度、市场前景等。内部条件一般包含企业应有足够的资源、相应的人才等。

第四节　市场竞争战略

在竞争日趋激烈的市场上,企业仅仅了解顾客是不够的,还必须了解竞争者,真正做到知己知彼,才能取得竞争优势。下面我们将从五个方面分析竞争者:谁是我们的竞争者?他们的目标是什么?他们的优势与劣势是什么?他们的反应模式是什么?他们的战略是什么?其中,竞争者的战略是重点。

一、识别企业竞争者

竞争者一般是指那些与本企业提供的产品和服务相类似并且有相似目标顾客和相似价格的企业。通常认为,识别竞争者似乎是很简单的事,如百事可乐公司的竞争者显然是可口可乐公司,香格里拉大酒店的主要竞争者之一是希尔顿大酒店。其实不然。一般来讲,竞争者可从产品替代的角度把它分为四类。

(1)品牌竞争者。就是指向相似的顾客群以相似价格提供相似产品和服务的企业。如同处一个城市之间的涉外酒店就是品牌竞争者,这是一种最直接最明显的竞争者。

(2)行业竞争者。是指提供同类产品的所有企业,如涉外酒店把国内的高、中、低档次酒店,即所有涉足酒店的企业都视为竞争者。

(3)形式竞争者。是指更广泛地能提供相似服务和产品的企业。如涉外酒店不仅把所有酒店都看作是竞争者,还把所有能提供休闲服务的企业也看作是竞争者,如茶坊、歌舞厅、美容院等。

(4)一般竞争者。这是最广泛意义上的竞争者,它是指所有能争取消费者掏钱的企业,几乎涵盖所有企业。如涉外酒店把高校、房地产公司、中介公司等都作为竞争者。

企业在制定竞争战略时,往往只重视品牌竞争者。因为这是最现实最直接的威胁,而忽视后面的几类。如一些中专学校往往为争夺生源而展开激烈的竞争,可绝大多数生源都被大学抢走了,结果,几乎所有的中专都面临困境。柯达公司一直把其死对头富士公司作为竞争者,却忽视了其更大的竞争对手是佳能和索尼公司,因为这两家公司所生产的摄影机,能在电视上展现画面,可转录入硬盘,也可擦掉。

可见,摄影机威胁到了整个胶卷行业,当然就威胁到了柯达公司。所以,旅游企业在识别竞争者时,不仅要识别现实的竞争者,还要识别潜在的竞争者,后者的危险更大。一个企业很可能被潜在的竞争者,而不是当前的主要竞争者吃掉。

二、判定竞争者的目标

确定了谁是企业的竞争者之后,还要进一步搞清每个竞争者在市场上追求的目标是什么?每个竞争者行为的动力是什么?可以假设,所有竞争者努力追求的都是利润的极大化,并据此采取行动。但是,各个企业对短期利润或长期利润的侧重不同。有些企业追求的是"满意"的利润而不是"最大"的利润,只要达到既定的利润目标就满意了,即使其他策略能赢得更多的利润他们也不予考虑。

每个竞争者都有侧重点不同的目标组合,如获利能力、市场占有率、现金流量、技术领先和服务领先等。企业要了解每个竞争者的重点目标是什么,才能正确估计他们对不同的竞争行为将如何反应。例如,一个以"低成本领先"为主要目标的竞争者,对其他企业在降低成本技术方面的反应,要比对增加广告预算的反应强烈得多。企业还必须关注和分析竞争者的行为,如果发现竞争者开拓了一个新的细分市场,那么,这可能是一个市场营销机会;或者发觉竞争者正试图打入属于自己的细分市场,那么,就应抢先下手,予以回击。

竞争者目标的差异会影响到其经营模式。美国企业一般都以追求短期利润最大化模式来经营,因为其当期业绩是由股东评价的。如果短期利润下降,股东就可能失去信心,抛售股票,以致企业资金成本上升。日本企业一般按市场占有率最大化模式经营。它们需要在一个资源贫乏的国家为1亿多人提供就业,因而对利润的要求较低,大部分资金来源于寻求平稳的利息而不是高额风险收益的银行。日本企业的资金成本要远远低于美国企业,所以,能够把价格定得较低,并在市场渗透方面显示出更大的耐性。

三、分析竞争者的优势和劣势

企业需要了解竞争者的优势及劣势,了解竞争者执行各种既定战略的情报,是否达到了预期目标。为此,需搜集过去几年中关于竞争者的情报和数据,如销售额、市场占有率、边际利润、投资收益、现金流量、发展战略等。但这不是一件容易的事,有时要通过间接的方式取得,如通过二手资料、别人的介绍、别人的经验等。企业可以对中间商和顾客进行调查,如以问卷调查形式请顾客给本企业的产品和竞争者的产品在一些重要方面分别打分,通过分数可了解竞争者的长处和劣势,还可用来比较自己和竞争者在竞争地位上的优劣。在寻找竞争者的劣势时,要注意发现竞争者对市场或对他们自己判断上的错误。例如,有些竞争者自以为他们的产品是第一流的,而实际上并非如此;有些错误观念,如认为"顾客偏爱产品线齐全的企业""人员促销是唯一主要的促销方式""顾客认为服务比价格更重要"等,都会导致采取错误的战略。如果发现竞争者的主要经营思想有某种不符合实际的错误观念,企业就可利用对手这一劣势,出其不意,攻其不备。

四、判断竞争者的反应模式

竞争者的目标、战略、优势和劣势决定了他对降价、促销、推出新产品等市场竞争战略的反应。此外,每个竞争者都有一定的经营哲学和指导思想。因此,为了估计竞争者的反应及其可能采取的行动,企业的市场营销管理者要深入了解竞争者的思想和信念。当企业采取某些措施和行动之后,竞争者会有不同的反应。

(1)从容不迫型竞争者。一些竞争者反应不强烈,行动迟缓,其原因可能是认为顾客忠实于自己的产品;也可能重视不够,没有发现对手的新措施;还可能是因缺乏资金无法作出相当的反应。

(2)选择型竞争者。一些竞争者可能会在某些方面反应强烈,如对降价竞销总是强烈反击,但对其他方面(如增加广告预算、加强促销活动等)却不予理会,因为他们认为这对自己威胁不大。

(3)凶猛型竞争者。一些竞争者对任何方面的进攻都迅速强烈地作出反应。如美国宝洁公司就是一个强劲的竞争者,一旦受到挑战就会立即发起猛烈的全面反击。因此,同行业的企业都避免与它直接交锋。

(4)随机型竞争者。有些企业的反应模式难以捉摸,它们在特定场合可能采取也可能不采取行动,并且无法预料它们将会采取什么行动。

五、确定竞争者的地位

根据企业在市场中的竞争地位,一般把企业分为几种类型:市场领先者、市场挑战者、市场跟随者和市场补缺者。

(1)市场领先者:是指在行业中居于领导和统治地位的企业。它的基本特点是:在相关的产品市场中占有最大的市场份额,通常在价格变化、新产品引进、分销和促销方面起着领导作用,是行业中竞争对手关注、模仿或挑战的对象。如酒店行业中的希尔顿集团公司,汽车行业的通用公司,胶片行业的柯达公司。有时,一个行业中由于竞争激烈,行业中前几位企业的实力和市场占有率比较接近,市场领先者可能不是一个企业而是几个企业组成的一个集团。

(2)市场挑战者:在行业中占有第二、第三和以后位次的公司,它们的实力依然很雄厚,仅次于市场领先者。在自己的权力范围内,这些公司是有相当影响的,并时时尝试通过进攻而取代领先者,如百事可乐公司、富士公司和高露洁公司等。

(3)市场追随者:其实力并不一定比市场挑战者弱,只是在战略上它不明目张胆地挑战领先者,而是采用一种跟随策略,以避免激烈的竞争。

（4）市场补缺者：就是精心服务于市场的某些细小部分，而不是与主要的企业竞争的企业，它们只是通过专业化经营来占据有利的市场位置。

六、比较竞争者的战略

企业的竞争战略一般是根据自身的实力和竞争对手的战略而制定的，也是容易变化的。在这里，主要分析上面四种竞争者的战略。

（一）市场领先者战略

1. 总成本领先策略

作为行业的领先者，其实力必然是很强大的，对于一些市场需求比较大的存在明显规模效应的行业，领先者可采用这种策略：低价格—大销量—低成本—合理利润。这种策略能形成一些进入障碍，有效地阻止竞争对手的进入，同时也对消费者有利。如松下公司在推出新产品时，往往以低于成本的价格销售，这样就阻止了竞争对手的进入，其销量大增，按照规模效应规律，产量每增加一倍，其成本降低20%。这样，以后它不用提价，就可赚取利润，弥补前期的亏损，而且随着销量的继续增加和技术的改进，产品价格还可继续下降。我国的长虹公司试图也用这个策略取得成功，可结果却不尽如人意。其问题就出在我国的地方保护主义太严重，很多小企业不轻易退出市场。

2. 维持和扩大市场份额

市场领先者往往是"众矢之的"，为了保住自己的位置，可以利用扩大和维持市场份额的战略。如果自己的市场份额不够高，可以采取措施适当地提高自己的市场份额，对于对手的进攻，甚至可以以攻为守，抢占对方的份额。如果自己的市场份额已经很高，实力很雄厚，还要抢占对手的地盘，甚至不惜利用自己各方面的优势压制对方。这样会激起公愤，对自己不利，微软公司的做法就是典型的例子。研究表明，企业的最佳市场占有率是50%。因此，作为市场领先者，更多地应采用维持和防御战略。防御战略的目的是减少攻击的可能性，使攻击转移到危害较小的地方，并削弱其攻势。可供选择的防御战略有以下六种：

（1）阵地防御：就是在现有阵地周围建立防线，这是防御的基本形式，是一种静态的防御。

（2）侧翼防御：是指市场领先者除保卫自己的阵地外，还要建立某些辅助性的基地作防御基地，或必要时作为反攻基地，特别是要注意保护自己的侧翼，防止对手乘虚而入。

（3）以攻为守：这是一种"先发制人"式的防御，即当竞争者的市场占有率达到某一危险的高度时，就对它发动攻击；或者对市场上所有的竞争者全面攻击，使人人自危。

（4）反击进攻：当领先者遭到对手进攻时，不能只是被动应战，而应主动反攻入侵者的市场阵地。可实施正面反攻、侧翼反攻,或发动钳形攻势,以切断进攻者的后路。

(5) 运动防御:不仅防御目前的阵地,而且还要扩展到新的市场阵地。

(6) 收缩防御:在所有市场阵地上防御有时会得不偿失,在这种情况下,最好是实行战略收缩——收缩防御,即放弃某些疲软的市场阵地,把力量集中到主要的市场阵地上来。

(二) 市场挑战者战略

1. 确定挑战对象

一般而言,市场挑战者的挑战对象有三种选择:(1)市场领先者;(2)同等地位和实力的竞争者;(3)实力薄弱的竞争者。

2. 选择进攻战略

在确定了进攻目标之后,挑战者就要考虑采取什么样的进攻战略。这里,挑战者可借用军事上的五大进攻战略来开展进攻:

(1) 正面进攻:正面进攻就是集中全力向对手的主要阵地发起进攻,即进攻对手的强项而不是弱点。在这种情况下,进攻者必须在产品、广告、价格等主要方面的实力大大超过对手(一般应为3:1),才可能成功,否则,不能采取这种进攻战略。

(2) 侧翼进攻:侧翼进攻就是集中优势点攻击对手的弱点,有时可采用"声东击西"的战略,佯攻正面,实际攻其侧面、背面。这又可分为两种情况:一种是地理性的侧翼进攻,即在全国或全世界寻找对手力量薄弱的地区,在这些地区发动进攻;另一种是细分性侧翼进攻,即寻找领先企业尚未服务的细分市场,在这些小市场上迅速填空补缺。这是一种比较经济和比较有效的战略形式,比正面进攻有更多的成功机会。

(3) 包围进攻:包围进攻是一个全方位大规模的进攻战略。挑战者拥有优于对手的资源,并确信包围计划的完成足以打垮对手时,可采用这种战略。

(4) 迂回进攻:这是一种间接的进攻战略,它完全避开了对手的现有阵地而迂回进攻。具体方法有三种:一是发展无关的产品,实行产品多角化;二是以现有产品进入新地区的市场,实行市场多角化;三是发展新技术、新产品取代现有产品。

(5) 游击进攻:主要适用于规模较小实力较弱的企业。游击进攻的目的在于以小型的间断性进攻干扰对手的士气,以占据长久性的立足点。

上述市场挑战者的进攻战略是多样的,一个旅游企业如果作为挑战者,不可能同时适用所有这些战略,但也很难单靠某一种战略取得成功,通常是设计出一套战略组合,借以改善自己的市场地位。

(三) 市场跟随者战略

市场跟随者与挑战者不同,它不是向市场领先者发动进攻并图谋取而代之,而是跟随在领先者之后自觉地维持共处局面,这种"自觉共处"状态在资本密集且产品同质的行业(如钢铁、化工等)是很普遍的现象,但是这不等于说市场跟随者就无所谓战略。每个市场跟随者必须懂得如何保持现有顾客,并争取吸引一定数量的新顾客;必须设法给自己的目标市场带来某些特有的利益;还必须尽力降低成本并保持较高的产品质量和服务质量。因此,也必须选择正确的追随战略。

1. 紧密跟随

这种战略是在各个细分市场和市场营销组合方面,尽可能仿效领先者。这种跟随者有时好像是挑战者,但只要它不从根本上侵犯到领先者的地位,就不会发生直接冲突,有些甚至被看成是靠拾取领先者残余谋生的寄生者。

2. 距离跟随

这种跟随者是在主要方面,如目标市场、产品创新、价格水平和分销渠道等方面都追随领先者,但仍与领先者保持若干差异。这种跟随者可通过兼并小企业而使自己发展壮大。

3. 选择跟随

这种跟随者在某些方面紧跟领先者,而在另一些方面又自行其是。也就是说,它不是盲目跟随,而是择优跟随,在跟随的同时还要发挥自己的独创性,但不进行直接的竞争。在这类跟随者中,有些可能发展成为挑战者。

(四)市场补缺者战略

1. 选择有利的补缺基点

所谓补缺基点就是指市场补缺者想要补缺的那些市场。如何寻找这些补缺基点,重点是了解这些基点的特征,即:(1)有足够的市场潜力和购买力;(2)利润有增长的潜力;(3)对主要竞争者不具有吸引力;(4)企业具备占有该补缺基点所必需的资源和能力;(5)企业既有的信誉足以对抗竞争者。

2. 市场补缺者战略

一个企业如何取得补缺基点呢?进入补缺基点的主要战略是专业化市场营销。企业为取得补缺基点,可在市场、顾客、产品或渠道等方面实行专业化。下面是几种可供选择的专业化方案:

(1)按最终用户专业化。专门致力于为某类最终用户服务,如计算机行业有些小企业专门针对某一类用户(如诊疗所、银行等)进行市场营销。

(2)按垂直层面专业化。专门致力于分销渠道中的某些层面,如制铝厂可专门生产铝锭、铝制品或铝质零部件。

(3)按顾客规模专业化。专门为某一种规模(大、中、小)的客户服务,如有些小企业专门为那些被大企业忽略的小客户服务。

(4)按特定顾客专业化。只对一个或几个主要客户服务,如美国有些企业专门为西尔斯百货公司或通用汽车公司供货。

(5)按地理区域专业化。专为国内外某一地区或地点服务。

(6)按产品或产品线专业化。只生产一大类产品,如美国的绿箭(Wrigley)公司专门生产口香糖一种产品,现已发展成为一家世界著名的跨国公司。

(7)按客户订单专业化。专门按客户订单生产预订的产品。

(8)按质量和价格专业化。专门生产经营某种质量和价格的产品,如专门生产高质高价产品或低质低价产品。

(9)按服务项目专业化。专门提供某一种或几种其他企业没有的服务项目,如美国有一家银行专门承办电话贷款业务,并为客户送款上门。

(10)按分销渠道专业化。专门服务于某一类分销渠道,如专门生产适于超级市场销售的产品,或专门为航空公司的旅客提供食品。

选择市场补缺基点时,多重补缺基点比单一补缺基点更能减少风险,增加保险系数。因此,旅游企业通常选择两个或两个以上的补缺基点,以确保企业的生存和发展。

第五节　目标市场战略

目标市场的确定是在进行有效的市场细分之后进行,但由于其重要性就把它作为一种战略来论述。所谓目标市场就是企业所选择和确定的营销对象,即企业能够为之提供有效产品和服务的顾客群。如皮尔·卡丹的目标市场是高收入的消费者,而武汉劲松西装的目标市场是中低收入的男性,海飞丝洗发水的目标对象是头皮屑较多的消费者。一般而言,每个企业都有自己的特定的目标市场战略,通常有三种目标市场战略:无差异性的营销战略、差异化营销战略和集中化营销战略。

一、无差异性的营销战略

无差异性营销战略的特点是:忽略不同顾客的需要差别,集中在顾客共同的需要上,据此设计出一种产品和一整套营销方案来吸引整个市场上的大多数顾客。它依赖于大量的分销渠道和大量的广告来进行推销,努力争取在广大消费者心目中留下其产品独特优越的形象。具体如图5-6所示。

图5-6　无差异性营销战略

无差异性营销战略的一个典型例子就是美国赫西公司(Hershey company),它在许多年以前对任何人只推销一种巧克力糖块。另外一个例子是在20世纪80年代以前,可口可乐公司只生产一种饮料来满足所有需要喝饮料顾客的需要。假日公司在80年代以前,只经营三星级的汽车旅馆,也是一个典型的例子。

无差异性营销战略的优点是可以享有节约成本的利益。它采用狭窄的产品线使生产、储存和运输成本下降。无区别的广告方案可以使广告费用下降。在这种战略指导下,由于不从事细分市场的研究和规划,也降低了营销研究和产品管理的费用。

无差异性营销战略的缺点是其有效性可能比较差。这是因为开发一种将使所有顾客满意的产品会产生许多困难。使用无差异性营销战略的公司典型地是要开发一种能吸引市场上大多数顾客的产品。而当一家公司这样做的时候,其他公司就会进行模仿,这样就会发生激烈的竞争,结果往往不能获得满意的利润。对这类问题的认识导致不少公司更愿意采用有差异的营销战略。如从 20 世纪 70 年代开始,两家都采用无差异性营销战略的饮料公司——可口可乐公司和百事可乐公司进行了激烈的竞争。结果,两家公司都逐步采用了有差别的营销战略。假日旅馆公司也是这样做的。它从 80 年代起逐步引进了一星、二星、四星级旅馆和全套间旅馆。

二、差异化营销战略

它是指公司决定进入多数几个细分市场,并分别设计相应的营销组合来向它们进行营销。具体可见图 5-7。

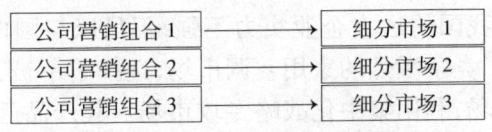

图 5-7 差异化营销战略

如通用汽车公司努力生产符合各种经济收入、各种用途、各种个性的汽车。又如耐克公司对 12 种体育运动提供运动鞋,包括满足从奔跑、跨栏、增氧健身运动到骑自行车和打棒球运动所需要的各类运动鞋。再如,20 世纪 80 年代以后,可口可乐公司将饮料市场分为:针对需要有糖的细分市场,推出了老可乐、新可乐和樱桃可乐;针对需要减肥的细分市场,推出了健怡可乐;针对不需要咖啡因的市场,推出了无咖啡因可乐;针对需要非可乐类饮料的细分市场,推出了少女牌碳酸钠饮料。

实行差异化营销战略的公司,希望通过提供不同的产品和营销方式,在每一个细分市场上拥有较高的销售额和强有力的竞争地位,也希望拥有更多的忠诚的购买者,因为公司可以提供更好的营销组合来满足每一个细分市场上的顾客的愿望。

一般说,差异化营销战略会比无差异性营销战略能创造出更多的销售收入,越来越多的公司已经采用了这种战略。例如,宝洁公司所推出的 11 种品牌的洗涤剂的销售额要高于其只推出一种品牌的洗涤剂的销售额。

差异化营销战略的缺点是会提高经营成本。这是因为改变一种产品使它适合不同细分市场的需要通常会产生额外的研究、开发与管理费用。如一家公司发现,通常生产10种不同产品的10个单位的费用要比生产一种产品的100个单位的费用昂贵得多。这是因为为每一种细分市场制定单独的营销计划需要从事更多的营销研究、推销策划工作,这会增加许多营销费用。使用不同的广告来影响不同的细分市场也会增加广告费用。

因此,营销者在决定采用不同的营销战略时,必须权衡增加的销售收入是否超过了增加的营销成本,或者看哪一种营销战略能使公司利润最大化。

三、集中化营销战略

它是指公司选择进入一个或少数几个细分市场,以追求在所进入的细分市场里获取更大的市场份额。在公司资源有限的情况下,这一战略特别适用。具体可见图5-8。

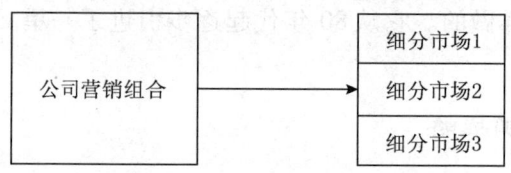

图5-8　集中化营销战略

例如,刚开始时,我国的远大企业实力不强,不足以与国内知名的空调企业竞争,可远大企业避开了竞争激烈的家用空调市场,选择了不被其他空调企业看好或被忽视的中央空调市场,利用集中化战略专攻市场。其产品已远销欧美,企业实力不断壮大,获得了巨大的成功。

集中化营销战略的优点是为小的新公司的成功提供了一种很好的方法。通过采用集中化的营销战略,公司可以在其进入的细分市场上获得更强有力的竞争优势,因为它能更好地了解与满足所进入细分市场上的顾客的需要。由于它在生产与销售方面的专业化,也使它享有了许多成本的节约性。上述这一切也能帮助它在较大的、资源丰富的竞争者面前站稳脚跟。如果所进入的细分市场被很好地选择的话,采用集中化营销战略的公司也能获得较高的投资回报率。

集中化营销战略的缺点是它包含了较高的风险。这是因为公司所进入的那一个特别的细分市场可能会变得没有价值,或者随时面临由较大竞争者进入该市场产生被挤出该市场的风险。由于这些原因,许多公司偏爱在几个细分市场上进行多元化经营,即奉行不要把鸡蛋放在一只篮子里的经营哲学。

值得注意的是,在计算机和通讯技术迅速进步的情况下,许多公司采用类似于集中化经营的营销战略。它们通过使用消费者资料库里的许多资料,将大规模的市场再分成几个市场组,以更好地满足他们的需要。如美国比萨屋公司(Pizza Hut)建立了一个资料库,储存了美国900万比萨饼食用者食用习惯的电子信息,利用这些信息来进行更有针对性的促销。如在最近的夏季推销中,那不勒斯风格的比萨饼的喜爱者获得了这类饼，而不是一般的比萨饼。一些愿意尝试新食品的消费者获得了一种创新的比萨饼品种。而在一段时间里未预订的消费者，则比其他人要获得更大的折扣。这些针对目标顾客的需要进行的促销活动是非常准确和非常成功的。

以上四种目标市场战略各有利弊，旅游企业在选择目标市场战略时，应着重考虑以下五个方面的因素：

(1)企业资源。对于实力雄厚，管理能力强，拥有充足的人力、物力、财力及信息各方面资源条件的大型企业，可根据其经营产品的不同特性采取全面市场战略和差别市场战略覆盖整个市场，也可根据需要采用集中化市场营销战略。而那些企业实力不强、资源不足、能力有限的中小型企业，由于无力把整个市场作为目标市场，采取集中化市场营销战略最能奏效。

(2)产品的同质性。对满足消费者需要方面无多大差异的同质产品，如钢铁、大米、食盐等，比较适合于无差别市场营销战略。对那些满足消费者需要存在差异的异质产品，如服装、照相机、食品、汽车、家用电器等，则宜采用有差别市场营销战略或集中化市场营销战略。

(3)市场的同质性。它是指各子市场间的需求与偏好的相似程度。当市场同质性高，购买者爱好相似，如一个时期的购买数量相近，对市场营销刺激的反应也相同时，企业可采用无差异市场营销战略；反之，企业应选择有差异市场营销战略或集中化市场营销战略。

(4)产品所处的生命周期的不同阶段。企业目标市场涵盖战略的选择应随其产品所处的生命周期阶段的变化而变化。如果产品处于投入期时，企业往往先介绍单一款式来推出新产品，因此，采用无差异市场营销战略或集中化市场营销战略最能奏效。当产品进入成长期和成熟期时，采用有差异市场营销战略意义就显得非常重要。当产品进入衰退期时，为保住原有市场，延长产品的市场生命，全力对付竞争者，宜采取集中化市场营销战略。

(5)竞争对手的目标市场涵盖战略。当竞争对手进行市场细分，实施差异化市场营销战略或集中化市场营销战略时，企业应当立即进行更为有效的市场细分，寻找新的良机和突破口，采取有差异市场营销战略或集中化市场营销战略。相反的，当竞争对手都实行无差异市场营销战略时，企业推行有差异市场营销战略或集中化市场营销战略必将大获其利。另外，如果竞争对手数目较少、实力较弱时，企业也可采用无差异市场营销战略或集中化市场营销战略。

典型案例

普者黑景区位于云南省文山壮族苗族自治州丘北县境内，是国家级风景名胜区、国家AAAA级旅游景区。2011年，云南普者黑旅游开发有限责任公司加大对景区的投资力度,扩大景区面积,兴建水上拓展、徒手捕鱼等水上旅游项目。目前,景区总面积388平方公里,核心景区165平方公里,属于滇东南岩溶区,是发育典型的喀斯特岩溶地貌,以"水上田园、湖泊峰林、彝家水乡、岩溶湿地、荷花世界、候鸟天堂"六大景观而著称。这里既有桂林山水孤峰、清流、幽洞、奇石的灵秀,又有江南水乡小桥、流水、人家的古朴神韵,还有杭州西湖波光潋滟的明丽,更有比荷花淀还要浩荡的万亩荷花。景区内265个景点各具千秋,312座孤峰星罗棋布,83个溶洞千姿百态,54个湖泊相连贯通,2万亩水面清澈透明,13公里大峡谷雄险壮观,3公里茶马古道神秘古朴,4万亩高原喀斯特湿地让人叹为观止。景区民族文化底蕴丰厚,壮、苗、彝等少数民族浓郁的民族民间文化构成了普者黑旅游文化的主流。景区现已具备观光、度假、养生、休闲、骑行、写生、摄影、垂钓、观鸟等众多旅游体验项目。

2012年全年,普者黑在电视、报纸、网络、机场、火车站和高速公路上投放广告,策划了节庆营销(3月的春暖音乐节、7月的花脸节)、赛事营销(11月举办全国皮划艇赛)等活动。

2013年,普者黑是湖南卫视大型亲子秀节目《爸爸去哪儿》第一期第三站节目拍摄点,自此普者黑旅游人数激增。

2014年,普者黑举办了首届"云上水乡杯"摄影大赛,"爱在崇安寺,情系普者黑"慈善行等活动,在一定程度上促进了景区的进一步发展壮大。

问题:试分析云南普者黑的旅游营销战略?

思考与练习

1. 简述战略的特征和制定程序。
2. 简述波士顿集团咨询法的内容。
3. 现有业务投资组合战略有哪几种?
4. 新业务拓展战略有哪些?
5. 市场竞争者有几种类型?其各自的战略是什么?
6. 目标市场战略有哪几种?

第六章

旅游市场的营销战术

本章导读

旅游市场营销体系可以概括为营销理论、营销战略和营销战术三个部分。战术是战略的具体运用。旅游市场的营销战术内容很广泛,从广义角度讲,包括市场调研、市场预测、环境分析、组织管理、市场细分、市场定位、市场营销组合等。本章主要介绍旅游市场最基本也是最重要的三种战术,即市场细分、市场定位、市场营销组合。

第一节 旅游市场细分及其趋势

自从1956年温德尔·斯密提出市场细分的概念后,现在市场细分已成了市场营销理论中最核心的概念之一,它被广泛地用于各种营销活动中,是制定营销战略,特别是选择目标市场的前提和基础,并发挥着越来越大的作用。

市场细分又称市场分割,是指企业根据顾客购买行为与购买习惯的差异性,将某一特定的整体市场分割为若干个消费者群体,以选择确定目标市场的活动。例如,泰国的商务旅行者是一个具有相同特征的群体,这个群体中的游客都对佛教感兴趣,旅行社应根据这一特点对其集中进行市场营销活动。

一、市场细分的优点

首先,市场细分有利于企业发现最好的市场机会,提高市场占有率。因为企业通过市场研究和市场细分,可以更充分地了解不同顾客特别是所选择的顾客群体的需要。在满足程度较低的子市场,就可能存在着最好的机会。这对小企业尤为重要,因为小企业资金不充裕,在较大的市场上难以和大公司竞争。通过市场细分,小企业就可以发现某些尚未满足的需要,找到自己力所能及的良机,然后见缝插针,拾遗补缺,从而在激烈的市场竞争中得以生存与发展。

第二,市场细分有利于选择更有效的营销策略。通过市场细分,各个目标市场的特征明确,营销人员就可以有针对性地选择促销媒介和技巧,进行准确的市场定位,少走弯路,提高营销效率。

第三,市场细分还可以使企业用最小的经营费用取得最大的经营效率。因为,通过市场细分和目标市场选择,企业可以根据目标市场的需求变化,及时、准确地调整产品结构和市场营销,使产品适销对路,扩大销售,这样就可以大大提高资金使用率。例如,旅馆的发展商意识到,有一些游客群体对于典型的路边假日旅馆所提供的整套服务并不感兴趣。这些潜在旅游者需要比较便宜,而又清凉、舒适的旅馆。这样的旅馆只有有限的服务,但位置却很方便。这些发展商为了迎合游客的需要,将服务定位于一种标准化的服务。这种服务由典型的汽车旅馆提供,价格比较便宜,更强调"经济合算"的旅游者为这些公司的目标市场。公司集中力量来满足这些旅游者的需要,并在最恰当的时间和地点进行促销活动。这种"无花边装饰"的概念也被其他许多旅游与酒店组织成功使用。

二、市场细分标准

使用什么标准将一个市场分成几个部分呢?这是所有旅游与酒店组织所要面对的最困难的问题之一,它对市场营销的有效性产生重要影响。这里,主要介绍以下几种细分标准:地理位置、人口统计、旅行目的、心理因素、行为。

（一）地理位置

地理细分是指按地理位置将市场分割成几个旅游群体,它是一个相对静止和稳定的细分标准,在旅游业中被广泛使用。一些旅游市场营销组织,包括美国和加拿大的旅游商,都使用国家作为细分的依据;饭店则需要更为精细和具体的地理位置来作为细分的依据,比如街道、商圈等。

为什么地理细分如此流行呢?首先,它很容易被使用,有全世界都可以接受的地理区域概念。地理市场又能很容易被测量,并且通常对于这些市场有许多可以使用的人口统计、旅行和其他的统计资料。这种细分如此流行的另一个原因就是,大部分的媒介（电视、电台、报纸、广告板和一些杂志）都服务于特定的地理区域,将促销信息对准目标客户群就不可避免地要涉及对地理细分的使用。在一个或多个国家内进行市场营销的组织会感到不同的国家或居住地区有不同的行为模式。

表6-1列出了细分使用的不同的地理因素。地理因素的实际选择要受到贸易区域的影响。许多旅馆、游乐场、航空公司和旅游目的地都有一个涵盖几个国家的国际贸易区域。而其他的,比如快餐和客栈连锁经营,其优势市场则在国内。更多地方经营的企业,比如独立经营的饭店和旅行社,其贸易区域则更为狭窄,只包括几个街区。

（二）人口统计细分

人口统计细分意味着在人口统计的基础上将市场进行分割。这些统计数字主要来自于统计调查信息,包括年龄、性别、平均收入水平、家庭规模与结构、职业、教

表 6-1 地理细分中所使用的因素

1. 社区水平	2. 州/省、郡水平	3. 国家和国际水平
周围邻居	郡	地区
邮政编码	州/省	国家
大都市的统计区域		大洲
主要影响的区域		
市场区域		
运输区域		
贸易区域		
城市/城镇		

育水平、宗教、人种/民族、住房种类和其他因素。其他的变化性因素,比如家庭生活周期阶段、有效的购买收入和购买力指标,都是建立在人口统计的组合资料基础之上的。

人口统计和地理细分都是由于相同的原因而流行起来的。统计资料是现成的,而且很容易使用。人口统计,伴随着地理细分一起被使用是很普遍的。这被称之为地理人口统计细分(使用地理和人口统计特征的两个阶段的细分方法)。

(三) 旅行目的细分

所谓旅行目的细分就是根据旅游者旅行的基本目的将旅游与酒店市场进行细分。这种细分依据的使用是很广泛的。旅馆、饭店、旅行社、航空公司和旅游目的地的市场营销组织传统上都将它作为细分依据的一部分。

初级细分依据代表了对旅游者行为最具影响力的因素。将旅游与酒店业市场分成两个主要的群体——商务旅行市场和快乐旅行市场,这是被普遍接受的。商务人士喜欢离他们商务活动地点较近的地方。在旅行时,他们会去寻找靠近商务活动地的旅馆。花自己钱的快乐旅行者比商务旅行者对价格更敏感。所以旅游与酒店业组织都将旅行目的作为初级细分依据,并经常采用两个阶段或者多个阶段的细分方法。

(四) 心理因素细分

这种细分形式最近比较流行,它是建立在对人们的生活方式的判断基础之上的。生活方式是一种具有特定生活态度的生存形式。这包括人们花费时间所做的事(行动)、他们认为重要的事(兴趣),以及他们怎样感觉他们自身和他们周围的世界(观念)。

人们的行动、兴趣和观念是各不相同的。你在大学里所做的事与在家中、在度假时或者晚间外出时所做的事肯定是不一样的。你可能有许多兴趣,一些是在校园生活中进行的,一些是你所喜爱的嗜好、运动或者其他的休闲活动。你也拥有各种各样的观念,比如说对教育体系、政治事件、特定的产品/服务、社会问题以及环境,你都有特别的看法。表6-2是一组大部分人所共享的行动、兴趣和观念。

当我们使用人口统计和地理细分依据时,可以遵循相应的较固定的定义和法则。在旅游与酒店业中,人们对旅行目的细分的理解也很相似。可心理因素细分却没有统一的标准,有许多方式可以定义或描述心理因素或生活方式细分。

一个组织可以在市场营销的基础上发展自己的心理因素细分,可以提出一组与顾客的行动、兴趣和观念相关的问题,然后使用因质或聚类分析,将对特定问题有类似回答的人归到一个市场细分部分。例如,美国旅游局和加拿大旅游局联合对潜在顾客进行了一次研究,其中的部分工作是将法国、日本、英国、德国和其他国家的游客细分成不同的"旅游理念"群体。这些国家的被采访者需要回答有关他们对旅游的认识和感想之类的问题。然后研究者对问题的答案进行了聚类分析,并由此确认了七个市场细分部分。

表6-2 心理因素细分

行 动	兴 趣	观 念
工作	家庭成员	他们自身
嗜好	家	社会问题
社会活动	工作	政治
度假	社区	商务
娱乐	娱乐	经济
俱乐部活动	时尚	教育
社区活动	食品	产品
购物	媒体	未来
运动	成就	文化

尽管心理因素细分较之地理、人口统计和旅行目的细分是更为复杂的手段,并且被认为是较好的对顾客行为预测的工具。但是,它主要的缺点之一就是缺少一致的细分标准。另一点需要注意的就是它不能单独被使用。它必须是两个阶段或者多阶段细分方法的一部分。尽管心理因素能够作为初级的细分依据,但是其他的因素,比如地理和人口统计特征也必须被用来指明目标市场。

(五)行为细分

行为细分是通过顾客的使用频率、使用时机、使用情况、所寻求的利益和品牌偏爱状况来细分一个市场。

1. 使用频率

使用频率细分意味着以一种服务被购买的次数为基础,或者以每一个细分部分占总体需求的份额为基础,来对整个市场进行划分。像心理因素细分一样,这一概念在旅游与酒店业也很流行。它建立在一个简单的认识基础之上,即有一些细分部分,其中的顾客倾向于比其他人频率更高地购买特定的服务或产品,因为这些细分部分通常在一个组织的业务中占据很大的份额,所以对他们投入大比例的市场营销资源是很有意义的。

直到20世纪70年代,旅游与酒店业才开始使用这种细分方法。然而,由于航空业的非管制状态、过剩的旅馆业环境、资料库市场营销流行性的提高和其他因素所引起的剧烈的竞争改变了这一切。组织开始更加关注老顾客以及他们重复使用服务的次数。研究表明,有一些顾客旅行的频率超过平均水平,这些人被称之为"频繁的旅行者"。几乎所有主要的航空公司和旅馆公司现在都对频繁使用他们服务的顾客给予特别的回报。假日旅馆的优先俱乐部创立于1983年,它是美国旅馆公司进行这种活动的第一例。美国航空公司经常会收到一些可以打折的信用卡,这些信用卡是为鼓励重复购买而特制的;租车公司也开展了同样的活动,其他的供应商也开始加以效仿。这些活动的目标很简单,即鼓励频繁的旅行者重复使用公司的某项服务,并建立对这个公司"品牌"的偏爱。

"使用频率"的细分方式对市场营销者有很强的吸引力——对频繁的使用者进行市场营销的资金投入,比之投在其他目标市场上的资金其产生的回报率更高。尽管这看起来好像很合乎逻辑,但仍然应该谨慎一些。因为有些频繁的旅行者可能会选择不同于常规的旅程,以使自己显得与众不同。显然,并非所有的频繁旅行者都相似,所以还需进一步细分。这样,伴随着心理因素细分,"使用频率"应该被选择作为两个阶段或多阶段方法的一部分。例如,使用频率、旅行目的和地理细分的组合,对许多旅游与酒店业组织来讲是非常有效的。在旅游业中增加对计算机数据库的使用,可以帮助市场营销者指明目标市场。

这一细分的另一个潜在的缺点就是会引起对于频繁旅行者业务的剧烈的竞争。这一手段倾向于将大部分注意力集中到对产品/服务使用强度高的客户身上,而远离旅游中介、轻度使用者和非使用者。而事实上,一些组织如果瞄准其他的市场细分部分,也会取得巨大的成功。

2. 使用情况及潜在性

顾客可以根据他们对服务的使用情况被划分成几个群体,使用这一依据可将市场分成非使用者、以前的使用者、经常的使用者和潜在的使用者。另一个应用就是可以根据他们购买一个组织的服务次数来划分客户(例如,第一次客户、两次客户等)。

在旅游研究及市场营销中,有些人将更多的注意力放在了潜在旅行者身上,一些专家称之为"使用潜在性细分"。通常,是对还没有拜访或者使用服务的人做一下研究。在客户回答的基础上,他们被分成了高、中、低三种潜在性使用者。显然,高潜在性使用者的细分部分会得到最多的关注。

当这种手段用在旅游与酒店业中时,它就倾向于作为两阶段或多阶段细分手段的一个部分(例如,地理、旅行目的和使用情况及潜在性的细分组合)。

3. 品牌偏爱

尽管品牌偏爱在消费品工业中已经存在好几年了,但它在旅游与酒店业中却是刚开始出现的一个概念。根据顾客对某一特定品牌的偏爱以及他们对于竞争对手品牌的使用,可以将他们分成几个部分。一般有四个品牌偏爱的细分部分:忠诚的偏爱者、部分的偏爱者、转换的偏爱者和易变的偏爱者。以一个旅馆业为例:忠诚的偏爱者是那种只要离家在外,就待在某一品牌(比如假日)旅馆的人。部分偏爱者是那种一直使用两种或三种旅馆"品牌"的人,例如,假日旅馆、马里奥特和平价客栈,这个人的偏爱在这三种旅馆连锁店中被分割。转换的偏爱者是那种周期性地将偏爱从一个品牌转换到另一个品牌上的人,例如,这个客户可能连续三次都呆在假日旅馆,而下三次则呆在马里奥特,然后再回到假日,如此往复。易变的偏爱者对任何特定的品牌都没有偏爱。这些人可能是中间商,或者只是简单地喜欢多种多样的品牌。任何吸引他们的努力通常只产生短期的利益。

停留频率 \ 态度	正面	中性	负面
经常	真正的偏爱	人为(不自然)的偏爱	
偶尔	部分的偏爱	高度的易变性	
很少	非意识的不偏爱	潜在尝试者	放弃目标

图 6-1 品牌偏爱的细分

另一种品牌偏爱的细分方法,如图 6-1 所示。这个矩形阵的创始人认识到,即使一个旅客经常待在某一特定的旅馆连锁店,他也可能并不偏爱那个连锁店。事实上,他可能对那个连锁店只持中性的态度,甚至很讨厌它。"真正的偏爱",指的是经常待在某个旅馆连锁店中,并对这个公司持正面的欣赏态度。图 6-1 展示了九种品牌偏爱的细分部分,它将"停留频率"和"态度"作为两把斧头,将矩形阵分成了九个部分。九个部分需要不同的市场营销方法,最终的目的就是吸引高比例的"真正偏爱"的客户。

品牌偏爱细分概念在旅游与酒店业已成了一个热门话题,尤其是在旅馆连锁店、快餐公司和航空公司,尽管品牌偏爱细分的使用在目前是有限的,但在未来它将变得更加流行。

4. 使用时机

以使用时机为基础的细分是根据游客的购买时间和购买目的,将他们分成几个部分。在此,主要的旅行时机是商务、度假和其他的家庭或个人原因。使用时机细分的一个经典实例就是蜜月旅行。当一对情侣结婚时,通常都要进行这一传统的节目。对周年纪念、生日、退休、假日和授奖所举行的特别宴会,是饭店与旅馆业的另一个使用时机的细分部分。

5. 利益

许多市场营销专家认为利益细分是最好的细分依据。它根据消费者从特定的产品/服务中所寻求的利益而将他们分成几个部分。为什么这种形式的细分如此有效呢?答案就是人们不仅是在买服务,更是在买这种服务所包含的一整套利益。

利益细分观念的创建者曾经说过,利益可以推动购买行为,而其他的细分依据则仅仅是描述性的。换句话说,利益应该被选作初级细分依据,与其他的依据诸如旅行目的、地理位置和人口统计因素组合使用来更精确地确认目标市场(两阶段或多阶段方法)。

尽管在旅游与酒店业中有许多研究方法可以用来确认游客在特定的服务中所寻求的利益,但是利益细分的使用直到今天还是很有限的。例如,对旅馆游客的研究表明,位置、清洁和价格是游客选择旅馆的三个首要因素。会议计划人也从研究中得知,食物的质量和相关的服务是会议旅行者所寻求的最重要的利益之一。而对于商务航空旅行者来说,便捷、较低的价格和准时启程则是十分重要的。

三、市场细分的要求

市场细分的重要性决定了进行市场细分时要特别慎重。这就提出对市场细分的要求,即:

1. 可区别性

有效的市场细分必然使各个子市场之间界限明确,特征各异,可相互区别,这样才能针对性地开展营销活动,才能进行准确的市场定位。要做到这一点,就要求细分的标准要科学合理,而且不能几个标准重叠在一起。

2. 可衡量性

细分出来的市场必然要知道其规模大小,而且一定要有比较准确的数据,不能用概数定性描述。因为一个不能衡量的目标市场将使营销人员无法准确地开展工作。

3. 有价值性

细分出来的市场必须足够大,发展有前途,盈利水平高,让企业有利可图。这就要对市场既要细分,又不能分得太细、太小。现在出现的一种"反细分化"营销就是一个例子。

4. 可进入性

企业选择一个不能进入的市场是毫无意义的,哪怕这个市场价值非常大,且稳定,如我国目前的传媒市场、烟草市场等。这就要求企业有能力克服种种壁垒和障碍顺利进入所选择的细分市场。

5. 持久稳定性

即细分出来的市场能在一个较长的时间里保持较好的稳定性。如开在一个工厂周围的酒店就没有一个开在高校旁边的酒店稳定,因加工厂的效益起伏波动较大。还有一些市场需求,其市场生命周期很短,说来就来,说走就走,如呼啦圈、滚轴溜冰等项目。企业一般不要涉足这些市场,而应尽量选择那些具有长期、稳定购买力的市场。

四、市场细分的局限性

任何营销活动都不是十全十美的,都有其利弊,我们强调市场细分的利益和重要性,同时还要关注其弊端和局限性。只有这样,才能真正灵活运用市场细分这一手段。具体分析,市场细分的局限性主要体现在以下几个方面:

1. 成本太大

市场细分最明显的局限性就是它附加的费用。每一个目标市场都需要得到特别的关注。这就意味着必须扩大服务范围,并制定相应的价格。要专门设计广告和其他的促销手段,以迎合每一个市场细分部分的习惯和喜好。还要使用一种以上的分销渠道。因为每一个附加的目标市场都会带来额外的成本,所以必须单独地检测每一个目标市场,以判断追求这一目标市场是否值得。

2. 很难选择最好的细分依据

细分一个市场有许多依据,比如地理位置、旅行目的、人口统计资料、生活方式、所寻求的利益和使用情况等。市场营销者的困境就是,应该选择哪一个或哪几个细分依据,才能使其市场营销资金获得最高的收益。对这个问题没有固定的答案,每一种状况都需要作仔细的研究和计划。

3. 很难知道该怎样精细地或粗略地细分一个市场

市场细分可能会被执行得过了头。有太多的目标市场与没有目标市场的效果是一样的,它们都会造成很大的浪费。一些人发现投入一个特定的目标市场的资金量要高于所产生的回报;另一方面,如果一个市场被划分得太粗略了,可能就无法有效地达到某个细分部分。这有点像淘金,如果使用细网眼的沙网,则只有最细的沙子才能通过网眼;如果使用的沙网网眼较大,就只能网住较大的颗粒了。只对几个目标市场进行市场营销与用网眼大的沙网采金类似———些潜在顾客从市场营销者的手中漏了出去;而对很多目标市场进行市场营销,则与使用细网眼的沙网淘金类似,在这种情况下,几乎所有的潜在顾客都被网住了,但组织却很难分辨出哪一个目标市场更有价值。采矿者使用网眼太小的沙网可能并不会发现更多的金子,同样,如果市场细分得过了头,市场营销者就有可能只发现价值有限的市场细分部分。

4. 存在一些不能细分的市场

有些市场是不能细分的,比如说,没有特定的促销和广告媒体可以接触到的市场细分部分、群体规模太小的市场细分部分(进行投资不太合理)、变化无常的市场细分部分,以及被一家或几家大公司控制的市场细分部分(对于一个新来乍到的公司,追求这些部分花费会很高,而且几乎没有回报)。

第二节　旅游市场定位

一提到五星级酒店,旅游者就会想到那种富丽堂皇、高贵典雅、价格高昂的形象,而一提到路边的汽车旅馆,旅行者便会想到温馨舒适、价位低廉的形象。同样,旅游者一提到"海飞丝"就想到了"去头皮屑";一提到"潘婷"就会想到"有营养";一提到"飘柔"就会想到了"柔顺";一提到"沙宣",就会想到"保湿有弹性";一提到"润妍",就想到了"乌黑亮发"。为什么会出现这种情况呢?这就是企业的市场定位战术发挥了作用。

一、市场定位的含义

所谓市场定位,就是根据所选定目标市场竞争者现有产品所处的位置和企业自身的条件,从各方面为企业和产品创造一定的特点,塑造一定的市场形象,以求在目标顾客心目中形成一种特殊的偏好,留下一个最佳位置。简单地说,市场细分是让你如何找准你的顾客,而市场定位是让你如何赢得顾客的"芳心"。

定位概念是 1972 年由美国两位广告经理艾尔列斯和杰克特罗先生提出来的,并迅速成了营销理论中的一个重要概念,引导营销创新上了一个新的层次。下面就从以下几个方面论述其重要性和内涵。

1. 定位的广泛性

市场定位的提出本来是一种营销理论的创新,但并不仅仅只局限在企业的产品和形象两个方面,它几乎涵盖了所有的领域,可以是一件商品、一项服务、一家公司、一个机构,甚至是一个人,当然也包括自己本人在内。比如说我们自己个人的事业,如果定位越早、越准,就越容易获得大的成功。定位的范围之广由此可见。

2. 定位的复杂性

定位就是想方设法在消费者心目中留下企业产品和形象的独特的、最佳的位置,其难度可想而知。前面分析消费者的心理活动过程是相当复杂的,所以市场定位的复杂性就体现在它是一种高级的攻心术,是企业采取措施让自己的产品和形象与顾客之间在心灵上进行双向沟通。而产品和形象是一种"固定的东西",这就需要企业准确了解消费者的各种心理,制定出行之有效的营销策略,通过各种方式和活动,打动消费者的心。可见,现有商战的主战场已经转移到了消费者的心间。

3. 定位的独特性

定位的独特性主要是指产品和形象之间的差异性,只有差异才能显示其个性。

现在市场上产品的同质性越来越强,营销组合也越来越相似,在面临众多的选择时,顾客最终的选择往往是那些潜意识中印象最为深刻且多为第一印象的产品。前面分析的几种宝洁公司的洗发水,这些产品本身之间的差异并不是这么明显,主要是宝洁公司强有力的持久的硬性宣传才造成了这种独特性。因此,定位时必须针对目标顾客的心灵需要,塑造鲜明个性,突出与竞争者之间的主要差别,以在消费者心中形成强烈的第一印象,留下独特的位置。

二、市场定位的原因

1. 市场竞争的加剧

虽然经济学所存在的基本条件——资源短缺这种现象还存在,但在一些领域,特别是日常消费品领域,已明显由以前的卖方市场时期转移到了买方市场时期。市场上的商品五花八门,非常丰富,有些甚至严重过剩,而消费者日益成熟,不为商家的一些表层活动所吸引,商家只好深入消费者的心间,尽最大的努力来满足消费者。

2. 大量的商业信息冲击

现在的消费者每天都要接触成千上万的商业信息,这些信息,一些来自于旅游与酒店业,但大部分来自于其他的行业组织。商业信息量如此之大,使得任何一个消费者想要吸收到他所看到、听到、读到的所有信息都是不可能的。在广告喧嚣中,想要引起目标受众的注意,就必须进行有效的定位。广告必须因其显著的特征而鹤立鸡群,同时,它所传达的信息,必须是清晰、简明的。

3. 消费者本身的感知过程

消费者的感知过程一般包括三个阶段:选择性注意、选择性理解和选择性记忆。由此可见,消费者的感知有明显的选择性,只有比较独特的信息,才易于引起消费者的注意;只有比较清晰的信息,消费者才易于理解;只有比较简单的信息,消费者才易于注意。所以市场定位必须独特、清晰、简洁,才更容易被消费者感知。如力士香皂的"美容"定位、舒肤佳的"杀菌"定位,都符合此要求。

三、定位角度的选择

产品和企业所包含的内容很多,很容易造成定位上的混乱,这种混乱主要有以下几个方面:

(1)定位过低:如一架名贵的钢琴被放在一家普通的商场里,而非装饰典雅豪华的专卖店里。

(2)定位过高:一家豪华酒店在旅游者眼中,其房价最低不会低于200元,可它里面依然有针对工薪阶层低价位的三人间。

定位混乱:"飘柔"洗发水历来以"令头发柔顺"作为产品的定位形象,可有一段时间,它的广告却宣传飘柔的去头屑功能。

定位失真:一床普通的席梦思,中间放了几块磁铁,在传销者的宣传中,就成了包治百病的宝床,其销价高达 3 万元。

为避免这些定位的错误,最基本的一点就是要选好定位的角度,一般地,定位角度可从以下几个方面中选择:

1. 特色

迪士尼乐园在其广告中宣传自己是世界上最大的主题公园,大就是其最主要的特色。现在推出的 4D 电视,其特色就是强烈的视听效果。

2. 利益

超市的"帮您省钱"、西南航空公司的"低价格航空公司"都是以价格低、让利于消费者定位的。

3. 使用者类型

名为"爱侣"的一个娱乐中心,在广告中宣称其"专为夫妇情侣准备"。某旅游公司在它的"红色太阳"广告中强调它与迪士尼世界紧密相连,并且它主要是面向带孩子的家庭。

4. 竞争

娃哈哈的"非常可乐""中国人的可乐",就是直接针对可口可乐和百事可乐两家主要的竞争对手定位的。

5. 特定的使用时机

酒店推出的"钟点房"、有固定时间的家政服务等都是建立在特定的使用时间基础上的,此时,客户可能发现并想要使用这种服务。

6. 心理情感

面对洋品牌的大举入侵,长虹集团的"以民族昌盛为己任"、创维电视"我的中国心"都是从国人的爱国情感角度定位的。

7. 质量/价格定位

豪华游轮的外出旅游,以其"高价格、高品位、高享受"的定位深入人心。

8. 特殊服务

美国一家酒店为其客人提供购物指导的服务;日本商店对购物的消费者根据对象的不同,赠送相应的鲜花,以表祝愿。这种定位主要是针对顾客的某种期望设计的。

四、定位策略

根据市场竞争态势和企业自身的实力,一般有三种定位策略可供选择,即:

1. 毗邻定位

又称对抗定位,即紧挨着竞争对手的市场定位。这是一种挑战的定位战略,最典型的例子是市场上的一些"冤家对头",如百事可乐与可口可乐、富士与柯达等,使用这种定位需要有足够的实力和勇气,能够抵挡来自强大竞争对手的反攻,还要制定正确的策略和寻找有利的时机,使挑战成功。

2. 侧翼定位

即避实就虚,与主要竞争对手拉开一定距离的定位。这种定位,能避免与强大竞争对手的直接交锋,赢得一定的发展空间和时间,以壮大自己的实力。这种策略适合于中小型企业,如我国的乐凯胶片公司就是采用的这种策略。

3. 补缺定位

这是市场补缺者的一种定位策略,即定位于市场的"空白"地带。采用这一策略的关键之处就在于选准"补缺基点"。如远大企业在家用冰箱和空调竞争如此激烈的情况下,集中力量生产中央空调这一看起来在目前市场上还不充足的空白点,获得了巨大的成功。

五、市场定位的步骤

市场定位的一般步骤是:确定目标市场;研究目标市场特征;研究竞争者的市场定位;确定企业的市场定位;实施市场定位战略。

在实际定位中,有三个要素很重要,即:创造一个形象,向顾客传达利益和将本品牌的服务与竞争对手的服务区分开。还有一点是必须选择一个恰当的位置来传递某种服务。把握好以上几点,就能进行有效的市场定位了。

第三节 旅游市场营销组合

一、旅游市场营销组合的概念及模型

(一)旅游市场营销组合的概念

旅游市场营销组合是指旅游企业为增强竞争实力,实现营销目标,在选定旅游目标市场的基础上,综合运用企业可以控制的各种市场营销因素(产品、包装、价格、服务、广告、销售渠道、企业形象等),实行最优化组合,以实现旅游企业的营销目标。

对旅游市场营销组合的概念,可以从以下几个方面来理解:第一,旅游市场营销组合的实质是综合发挥旅游企业的整体优势,从多方面做到"适销对路",以满足旅游者的整体要求,从而提高企业效益和社会效益。第二,旅游市场营销组合表现为在特定时期向特定旅游目标市场销售特定的旅游产品。第三,旅游市场营销组合是旅游市场竞争策略的组合。

(二)旅游市场营销组合策略模型

旅游市场营销组合策略的概念可以用"6O"—"4P"—"2C"的模型来概括(见

图 6-2）。这个模型实际上形象地说明，所谓旅游市场营销组合策略就是指营销人员在成本（cost）和竞争者（competitors）（简称"2C"）的双重限制下扬长避短制定的一套由产品、价格、销售渠道、促销等 4 个营销策略（简称"4P"）组成的，能最大限度满足旅游目标市场需求（简称"6O"）的高效组合。也可以说，市场营销策略的组合实际上是解决与"6O"直接相关的"6W"的组合。

（1）购买何物（What），购买对象（Object）。
（2）购买动机（Why），购买目的（Objective）。
（3）购买者（Who），购买组织（Organization）。
（4）购买行为（How），购买方式（Operation）。
（5）购买时间（When），购买时机（Occasion）。
（6）购买地点（Where），购买渠道（Outlet）。

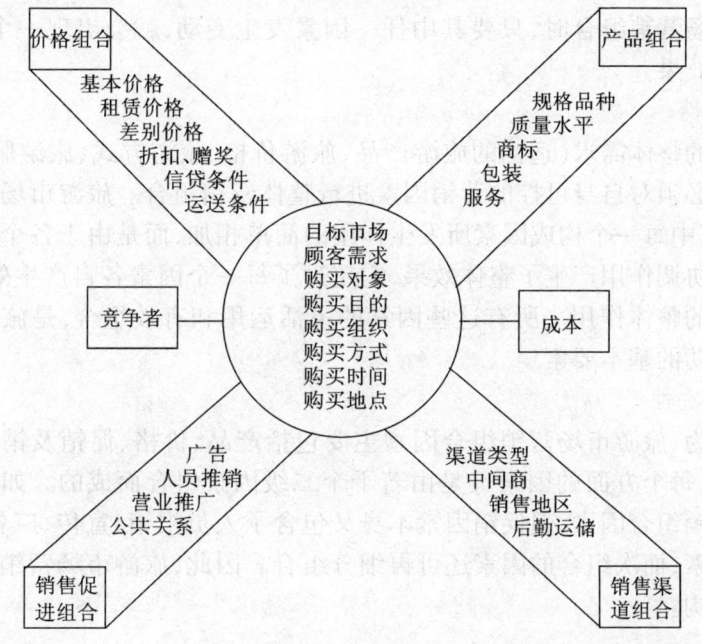

图 6-2 "6O"—"4P"—"2C"模型

二、旅游市场营销组合的特点

旅游市场营销组合就是各种市场营销因素的综合应用，具体有以下几个特点：

1. 可控性

旅游企业的市场营销活动，除了受顾客的消费需求影响外，还会受到很多因素的影响。这些因素中,既有企业可能控制的因素,也有企业不能控制的因素,旅游市场营销组合因素属企业内部可控制的因素。例如,旅游企业可以根据市场调研,针对旅游目标市场的特点,设计决定产品的结构、外观、质量、数量及价格,自由选择广告宣传手段、销售渠道和方式等。但这种可控制性并非绝对,因为旅游企业置身于外界环境之中,本身还会受到不可控制的外部因素的影响,这些都会直接或间接对可控制因素发生制约作用。所以,在实际运用中,要善于适应外部不可控因素的变化,及时调整内部可控制因素。

2. 动态性

旅游市场营销组合是旅游企业可控制因素的组合,但它不是固定不变的静态组合,而是变化无穷的动态组合。旅游企业可控制的因素,各自都包含了许许多多的次组合因素。在旅游市场活动中,每一个大大小小的因素都不断发生变化,由于市场环境的变化及其他不可控因素的变化,这些可控因素必然会发生变化。旅游企业制定市场营销组合时,只要其中任一因素发生变动,就会出现一个新的组合,产生不同的效果。

3. 整体性

旅游者的整体需求(适当的旅游产品、旅游价格、旅游方式、旅游服务等)决定了旅游企业必须对自身可控的营销因素进行整体营销组合。旅游市场营销组合的作用,不是其中每一个构成因素所发生作用的简单相加,而是由于各个因素的相互配合和相互协调作用产生了整体效果,它超过了每一个因素各自产生效果的总和,这就是系统的整体作用。所有这些因素的灵活运用和有效组合,是旅游企业市场营销组合成功的基本要素。

4. 多层次性

一般认为,旅游市场营销组合因素主要包括产品、价格、促销及销售渠道四个方面的因素,每个方面的因素又是由若干个二级因素组合而成的。如旅游促销是一个市场营销组合因素,但促销因素本身又包含了人员推销、宣传、广告、销售促进等次组合因素,而次组合的因素还可再细分组合。因此,旅游市场营销组合因素具有多层次结构。

三、旅游市场营销组合运用的原则

旅游市场营销组合虽然没有一个适用于所有旅游企业或所有市场态势的固定模式,但要达到组合效果,运用时必须遵循以下原则:

1. 目标性原则

旅游市场营销组合首先要有目标性,即确定旅游市场营销组合时,要有明确的旅游目标市场,同时,要求组合中各因素都围绕这个目标市场进行最优组合。

2. 协调性原则

指旅游市场营销组合中的各个因素要有机地联系起来,协调组合,以最佳的优化组合状态,为实现整体营销目标服务。要充分运用各因素的相互关联作用,如售价较高的旅游产品和耗资巨大的广告组合,就是利用了较高的价格收入来弥补广告较多的耗费。

3. 经济性原则

经济性原则又称为组合杠杆作用原则。此原则主要是考虑旅游市场营销组合中的各要素对销售的促进作用。例如,广告费用对销售的影响,当广告费用增加时,销售影响不大,当广告费用增到某一点后,销售量增长较快,当广告费用增长到更高某一点后,销售量趋于常数。因此,要发挥广告宣传对销售量的杠杆作用,在营销组合中就应该考虑销售量和广告费用的关系。在能使销售量增长较快的这一阶段应采用增加广告费用的组合;若销售量趋于常数,这时增加广告费用就不起作用了,而应考虑其他因素对销售量的影响作用。

4. 反馈性原则

旅游市场营销环境是不断变化的,市场营销组合也要随之不断进行调整修正。这就要求有及时反馈的市场信息作为依靠,信息反馈及时,反馈效果好,旅游企业就可随营销环境的变化,及时重新对原市场营销组合进行分析和调整,进而确定新的适应市场和旅游者需求的营销组合模式。

四、旅游市场营销组合策略

旅游市场营销策略是营销战术的充分体现,其内容非常广泛,这里主要介绍最核心的组合策略,即产品、价格、销售渠道和销售促进。

（一）产品策略

旅游产品的范围实际上包含很广,它是指一切可满足旅游者需求的有形产品和无形服务,也包括思想观念。与旅游产品有关的决策因素包括:旅游产品的设计与开发、旅游产品的包装、旅游产品的品牌、产品质量特征等。产品策略之所以重要是因为它直接涉及旅游者的需要和欲望的满足。旅游企业奉献给旅游者的旅游产品应该是上述几个决策因素的有机组合,即"全方位旅游产品"。为了实现长期的战略目标,一个企业必须根据旅游市场的变化不断开发新的旅游产品,更新现有旅游产品。

（二）定价策略

旅游者非常关心旅游产品的价格,因为它是旅游产品价值的反映形式;而旅游者对旅游产品价值的认定又正好与他们的需求的满足程度相关联。定价策略涉及两个方面:一方面是价格政策,如高价投放或低价渗透等;另一方面是具体定价,如基本价格、折扣、支付期限等。旅游者往往用价格来衡量旅游产品的价值,而旅游产品的价值是否与旅游者的期望价值相符又会影响其购买决定。因此,定价策略在市场营销组合中的地位非常特殊。在现代旅游市场中,旅游企业常常用产品价格来建立一种产品乃至企业形象,使其成为市场竞争的有力工具。

(三) 销售渠道策略

销售渠道策略涉及一个旅游企业怎样以最低的成本,通过合适的途径,将产品及时送达旅游消费者的过程。销售渠道包括:选择产品销售地点,选择合适的旅游中间商,维持有效的流通中心等。简而言之,旅游企业想赢利,就必须在合适的时间将合适的旅游产品送至合适的地点供旅游者购买。

(四) 促销策略

促销策略关心的是如何将旅游产品信息有效地传递给潜在的旅游者。促销策略涉及以下几个方面:①向潜在消费者介绍本企业的新产品、新品牌、新线路等。②激起潜在消费者消费本企业产品的欲望;③使旅游者不断保持对本企业产品的信赖和兴趣;④在旅游者心目中形成本企业完美的形象等。

典型案例

随着商务旅游市场的发展和顾客群体的日益细化,假日集团发现自己在商务旅游市场上的迟钝反应和措施不力已经使自己错过了不少机遇……

作为有史以来最善于经营的酒店群体,假日集团很快就找到了迎头赶上的好办法——多元品牌策略,即将下属旅馆分成六个系列,针对不同的顾客需求特点,采用不同的名称,提供不同的设施和服务。

这六大类型的酒店分别是:(1)假日旅馆——价格适中、服务全面的三星级旅馆;(2)大使套房与皇室豪华旅馆——一种全套房型旅馆,其主要对象是逗留时间比较长的公务旅游者;(3)汉普顿旅馆——新型的经济的二星级住宿设施,面向中档市场的最低层顾客,价格便宜,服务较少,但客房质量较高;(4)假日旅馆皇冠广场——大城市里满足高级公务旅游者需要的四星级旅馆,开设有专门的行政楼层;(5)公寓旅馆——接待居住时间较长的旅游者,提供全套的厨房设施,房费根据居住时间而定;(6)哈拉旅馆——博彩旅馆,主要满足进行博彩娱乐的顾客的需要。

在以上六个系列中,主打产品是三星级的假日旅馆。但随着近年来具有丰厚收入的公务旅游者的增多,假日集团又将发展的重点投向了第四类的假日旅馆皇冠广场,专门开辟了行政楼层、会议室和宴会厅等高级服务,价格也比普通的假日旅馆高出40%。

假日集团的多元品牌在经济发达程度不同的国家和地区间表现得尤为明显,如在亚洲多为三星级的中高档酒店,而在美国本土则多为二星级甚至经济档的旅馆,这与它在不同市场上的定位选择有关。

问题:试分析假日酒店是如何细分市场的?

思考与练习

1. 简述市场细分的含义和要求。
2. 市场细分的标准有哪些?
3. 简述市场定位的含义与原因。
4. 市场定位的战略选择有哪些?
5. 简述旅游市场营销组合的含义与特征。
6. 简述旅游市场营销组合包含哪些具体内容。

第七章

旅游产品策略

本章导读

旅游产品是旅游市场营销活动的中心内容,它的决策与旅游企业的盈利能力密切相关,同时,它也决定着企业将在现实顾客和潜在顾客心目中树立什么样的企业形象;旅游产品的设计在很大程度上影响着企业的价格制定、分销渠道选择及促销方式的运用。所以,以消费者需求为中心的旅游企业产品决策是企业开展营销活动的基础。

本章主要介绍:旅游产品的概念、特点和构成要素;旅游产品市场生命周期的概念、各阶段的特点及影响;旅游产品组合的概念、组合的优化及组合决策;旅游新产品的类型和旅游新产品的开发等。

第一节 旅游产品概述

一、旅游产品的整体概念

对于什么是旅游产品,从不同的角度去理解会得出不同的结论。旅游产品的需求者认为旅游产品就是旅游消费者支付一定的货币、花费一定时间和精力获得的一次满足其自身物质需要和精神需要的经历。它不单纯是饭店的一个客房或是航班上的一个机位,或是在阳光沙滩的一次放松,这些仅仅是构成完整旅游产品的要素,而消费者所认为的旅游产品是多种要素的组合,是一个综合性的产品。只不过,有时候消费者选择从一个供应商那里购买所有要素,如由一个旅行社安排所有的旅行行程;有时候则是消费者自己提供一部分要素,如消费者自己开车前往旅游目的地游览。不论采取什么样的形式,在消费者看来,旅游产品是由多种要素组合起来的,包括交通、住宿、景点和其他设施,是一种整体旅游产品。而各种旅游企业,比如饭店、旅游景点等对自己所出售的旅游产品,看法则要狭隘得多。他们主要关注自己所提供的旅游产品,并认为旅游产品就是由旅游企业凭借一定的旅游资源和设施向消费者提供的、能满足其需要的各种服务。各种旅游企业都会围绕自己所经营的业务来进行旅游产品的组合与开发,如饭店的"会议产品""餐饮产品",航空公司的"经济舱产品""商务舱产品"等。相对于消费者对旅游产品的理解,各旅游企业认为旅游产品是由单个生产组织提供的,是单项旅游产品。不过,这种单项旅游产品也是由若干要素组成的,并能满足消费者需求。由此可以看出,旅游产品有整体旅游产品和单项旅游产品之分:整体旅游产品将一系列产品要素都包括在内,旅游消费者和旅游企业都可通过自己的选择来生产整个经历;单个旅游产品则是围绕目标市场的需求而组织的具体服务和经营。

无论从哪一方面来理解旅游产品,旅游企业都要在研究目标顾客对产品利益和效用的感知基础上设计和改进旅游产品,使之能符合目标顾客的期望。故而旅游产品是为了满足消费者某种需求而精选组合起来的一组要素,所有构成旅游产品的要素都可按最符合消费者特定需求的方式进行设计、更改或搭配。旅游产品的这个概念既体现了旅游产品是由多种要素组成的综合性产品,也说明了旅游产品必须能够满足消费者需求。这一点应该成为旅游企业管理者的一种基本认识,这是市场营销观念的要求。

二、旅游产品的内涵

旅游企业的管理者作出营销决策时,应围绕自己的具体业务去设计旅游产品。为此管理者可从三个层面去考虑(这也正是旅游产品的基本内涵之所在):

(1)核心产品:指旅游产品能满足顾客特定需求的基本服务、利益。核心产品往往是无形的,它包含的是顾客感受到的基本需求或其追求的基本利益。旅游企业可以借助于精心设计的语言和画面将这些利益表达出来,以刺激消费者的购买行为。

(2)形式产品:指旅游产品向市场提供的实体和旅游产品的外观。它是旅游产品基本功能和利益借以实现的载体。形式产品说明了企业能提供给顾客何种产品,顾客付钱后能得到什么。旅游业中形式产品之间的差别是很小的。

(3)附加产品:指旅游产品提供给顾客的附加利益和优惠条件。它既是有形的,又是无形的。顾客感受到附加产品的存在,是由顾客所体验到的、与产品有关的利益及约定的有形产品基本要素之间的差别引起的。附加产品是生产者使自己的产品区别于竞争对手产品的重要手段。

例如,有一家饭店向市场推出了一项包括两晚住宿和两顿早餐的周末度假产品,那么其核心产品可认为是饭店向顾客提供了一个周末放松、休息和娱乐的机会,而其形式产品则是顾客周末在饭店的两晚住宿和两顿早餐,还有饭店的各种设施、服务,及饭店建筑、名称等。其附加产品可能有多种选择,可向消费者赠送一些免费的小礼品,或实行更优质、更完善的服务等。

从上述实例中可以更清楚、更全面、更完整地理解旅游产品。旅游企业应该认识到核心产品应反映顾客的特征和核心需求,企业所设计和生产的旅游产品首先要保证能满足顾客的基本需求,并保持不断改进和完善核心产品的能力;形式产品在旅游业中的差别较小,应围绕核心产品有目的地设计和开发;附加产品能有效增加对目标市场顾客的吸引力,也是形成与竞争对手产品差异化的重要途径,但始终仍应以核心产品的开发为中心。

三、旅游产品的构成要素

旅游产品是由多种要素组合起来的一种特殊产品,主要包括下列内容:

1. 旅游目的地景观

目的地景观决定着是否能引起消费者的注意,唤起消费者的兴趣及激发其购买动机,最后产生购买行为。目的地景观由很多因素构成:

(1)自然景观:目的地的风景、气候、自然资源、地理特征等。
(2)人造景观:目的地的公园、广场、各种建筑等。
(3)文化景观:目的地的历史建筑、博物馆、艺术展览馆等。
(4)社会景观:目的地居民的生活方式、习惯、独特的风俗民情等。

2. 旅游目的地配套设施

目的地配套设施是指目的地所拥有的或者是与目的地相关的一些因素。这些因素使游客得以在目的地停留,通过各种方式享受各种景观,获得物质和精神上的满足。这些配套设施包括:

(1)住宿设施:饭店、招待所、度假村等。
(2)餐饮设施:餐馆、快餐店、小吃店、酒吧和咖啡屋等。
(3)购物设施:购物中心、百货商店、工艺品商店、旅游纪念品商店等。
(4)娱乐健身设施:高尔夫球场、游泳场馆、滑雪学校等。

3. 旅游目的地形象

广告、公关宣传、交易展示等活动除了作为促销手段使用之外,在影响游客对目的地的印象及树立目的地在顾客心目中的良好形象上,也有不可低估的作用。游客对目的地抱有什么样的态度和看法,目的地留给他们什么样的形象,并不一定以游客切身经历和感受为基础,但却会最终影响游客的购买动机和行为。因此,旅游生产组织应加强与游客之间的沟通和联系,力求目的地能给顾客以良好的印象,激发游客对于目的地的兴趣,诱发其购买动机和行为的产生。

4. 旅游目的地可进入性

目的地可进入性,是指影响游客到达目的地的便捷性、安全性和费用等一些因素。比如交通基础设施,公路、铁路运输的基本状况,公共交通的运营规模、速度等。

5. 旅游价格

游客到目的地的一次游览经历,总是需要花费一定的金钱用于享受游览中的旅行、住宿、餐饮等服务。旅游业中的价格通常会针对不同的细分市场提供不同的价格,以满足各类游客的不同需求。与此同时,价格也在不断变化之中,随着季节不同、旅行方式不同会作出相应调整。

四、旅游产品的基本特点

旅游产品是满足顾客在旅游过程中各种需要的综合性产品和服务,与一般的物质产品和服务产品相比较,它具有自身的基本特征。

1. 无形性

一般物质产品在购买之前就可被测试,并有多种评估方法。然而旅游产品是无形的,只有亲身经历之后才能评价其质量如何。正因为旅游产品的无形性特征,各旅游企业应利用多种手段,将无形的旅游产品所能向顾客提供的效用和满足,借助于多种有形的具体的形式表露出来。旅游产品虽然无形,但与旅游产品密切相关的各种有形物,比如说饭店的外观建筑、客房价格、员工服务等,都在向目标市场潜在顾客提供信息,使他们认识到购买此项旅游产品将会获得何种利益。

2. 生产与消费的同步性

有形产品在生产与消费的过程中,往往具有一定的时间间隔,而旅游产品的生产过程和消费过程则是同时进行的。生产与消费的同步性,首先,表现为旅游产品的生产和消费行为同步发生,生产者和消费者同时参与;其次,表现为生产和消费是在旅游企业的空间和设备中发生的,而不是在消费者家中发生的;第三,旅游企业的大多数员工都要与消费者发生接触,他们的服务质量、服务方式、形象都将直接影响到消费者对旅游产品的满意程度。而有形产品生产、销售过程中,工厂的工人、管理人员和销售人员通常都不与顾客见面,他们的态度、言行和产品质量与顾客的满意并不直接相关;第四,旅游产品质量的大部分特征都取决于员工的态度和行为,无法实行常规的质量保证和强制执行某种质量保证。但是,有形产品的质量则有明确的质量标准来检测,并通过相关法律予以规定。

3. 不可储存性

有形产品可以储存起来以备未来的销售,而旅游产品则不能如此。旅游产品若在某一天未能销售出去,其所代表的潜在收益也就此丧失,无法挽回。饭店通常拥有固定数量的客房,航空公司通常拥有固定数量的座位,而市场的需求却处于不断波动之中。当市场出现对旅游产品需求大于供给的情况时,企业没有储存的旅游产品可以利用,而当企业的产品供给能力过剩时,未售出的旅游产品便不能创造价值。因此,对于旅游企业来说,都需要有效解决怎样使可获得的需求与不可储存的供给相匹配的问题。

4. 相互依赖性

大多数旅游消费者的购买决策会包含多种旅游产品的组合。例如,当某位游客选择游览景点的同时就会选择餐饮业、交通业、住宿业等提供的产品。所以,旅游业中的各种组织,如旅游经营商、旅游代理商、景点等,会分别或共同对旅游目的地的活动和设施作出促销。这样,就在目的地不同旅游产品的供应能力之间形成了一种联系,使旅游产品之间产生较强的依赖性和互补性。

5. 经营固定成本偏高性

旅游企业的固定成本,是企业为了开业接待顾客而支付的成本;变动成本是与企业接待的顾客人数有关的成本,在旅游业中,普遍存在固定成本偏高的现象。旅游企业要开门待客都必须支出一大笔固定成本。不管它能接待多少游客,这一笔庞大的固定支出总是不能避免的。尽管接待游客也需要支出大量变动成本,但多接待一名游客而产生的变动成本却几乎为零。所以固定成本偏高使得旅游企业的管理者都认识到,必须要创造额外需求,尤其是边际销售量。高边际销售通常表明在额外成本很小的情况下收益的增加。

6. 季节性

旅游产品的需求会在不同季节之间大幅度波动,这是旅游产品的又一特点。旅游产品在旺季和淡季的需求会呈现不同的走势,表现出很强的差异性。对于将目标市场定位于度假市场的旅游企业来说,其生产能力在一年中的利用率会相去甚远,高峰期可能达到90%~100%,而在低谷时只有30%或更低。而且由于旅游产品的不可储存性和易折损性,这种需求差异就会变得更加尖锐。因此,怎样在市场疲软时创造尽可能多的需求,一直是旅游企业管理者所关注的中心问题。

7. 可变性

旅游产品和一般物质产品有着不同的生产制造过程。物质产品的制造程序可以精确地综合地加以控制,而旅游产品的质量控制却不会那样精确和容易达到。在旅游产品的制造过程中涉及更多的人为因素,从而使旅游产品充满了可变因素。即使是同一家饭店的同一位厨师,也难以确保其所烹调的同一菜肴保持同一口感。所以,可变性使得旅游企业仍应加强质量管理,确保自己所提供的旅游产品保持一定的水准。

8. 综合性

旅游产品包括旅游企业为满足旅游者的各种需要而提供的各种物质产品和服务,旅游者在作出购买某项旅游产品决定时,必然要在综合考虑多种因素的基础上进行抉择;而对于旅游企业而言,则要拥有一系列综合性的旅游产品。此外,旅游产品的生产和经营还涉及众多的行业和部门,它们与旅游产品的生产和经营密切相关,这些都体现了旅游产品的综合性特点。

针对上述所讨论的旅游产品的特点,可以认识到,在市场营销观念的指导下,旅游企业的中心任务就是要持续有序地管理、控制企业销售行为和顾客购买行为,以使旅游企业固定的、不可分的、经常性的生产能力得到充分合理的使用,同时努力创造较高的边际销售量,以使用很少的额外成本创造出尽可能多的收益。旅游企业对旅游产品的设计越符合顾客的需要和期望,对顾客了解越多,实施需求管理的效率就越高。

第二节 旅游产品市场生命周期与营销策略的选择

一、旅游产品市场生命周期理论

1. 概念

旅游产品市场生命周期是指从旅游产品进入市场开始,直到被淘汰退出市场为止的全部过程所经历的时间。旅游产品在生命周期中一般要经历四个阶段:介绍阶段、成长阶段、成熟阶段和衰退阶段。

旅游产品市场生命周期概念的提出,明确了产品的生命是有限的这一观点。对于不同的产品市场生命周期阶段,应采取不同的市场营销策略,以迎合每个阶段的特点。

2. 旅游产品市场生命周期的一般形态

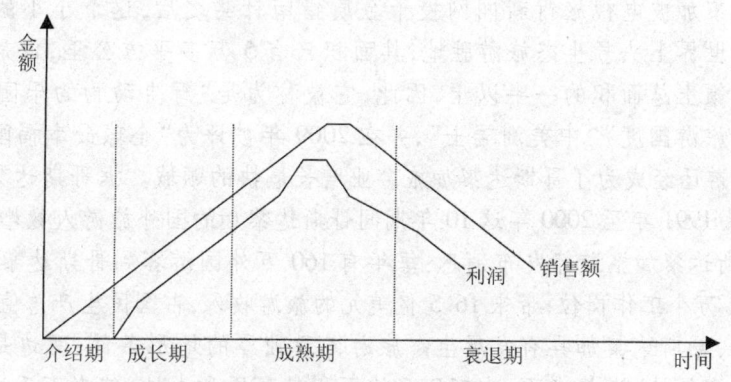

图 7-1 旅游产品市场生命周期的一般形态

如图 7-1,一般销售增长率在 0.1%~10% 之间为成长期,大于 10% 为成熟期,小于 0% 为衰退期。产品普及率小于 5% 为介绍期,5%~50% 为成长期,50%~90% 为成熟期,90% 以上为衰退期。

3. 影响旅游产品市场生命周期的因素

旅游产品的综合性特点决定了其市场生命周期必然受多种因素的影响,有时会表现出异于一般形态的特殊形态。比如有的旅游产品可能在开发和设计上存在缺陷,无法满足顾客需求,导致其刚进入市场便退出;而有些旅游产品在经过介绍期、成长期、成熟期,进入衰退期后,由于企业的大力促销,或者开发配套新产品、新功能,使产品又进入新的循环。因此,旅游产品的市场生命周期会受到多种因素的影响与制约。

在旅游产品的供给方面,政府有关旅游的政策、旅游企业之间的竞争、技术环境的改变、旅游企业自身的资源条件和管理水平等,将会从不同层面影响旅游产品的供给能力和质量,引起旅游产品生命周期的变化。

在旅游产品的需求方面,生活水平的提高、环保意识的加强、生活方式和观念的变化,又会直接影响到顾客对于旅游产品的需求。比如随着人们追求个性、追求冒险的生活方式,自助旅游、探险旅游逐渐成为时尚一族的喜好,而生态旅游由于迎合了目前关注环保的社会大趋势的影响正逐渐流行起来,成为21世纪最为时髦和备受推崇的绿色经济。① 因此,影响旅游产品市场生命周期的因素是复杂多样的,作为旅游企业的经营者,应切实认识到这些因素对旅游产品生命周期的影响,尽量延长旅游产品市场生命周期中的成熟期。

典型案例

生态哥斯达黎加

哥斯达黎加被电视旅行新闻网授予金质指南针奖之后,这个小小的中美洲国家被认为是世界上头号生态旅游胜地,其面积只有5万多平方公里,但是全国绿地面积却占到领土总面积的一半以上,因此,它被称为是"野生动物的乐园""世界上最好的生态旅游国度""中美洲瑞士",并在2009年被评为"全球最幸福国家"。

生态旅游已经成为了哥斯达黎加旅游业增长最快的领域。据哥斯达黎加国家统计局统计,从1991年至2000年这10年期间哥斯达黎加的国外旅游人数增加了三倍,2007年,哥斯达黎加旅游部发布消息:每年有160万外国游客到哥斯达黎加旅游,直接创造了11万个工作岗位,带来16.5亿美元的旅游收入,占国民生产总值的8%。

一方面,哥斯达黎加具有发展生态旅游得天独厚的地形条件:两边是太平洋低地和加勒比海低地,炎热多雨;中部2/5的面积是高原和山地,凉爽而干燥。政府根据不同的地形地貌和气候环境,划分了各种保护区,并对其进行了严格的保护和控制,以提高其开展生态旅游的价值,并建立了严格的法律体系和社会制度来保障生态旅游的发展(1998年颁布了《生物多样法》,并设置了"生物多样性管理委员会"和"国家保护区系统"两个管理机构),如哥斯达黎加的国家公园都是非常严格的自然保护区,是不允许在其内部进行任何的基础设施建设和旅游开发的。

另一方面,哥斯达黎加政府在发展旅游的过程中并不是一味地追求经济利润,而是以其所能承受的压力为底线来发展旅游业:85%的旅馆少于50个房间,75%

---

① 唐静.生态旅游经济异化的生态反思.中国人口·资源与环境,2009.

的国家旅游单位是小到中型企业，75%的有执照的旅行社由国家拥有，追求小规模、交通畅的旅游交通网，方便的服务设施等，这些不追求旅游接待设施过分饱和的做法使哥斯达黎加的生态旅游景点可以得到间歇性的休息与恢复，以便迎接新一轮旅游者的到来。

哥斯达黎加人相信，有了热爱自然的第一代，就会有热爱自然的第二代，也就会有热爱自然的第三代，这种热爱自然的精神和理念就会一直传承下去，为生态旅游的扎根与生存提供肥沃的土壤；孩子们也会通过热爱自然的教育获得幸福感并保持一颗热爱自然的美好心灵。①

二、旅游产品市场生命周期各阶段的特点

1. 介绍期

当一项旅游产品第一次展现在顾客面前时，介绍阶段便开始了。比如一家新饭店的落成、一个新旅游景点的推出。在这一阶段基本上会处于一个较低的利润水平，因为需要大量的促销费用及其他成本，以使市场了解和认识该产品。此时市场上的同行竞争者相对较少。

2. 成长期

在这一阶段，随着市场对该旅游产品的逐渐接受和认同，产品的销量会快速提高，促销成本和费用相对减少，利润水平上涨，与此同时，更多的竞争对手在利润的吸引之下开始进入该市场。

3. 成熟期

在此阶段旅游产品已被绝大多数可能的购买者接受，潜在顾客已经较少，市场需求渐趋饱和，销量达到最高点，利润达到最大化，市场竞争处于最激烈的阶段。此阶段又可分为三个时期：第一个时期是成长中的成熟期，特点是市场需求量趋于饱和，销售增长率虽为正值但开始下降，利润是微弱上升；第二个时期是稳定中的成熟期，市场需求已经饱和，销售增长率为零，利润达到最大值；第三个时期是衰退中的成熟期，销售水平开始下降，利润降低。

4. 衰退期

旅游产品已经失去原有的吸引力，被更适合顾客需要的新产品所取代，销售额迅速下降，市场竞争突出表现为价格竞争。

三、旅游产品市场生命周期各阶段的营销策略选择

1. 介绍期

在介绍期的营销策略，应以在最短的时间内迅速进入和占领市场，为成长期打

---

① http://wenku.baidu.com/view/26c950c2d5bbfd0a79567314.html

下基础为主要目标。以下几种组合可供介绍期作为营销策略来使用:

(1)快速撇脂策略。即以高价格和高促销水平的组合方式推出新的旅游产品。通过设置高价,从购买旅游产品的顾客身上获取尽可能多的销售利润,而高促销则有助于迅速建立顾客对于该产品的知晓度,使产品能尽快进入市场、打开销路。这种策略的适用条件是:市场对此产品不了解,有一批愿出高价购买的成熟消费者,产品具有较强的吸引力。

(2)缓慢撇脂策略。即以高价格和低促销水平的组合方式将旅游产品推向市场。产品以高价出售保证了更大盈利的获取,而较低的促销水平又降低了新产品的销售费用。这种策略的适用条件是:市场容量较小,且市场对这类产品已经基本了解,并愿意出高价购买,竞争对手的潜在威胁不大。

(3)快速渗透策略。即以低价格和高促销水平的组合推出旅游产品,吸引大量顾客购买产品,迅速提高产品的市场占有率。尽管低价格和较高的促销费用使企业利润微薄甚至亏损,但这种策略能迅速占领市场,并能减少潜在竞争者的介入。这种策略的适用条件是:市场规模较大,消费者对价格敏感,存在强大的竞争威胁。

(4)缓慢渗透策略。即以低价格和低促销水平的组合推出旅游产品。企业采取这种策略旨在促使市场尽快接受这类产品,随着产品逐步占领市场,再慢慢提升产品价格以收回投资。这种策略的适用条件是:市场容量较大,对此产品已有相当了解,对价格反应敏感,促销的作用不明显,有一定的潜在竞争者。

2. 成长期

这一阶段旅游生产组织应在巩固已有销售成果的基础上进一步扩大产品的市场占有率。为此可采取的策略有:

(1)产品策略。旅游生产组织应努力提高产品质量,根据产品在介绍期的销售情况,发现产品的不足和缺陷,及时给予修正和完善,增加新的产品功能和特征,吸引更多的潜在顾客。

(2)销售渠道策略。通过市场细分,在完善产品质量的同时,针对不同目标市场顾客的需求,选择对产品生产和销售都有利的中间渠道,并给予相应的优惠,以开辟更广泛的市场,同时加强渠道管理,搞好渠道成员之间的协作。

(3)价格策略。对于介绍期价格较高的产品,在扩大生产规模、降低成本的基础上适当降价,给予消费者一定的优惠和折扣,以吸引对价格敏感的更低层次消费者群,也防止竞争者的介入。

(4)促销策略。加大促销力度,同时将促销重点由介绍旅游产品、扩大市场知晓度转移到树立产品形象,宣传产品特色,创造消费者的购买欲望并使之转化为实际购买行动上来。

3. 成熟期

成熟期是产品生命周期的黄金阶段,企业要延长成熟期,保持优势可采用以下策略:

(1)市场改良策略。即扩大产品的销量,为产品开拓更广泛的市场。由于销售量＝产品使用者数量×每个使用者的使用量,因此,销量的提升可从增加产品使用者数量和扩大每个使用者的使用量两方面入手:①增加新的客户。生产者可通过多种手段,使尚未使用这种产品的人尝试使用该产品。②增加新的目标市场。生产者可通过进一步的市场细分为产品开拓新的目标市场。如深圳的"华侨城""锦绣中华"等旅游景点,原来主要面向海外及港澳游客,后随着内地经济的发展、生活水平的提高,也将内宾作为其目标市场,取得了成功。③争夺竞争对手的客户。生产者可利用一些比较性广告、挑战性广告突出自己产品与竞争对手产品的差异化,吸引竞争者的产品用户。④提高使用频率。利用促销手段激励消费者在更多的场合,以更高的频率使用该产品。如有些航空公司和饭店推出的会员制活动,鼓励顾客频繁使用该公司产品。

(2)产品改良策略。生产者可赋予产品功能、特性、外观等方面以新的内容来吸引更多的使用者,提高销量。具体做法有:①提高产品质量。改进旅游配套设施,增设新的服务项目和游览项目。②开发新产品。根据市场不断涌现的新需求,开发适合消费者口味的新产品,实现产品的升级换代,新旧产品自然衔接。

(3)市场营销组合改良策略。通过改良市场营销组合中的产品、定价、渠道和促销因素来刺激销售。比如处于成熟期的饭店,可以侧重于发现新的销售渠道,像旅行社、旅游批发商等;也可以使用赠券或其他优惠方式来增加客流。

4. 衰退期

当产品进入衰退期时销售量进一步下滑,这时应该削减成本,提取此产品的利润或将此资产出售。一般采用榨取、继续维持或淘汰等策略。①继续沿用过去的策略,使用相同的营销组合,直至产品完全退出市场。②将企业的资源集中在最能盈利的市场上以获取利益。③大幅降低产品促销水平,减少销售费用。④放弃衰退产品的经营,转向其他产品。

第三节 旅游产品组合

一、旅游产品组合的相关概念

旅游产品组合,是指旅游生产组织向市场提供的一组产品,它由产品线,产品组合的长度、宽度、深度和关联性所决定。

产品线,指密切相关的、能满足同一类需求的一组产品。如一家饭店向顾客提供住宿服务,则这是其一条产品线,若同时还向顾客推出餐饮服务、购物服务、娱乐服务等,那么这家饭店则拥有多条产品线。

产品组合的宽度,指产品线的多少。旅游企业拥有的产品线越多,宽度就越大;反之,产品线越少,宽度越窄。如饭店只提供住宿服务,则其产品组合的宽度为1,若同时还提供餐饮、娱乐、购物服务等,则宽度为4。

产品组合的长度,指产品组合中所包括的产品项目的多少。

产品组合的深度,是指每条产品线中每一产品所包含的品种数量。

产品组合的关联性,是指各分类产品在使用功能、生产条件、销售渠道等方面关联的程度。

如表7-1所示,该饭店产品组合长度为12,宽度为4,其平均长度为3,若其拥有3个风味餐厅,则风味餐厅的产品组合深度为3,将每一产品项目所包含的品种数量计算出来,即可得出产品组合的平均深度。

表7-1 某饭店产品组合

产品项目		产品组合长度(12) 平均长度(3)				产品组合深度
产品组合宽度(4)	住宿产品	单人间 (品种数量)	双人间 (品种数量)	豪华套间 (品种数量)		(3)
	餐饮产品	宴会厅 (品种数量)	风味餐厅 (品种数量)	咖啡厅 (品种数量)	客房送餐 (品种数量)	(4)
	娱乐产品	夜总会 (品种数量)	游乐厅 (品种数量)	活动剧场 (品种数量)		(3)
	休闲产品	游泳池 (品种数量)	健身中心 (品种数量)			(2)
产品组合平均深度 = 产品项目品种数量之和 ÷ 产品组合深度						

产品组合的广度、长度、深度越多,组合出来的局部产品就越多,但并不一定经济效益就高。产品越多,意味着成本越高,投入的服务也越多,质量也越难以保证。因此,作为旅游企业应根据实际情况,结合自身条件来确定产品组合。

二、旅游产品组合的优化选择

旅游产品组合中的每个具体产品项目,在市场中必然表现出不同的趋势。有的产品推向市场后被市场广泛接受和认同,销量上升很快,能为企业带来丰厚的利润回报;而有些产品在市场上则难以找到出路,会渐趋衰落。所以旅游企业要根据不断变化的市场环境调整产品组合中的各个产品项目,使自身的产品组合处于优化状态。

(一)旅游产品组合的评价标准

要优化旅游产品组合,首先要了解合理的旅游产品组合的评价标准,一般而言,对旅游产品组合的评价可以从以下几方面来进行:

(1)发展性。评价某种旅游产品的发展前途,主要指标为销售增长率。
(2)竞争性。评价某种旅游产品的竞争能力,主要指标为市场占有率。
(3)盈利性。评价某种旅游产品的盈利水平,主要指标为资金利润率。

(二)旅游产品组合的评价方法

1. 波士顿矩阵法

这是美国波士顿咨询公司提出的一种以市场占有率和销售增长率来评价产品组合的方法,每种产品根据各自市场占有率和销售增长率的不同分别归属于不同的类别,如图7-2。

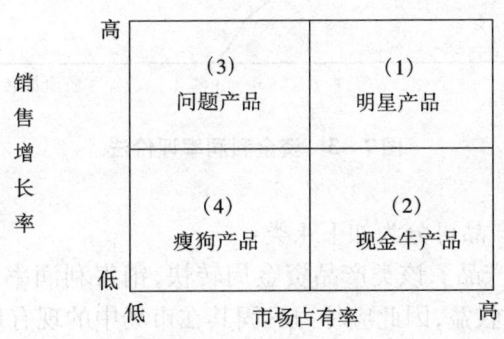

图7-2 波士顿矩阵法

(1)明星产品。这类产品的市场占有率和销售增长率都处于较高水平,对于这类产品应积极支持,保证其质量,巩固现在地位并力图有所发展。

(2)现金牛产品。这类产品正处于成熟期,销售增长率不高,但却具有较高的市场占有率,能为企业带来丰厚的利润。对这类产品要巩固现有地位,并对产品作出改进,努力开拓新的市场,改进营销组合方式,延长生命周期。

(3)问题产品。这类产品有较高的销售增长率,但市场占有率却不甚理想,有一定的发展前途,同时也存在一定的风险。它既有可能转化为明星产品,也有可能退出市场。对这类产品应进行充分的市场调查与研究,找出症结所在并及时解决,促使其向明星产品转化。

(4)瘦狗产品。这类产品销售增长率和市场占有率都低,是处于衰退期的产品,要逐步淘汰。

2. 资金利润率评价法

资金利润率由销售利润率和资金周转率决定,因此可根据各类产品销售利润率和资金周转率的不同区分不同的旅游产品。

资金利润率 = 利润/总投资 = 利润/销售额 × 销售额/总投资 = 销售利润率 × 资金周转率,如图7-3。

图中,x 轴代表资金周转率,y 轴代表销售利润率,曲线为资金利润率。

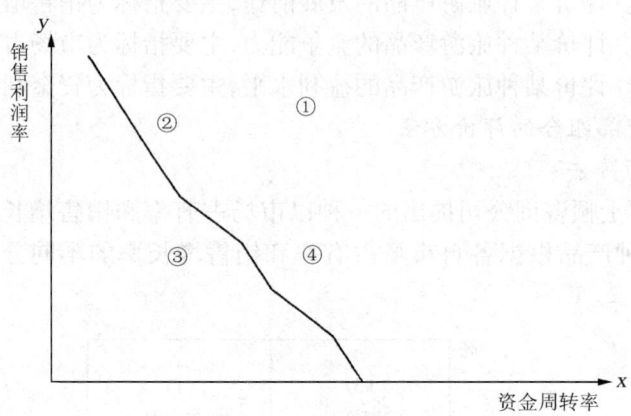

图 7-3 资金利润率评价法

根据此图,旅游产品可分为如下 4 类:

(1)快速盈利型产品。该类产品资金周转快,销售利润率高,对于旅游企业来说能带来较大的投资收益,因此应尽力巩固其在市场中的现有地位。

(2)资金积压型产品。该类产品虽然销售利润率较高,但在资金周转方面存在问题。因此,对此类产品应加强管理,促进资金流通,改善促销方式,减少积压,以解决占用资金的问题。

(3)亏损型产品。该类产品既不能给企业带来高额利润,又占用大量资金。对这样的产品应予以淘汰,进行投资转移,若其仍有市场发展前景,应调动营销组合中的各因素促使其尽快向盈利产品转化。

(4)快速周转型产品。该类产品虽然销售利润率低,但资金周转较为迅速,多为低利型产品。

3. 产品系列平衡分析法

根据旅游产品的市场吸引力和旅游企业实力的不同,对旅游产品进行综合平衡分析,然后对不同旅游产品采取不同策略。衡量旅游产品的市场吸引力,可用市场容量、销售增长率和资金利润率等指标;而评价旅游企业实力,可以综合接待能力、销售能力、经营管理能力和市场占有率为根据,如图 7-4。

如图所示,企业的实力有强有弱,企业产品对市场的吸引力有大有小,据此形成 9 个方格,每个方格代表不同的产品系列。

(1)位于方格 1 位置的产品,市场吸引力大、企业实力强劲,应作为旅游企业重点投资的对象,力保其现有优势,继续提高市场份额。

(2)位于方格 4、7 位置的产品,对市场具有吸引力,但其企业实力一般,说明产品符合消费者需要,市场反应良好,有发展前途。企业应增加对这类产品的投资,

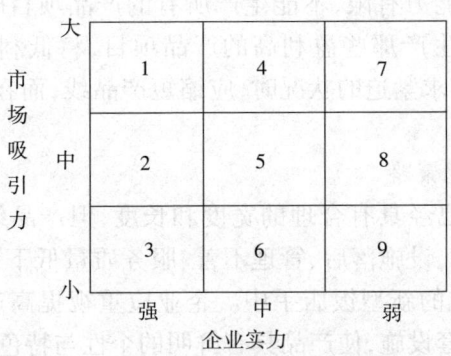

图 7-4 产品系列平衡分析法

同时也要增强企业的发展动力,提高企业的经营管理水平、销售能力和综合接待能力。

(3)位于方格 2、3 位置的产品,企业具有较强的实力,但产品对市场的吸引力正在逐步减退,一般是一些处于成熟期和衰退期的产品。市场对这类产品的需求已趋饱和,因此销售增长缓慢。企业可选择个别有发展前途的产品继续投资,其余的可逐渐转移资金投入或撤出资金。

(4)位于方格 5、8 位置的产品,企业的实力及产品对市场的吸引力都不突出,产品缺乏核心的吸引消费者的能力,说明企业在经营、管理上也有待改善。对此类产品企业最好静观其变,如其需求呈现上升趋势,可增加投资、加强管理,若出现下降趋势,则可淘汰。

(5)位于方格 6、9 位置的产品,企业实力不强,产品也缺乏足够的市场吸引力,应分阶段逐步淘汰。

三、旅游产品组合决策

1. 产品组合扩展策略

指企业增加现有产品线的数量,经营多种旅游产品,满足多个目标市场需要。这种策略能有效分散经营风险,扩大市场份额,但需要有雄厚的人力、财力、物力作为基础,经营成本较高。

2. 产品线延长策略

指企业增加产品线的长度,即增加原有产品线的产品项目。产品线的延长有利于解决企业的剩余生产力,获得更高的销量和利润,也能更好地满足顾客需求,但是各种费用也会随之上升,因此应慎重挑选产品项目,合理延伸产品线长度。

3. 产品组合削减策略

企业经营者应定期检查自己的产品项目,研究产品线是否需要削减,当产品线中有影响利润的滞销产品时,可通过分析将疲软的产品项目区分开来,作为削减的对象;另外当企业生产能力有限,不能生产所有的产品项目时,经营者也应检查各种产品获利幅度,集中生产那些盈利高的产品项目,将低利和亏损的产品项目削减。一般当企业面临需求紧迫的状况时,应缩短产品线,而在面临需求迟缓时则致力于延长产品线。

4. 产品组合现代化策略

有时候,企业产品已经具有合理的宽度和长度,但产品线仍需进一步现代化。如果一家饭店外观陈旧、设施落后、管理不善、服务质量低下,就会使其败在拥有先进管理水平和硬件设施的新型饭店手中。企业应重视提高产品的技术含量,引入先进管理经验,完善配套设施,使产品具有鲜明的个性与特色,以保持竞争优势。

第四节 旅游新产品的开发

一、旅游新产品的类型

旅游新产品,是指旅游企业向市场推出的以前没有生产和销售过的旅游产品。它并不完全指一种全新产品的出现,而是只要对产品中某个部分有所创新或改革,都可称之为旅游新产品。

1. 全新产品

是指为满足旅游者需要而完全创新的旅游产品。比如旅行社推出的一条新的旅游线路、一个新的旅游景点。

2. 换代新产品

这是在对现有旅游产品进行较大改革的基础上推出的新产品。如一家饭店推出的新的菜肴制作方法。

3. 仿制新产品

是指对市场上已有的新产品进行模仿的旅游产品。

4. 改进新产品

即对原有产品进行局部和形式上的改良。

由于旅游新产品的范围广泛,因此对于旅游经营者来说,不一定要追求完美创新的产品,重要的是新产品要能满足顾客需求;同时开发新产品不只是单个部门的事情,还需要企业的全员支持。构思和技术只是实现产品开发的手段,而详细的市场调研、正确的经营策略是新产品开发的前提。产品开发出来后,还要有优质的服务作为保证。没有这一系列的配套工作,新产品开发只能是一句空话。

二、旅游新产品的开发过程

旅游新产品的开发过程可分为循序渐进的多个阶段。

1. 构思的产生

对于旅游新产品的构思,顾客的需求和欲望、长期从事旅游业人士的意见和建议、旅游中间商所提供的资料,以及同行业竞争对手的动态等,都是不错的灵感来源。具体来讲,旅游经营者可从以下几个方面来搜集信息,形成有关旅游新产品的构思:

(1)顾客。顾客的需求是寻求新产品构思的起点。他们的要求和建议应成为旅游新产品构思的重要来源。旅游企业可通过询问调查,征询顾客对现有产品的意见和看法,以确定他们的需求。通常向顾客征询意见和有效处理顾客投诉,都是获得旅游新产品构思的重要渠道。

(2)旅游营销人员。由于这些人员长期从事旅游工作,与顾客的交往联系频繁,因此他们提供的资料和反馈的信息往往有利于新产品构思的产生。旅游企业的经营者应充分调动员工的积极性,让员工积极参与旅游新产品的构思。企业可建立一个建议处理体系,提倡和鼓励员工的创新意识,对员工提出的合理化建议给予一定的奖励。

(3)同行业竞争对手。在激烈的市场竞争环境下,旅游企业要密切注意同行业竞争对手的新产品及顾客对竞争对手的评价,从中发现问题,找到灵感。从对手推出的新产品中往往也能得到一些有益的提示和启迪。

(4)旅游中间商。旅游中间商一方面掌握着客人需求和投诉的第一手资料,了解顾客的需求所在;另一方面,他们对多种旅游产品的类型和特点了如指掌,掌握着大量供给方面的信息。因此,他们所提供的资料对于旅游企业不断完善现有产品,推出新产品大有益处。

旅游新产品的构思来源是多方面的,关键在于企业要在内部建立有效的、制度化的建议处理体系,鼓励员工的创新意识,同时保持与外部的良好沟通,以通过多种渠道形成有关旅游新产品的构思。

2. 构思的筛选

通过第一阶段的工作,往往会产生大量新产品构思,然而,并非所有这些构思最后都会付诸实现,需要结合市场特点和企业实际条件,选择一些有发展前途、切实可行的产品创意。在筛选构思的过程中,要避免两种错误:一是"误舍",即把本来很好的产品构思误认为是不可行的而舍弃掉;二是"误用",即把错误的构思转入生产,造成时间和成本的巨大浪费。为此,对于旅游新产品构思的筛选一般应由营销人员、管理人员、有关专家共同参与,慎重进行,通常要考虑企业的生产能力、技术水平、资金情况,分析市场需求和竞争态势,判断新构思与企业发展目标和规划之间的适应程度,如图 7-5。

3. 产品概念的发展和测试

形成产品构思后,还需将这种关于产品的设想发展为产品概念。产品概念是

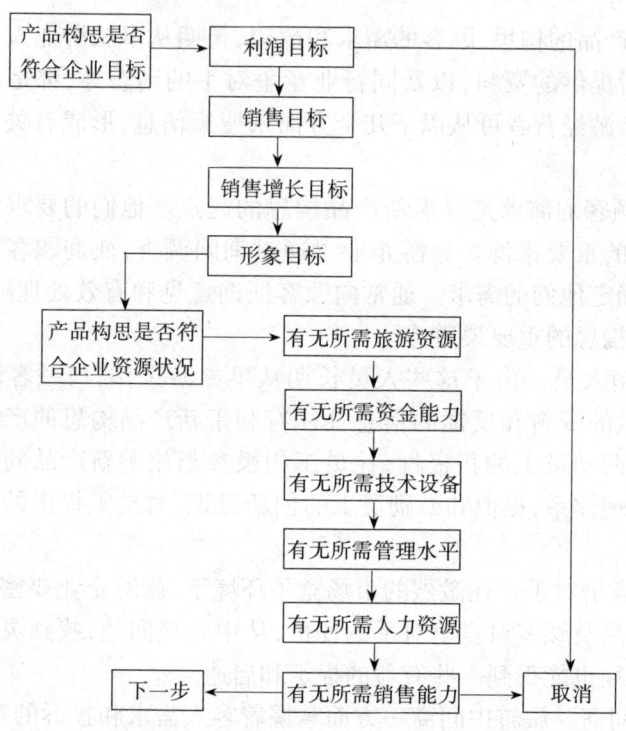

图7-5 旅游新构思筛选的一般程序

用有意义的消费者术语表达和描述出来的构思。产品概念的测试,通常是在产品原形形成之前对新产品构思进行的评估。典型做法是,调查人员调查消费者对某一构思产品的描述及其可以看到的代表物有什么反应,使旅游经营者通过了解消费者的购买意图,确定对目标市场吸引力最大的产品概念。

产品概念测试被认为是产品线延伸成功与否的准确的预测工具,而且还能够较确切地预测新产品是否会取得成功。但这种新产品不能是盲目的模仿品,不需要消费者行为发生重大变化。

4. 商业分析

经过对产品概念的测试,保存下来的新产品构思会进入商业分析阶段。在这一阶段需要预测一种产品概念的成本、需求、销量和利润率,以及市场竞争形势的变化、市场规模的大小等。在商业分析阶段需要考虑以下问题:

(1) 新产品的市场需求情况;
(2) 新产品对企业销量、利润、市场份额、投资回报的影响;
(3) 新产品与现有产品之间的关系;
(4) 新产品的显著特色与利益;

(5) 新产品对企业形象的影响;
(6) 新产品的生产设施;
(7) 竞争对手的反应;
(8) 失败的风险。

5. 产品开发

在上述问题得到解决之后,产品进入到研制开发阶段。在此阶段,一方面要考虑新产品的使用功能、外观;另一方面要注意新产品的适用性及经济性。

在产品开发过程中,如果各相关方面同时运作而不是相继进行,那么开发过程的成效最大,这叫作同时产品开发。国际互联网对促进营销人员、设计人员及其他产品开发人员之间的交流与沟通非常有用。在网上,他们可以定期交流自己的信息和新主意,以更低的成本、更经济的方式,更快地推出新产品,夺得市场先机。

旅游新产品在开发过程中需要反复测试,可邀请有关专家和消费者共同进行新产品的测试工作,向他们了解对新产品的意见和看法,不断改进和完善。

6. 营销试验

营销试验,即有限度地推出新产品和营销计划,以确定营销环境下消费者的反应。它使得旅游经营者能够了解产品和营销组合的优势与不足,及时加以改进,避免在全面推向市场时遭受失败的风险。

对新产品进行营销试验的成本是较高的。它不仅表现为财务上的高投入,同时营销试验把新产品和其营销组合在正式进入市场之前暴露给了竞争对手,从而失去了出奇制胜的效果;同时竞争对手还会利用自己的促销手段和价格手段故意破坏营销试验,以掩盖企业对市场上出现的正常情况的预计。因而有些企业开始寻求营销试验的替代方法,在几个细分市场上向目标市场成员展示新产品,并记录他们的真实反应,然后改进产品,以更好地适应市场需要。

对于计划推出旅游新产品的企业来说,营销试验无论如何仍然是一个基本的也是必要的阶段。

7. 商品化

新产品开发过程的最后一个阶段是商品化阶段。这个阶段意味着新产品正式投入市场。经营者需要制订一个完备的新产品投入市场的计划,确定产品的价格水平、销售渠道和促销手段,使消费者在需要时,能够在合适的地点与时间及时获取,并享受新产品的效用,从而得到满足。

三、我国旅游新产品的开发

我国是一个有着悠久历史和文化的文明古国,地理范围广阔,各种旅游资源丰富。在旅游产品建设中,已初步建立了观光旅游产品、度假旅游产品和专项旅游产品这三大基础产品体系,并积累了一定经验,今后还要在进一步完善现有旅游产品的基础上做好旅游新产品的开发创新工作。

开发旅游新产品是世界旅游业发展的新趋势,旅游市场营销活动应以消费者需求为中心。在新的世纪、新的时代,旅游消费者的需求必然会表现出一些与以往不尽相同的特征。旅游企业应主动去适应消费者需求的变化,强化创新意识,依托现有旅游资源,精心创意和规划,进行旅游新产品的开发。

根据我国的实际情况,旅游企业可侧重考虑开发如下一些旅游新产品:

1. 全新型旅游新产品

我国地大物博,至今还存在大量尚未被开发的自然旅游资源和人文旅游资源,相关的考古发现及自然挖掘也在不断进行之中。这些新的旅游资源都具有丰富的文化内涵和鲜明的地理特征,在此基础上所形成的旅游产品一旦开发条件成熟,必然会成为旅游业中具有吸引力和生命力的新产品。

2. 观光型旅游新产品

观光旅游产品是我国旅游产品的主体。现有的观光旅游产品主要是一些传统观光产品。为继续提高观光产品的优势,旅游企业还可开发:

(1)农业观光产品。农业观光符合现在的消费潮流。旅游消费者渴望接近大自然,渴望在郊外得到身心的放松和愉悦。农业观光产品的推出正好符合了他们的这一需要,可以大力推广。目前,许多大城市都在郊区建立了类似观光庄园的项目,旅游消费者可以在那里观赏自然风光,还可亲自参与劳动,采摘劳动成果。这类旅游产品在投入市场后的市场反应较好,在开发推广过程中还要注意提高产品科技含量,增加消费品位,形成知名品牌。

(2)工业观光产品。开展工业观光旅游可以利用工业企业现有资源,提高企业产品的附加值。在西方发达国家,工业观光是比较普遍的一种旅游形式。旅游消费者通过参观一些大型的、知名的工业企业,可以加深对企业的了解,从而提高企业的形象。这些企业所展现的风貌和精神,又会给旅游消费者留下深刻的印象,可以说一举两得。目前,像青岛"海尔"、长春"一汽"等著名企业正积极准备推出这一产品。

典型案例

皇明太阳谷神奇太阳之旅

皇明太阳能股份有限公司,作为世界太阳能产业的领导者,开辟了"皇明太阳谷神奇太阳之旅"工业旅游线路,并在传统的工业旅游的基础上进行大胆创新,将工业旅游、低碳旅游、文化知识交流、产品团购等多个项目综合开展,开创了以工业旅游为核心的全新的旅游产品。

据悉,在该项旅游活动开展1年多的时间内,共有1万8千多人参观过皇明太阳谷,带动太阳谷经济产值达9000万元,其中包括3500万的大客户项目,而且通过参观厂区、检测中心等地点后,开设了专门的产品质量检测体验室以供游客参观和体验，极大地提高了游客对公司产品和品牌的信任度，并且给后期的二次传播和二次消费带来了巨大的市场潜力，为皇明公司在全国的代理商做了免费的群众广告，且这种广告效果比电视广告效果要高出许多。

在不断的实践中，皇明太阳能股份有限公司所开辟出来的工业旅游不仅成为了对孩子进行太阳能知识科普的旅游热点（来自河北、山东等地的学校都会在节假日组织学生来此感受别样的工业旅游，体验来自太阳能的神奇），还吸引了大学生和留学生的到来（例如北京师范大学的学生以及来自印度、马来西亚、韩国、日本、爱尔兰等国家的留学生等），皇明太阳能股份有限公司已经将"神奇太阳之旅"发展成为全球唯一微排湿地度假景区内真正感受太阳神奇的体验式工业旅游，是一种区别于传统工业旅游的最前卫时尚的特色旅游，在这里，吃、住、行、娱、购、游，皆是与太阳有关的神奇体验。

(3) 都市观光产品。近年来，城市建设的飞速发展使得城市面貌日新月异，也为旅游产品提供了新的内容。都市观光可以充分利用城市的历史、文化、建设成就等多种资源，为旅游消费者提供物质享受和精神享受。很多城市都纷纷建设购物步行街、城市夜景等，努力美化城市景观，借此丰富都市观光类旅游新产品的内容。

3. 专项旅游新产品

开发专项旅游产品，目前旅游企业已具备一定经验，但还需继续探索和把握市场机会，寻求新的旅游热点，借鉴国际经验，努力开发专项旅游新产品：

(1) 科教旅游。随着人们对科教事业的关注程度越来越高，逐渐形成了科教旅游热点，旅游企业应看准机会，推出各种科教旅游产品。比如组织参观科技场所，"大学一日游"等。这类产品既有文化内涵，又有时代特色，值得大力发展。

(2) 极限旅游。极限旅游是指以开展蹦极、攀岩、野外生存训练之类的旅游活动来吸引旅游者。它具有新奇、刺激、有挑战性的特点，比较适合一些勇于冒险的年轻人，具有较大的市场潜力。其他专项旅游新产品，如已经推出的婚庆旅游和利用中医、中药推出的保健旅游，由于都是针对特定目标市场开发的项目，应该会有一定的发展后劲。

(3) 会展旅游。会展旅游是指通过举办各种类型的展览会、博览会、交易会、招商会以及文体赛事等，吸引大量游客前来洽谈贸易、观光旅游，进行技术合作、信息沟通、人员互访和文化体育交流，以此带动交通、旅游、商业、餐饮等多项相关产业发展的一种旅游活动。其组团规模大，消费档次高，停留时间长，已越来越受到旅游城市的青睐。

(4) 影视旅游。如今的电影越来越注重画面的精致和美感，并且由于影视剧特有的宣传造势功能，给许多风景优美的自然景观和人文景观带来了新的发展。因此，旅游目的地应该主动配合影视的拍摄，挖掘自身特色，丰富内涵，以提高知名度和美誉度。

第五节　包价旅游产品

旅游产品不可储存的特点，使得今天未销售出去的产品会失去其价值。当旅游产品面临市场需求疲软时，一些包价旅游产品通常却会受到客户的欢迎。因为它们使旅游变得更方便、更容易，而且相对于常规价格更便宜。一种包价旅游产品往往都会涉及到旅游业中的各类组织，可以说包价旅游产品是由旅游供应商、承运商和贸易中介提供的产品组合，目的在于吸引顾客并给顾客提供某种利益，完成一项包价旅游产品需要几类组织的共同努力。

一、包价旅游产品的概念

包价旅游产品，是将一些相关和补充的旅游产品组合起来，并以一个总的价格进行出售的旅游产品。从产品的性质来说，包价旅游产品是由交通、住宿、餐饮、景点中两个或两个以上要素组成的，有质量控制并可重复供应的标准化产品。包价旅游产品均经统包的公布价格面向市场，通过印刷品、宣传册和其他媒介进行描述和宣传，向潜在顾客出售。其中，各要素的成本已无法分辨。经营包价旅游产品的有各类旅游经营商和生产组织，形式有短期假日旅游、周末度假旅游、航空旅游及其他各种形式的包价旅游活动等。包价旅游产品是一种"标准化"产品，并非意味着同样一种旅游产品的大批量生产，而是指供出售的产品质量前后一致，有一定的保障。因此，可以采用1993年欧盟《包价旅游指导方案》的表述来定义："包价旅游产品是事先安排好的下列两个以上项目的组合。它们以统包价出售或供出售，且服务时间在24小时以上，或者包括过夜住宿。这些项目包括交通、住宿，及其他不属于交通和住宿，但在包价中占较大比例的旅游服务"。

二、包价旅游产品的作用

包价旅游产品对于旅游业的发展有着较大的影响，不论是对包价旅游产品的经营者还是对包价旅游产品的消费者，包价旅游产品都带给他们一定的利益。

1. 包价旅游产品给顾客带来的好处

（1）方便性。包价旅游产品给大多数旅游消费者提供了方便，使他们不需自己花费时间和精力去组合不同种类、多种形式的旅游产品。尤其是在现代生活节奏加快的前提下，节省时间成为许多消费者的需要。包价旅游产品的出现正好迎合了这一消费趋势，故而很多消费者会选择包价旅游产品。

（2）经济性。通常包价旅游产品的总价格，会低于各种旅游产品价格之和，所以选择包价旅游产品还意味着节省金钱。比如，目前有些旅行社推出的海南双飞游，其价格甚至比海南往返机票还要低。包价旅游产品的经营者在组合旅游产品时，往往需要批量购买，故而会从供应组织那里得到折扣，他们会将折扣的一部分让利给消费者。再加上很多包价旅游产品是在非高峰期提供的，也使得包价旅游产品价格较低。

（3）一致性。顾客自己去选择不同旅游产品的组合，难免会因受到自身经验及能力的限制而购买一些质量不尽如人意的旅游产品。从事包价旅游产品经营的旅游中介和供应商却经验丰富，有专业知识，因此有能力确保各旅游产品要素的质量一致。所以顾客购买包价旅游产品会享受到前后一致、始终如一的质量保证，会提高对包价旅游产品的赞誉度，产生较好的购后感受，并形成良好的口碑效应和口头宣传。

2. 包价旅游产品给经营者带来的好处

（1）增加非高峰时期的业务量。旅游产品的需求会随着季节变化出现较大的波动性。在旅游需求的低谷时期，很多旅游企业都面临着设施闲置、需求不足的困境，而包价旅游产品的经济性、方便性及一致的质量保证，能有效吸引消费者的注意，产生旅游需求的新动力，平衡周期性的业务量变动。

（2）提高对目标市场的吸引力。旅游产品的经营商为满足特定消费者需要而组合的包价旅游产品，能维持企业本身对现有目标市场的吸引力，还能帮助其追求新的目标市场。

（3）提高盈利性。包价旅游产品的出现，提高了顾客对购买这类产品的兴趣，刺激顾客反复和经常使用包价旅游产品，增加每次使用的时间和数量。旅游企业还以通过更精确的业务预测来提高工作效率，安排各种资源。

（4）提高顾客的满意度。经过旅游产品经营商精心组合的包价旅游产品，可以为顾客提供更实惠、更便捷的旅游产品，为顾客节省自己组合旅游产品所花费的时间和金钱，从而能够有效提高顾客的满意度。

三、成功包价旅游产品的要素

包价旅游产品是多种旅游产品的组合，通常由两个或两个以上的组织参与提供。成功组装出的一项包价旅游产品，至少应包含以下几个要素：

1. 核心吸引力

每项包价旅游产品都要有一个或多个吸引消费者的事物，或者刺激消费需求的源泉。对于包价旅游产品，最简单的核心吸引力就是价格折扣。

2. 一致的质量

由于在顾客购买包价旅游产品时，心目中总是期望能得到一致的质量保证，对于各旅游产品质量的不一致，顾客是很敏感的。如果其中一项旅游产品的质量出现问题，往往会影响顾客对整个包价旅游产品的看法。所以成功的包价产品，应该是由质量一致和相容的旅游产品组合起来的。

3. 特别的利益

好的包价旅游产品应该能给顾客带来某种特别的利益或与众不同的感受,以满足目标顾客的独特需求,并且这种利益是顾客购买单个旅游产品时所无法得到的。提供这种特别利益的方法有多种,如前面提到的低于一般水平的价格,或是一些赠券,或是免费的早餐,等等。总之,包价旅游产品给顾客提供了一个获取特别利益的途径。

4. 周密的计划

为尽可能满足消费者的需求,包价旅游产品应该通过周密的计划,确保给顾客愉快的享受和满意的经历,即使是对于一些细节问题也不可忽视。必须提前设想所有可能发生的问题,避免因准备不足、计划不充分而导致某个环节出现问题,使顾客产生不满,损害产品形象和企业声誉。

5. 客户价值

顾客选择包价旅游产品的原因之一,在于他们认为包价旅游产品能使自己所付金钱获取更大的价值。因为包价旅游产品的价格通常小于单个旅游产品价格的总和,并且包价旅游产品的容量及要素的多样性无疑也给顾客提供了价值,因此,顾客会被吸引去购买包价旅游产品。

思考与练习

1. 如何理解旅游产品的概念?旅游产品是怎样构成的?
2. 根据旅游产品的特点,应如何做好旅游营销工作?
3. 旅游产品的市场生命周期由哪几个阶段组成?每一阶段有什么特点?营销策略是什么?
4. 旅游产品组合的概念是什么?如何实现旅游产品组合的优化?
5. 如何进行新产品的开发?

第八章

旅游价格策略

本章导读

在营销组合中,价格是一个非常灵活的因素,它的变动会直接引起需求量的变化,从而最终对旅游企业销售收入和利润产生影响。同时,相对于促销、产品等组合要素而言,价格也是营销组合中唯一一个能创造收入的因素。制定正确的价格策略对于旅游企业创造收益无疑会有很大帮助。因此,许多旅游企业都非常重视旅游产品价格的制定,并根据市场环境和需求的变化作出价格调整。本章主要对影响旅游产品定价的因素、定价方法、定价策略等问题分别进行研究和探讨。

第一节 旅游价格的制定

旅游企业为产品制定价格,一般要考虑定价目标和影响产品价格的诸多因素,依照一定的定价方法,再遵循合理的定价步骤来进行。顾客花钱购买旅游产品,是希望获得旅游产品带来的效用和满足,并希望这种效用和满足物有所值。否则,若旅游产品的价格和质量与顾客心目中的期望相去甚远,顾客就会觉得这样的旅游产品和自己为此而支付的价格不相符合,会对旅游产品产生不好的购后感受及评价。在旅游市场营销中,"口碑"宣传及口头传播的作用是非常明显的。顾客的这种不满足和不良印象可能会使旅游企业在市场中陷入困境。因而,对于旅游企业来说,为产品制定一个合理的价格是十分必要的。

一、价格的双重作用

价格首先是利润的直接决定因素。旅游产品价格的高低与旅游企业的利润多少直接相关;另外它也是一个重要的促销组合要素。消费者往往会在一定程度上通过价格来感知旅游产品。旅游企业提供给消费者的价格,会在一些促销活动中发挥显著的作用。比如一些旅行社推出的对某些旅游线路的打折活动,会吸引较多的消费者购买。通常情况下,较高的价格总是导致较低的需求量,而较低的价格则会促进销量的提升,然而,对于有些旅游产品来说,随着价格的提升,需求也会随之而增长到某一程度。这种旅游产品的价格越高,在特定顾客和消费者群体看来其所体现的排外性和威望性也就越大。

价格在大多数情况下是增加销量的一个较为有效的工具,但销量的增加并不一定意味着利润的上升。美国航空公司曾在1979年模仿联合航空公司实行50%的折价,结果损失了5000万美元。在现实生活中,很多旅游企业的经营管理者对于不甚理想的客房出租率、客流量感到忧心忡忡(因为旅游产品具有不可储存的特性)。由于这种担忧,他们往往希望尽快将这些产品售出,哪怕是以极低的价格,结果往往导致陷入恶性价格竞争的泥潭。这种做法所体现的是一种销售导向,而非我们所提倡的市场营销导向。市场营销导向下的定价行为,也是要满足顾客需要和实现企业市场营销目标的。因此,旅游企业为产品制定的价格应能使顾客感到他们为此而支付的货币量与他们所感受到的产品质量相比是值得的,即价格与顾客感受到的产品价值相符,否则,顾客就会产生不满,而那种以任意价格出售旅游产品的行为,只能说是一种短视行为,是不可取的做法。

二、旅游价格的形式

从顾客和旅游企业这两个不同的角度,可将旅游产品分为整体旅游产品和单个旅游产品。游客在旅游过程中可根据自己的需要选择购买整体旅游产品或单项旅游产品。这样就形成了两种基本的旅游价格表现形式。

1. 旅游包价

旅游包价是指旅游者从旅游经营商那里购买整体旅游产品(包括交通、住宿、餐饮、景点及其他设施和服务中的两个或两个以上要素所构成的产品)而向其支付的价格。旅游包价一般以统一的公布价格面向一般公众进行营销,借助于印刷品或其他媒介加以描述。

2. 旅游单价

旅游单价是指旅游者零散购买一个整体旅游产品中的各个单项要素所支付的价格。如旅游者在途中自己购买的车船票、自己支付的饭店住宿费用等,都属于旅游单价。

除上述两种基本旅游价格表现形式以外,旅游企业为了扩大对旅游产品的需求量,刺激消费,通常还会在一般旅游价格的基础上采取一些特殊的旅游价格表现形式。

3. 旅游差价

旅游差价是同种旅游产品由于在时间、地点或其他方面的不同而导致的不同价格。因为旅游企业提供的旅游产品和消费者的需求往往会在时间、空间及其他诸多因素上存在较大的分离,故而旅游企业往往利用旅游差价来调节旅游市场供求关系,以更好地满足消费者的不同需要。

4. 旅游优惠价

旅游优惠价是指在旅游产品基本价格基础上,给予消费者一定的折扣和优惠价格。这种折扣和优惠往往针对旅游产品的大量购买者、经常购买者或在有特殊事件发生时使用。其目的是为了更多地吸引消费者购买旅游产品,使旅游产品的业务量保持一定的水平。

三、旅游企业的定价目标

1. 生存导向型目标

当旅游企业现有生产能力过剩,或者市场竞争非常激烈时,企业会选择以维持生存为主要目标。为达到这一目标,旅游企业会给自己的旅游产品制定一个比较低的价格,吸引那些对价格敏感的消费者。在旅游业中,固定成本偏高是一项非常突出的特征。旅游企业的经营者在维持生存的目标驱动之下,仅仅希望价格能补偿可变成本和一些固定成本,以使他们能在市场中立足。

2. 利润导向型目标

(1)满意利润目标。旅游企业追求的目标是合理的利润水平而非利润的最大化,只要能获得使管理层满意的利润,对于一些规模较小的旅游企业来说已经是足可接受了。

(2)利润最大化目标。许多旅游企业都希望能制定一个理想的目标价格,能够使企业的当期利润达到最大化。为此,他们要对旅游产品的需求和成本进行估计,并同可供选择的价格联系起来。不过,企业追求当期利润的最大化并不意味着给旅游产品制定一个不合理的高价。企业制定的价格应与顾客感受的货币价值一致,而不能提供给顾客一个高于产品预期价值的价格。通常,企业选定一个能带来当期利润最大化的目标价格是较为困难的。

(3)投资收益率目标。投资收益率是税后净利润与总资产的比率,它用来衡量企业投资效益的高低,投资收益率越高,企业的盈利性就越强。旅游企业追求预期的目标投资收益率,需要预先决定其盈利水平以判断某个价格和营销组合是否可行。

3. 销售导向型目标

(1)市场份额目标。市场份额是指一个旅游企业的产品销售量占全行业总销售量的百分比。若一个旅游企业享有较高的市场份额,说明其在市场竞争中处于领先的优势地位,能拥有较高的利润和理想的投资收益率。对于想长期经营的旅游企业来说,追求市场份额最大化的目标显然是非常重要的。

(2)销售最大化目标。旅游企业强调销售最大化,不考虑利润、投资收益、竞争,只关注销售的增加。企业追求销售最大化目标,需要考虑制定何种水平的价格才能在短期内迅速提高企业的销量,带来更多的现金收入。

4. 竞争导向型目标

目前,旅游业的市场竞争相当激烈,竞争导向型定价目标,就是在竞争中保持现行价格或根据竞争者的价格进行定价，它不需要通过周密的计划来进行安排，基本上是一种被动策略。

四、影响旅游定价的因素

1. 企业的战略和定位

企业希望在市场中取得何种位置，给消费者留下一个什么样的印象，企业的产品定位如何，在企业发展、市场份额和投资回报方面的预期等，这些战略问题都是影响旅游企业为产品定价的重要因素。企业的定价行为应着重从支持企业长期的战略发展，并符合产品在市场上的定位等因素考虑。

2. 企业的目标

前面已经讲到，价格是利润的直接决定因素。为旅游产品定价不应只是企业营销经理个人的事情，以市场营销为导向的企业，应根据企业发展的总体目标来设置合理的价格。这些目标包括利润目标、市场份额目标或销量目标等。在不同目标的支配下，企业应有相应的价格决策体系来配合企业整体目标的实现。

3. 企业关注的细分市场

旅游企业的市场营销行为，必须围绕对旅游者消费行为和情况的了解而进行。旅游企业的管理者在制定价格决策时，要选定细分市场，并通过对消费者的调查研究和从以往价格变化中获得的经验，了解每个细分市场所能承受的价格水平，了解价格在多大程度上反映物有所值和产品质量。

4. 经营成本

企业要维持生产，就必须将旅游产品的价格维持在一个能够创造足够的收入，以支付成本，并能带来一定回报的高度。成本是影响价格决策的一个主要因素。

5. 竞争者的行为

单纯使用竞争导向的定价手段是一种被动的行为，然而现实中几乎所有的企业在制定价格时都会考虑竞争者的价格水平。

6. 旅游产品的特点

当旅游产品有相似的替代产品，且旅游企业的供给容量过剩时，价格会成为营销策略的一个重要手段。在整个旅游业中，很多产品之间都存在相互替代性，使得企业开展营销活动在很大程度上都必须依赖于价格策略。由于产品的可替代性强，使得旅游产品表现出高价弹性特征。旅游企业的管理者需要依靠市场情报去预测市场对价格变化可能作出的反应，为旅游产品制定合适的价格并根据市场变化作出调整。

7. 需求的价格弹性

如果价格的微小变动能引起需求量较大的变化，我们认为该产品需求弹性大；反之，则认为需求弹性小。显然，缺乏需求弹性的产品，提价可以增加企业的收益，而对于具有较大需求弹性的产品,经营者要考虑采取降价策略。那么,什么决定着需求的价格弹性呢？正是前面所提到的旅游产品的特点。若旅游产品具有声望,在品质和排他性上都与其他旅游产品不同,那么,消费者的需求弹性很小,提价对消费者的购买影响不大。这就是许多旅游连锁店努力突出自身品牌,创造鲜明的企业形象的原因。

8. 旅游消费者的特点

在旅游市场中,有些消费者对价格较为敏感,很小的价格变化都会促使他们立刻作出反应；而另一些消费者则即使在价格作出较大幅度调整时也不会改变其购买习惯。因此,对于不同的消费者应区别对待。旅游企业可以制定两个或多个价格来吸引不同的目标市场。很多饭店都会为一般客户、常住客户、商务人士、旅行团体提供不同的价格。

9. 非价格选择因素

目前,旅游业中的竞争逐步由价格竞争转向非价格竞争。越来越多的管理者已经认识到价格只是占领市场的一个手段,企业要想获得长远的发展,单纯靠价格战是远远不够的。因此,许多旅游企业纷纷扩大产品外延,增加旅游产品的附加价值,从而增加产品提供给顾客的利益,使顾客在购买产品时往往更多考虑产品品质而非最低价格。

10. 法律和法规的约束

出于保护消费者、维持正常竞争秩序的考虑,旅游价格经常也会受到政府的管制。政府会通过法律和法规的约束来干预和影响旅游企业的价格决策。由于存在这种约束,旅游企业不能任意地为旅游产品制定高价来牟取暴利；另一方面也限制了旅游企业之间过度的价格竞争,维护了正常的市场秩序。很多国家都制定了最高限价和最低保护价。旅游企业在作出定价决策时必须将此因素考虑在内。

五、旅游定价的基本过程

1. 确定企业的定价目标

旅游企业在制定价格之前,首先必须明确旅游产品想要达到什么样的目标。前面的内容中已经提到旅游企业的定价目标包括有维持生存、利润最大化、市场份额最大化及多种选择。一旦旅游企业选定其中一种作为自己的目标,就会有一系列与之相应的包括价格在内的市场营销组合。企业的目标越明确,制定价格就越容易。价格的高低对于利润、销售收入、市场份额等指标会有不同的影响。图8-1描述了价格与利润、收入和市场份额之间的关系。

如图8-1所示,假如我们所设定的某种旅游产品要达到利润最大化的目标,其价格水平应为95元,要使销售收入最大化,其价格应降为85元,而若希望市场份额最高,还要实行更低的价格水平。

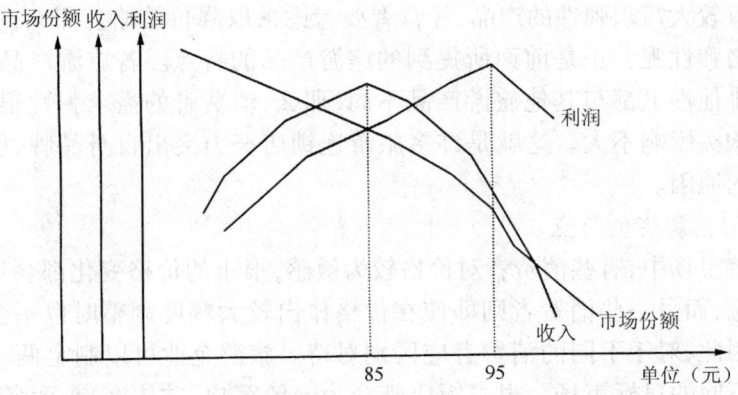

图8-1 价格、收入、市场份额和利润之间的关系

2. 确定需求

价格的高低在影响营销目标的同时也影响了需求。要确定价格,就要先知道需求。需求曲线通常是一根向右下倾斜的曲线,说明了价格与需求量之间的反比关系。但还有另一种类型的需求曲线,当价格上升时,需求量也增加,它代表了一种威望商品的需求曲线。图8-2的(1)和(2)分别描绘了需求曲线的这两种形态。住酒店的高档客房,客人往往认为是一种身份和地位的象征,在其定价降低时,顾客反会认为不能体现其身份而不愿购买。所以价格虽然是影响需求的重要因素,但非价格因素的作用也不容忽视。要确定出价格对需求的真正作用程度,应将非价格因素的影响排除在外。影响需求的非价格因素主要有:

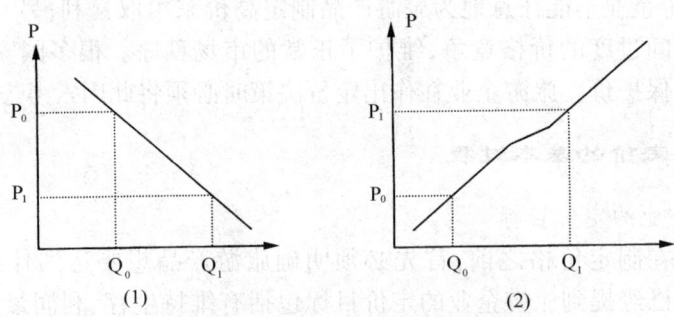

图8-2 需求曲线的两种形态

(1)收入。当消费者的收入增加时,即使旅游产品的价格保持不变,对旅游产品的需求量也会增加。近两年在"五一""十一"黄金周期间,持续出现的旅游高潮就很好地说明了这一点。

(2)替代品价格的变化。旅游产品之间的相互可替代性程度是很高的,当替代产品的价格降低时,消费者往往会倾向于去购买该旅游产品的替代品,使该产品需

求量减小。

（3）消费者偏好。消费者一旦对某种旅游商品产生偏好，即使其价格升高，也不会影响其需求。

除了非价格因素之外，需求弹性的不同也影响着需求量的变化。在需求缺乏弹性时和富于弹性时，需求对于价格变动的敏感程度是不同的。就大多数旅游产品来说，在高价位时适当降低一些价格，对产品销量的增加会更明显，而对于已经定价较低的旅游产品即使再降价，其销量也不会明显增加，所以旅游企业之间的价格战并非是万能神药。

3. 估计成本

社会对旅游产品的需求量决定着企业可为产品制定的最高价格，而企业的各种成本则决定着旅游产品价格的最低水平。旅游产品的价格至少要能补偿企业在一定生产水平下所用的固定成本和可变成本的总和。成本会随着不同的生产水平而变化，若平均成本随着经验的累积而下降，应引起企业重视。随着产量增加和经验积累而导致的成本下降，可使公司制定较低的价格，获得更大的销量，然后产量进一步增加，成本再下降，价格可更富于进攻性。

4. 分析竞争者的产品和价格

考虑竞争对手向市场提供的产品和价格，是企业定价的一个重要因素。通过向消费者的询问、自己亲自购买竞争对手的旅游产品、收集竞争对手的价格表等途径，企业可对竞争对手的情况有一定了解，并据此来考虑自身旅游产品的定价。通过比较，若企业的旅游产品优于对手，价格不妨比其稍高；若产品与对手类似，价格也要大致和其处于同一水平；如果产品不如竞争者，那就应制定更低的价格，并对产品作出改进和完善。

5. 选择定价方法

在上述步骤里已经明确了企业的目标，并对需求、成本、竞争者价格等作出了基本分析后，下面的工作就是要选择合适的定价方法了。价格定得过高可能会使得产品失去需求，定得过低又会使企业的利润得不到保证甚至亏本。怎样才能确保旅游产品的价格既能创造需求又能创造利润呢？这就要求企业在定价时必须考虑产品成本、竞争产品和替代产品价格、产品的特色等三个基本因素，由此也就产生了成本导向、价值导向、竞争导向三类不同的定价方法，具体内容将在下一节中再作详细介绍。

6. 确定定价策略

定价策略对于企业扩大销量、巩固和发展市场地位、维护产品形象是很有帮助的；同时，由于市场环境和顾客需求的变化，也需要企业运用一些策略去调整市场供求关系，引导消费。可供企业选用的定价策略很多，将在下一节中详细介绍。

7. 确定最终价格

在为产品确定最终价格时，企业还要考虑一些附加因素：

（1）顾客心理因素。即顾客对价格的主要心理认定趋势或取向。

（2）政府干预因素。企业的定价会处在政府监督之下，价格过高或过低都可能会招致政府干预。

（3）竞争对手的反应。竞争对手针对自己的定价是否也会在营销组合上作出调整，是否会引发价格战，这些都是企业所要考虑的。

（4）企业的定价政策。企业的价格定位须同定价政策相符，许多旅游企业都有企业所需的价格形象、价格折扣政策及应付竞争对手价格的经营哲学等，旅游产品的价格定位应与这些价格政策相吻合。

第二节 旅游定价的基本方法和策略

一、旅游定价的基本方法

1. 成本加成定价法

成本加成定价法是一种基本的定价方法，通常的做法是以产品的单位成本加上固定百分比的利润来确定产品价格。其计算公式为：单位产品价格 = 单位成本 ×（1 + 加成率）。

例如，某饭店一道菜肴的成本为 8 元，餐饮经理确定其加成率为 1.5，则该菜肴的价格定位即为：

$$P = 8 \times (1 + 1.5) = 20(元)$$

成本加成定价法的优点在于易行、简便，企业不必根据需求的变化而频繁调整产品价格；整个行业采用这种定价方法，最终定出的产品价格相差不大，因而可以避免过于激烈的价格竞争；另外，成本加成定价对于买卖双方都较为公平合理，即使呈现出供不应求的需求紧张局面，旅游企业也不会利用有利形势去牟取暴利，而是获得公平的报酬。

但是成本加成定价法并不是一种合理的定价方法，它只考虑成本而不顾及当前需求和竞争，是典型的生产导向观念的产物，因此，使用这种方法为旅游产品制定的价格，并不是一个合理的价格。

2. 目标收益定价法

目标收益定价法也是一种以成本为基础的定价方法，即旅游企业按预期获得的利润量来确定产品价格。采用目标收益定价法一般经过这样几个步骤：

（1）确定目标收益率。它由投资者决定，在估计目标收益率时应同时考虑风险程度、机会成本及竞争对手的投资收益率。

（2）确定目标利润总额。目标利润总额 = 投资总额 × 目标收益率。

（3）预测销售量。

(4) 计算产品价格。

其计算公式为：

$$单位产品价格 = \frac{产品总成本 + 目标利润总额}{预测销售量}$$

目标收益定价法的优点在于，它同时考虑了投资消费水平、收入、价格及利润等因素，可以保证实现既定的目标报酬率。其缺点则在于未考虑价格与需求之间的关系，而是用销量来估计价格，因此用这种方法确定的价格不可能保证销售量必定会实现。

采用目标收益定价法要结合保本图。保本图能显示在不同销量水平上预期的总成本和总收入，见图8-3。

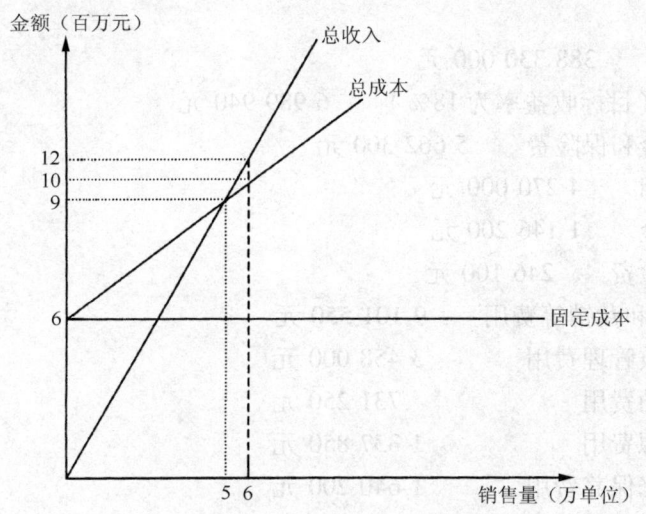

图 8-3 目标收益定价法——保本图

如图所示，假定某旅游产品其固定成本为600万元，总成本如图所示。当企业销售5万单位时，价格为1000/5 = 200元才能保本。当企业以200元的价格销售6万单位时，可获利1200 - 1100 = 100(万元)。

3. 赫伯特公式法

赫伯特公式法是美国饭店协会创造的一种类似于目标收益定价法的另一种定价方法，它通常用于饭店业制定房间价格。其具体步骤如下：

(1) 根据投资总额估算目标收益(目标收益 = 投资总额 × 目标收益率)；

(2) 计算在此目标收益下饭店经营应有的总收入(饭店应得总收入 = 目标收益 + 折旧 + 税金 + 保险费 + 管理费用 + 营销费用 + 水电费 + 维修保养费用等)；

(3) 估算除客房部外饭店其他部门的利润；

(4) 计算客房应得利润〔客房应得利润 = (2) - (3)〕；

(5) 估计客房经营费用;
(6) 计算客房应得收入〔客房应得收入 = (4) + (5)〕;
即:客房应得收入 = (目标收益 + 折旧 + 税金 + 保险费 + 各种费用) – 其他部门利润 + 客房经营费用
(7) 估计客房年出租天数;
(8) 计算客房平均价格〔客房平均价格 = (6) ÷ (7)〕。
即:

$$客房平均价格 = \frac{客房应得收入}{可供出租房间数 \times 365 \times 年平均出租率}$$

例如,假设某饭店有 400 间客房,用赫伯特公式法来计算该饭店平均房价。计算如下:

总投资额　　388 330 000 元
目标收益(目标收益率为18%)　　6 989 940 元
折旧、税金和保险费　　5 662 300 元
其中:折旧　　4 270 000 元
　　　税金　　1 146 200 元
　　　保险费　　246 100 元
行政管理和营销等费用　　9 101 550 元
其中:行政管理费用　　3 458 000 元
　　　营销费用　　731 250 元
　　　能源费用　　1 337 850 元
　　　维修保养费用　　1 640 200 元
　　　其他费用　　1 934 250 元
饭店经营收入　　21 753 790 元
其他部门利润(除客房部)　　704 000 元
客房部应得利润　　21 049 790 元
客房经营费用　　7 213 650 元
客房部应得收入　　28 263 440 元
客房年出租间天数(年平均出租率80%)　　116 800 间天/年
平均房价　　241.2 元

这样算出的房价还没有将饭店支付给中间商的佣金及给予不同客人的优惠包括进去。在实际操作中,饭店在确定客房最终销售价时应包含这两项费用,给各个目标市场制定不同的价格。

4. 认知价值定价法

我们知道,旅游消费者在购买旅游产品时,往往是根据对产品的预期来确定支

付价格。因此,有些旅游企业也开始采用在产品的认知价值基础上制定价格的方法。管理者知道合理定价的关键在于旅游消费者对产品价值的认知,而不是企业的成本。故而在作出定价决策时,他们往往运用营销组合中的一些非价格变量来确立旅游产品在消费者心目中的认知价值。旅游产品的价格就是根据认知价值来制定的。旅游企业运用这一定价方法需要注意两方面的问题:首先,旅游产品的价格应尽可能接近消费者的认知价值,尽量全面了解消费者对旅游产品价值的评价。为此,企业需要综合运用各种市场调查手段及以往经验,为制定一个与消费者认知价值相符的价格提供客观依据。如果企业对自己旅游产品的估计过高,其制定的价格也就会过高;若企业低估自己旅游产品的认知价值,又会使企业获得较低的利润。其次,旅游企业还要运用各种市场宣传方法,改变消费者心目中固有的主观价值评价,而认可企业制定的现行价格。

建立旅游产品认知价值的方法如下:

假定现在某旅游消费者需要外出度假,有 A、B、C 三个旅游景点可供选择,他便可以从风景优美程度、服务周到程度、安全程度,及其他配套设施等不同属性指标予以评价。每一属性指标三个景点总计 100 分,按不同比例分配给三个景点,消费者对上述 4 个属性指标的重要性会有不同看法,评价结果如下:

重要性指数	属性指标	旅游景点		
		A	B	C
0.40	风景优美程度	40	30	30
0.30	服务周到程度	50	20	30
0.20	安全程度	40	30	30
0.10	其他配套设施	35	40	25
1.00	认知价值	42.5	28	29.5

A 景点认知价值为:$0.4 \times 40 + 0.3 \times 50 + 0.2 \times 40 + 0.1 \times 35 = 42.5$

B 景点认知价值为:$0.4 \times 30 + 0.3 \times 20 + 0.2 \times 30 + 0.1 \times 40 = 28$

C 景点认知价值为:$0.4 \times 30 + 0.3 \times 30 + 0.2 \times 30 + 0.1 \times 25 = 29.5$

可见 A 景点享有较高的认知价值,B、C 则较低,若各自按认知价值定价,都能享有一定市场份额。比如它们分别定价为 30 元、20 元、22 元,若 A 跌至 20 元,将影响 B 的客源。因为两景点认知价值不同,价格却一样,因此 B 景点应努力增加服务,提高质量,否则就会在竞争中处于不利地位。

5. 需求差别定价法

需求差别定价法,是指旅游企业为了适应顾客的不同需求,将同一种旅游产品定出两种或多种价格。旅游企业采用差别定价法需要有一定的条件:第一,市场必须能够细分,并且这些细分市场能够显示不同的需求。如饭店通常都会设置不同档次的客房价格,以供有不同需求的顾客进行选择。第二,旅游企业细分市场及控制管理的成本费用,不能超过差别定价所得的额外收入。第三,这种差别定价法的实行,不要引起顾客的反感、敌视。第四,差别定价法要体现按质论价的原则,差价大小要适宜。下面以某航空公司为例说明差别定价法的运用。

例:乘客在乘坐飞机从克利夫兰飞往迈阿密的同一条航线上,有11种不同的票价可供选择,在这条航线上服务的3家航空公司和东方联合等公司的激烈竞争中,精明的乘客就可以得到不少好处。许多票价是针对着不同的细分市场的。这11种不同性能的票价是:(1)头等舱218美元。(2)标准经济舱168美元。(3)晚间二等舱136美元。(4)周末短途旅行134美元。(5)义务工作人员130美元。(6)国内短途旅行128美元。(7)短途旅游观光团118美元。(8)军事人员128美元。(9)青少年机票112美元。(10)周末机票103美元。(11)包机95美元。

6. 现行价格定价法

在现行价格定价法中,企业以竞争者的价格为定价基础,而较少考虑成本和市场需求。在高度竞争的同一产品市场上,一家旅游企业产品价格的涨落,会引起其他企业相应的变化,对于产品不能储存的旅游业来说,竞争者之间的相互制约关系表现得特别明显。一些大型的、市场占有率较高的旅游企业,往往左右着旅游产品价格水平的波动,而一些小型旅游企业的价格却经常会随着这些"领导者"的价格变动而变动,很少联系自己的供求关系变动或成本变动。

二、旅游定价的策略

1. 新产品定价策略

(1)撇脂定价策略。它是指旅游企业为其产品制定的一个远高于成本的价格。定出这样的"高价",对企业而言,必须能使消费者相信高价购买这种新产品是值得的,而且高定价可使企业在销量逐渐呈现下滑趋势时,还有降低价格的余地来吸引对价格敏感的下一层次的消费者。一般情况下,如果在市场上存在着一批愿意以高出市场平均水平的价格购买旅游产品的消费者,撇脂定价是一种合适的定价策略。它使旅游企业可以较快收回产品生产经营成本,即使在市场认为产品初始价格过高时,还可通过降价来解决问题。通常撇脂定价策略适用于以下几种情况:①目前市场上有足够多的消费者对该旅游新产品存在迫切的需求;②消费者认为高价代表了该旅游产品的优质形象;③市场竞争不十分激烈。

(2)渗透定价策略。它是指旅游企业为其产品制定的一个相对较低的价格。旅游企业通过低价占领大量的市场份额,从而降低生产成本。如果一家旅游企业以追求市场份额最大化作为定价目标,则采取渗透定价法不失为一个较好的选择。然而,企业在设置低价的同时,也意味着单位利润的降低,为此,企业的产品销量应达到较大的数额。如果需要很长时间企业才能实现高销售量,那么企业收回成本的过程也是较为缓慢的。渗透定价策略一般适用于以下情况:①市场的需求价格弹性较大,使用低价格能明显刺激市场需求的增加;②该旅游产品的生产销售成本会随着产量的增加而逐步下降;③由于价格低廉,竞争者对该市场不感兴趣。

2. 心理定价策略

这种定价策略以消费者心理因素作为旅游企业的依据,制定合乎旅游消费者心理的价格以引导消费。主要有以下几种情况:

(1)尾数定价策略。这种策略迎合消费者的求廉心理,给旅游产品制定出一个带有零头的价格指数。结尾为非整数,可给消费者形成一种产品价格低廉的印象,并使消费者感觉到企业定价认真负责,较为精确。该策略一般适用于一些价值较小的旅游产品。如,餐饮产品定价为 9.5 元,可能比定价 10 元的销路更好。

(2)整数定价策略。它是指旅游企业给旅游产品定价时采用凑零为整的方法,制定整数价格,主要用于高档旅游产品,如饭店的豪华客房、总统套房等。尤其现在市场上旅游产品种类丰富,形式多样,消费者对旅游产品不可能都十分了解,所以往往会以价格来作为判断产品质量的依据。同时,一部分有消费能力的消费者在购买旅游产品时,往往更追求其身份、地位的体现。在这种情况下,用整数定价策略反而会提高旅游产品的身价,使旅游消费者产生"高价高质"的印象,促进旅游产品的销售。

(3)分级定价策略。这是指旅游企业将产品按档次分成几级,每级分别定价,以满足不同层次的消费者需求。这样的分级定价使高档价位的高档产品,可以满足高消费顾客的优越感,而低档价位的低档产品又不致将低消费顾客排除在外,消费者可以按需选购,各得其所。这种定价策略在旅游企业中的应用是非常普遍的。航空公司的票价有经济舱和商务舱之分;旅行社的旅游团经常有经济团和豪华团之别;饭店的房价也因标准间、套间和总统套房而不同。这些都可以说是分级定价策略在实际使用中的体现。在采用这种策略时,也应注意对旅游产品的分级不宜过多,档次差别要合理,不同档次的产品在质量、性能等方面要形成明显的差异,使消费者确信价格差别是合理的。

(4)声望定价策略。它是指旅游企业对一些在消费者心目中有良好信誉的产品制定较高的价格。高价格一般代表着产品的声望,而这种有着高声望的高价旅游产品,与旅游企业的形象联系也是非常紧密的,因此,采用声望定价策略应慎重。事先要进行详细的市场调查,考察消费者的消费实力,研究市场所能接受的最高价格限度等,旅游企业所设置的产品高价不宜超过此最高可接受价,否则会引起产品需求量的减少。另外,一定要保证这类旅游产品的质量,做到质价相符。这样才能维护企业声誉,并保证消费者的利益。

(5)招徕定价策略。它是指旅游企业暂时将少数几种产品减价,以吸引消费者,招徕生意的策略。像目前有些饭店推出的每日一款特价菜就是一个很好的例证。采取这种策略的目的,是吸引顾客在购买这类低价产品的同时购买其他产品。另外,这些低价产品本身也是一种很好的促销手段。企业在应用这种策略时也应注意:降价的产品必须要能真正引起消费者的兴趣,使其产生购买动机和行为;降价产品的品种和数量要适当;降价产品的质量要有保证。

3. 折扣定价策略

这是一种在保持旅游产品基本定价不变的基础上,通过折扣调整将一部分利润转让给消费者,鼓励其大量购买自己的产品,以达到争取客源、扩大销售目的的策略。通过这种策略的施行,可以促使消费者改变购买时间、数量,并及时付款。

(1)数量折扣。这是旅游企业对那些大量购买旅游产品的消费者给予减价的一种做法。为鼓励旅游者增加购买量,建立长期关系,旅游企业会根据购买者所购买的数量给予一定的折扣。一般购买数量越多,折扣越大。

旅游企业所实行的数量折扣又可分为两种形式:

①累计数量折扣。是指在一定时间内,消费者购买旅游产品的总量超过一定数额时,旅游企业按其购买总量给予一定的折扣。这种策略有助于建立、加强和维持旅游企业与消费者之间的业务往来关系。

②非累计数量折扣。是指在消费者一次购买旅游产品达到一定金额或数量时,所得到的某种折扣优待,用来鼓励消费者大量购买。如国家旅游局规定的对于15人以上全包价标准等旅行团,实施第16人减免的办法。这种策略能刺激消费者的购买数量,减少交易次数与时间。

旅游企业采用数量折扣策略时还应注意以下几点:

①企业制定的享受数量折扣的标准不宜过度,应该让大多数顾客都能有享受优惠的机会。

②采用数量折扣策略的目的,是通过大批量出售旅游产品以降低营销费用,增加企业利润。

③规定数量折扣的价格和条件,对所有消费者一视同仁。

(2)现金折扣。这是旅游企业对在约定付款期内提前付款或以现金交易的顾客,给予原定价格一种折扣的方法。采用该方法的目的是鼓励顾客提前付款,加速企业资金周转,减少损失,降低收款费用。旅游企业在运用现金折扣策略时,要为产品确定一个合理的折扣率。实行折扣只是一种手段,收回货款、加速周转才是企业的最终目的。因此,折扣率应有一定的界限,通常是在企业加速资金周转所增加的盈利和银行贷款利率之间找到一个合理的折扣水平;同时,企业还要规定对那些逾期仍未付款的顾客应采取什么措施。

(3)季节折扣。这是旅游企业在淡季时给予顾客的折扣优惠。由于旅游产品的不可储存性,使得旅游产品的生产与消费在时间上发生分离,这样就容易出现在旅游旺季时旅游产品供不应求,而在淡季时则普遍客源不足、服务设施和生产设备闲置的情况。为调节市场供求关系,刺激淡季旅游消费需求,旅游企业往往在淡季制定低于旺季旅游产品的价格。通过这种季节折扣来增加淡季旅游消费。不过,即使在淡季,这种折扣的优惠幅度也不宜低于旅游产品的成本。

(4)同业折扣和佣金。它也称功能性折扣,是旅游产品生产企业对在市场营销中承担了不同职责的各类中间商所给予的不同价格折扣。很多西方的饭店除给予旅行社优先房价以外,还会给予他们一定的折扣和佣金。美国凯悦饭店公司就规定旅行社为宾客每预订24间客房,该公司就免费向旅行社提供一间客房。但是,采用折扣和佣金无疑会使旅游产品的平均价格下降,所以旅游企业的管理人员应仔细作出计划安排,决定是否采用同业折扣和佣金,其比例为多少,只有当降价促销所带来的营业收入超过所需成本时,折扣价格才是可能的。

4. 促销定价策略

这是一种发挥促销手段的作用,以企业部分产品的特殊价格吸引消费者,从而提高企业销售收入并赢利的策略。

(1)亏损领导价格。这是指企业管理者制定接近成本甚至低于成本的价格来吸引消费者,以价格低廉来迎合部分消费者追求价格便宜的心理,借此还可扩大企业其他产品的销售。很多旅游企业都将自己产品组合中某些产品的价格定得很低,如饭店依靠免费酒水扩大菜肴的销量,旅行社依靠低价的包价旅游产品来增加客源等,都是此种策略运用的体现。

(2)特殊事件价格。这是指企业利用某些特定节假日、特殊活动的举行、特定事件的发生,给旅游产品适度降价来刺激消费、扩大销售的一种做法。旅游企业运用这种策略一般会事先借助于各种媒体做广告、宣传等配合活动,将这样的"特价"信息传递给消费者,以引起他们的注意。

(3)产品捆绑价格。这是指企业将两项和多项产品捆绑组合在一起,以低于单项产品价格之和的整体价格出售。在旅游业中,由于固定成本较高,产品又不可储存,捆绑销售就会成为旅游企业的重要收入来源。比如酒店推出的包售客房和早餐的周末度假服务,旅行社推出的双飞度假全套服务等,由于可变成本并不高,如果目标市场认为价格合理,捆绑价格会刺激对捆绑产品的需求,通过这样的捆绑销售就能弥补企业的固定成本并产生一定利润。

(4)产品分别价格。有些顾客可能不喜欢捆绑销售,比如当某位游客在游览某个主题公园时,他可能并不希望游览所有的景点,享用所有的服务设施。对于这些顾客而言,往往希望得到每项产品的单独定价,而不是几项产品的捆绑定价。

第三节 旅游企业的价格调整及对价格调整的反应策略

旅游企业在制定产品价格之后不可能一成不变。市场环境和消费者需求总是处于不断变化之中,旅游企业应根据现实条件适时调整自己的产品价格,并在竞争对手调整价格之后,决定作出什么样的反应。

一、旅游企业的价格调整

旅游企业的价格调整又可分为两种情况:主动降价和主动提价。

1. 主动降价

旅游企业主动调低自己产品的价格,大概有如下几项原因:一是企业生产能力的过剩。由于旅游产品不可储存,当企业的供给容量过剩,供大于求时,企业只有依靠降价来扩大旅游产品的销售。二是市场竞争激烈,导致企业市场份额下降。在这种情况下,降价会作为一个争夺市场份额的有力手段而为企业所采用。三是经济衰退。在经济衰退时,社会消费能力和消费水平都会下降,这时降价能吸引消费。

2. 主动提价

不管出于何种原因,企业提价总是会引起消费者的不满,但如果提价合理,能使企业增加利润。因此在如下情况下企业可能会采取提价措施:一是由于通货膨胀而导致的成本上升。由于成本上升使企业利润下降,企业不得不通过提价来减少损失。另一个原因是由于对旅游产品的需求过多。在需求过多时,企业没有储存的产品可供销售,因而面对过热需求,企业只能作出提价或限量供应的决策。为减少消费者对企业提高旅游价格的不理解和抱怨,企业应作好和旅游消费者之间的沟通工作,告诉他们之所以要提价的原因,获得他们的谅解。同时企业也可通过合适的途径来进行提价,避免给消费者造成诸多不良影响,损害企业形象。

3. 消费者对价格调整的反应

消费者对于价格调整并不是总能正确理解,当旅游企业降价时,消费者可能会有这方面的疑问:这家企业是否出现了财务上的困难?产品价格的下调是否意味着产品质量的下降?产品价格今后是否还有继续下调的可能?所以,即使在企业降价时,消费者也并非总能作出企业所预期的反应。他们并不总将扩大购买作为唯一选择。为消除降价可能会给消费者心理带来的不良影响,企业在降价时可采取一定的措施和方法,最好不要作出明显的大幅度价格下调,而是通过暗调的方式来解决,比如适当减少一些产品数量、服务的次数等。

价格的上涨,通常会影响销量,但消费者有时反倒会认为高价必然与高质量联系在一起,这正反映了产品的质量超群,以及这样的产品也是身份、地位的一种象征。因此,有时当价格上涨时,产品的销量反而会增加。

总之,消费者对于价格调整总会作出不同的理解,作为旅游企业所应坚持的,是要以消费者需求为中心。消费者所注重的是旅游产品给他们带来的效用、满足和利益,而不仅仅是该产品的价格。因此,旅游企业不论选择什么样的价格调整,都不能忽视对消费者需求的研究。

4. 竞争者对价格调整的反应

旅游企业作出价格调整时,除了考虑顾客的反应之外,也要考虑竞争者。一家旅游企业的降价行为会由于竞争者的不同理解而变得复杂起来。竞争对手可能会认为企业试图扩大市场份额,扩大旅游产品销量,或想引起整个行业降价来刺激消费需求。为应付竞争,企业应通过收集竞争者相关的信息(如财务状况、企业目标、市场销售等),进行综合分析,来预测竞争者可能会作出的反应。

二、旅游企业对价格调整的反应

假设现在企业的竞争对手作出价格调整的决定,旅游企业又该采取什么措施去应对呢?通常旅游业中的市场领先者总是会面对一些较小企业的进攻性降价,这种进攻性降价会削减领先者的市场份额。这时,企业可以采用如下几种措施:

(1)维持原有价格。旅游企业通过维持原有价格,在消费者心目中保持一贯所拥有的市场领先者的地位和形象,避免降价导致的利润损失。应该看到竞争对手的降价,只是吸引了部分对企业来说较不重要的顾客。

(2)降价。旅游企业可以将旅游产品的价格调低至与竞争对手相同的水平,通过降价扩大销量,进而降低成本,吸引对价格敏感的顾客。但旅游企业在选择降价时,仍应保持产品的原有质量。

(3)改进产品。旅游企业维持原有价格不变,但通过改进产品质量、提高服务水平来为消费者提供更多的价值。虽然产品价格要高于竞争对手,但如果消费者从中获得的价值更多,仍能吸引住消费者。因为降价带来的是消费者购买率的增加而不是消费者的忠诚度的提高。

(4)提价的同时推出新产品。旅游企业还可在提高产品价格的同时,推出一些价格较低的新产品来应付竞争。企业将原有产品提价能增加收入,而低价新产品又打击了竞争对手。

上面说明了作为市场领先者的旅游企业,在竞争对手价格调整时可采取的几种方法。不管企业在市场中处于何种位置,在准备对竞争对手的行为作出反应之前,需要考虑:

(1)竞争对手价格调整的真实意图;
(2)竞争者的价格调整是暂时的还是长久的;
(3)对手价格调整对本企业市场份额和利润的影响;
(4)其他企业有何反应;
(5)对每种可能的反应,企业要采取什么措施。

典型案例

杭州乐园

大幅降低门票价格引起强烈反响　旅居结合走出主题公园新思路

在2001年"五一"即将到来之际,中国最大的民营旅游企业集团——宋城集团宣布从"五一"起,该集团所属的杭州乐园景区门票价格从80元降至38元,降幅达52.5%。作为中国最大的综合性旅游休闲度假胜地,而且是一个通常以高投资高票价作为基本模式的主题公园,一期投资即高达4亿并且每年花2000万巨资进行景区整改的杭州乐园,缘何能不顾行业的游戏规则,作出这种近乎"疯狂"的异常举动呢?

杭州乐园能以低票价支撑高投入,显然是因为找到了另外一条道路。它是什么呢?宋城集团董事长黄巧灵提出了把景区像家一样建造与把家像景区一样建造——"旅居结合走出中国主题公园"的新思路。

现在越来越多的人利用周末去户外旅游、休闲,最根本的原因并不是那里的景致多好,而是人们居住的地方已不适合休闲。如果美丽的风景、丰富的娱乐设施如同沙砾和空气一样无处不在,就不会有投巨资建设的公园和景区了。家园即田园——这是人类千百年来的梦想。因此,宋城集团在建乐园时尝试着把景区像家一样来建造,把家像景区一样来建造。如果我们的景区是像家一样舒适的景区,品质卓越、个性鲜明而且还可以居住;而我们的房产是像景区一样完美的家,8%的超低容积率即足以显示其独步天下的品质。所有的配套都是一种产业化操作,那么,就可以降低景区对旅游观光门票收入的依存度,为降价奠定基础。

虽然这一探索仍在进行中,但它肯定会为中国的主题公园走出一条新路,即旅居结合、相辅相成、互为支撑,这种方式一定会使主题公园获得如虎添翼的快速发展。因为它更充分地体现了对人性、对人类生存环境的关怀——而这,恰恰是主题公园也是所有景区的本质使命。

问题:

1. 杭州乐园通过旅居结合,降低门票价格,能够让旅游者感受到的产品价值和门票价格相符吗?
2. 对其他主题公园制定降价策略有何借鉴?
3. 除了旅居结合,还有哪些方式可以帮助旅游企业制定降价策略?

思考与练习

1. 旅游价格的概念是什么?
2. 影响旅游产品定价的因素有哪些?
3. 制定旅游价格的步骤有哪些?
4. 定价策略有哪些?
5. 当前,旅游饭店面临降价竞争应如何应对?

第九章

旅游销售渠道策略

本章导读

尽管旅游产品不能储存,但销售渠道在旅游业中所发挥的重要作用却是显而易见的,建立合理的旅游产品销售渠道并对之实行有效的管理正是管理旅游产品这样具有易折损、难保存特征产品的主要方法。本章主要介绍:旅游销售渠道的概念、功能和模式;旅游中间商的作用、类型;旅游销售渠道的设计;旅游销售渠道的管理;旅游销售渠道的变化趋势和发展方向等。

第一节 旅游销售渠道概述

一、旅游销售渠道的概念

旅游产品从旅游企业转移到最终的旅游消费者手中有不同的途径可以选择。旅游企业可以凭借自己的设施和资源直接向消费者出售旅游产品而不与旅游贸易中介合作;也可以借助于旅游贸易中介向消费者间接销售旅游产品。因此,旅游销售渠道通常包括直接销售渠道和间接销售渠道。旅游销售渠道是旅游企业为了将旅游产品转移到最终消费者手中而采取的各种直接或间接的方式,它并不是自然存在的,而是由企业精心规划创建,用来给消费者提供方便,满足旅游消费者需求的。

旅游企业通过直接或间接的销售渠道来出售旅游产品。间接销售渠道一般都有旅游贸易中介的参与。旅游贸易中介存在的必要性在于:

1. 提高销售效率

旅游贸易中介有着丰富的关于旅游业的信息与知识,多年的业务经验又使得他们熟悉市场,再加上专业化和规模化的经营,旅游贸易中介能很好地解决旅游产品和消费者之间在时间和空间上的分离问题。由于旅游消费者分布的地理范围十分广泛,而旅游企业又相对集中,单纯依靠旅游企业自身来销售并不现实,借助于旅游贸易中介服务企业可以扩大市场覆盖面,提高销售效率。

2. 增加经济效益

旅游贸易中介自身特有的服务功能能缩短旅游产品的销售时间,节约销售费用,降低销售成本,提高经济效益。如图9-1所示,如果没有旅游中介的存在,旅游企业的销售人员面对同等数量的客户,需要发生交易的次数为:3×3=9次,而通过旅游中介的服务,只需要发生3+3=6次交易便可完成同样的销售任务。

3. 获取市场信息

旅游贸易中介在销售市场上长期与旅游消费者频繁接触,消费者的真正需求及其对于旅游产品的意见、竞争对手的动态都是他们所熟知和了解的,这些有价值的市场信息会通过旅游中介反馈给旅游企业,使企业能及时调整市场营销组合,完善产品,改进服务,实施有效的价格策略和促销手段,提高自身竞争能力。

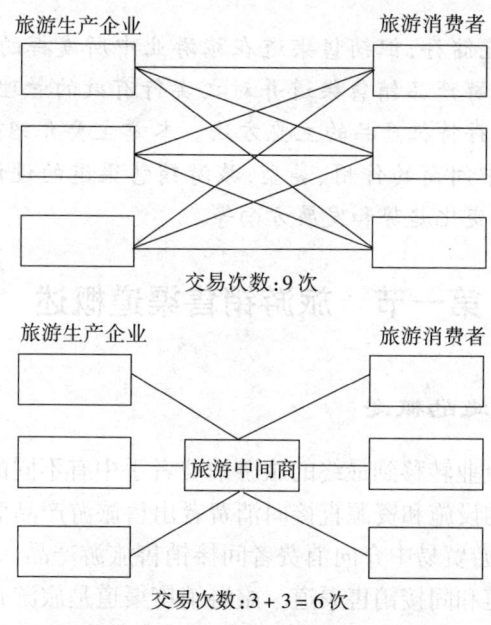

图9-1　旅游中间商的经济效益

二、旅游销售渠道的功能

(1)提供方便的销售网络。旅游企业设计生产旅游产品,制定价格,并辅以广告、宣传等促销手段。当消费者对旅游产品产生购买欲望时,他们需要在某个特定的地点可以方便地购买到旅游产品。旅游销售渠道正是发挥了这样的作用,让顾客可以及时购买或提前预订旅游产品。

(2)发布有关旅游产品的信息。顾客对于旅游产品的认识和了解需要部分地借助于旅游销售渠道来实现,如发放一些宣传旅游产品的印刷材料;同时,渠道也可将顾客对于产品的反映和感受反馈回来,供旅游企业考虑,作出适当的策略调整。从这个角度上说,旅游销售渠道充当了生产者与消费者之间的桥梁。

(3)进行咨询和协助购买。当顾客不太清楚有关旅游产品的某些事宜或在作出购买决策时仍然心存疑虑,旅游销售渠道可以为他们提供有用的咨询和建议,帮助他们进行产品的选择和组合,并提供关于旅游产品的知识,促进其购买行为的发生。

(4)其他辅助活动。除了上述功能之外,旅游销售渠道还能帮助企业进行一些促销活动(如产品展示),为顾客提供诸如预订床位、办理保险、办理护照之类的服务,受理并协助解决顾客的投诉,等等。

三、旅游销售渠道的模式

根据旅游产品在销售过程中是否涉及中间环节,一般认为旅游销售渠道存在着直接销售渠道和间接销售渠道两种基本模式。

(一)直接销售渠道

直接销售渠道是旅游企业将旅游产品直接出售给旅游消费者而不经过任何一个旅游贸易中介,这种销售渠道没有旅游贸易中介的介入,也不需要经过许多层次环节,通常也叫作零层渠道。这种销售渠道在实际中分为三种情况:

(1)旅游产品生产企业在生产者的经营场所将旅游产品销售给消费者。在这种情况下,旅游生产企业自己充当零售商,等待顾客上门购买。通常,一些旅游景点、小餐馆、博物馆、出租车等都是通过这种渠道来销售旅游产品。

这种方法的好处是旅游生产企业直接与顾客联系,可清楚了解顾客的意见和想法,有利于对旅游产品作出适当的调整和完善,树立旅游企业的良好形象;同时,由于没有中间商的参与,也节省了中间商的营销费用,降低了成本。

(2)旅游产品生产企业在顾客家中将旅游产品销售给消费者。旅游产品生产企业通过预订系统来扮演零售商的角色,消费者只需通过电话、电传或电脑等设施就可预订自己所需要的旅游产品。一些饭店和旅游经营商较多地采用这种方式。这种销售渠道是随着现代信息技术的推广和发展而出现的,它极大地方便了消费者,也使旅游生产企业提高了产品的技术含量、服务水平和自身形象,节省了营销费用。

(3)旅游产品生产企业通过自己所拥有的零售网点将产品销售给顾客。这种方式以汽车租赁公司、铁路公司和部分航空公司为典型,像铁路公司和航空公司自设的订票处等。旅游生产企业拥有并操纵自己的销售网点,所以,仍然属于直接销售渠道的一种。

直接销售渠道,尤其是第一种情况的直接销售渠道在旅游业成长的初期是相当普遍的。对于那时的很多旅游产品生产企业来说,选择一个好的经营地点和位置是至关重要的业务决策,它可以保证有足够的客源流向企业所在的位置。在这种情况之下,消费者来到生产企业的经营场所进行消费,生产企业期望顾客能找上门来或者是通过电话来预订。生产企业的地址既是产品的生产场所又是主要的销售点,所以有很多旅游企业都奉行"位置、位置、位置"的黄金法则。随着企业规模的扩大和产品销售量的增加,一个好的经营地点对于企业的吸引力并未降低,但是,优良的经营地点并非是企业扩大销售量的唯一来源,企业还需在生产地点之外扩充原有的销售渠道,增加销售点。

(二)间接销售渠道

由于旅游产品生产企业的规模不断扩展,企业的生产能力也日益扩大,需要销售出更多的旅游产品与之相匹配;市场竞争也越来越激烈,企业之间相互争夺市场份额的"战争"不断加剧;消费者分布的地理范围越来越广泛,遍布全球,使得他们直接上门购买旅游产品变得越来越不现实。这些因素的共同作用和影响,使旅游产品生产企业考虑到需要在生产场所之外建立更广泛的销售网络、更齐全的销售网点,使得潜在顾客能在感觉更方便的地方进行购买,从而产生更多对旅游产品的需求,这样就产生了所谓的间接销售渠道。间接销售渠道就是指旅游产品生产企业通过两个或两个以上的旅游贸易中介来销售旅游产品的销售渠道。具体又有以下几种情况:

1. 旅游产品生产企业──→旅游零售商──→旅游消费者

这种销售渠道具有两个环节(包含一个层次的旅游中介),又叫一层销售渠道。目前有很多旅游经营商、度假中心和饭店等采用这种销售方式,他们向旅游零售商支付佣金和手续费。这种营销渠道的优点是降低成本、减少开支、提高企业经济效益。

2. 旅游产品生产企业──→旅游批发商──→旅游零售商──→旅游消费者

这种销售渠道具有三个环节,包含两个层次的旅游中介,又叫双层或二层销售渠道。旅游批发商大批量购买旅游产品,进行组合包装,再通过旅游零售商销售给旅游消费者。这种销售渠道被度假地饭店、包机公司等旅游企业广泛采用。在国际旅游中,这种销售渠道通常会转化为下面这种形式:

旅游产品生产企业──→本国旅游批发商──→外国旅游批发商──→旅游零售商──→旅游消费者

这种销售渠道共有四个环节,包含三个层次的旅游中介,故又叫三导或多层销售渠道,目前主要广泛运用于我国的国际旅游业。外国旅游批发商现在还不能直接在我国经营包价旅游产品,我国的国际旅行社受多种因素的限制又不能与外国旅游零售商直接合作,所以,本国的旅游产品生产企业先将大量单项旅游产品发售给本国旅游批发商,经过组合包装后,再批量发售给外国旅游批发商,最后,通过旅游零售商出售给旅游消费者。

第二节 旅游中间商

旅游中间商所承担的职能和工作使得旅游产品生产企业的市场营销活动变得更有效率。旅游中间商一般有旅游零售商、旅游批发商及近来在西方国家较为流行的奖励旅游经营商和会议旅游经营商。

一、旅游中间商的作用

1. 为旅游消费者提供便利的服务场所

旅游消费者分布的地理范围十分广泛,遍布全球,任何一家旅游产品的生产企业都不可能有能力来自己负责旅游产品的销售。在这项工作方面,旅游零售商具有独特的优势。它可以在便利的地点向消费者提供购买、使用、消费旅游产品的服务,从而大大减轻了生产企业的负担,解决了旅游产品生产与消费的空间分离问题,为旅游消费者与旅游产品生产企业建起了一座桥梁。

2. 为旅游消费者提供消费建议

一般旅游消费者购买旅游产品的行为都带有明显的非专家购买的特征,对于旅游产品的相关情形不是十分了解。而旅游中间商拥有大量旅业的信息和知识,能为旅游产品的购买和消费提供高度专业化的意见(如选择旅游景点、交通工具、住宿地点等),这些意见将会最终影响消费者的购买决策。

3. 为旅游生产企业组合各种旅游产品

旅游批发商擅长从事旅游产品的组合包装,这种经过"组装"后的旅游产品,类似于包价旅游产品,一般都建立在满足消费者特定需要的基础之上,可使产品更具吸引力,旅游消费者和旅游产品生产企业都能从中获利。奖励旅游经营商主要是提供那些对顾客非常适合的旅游产品。会议产品目前也十分普遍,会议旅游经营商主要通过对多种旅游产品的选择组合提供会议产品,最大限度地满足顾客需要,并保证旅游产品生产企业的利益。

二、旅游中间商的类型

1. 旅游零售商

旅游零售商是指一些直接向旅游消费者出售各种形式的最终旅游产品的旅游中间商。由于旅游需要的持续增长,旅游零售商也出现了显著的增长。对于饭店、航空公司、铁道部、旅游景点来说,旅游零售商都是他们的主要业务来源,因而,旅游产品的生产企业应努力促进与旅游零售商之间的良好关系。

旅游零售商一般组织这样一些旅游活动:(1)团体旅游。即有 15 名以上的旅游消费者一起参加旅游,可以节省旅游费用。(2)包价旅游。(3)派员陪同包价旅游。即在旅游消费者的旅游过程中由旅游零售商派领队陪同旅游,领队负责安排旅行日程及其他旅游相关事务。(4)无领队包价旅游。旅游零售商不派员跟随消费者的旅游过程,给消费者一定的自由和灵活性。(5)全部代办旅游。旅游零售商为某一团体、某一特殊事件,到某些特定地区组织包团旅游。

旅游零售商的工作和职责主要是:销售旅游产品,为顾客安排旅行路线,提供导游服务;为旅游消费者安排食宿、租用交通工具;代办旅行中一些具体事务如保险、护照、签证;对希望参加特殊旅游活动的消费者事先作好安排;积极向旅游消费者提供可靠的旅游信息;及时向生产企业反馈消费者的意见和建议。

旅游零售商对于旅游产品的需求数量较大,具体数量一般视其年接待量而定。一些规模较大的旅游零售商年接待量相当可观,成为一些旅游产品生产企业的主要业务来源。在旅游产品的价格问题上,为增加对旅游消费者的吸引力和增强竞争能力,提高经营利润,旅游零售商会要求生产企业提供较低的价格。由于对于旅游产品的需求存在季节性,在需求的高峰期和非高峰期,旅游零售商对于旅游产品的需求会存在明显差异:高峰期需求激增,供不应求;非高峰期则客源稀少,产品闲置。因此,旅游产品生产企业和零售商之间应联合起来协调供给与需求的失衡状态。在需求淡季,降低价格,增加产品特色,改进服务质量;在需求旺季,合理安排,保证产品质量,并通过适当提价来分散客源。旅游业是十分敏感而又脆弱的行业,会受到来自外界的不可预期的多种因素的影响,旅游零售商的业务量也会由于受到一些突发事件的冲击而出现较大的波动,并最终影响到旅游产品的生产企业。对于旅游生产企业而言,应防患于未然,努力降低经营风险。如果旅游产品的生产企业和旅游零售商之间能建立并保持长期合作的良好关系,一方面可以保证生产企业客源稳定,经营状况良好;另一方面旅游零售商也能得到稳定的收入来源。目前,我国国内旅游零售商的报酬还较少采用佣金支付的形式,随着国内旅游业的运作和与国际标准的接轨,佣金方式会越来越普遍。它有助于减少旅游零售商与生产企业之间的利益冲突和对立,尤其是在旅游产品价格上的分歧和矛盾,实现双方之间平等互利的合作关系。

旅游产品生产企业与旅游零售商之间的合作关系对于双方都十分有利。要想形成这样良好的共享利益、共担风险的关系,生产企业必须做好以下工作:

(1)加强与旅游零售商之间的沟通。旅游产品的生产企业积极向旅游零售商介绍和宣传本企业能提供的旅游产品,产品的特色和利益,即将推出的新的服务项目等,并提供能展示旅游产品的印刷品、录像带和幻灯片,便于旅游零售商对旅游产品的促销。在对旅游产品的服务、价格、内容调整之前应及时通知旅游零售商,给他们足够的时间进行安排。

(2)做好对旅游消费者的接待工作。旅游消费者的购买决策在很大程度上受到旅游零售商意见的影响,如果最后消费者感觉到旅游产品并没有带给他们预期的利益,就会影响其对旅游零售商的看法,而这又会影响旅游零售商和生产企业之间的合作。所以,保证旅游产品的质量、提供消费者满意的服务是保证稳定客源的基础和前提。否则,即使旅游消费者购买了旅游产品也不会产生满意的购后评价,也就不会产生重复购买行为。

(3) 采取激励旅游零售商的措施。旅游产品生产企业可以在旅游零售商之间开展销售竞赛,为旅游零售商安排免费旅游,按时支付报酬,提供额外奖励等,以提高旅游零售商销售旅游产品的积极性。

(4) 保持与旅游零售商的合作关系。在现代市场营销观念的指导下,达成交易并不意味着销售工作的结束,只有保持与旅游零售商之间的长期合作关系,才能为今后多次的业务往来打下坚实的基础。旅游产品的生产企业可以通过经常与旅游零售商进行联络和接触,邀请他们参加一些企业组织的有关活动,在节假日适时致以问候等,来维持与旅游零售商的合作关系。

2. 旅游批发商

旅游批发商是从旅游产品的供给企业那里大批量购买单项旅游产品,经过包装组合,再通过旅游零售商销售组装好的旅游产品的旅游中间商。旅游批发商承担着计划、准备、营销和管理其所组装的旅游产品的职能,是对旅游产品的供给企业具有重要意义的中间商。

旅游批发商首先要进行旅游产品的策划工作。通常在业务开始之前的很长一段时间,旅游批发商就要仔细地进行市场研究,并开始着手准备对旅游产品的组合包装。他们需要与饭店和交通部门协商预订事项,确定相应的费用,为其组装的旅游产品确定适宜的价格;准备宣传材料,在不同媒体上刊登广告;向旅游零售商进行人员推销;建立市场,加强对其所经营的旅游产品的认知,吸引消费者的注意。另外,旅游批发商还要从事对旅游产品的管理,他们需要对市场进行预测,事先考虑到旅游过程中的细节问题,并制定相应的应对措施,根据市场需求来安排营销计划和策略。

毫无疑问,旅游产品的供应企业也要处理好与旅游批发商之间的关系。为此,旅游产品的供给企业需要注意以下因素:

(1) 本企业对于旅游批发商的吸引力。旅游产品的供给企业应全面分析企业各项资源,以确定自己对旅游团体的吸引力。企业所要分析的主要内容有:景点产品的吸引力、可进入性、配套服务设施状况、景点分布、地理位置;交通产品的安全性、时间性、容量、便利性;住宿产品的接待能力、服务设施、地理位置。

(2) 市场细分。旅游消费者的需求千差万别,因人而异,没有一个旅游企业能满足所有旅游消费者的需求。一般来讲,旅游批发商也会因服务于不同的目标市场而分为不同的类型。如,以消费者的消费能力为细分依据,可将旅游批发商分为豪华型、中档型和经济型。不同类型的批发商对于旅游产品的要求会不同,旅游产品供给企业应根据企业战略,结合企业形象和宣传,根据市场细分原则选择适合本企业的旅游批发商。

(3)价格。旅游产品供给企业提供给旅游批发商的价格十分关键,直接影响旅游批发商所获利润。因此,旅游产品供给企业要为旅游批发商制定合理的价格,既保证对旅游批发商和消费者有吸引力,又不致使自己无利可图。确定价格时常需考虑的因素有:住宿价格、餐饮价格、交通费用、导游费用、其他费用、优惠措施及竞争者的价格。

3. 奖励旅游经营商

奖励旅游是在西方较为普遍的一种旅游形式,通常,一些公司和企业为了鼓励那些工作表现良好、超额完成任务的职员或中间商而向他们提供免费旅游的机会。免费旅游对其接受者具有越来越大的吸引力,能够有效地激励接受者更努力地工作,提高员工的工作积极性,密切与中间商的合作关系等。因而,奖励旅游得到了迅速的发展,由此也就出现了职业化的奖励旅游中间商。

奖励旅游经营商具有丰富的专业知识,善于为顾客度身定造特制的旅游产品。这些特制的旅游产品一般都是多个单项旅游产品的组合,包括观光、住宿、餐饮和交通等。奖励旅游经营商与旅游产品的供给企业经过协商获得数量众多的单项旅游产品和优惠的价格,以此来增强产品的吸引力,并从中获取一定的利润。奖励旅游经营商要向参与奖励旅游的消费者详细介绍旅游活动的具体内容,如旅游线路的安排、住宿餐饮情况及交通工具的选择等。另外,奖励旅游经营商还要帮助旅游产品供给企业策划奖励旅游方案,共同开展促销活动。

4. 会议旅游经营商

会议旅游正在成为旅游业的一个主要部分,会议旅游经营商主要从事会议旅游产品的组合及出售,服务于一些协会、公司、政府机构和其他大的非营利性组织。他们需要为会议旅游活动准备预算,选择会议地址和设施,向旅游产品供给企业订购产品,协商价格,安排会议日程,安排参加会议者的食宿、交通和娱乐活动,并进行会议的现场管理。会议旅游经营商的出现形成了对会议旅游的专门化服务,引起了众多旅游供给企业的注意。旅游供给企业通过在专门的旅游刊物上刊登广告,在交易展示会上布置展览及进行人员推销来向会议旅游经营商开展促销活动,使他们成为企业销售渠道的成员。

三、旅游供给企业对旅游中间商的促销

由于旅游中间商向旅游产品供给企业提供了主要的业务来源,并承担了一部分促销旅游产品的职能,而且还能直接影响旅游消费者的购买决策,所以,很多旅游供给企业都把旅游中间商作为一个重要的目标市场,对他们开展特别的市场营销活动。

(一)进行市场分析和调查

旅游供给企业应该确定哪个旅游中间商对于企业最有价值,为此,企业应进行详细的市场调研,收集尽可能全面的有关旅游中间商的信息。企业可以根据自己所选定的最终目标市场来分析旅游零售商、旅游批发商、奖励旅游经营商、会议旅游经营商,以确定谁能给企业提供更多的业务,谁能更有效率地完成中介功能。

(二)明确企业的市场定位

旅游供给企业会围绕着卓有成效的旅游中间商展开激烈的竞争,旅游供给企业要争取到与中间商的合作,其在中间商之中树立自己的良好形象至关重要。企业可以根据特定的产品特征、利益、使用时机、使用者种类等进行企业的市场定位,给旅游中间商留下与竞争者不同的独特的印象。

(三)设置市场营销目标

旅游供给企业要针对旅游中间商设置市场营销目标,即旅游供给企业希望旅游中间商在特定的一段时间内达成什么样的目标。有了明确的市场营销目标,旅游供给企业才能计划对旅游中间商采取何种促销组合,并对促销组合的效果进行评估和控制。企业为旅游中间商所设置的目标应该是量化的,通常,将企业的总体目标的部分分配给旅游中间商作为其应实现的目标。

(四)开展对旅游中间商的促销活动

针对旅游中间商的促销活动包括广告(贸易广告)、销售渠道、人员推销、公共关系、旅游印刷品。

1. 广告(贸易广告)

这是旅游供给企业对旅游中间商所设置的广告,主要刊登于专业化的旅游报刊上。贸易广告要注意能提供给旅游中间商及时、准确、详尽的信息,便于他们为消费者服务。

2. 销售渠道

旅游供给企业可以提供给旅游中间商免费的或优惠的旅游机会,让旅游中间商亲身体验旅游供给企业所提供的产品,并作出判断和评价。这会有助于中间商开展业务活动,挑选满意的旅游产品并推荐给旅游消费者。旅游供给企业还要积极参加一些旅游行业的展示会,在展示会上可接触到大量的旅游中间商,向他们宣传介绍自己的旅游产品和服务,展示企业形象。

3. 人员推销

旅游企业对旅游中间商的人员推销主要采取外部推销和电话推销的方式。旅游供给企业的销售人员通过到旅游中间商的营业场所或向旅游中间商打电话来推销旅游产品,并通过人际接触建立与旅游中间商之间良好的长期的关系。在通信和电子技术飞速发展的今天,有很多饭店和航空公司纷纷推出了计算机预订系统和800电话,进一步密切与旅游中间商之间的合作。

4. 公共关系

旅游供给企业针对旅游中间商开展的公共关系及宣传活动,包括向一些有关的旅游媒体定期发布新闻,积极参与行业协会的活动等,这些活动能起到维持与旅游中间商合作关系的作用。

5. 旅游印刷品

旅游销售渠道从某种意义上来说,相当于一个展示和交易多种旅游产品的场所,旅游供给企业可以向旅游中间商提供设计精美、内容丰富的各种旅游印刷品,这对于向中间商开展促销活动十分有益。

第三节　旅游销售渠道的设计

旅游销售渠道的设计与管理是旅游企业管理者必须要考虑的重要问题。它关系到旅游企业能否建立科学高效而又相对稳定的销售渠道,能否减少建立和维持销售渠道的成本,以及能否保持与渠道成员的合作关系。

一、旅游销售渠道的结构

旅游销售渠道的结构取决于旅游企业在设计销售渠道时是否采用中间商、采用中间商的环节、每个环节中使用相同类型中间商的数目以及旅游企业所采用的销售渠道类型的多少。

1. 直接渠道和间接渠道

这是旅游企业销售渠道的基础。在前面已经介绍过,按照旅游企业是否通过中间商把旅游产品销售给旅游消费者,旅游销售渠道可分为直接渠道和间接渠道。直接渠道下旅游企业不通过中间商直接向消费者销售产品,间接渠道下旅游企业借助于中间商销售旅游产品。

2. 长渠道和短渠道

在间接销售渠道中根据经过中间环节的多少又可分为一层渠道、二层渠道和多层渠道。在旅游产品从旅游生产企业转移到消费者的过程中,经历的中间环节越多,渠道越长;经历的中间环节越少,渠道越短。

3. 宽渠道和窄渠道

旅游营销渠道的宽窄取决于渠道的每个环节中使用同种类型中间商数目的多少,具体表现为旅游企业的销售网点数目、销售网点分布和产品销售数量。如果旅游企业使用的同类中间商多,产品在市场的分销面广,就称为宽渠道,一般适用于大众旅游产品;反之,若旅游企业使用的同类中间商少,就称为窄渠道,专业性较强的和高档的旅游产品基本上采用窄渠道,因为这种情况下旅游企业易于控制,但市场销售会受到限制。

4. 单渠道和多渠道

根据旅游企业所采用的渠道类型多少,旅游销售渠道可分为单渠道和多渠道。当旅游企业将全部产品由自己直接销售或全部借助中间商销售,就说明旅游企业采用单一的销售渠道,称为单渠道;当旅游企业在某些地区采用直接渠道,某些地区采用间接渠道,或者对于同一市场同时采用长渠道和短渠道,那么,旅游企业就采取了多种销售渠道,称为多渠道。

二、影响旅游销售渠道构成的因素

旅游企业在选择企业销售渠道时会受到许多因素的影响和制约。旅游企业在作出销售渠道的决策之前必须对下列几方面因素进行系统的分析和判断才能作出合理的选择。

1. 产品因素

旅游产品的性质、种类、档次和等级以及其所处的生命周期阶段直接影响企业销售渠道的构成。商务性饭店、旅游景点等旅游企业一般采取直接销售渠道,而休闲度假饭店、游船公司、包机公司则主要采取间接销售渠道;高档旅游产品通常适合使用直接的营销渠道,而大众化的低档旅游产品采用间接营销渠道可扩大市场覆盖面,争取更多的旅游消费者;刚刚问世的旅游新产品宜通过直接销售渠道销售,它应结合人员推销来进行,当旅游新产品为市场所接受,进入成熟期或成长期,则可通过建立广泛的销售渠道来销售产品。另外,旅游产品组合的广度和深度也是一个影响渠道决策的重要方面。对于产品组合单一的旅游企业最好通过批发商间接销售,而产品组合丰富的企业可以采用较短并且直接的销售渠道。

2. 市场因素

旅游销售渠道的设计要受到市场规模大小、消费者购买频率高低、市场的地理分布及市场对不同营销方式的反应等因素的影响。

在市场规模较大时,为了便于消费者购买,需要旅游产品在市场上广泛分布并具有区域延伸性,因此,宜选择较长和较宽的销售渠道,以覆盖市场,广辟客源;对于较小的目标市场,企业最好采用较短的销售渠道或直接销售渠道。旅游消费者购买旅游产品的频率高就意味着消费需求旺盛,旅游企业的工作量相应增大,可以利用中间商通过间接销售渠道来完成营销工作;如果消费者并不经常购买旅游产品,旅游企业可减少中间环节,采用短渠道或直接渠道。旅游消费者的地理分布位置相对集中,销售渠道可以短一些,直接一些;而如果消费者的地理分布十分广泛,企业只有选择间接销售渠道。

3. 企业因素

设计旅游销售渠道还要考虑到与企业自身有关的因素,比如企业的资金能力、销售能力、可向中间商提供的服务水平等。旅游企业本身如果资金雄厚就可以较为自由地选择建设销售渠道,可以自设销售点,也可采取间接销售渠道;如果企业资金缺乏,则主要依靠中间商来销售产品。企业若具备较强的销售能力,有丰富的销售经验和优秀的销售人员,则宜选择直接销售渠道;反之,则需要借助中间商选择间接分销渠道。旅游中间商也常常希望旅游产品的供给企业能够提供广告、交易展示等方面的合作,为销售产品创造条件。如果企业能较好地满足中间商这方面的要求,中间商会乐于销售该企业的产品,这对采用间接销售渠道较为合适;如果企业做不到这一点,就最好自己直接销售。

4. 政策因素

旅游企业在设计销售渠道时必须要符合国家有关政策和法令的规定。比如在国家对于国内旅行社和国际旅行社的业务范围作了明确划分后,国内旅行社就不可能到海外市场去争取客源。

三、旅游销售渠道设计的基本原则

1. 畅通高效的原则

合理的旅游销售渠道首先要符合畅通高效的原则,做到"物"畅其流,经济高效。尽管旅游产品是无形的,但销售渠道要保证信息、资金、使用权等的流通顺畅,并以流通时间、流通速度和流通费用来衡量销售效率。畅通高效的销售渠道应以消费者需求为导向,将产品尽快、尽好、尽早地通过最合理的销售渠道以优惠的价格送达消费者方便购买的地点。不仅要让消费者在适当的地点以适当的价格购买到适当的旅游产品,还要努力保证销售渠道的经营效率,设法降低销售费用,节省销售成本,提高经济效益。

2. 适度覆盖的原则

旅游企业在设计销售渠道时不能只考虑渠道成本、费用及产品流程,还需要考虑销售渠道能否将产品销售出去,并保证一定的市场占有率。因此,单纯地追求销售渠道成本的降低可能导致销量下降、市场覆盖率不足,只有在规模效应的基础上追求成本的节约才是可取的做法。当然,如果企业过度扩展分销网络,造成沟通和服务障碍,也会使得渠道难于控制和管理。

3. 稳定可控的原则

设计和建立旅游企业的销售渠道往往需要耗费大量的人力、财力、物力,在销售渠道基本确定之后,企业一般不希望轻易地对渠道作出调整,更改渠道成员,转换渠道模式,所以必须要保持销售渠道的相对稳定,这样,才能进一步提高销售的经济效益。但是,在销售渠道运作的过程中受到环境变化及多种因素的影响,销售渠道难免会出现一些问题,这就需要销售渠道具有一定的调整功能,保持销售渠道的适应力和生命力,以适应市场变化。

4. 协调平衡的原则

旅游企业在设计销售渠道时考虑自身经济利益是理所应当的,但是一味追求自身效益最大化而忽视渠道成员的利益,可能会适得其反,因此,在渠道设计时应注意协调平衡各成员间的利益。旅游企业对渠道成员之间的合作、冲突和竞争要具备相应的控制和管理能力,有效地引导渠道成员的良好合作,鼓励渠道成员之间的良性竞争,减少渠道摩擦和冲突,确保企业目标实现。

5. 综合权衡的原则

销售渠道策略只是旅游企业市场营销策略的一个方面,企业要在竞争中突出优势,单一地依靠渠道策略难以有效,而是应将渠道的设计与企业的其他策略如产品策略、价格策略、促销策略结合起来,综合权衡,全面考虑,以发挥整个营销组合的优势作用。

目前,在我国旅游企业中仍然存在着销售渠道设计的很多误区。在设计渠道时,不是以消费者需求为中心,结合市场环境及企业实际,根据一定的科学原则来进行,而是盲目地进行渠道选择和设计,从而形成很多错误的认识。在选择渠道时,认为直接渠道能减少中间环节,节约销售成本;使用间接销售渠道时,不是有针对性地选择中间商,而是认为渠道越长越好,中间商越多越好,覆盖面越宽越好;在处理与中间商的关系时,或者对中间商只是单纯利用,或者给予中间商特别的优惠,缺乏对于中间商有效的控制和管理。旅游产品的销售渠道是旅游产品得以顺利销售的关键,上述这些错误的认识观念和做法对于旅游企业设计销售渠道造成了极坏的影响,是我们在学习中和实际操作过程中都要竭力避免的。

四、旅游销售渠道的设计策略

旅游销售渠道的设计策略是旅游销售渠道策略的重要内容。包括选择最佳的渠道结构模式,确定中间商数目、类型及渠道成员的权利与责任。设计旅游销售渠道时,要经历确定渠道设计目标、评估渠道宽度和深度、选择中间商类型、考虑影响渠道选择的因素、确定渠道成员的任务、选择具体的渠道组合模式等几个基本过程。

(一)确定销售渠道目标

要进行科学的销售渠道设计工作,旅游企业的管理人员必须明确企业将要进入的目标市场及要完成的任务。围绕这一中心,企业的渠道目标包括确定中间商的类型、数目及作用。为此,企业要仔细研究消费者的需求、旅游产品的特点、中间商的特征、竞争对手的销售渠道、企业的资源、市场环境的变化等。

(二)选择渠道结构模式

企业的销售渠道结构模式包括采用直接渠道还是间接渠道,渠道的长短宽度及多渠道和单渠道的选用等问题,企业应综合考虑产品、市场、企业自身因素和政策规定来确定渠道的结构。

（三）明确渠道方案

1. 旅游中间商的优势分析

旅游中间商有不同的类型，其形象、声誉、市场影响力也有很大不同，选择合适的旅游中间商是旅游企业要作出的一个关键决策。在具体选择中间商之前，企业要对各个可选择的中间商进行全面调查和认真分析。不了解中间商，就谈不上选择。现实生活中，有的旅游中间商在长期从事旅游产品的销售过程中积累了丰富的经验，有良好的市场声誉和影响力；也有一些旅游中间商缺乏足够的市场经验和知识，无法为旅游产品供给企业争取较多的客源，甚至还有一些不法中间商借中介之名骗人钱财。由于旅游产品的不可储存性，很多供给企业往往急于出售旅游产品而不对旅游中间商进行全面的调查、了解和分析，这是一种十分短视的行为。企业要建立高效运转的销售渠道就必须全面了解中间商，并在此基础上对中间商作出客观的评价。

旅游中间商有多种不同的类型，各个旅游中间商具有不同的优势与劣势，必须经过评价来分清优劣，便于选择。

旅游中间商的优势有来自于历史原因的销售优势，也有来自于内部管理的销售优势。历史优势是在旅游中间商过去的经营中取得的，是旅游中间商已经存在的有利条件。主要包括：①地理位置。如果旅游中间商的经营场所处于良好的地理位置，比如城市中心、商业区等，目标消费者可以非常方便地接近他们并购买产品。②历史经验。旅游中间商长期从事旅游产品的经营，已经积累了很多成功的经验，能在市场变化中掌握经营主动权，保持销量或扩大销量，而且经营时间较长的旅游中间商在目标消费者心目中已有一定信誉和影响，会成为忠诚消费者的首选。③经营规模。经营规模较大的旅游中间商在销售方面具有优势，所以像包价旅游产品主要由旅游批发商来经营一样，旅游零售商则主要经营大众化旅游产品。④自有销售渠道。大型旅游批发商往往拥有众多的旅行社，能保持较多的业务量，在这方面具有明显的优势。⑤信息沟通。进行信息的沟通与交流是销售渠道承担的主要功能之一。良好的信息沟通功能，既能影响消费者的购买决策，又能使为旅游企业提供信息反馈的旅游中间商更加受到旅游生产企业的青睐。⑥经营机制和管理水平，这直接关系到旅游中间商能否适应市场变化，保持企业经营的稳定和发展，提高资本收益率。

与优势相对应，旅游中间商由于历史原因和经营管理问题也会出现某些劣势。比如，地理位置偏僻的旅游中间商吸引不到足够的目标消费者注意，规模较大的旅游中间商内部管理不善、机构臃肿、人事关系复杂，业务量大的旅游中间商缺乏与渠道成员之间的合作环境等。

2. 旅游中间商的选择要求

旅游企业选择旅游中间商建立销售渠道就是要将自己的产品打入目标市场，

让目标消费者能够在方便的地点随意地购买。因此，旅游企业管理人员应首先关注其所选择的旅游中间商在目标市场是否拥有畅通的销售网络和便利的销售场所。其次，旅游产品供给企业所选择的旅游中间商还应在经营方向和专业能力上符合销售渠道功能的要求，尤其是对于短销售渠道而言，旅游中间商应具备丰富的专业知识，并能履行较多的分销职能。再次，旅游中间商应在消费者心目中具有较好的形象，这样目标消费者或二级中间商才愿意通过他们来购买旅游产品，旅游中间商的良好形象也帮助企业提升了产品形象。最后，借助于旅游中间商进行旅游产品的销售，对旅游产品的供给企业、旅游消费者和旅游中间商都有利。应视销售渠道为一个整体，渠道成员之间是一种合作关系，因而，在选择中间商时要注意强调中间商的合作意愿。

上面提出了旅游企业选择中间商的基本要求，它反映了在销售渠道中供给企业与旅游中间商之间共同合作共享利益的愿望。这样选择旅游中间商可以保证渠道成员的合作与高素质，提高销售渠道的运行效率。

总之，旅游企业首先应根据既定的要求和原则来选择可以合作的旅游中间商，对他们进行全面的调查和了解，并逐一分析其优势和劣势，作出客观公正的评价，正确地选择"最有资格"的旅游中间商。

3. 旅游中间商数量的确定

旅游企业应确定在各个渠道环节应有多少中间商，即决定销售渠道的宽窄，一般可以有三种选择：

（1）广泛的销售渠道。旅游企业通过尽可能多的旅游中间商向旅游消费者销售旅游产品，其目的在于追求最大的市场覆盖率。旅游企业希望潜在消费者在有可能购买旅游产品的任何销售点都能方便地购买旅游产品。

（2）选择性的销售渠道。旅游企业在每一地区愿意销售其产品的中间商里挑选几个来销售旅游产品。挑选中间商的标准可以是中间商的规模大小、管理水平高低、业务量多少，等等。这种方法可加强企业与中间商的联系，降低渠道成本，加强渠道控制，提高销售效率。

（3）独家销售渠道。旅游企业在某一个地区只选择一家或少数几家中间商来进行旅游产品的销售，并要求其只能销售本企业的产品，一般适用于高档旅游产品。该渠道可以提高产品的市场形象和加强对于旅游中间商的控制。

4. 渠道成员权利和义务的确定

一是定价方针。旅游产品供给企业应确定价格和折扣率。折扣率对于旅游生产企业和中间商都要公平合理，并能激发中间商更好地完成销售工作。二是买卖条件。指旅游企业给中间商的支付条件的保证。对于提前付款的中间商一般会予以现金折扣。三是中间商的地区权利以及双方应提供的服务和应承担的责任。

（四）评估渠道方案

旅游企业评估渠道方案的标准主要有三个，即经济标准、控制标准和适应标准。

1. 经济标准

主要是比较不同的方案可能达到的销售量及费用水平。旅游企业需要明确：直接销售渠道和通过旅游中间商销售，哪种方式能达到更多的销售量，使用旅游中间商和直接销售渠道哪一种的费用更高。旅游企业可通过对上述情况的分析，选择合理的销售方式。旅游企业一般可采用盈亏临界点分析法来评价哪一种销售方式最为合理。

2. 控制标准

若通过间接的销售渠道销售旅游产品，旅游企业对于渠道的可控性不大，而若采用直接销售渠道，则旅游企业对于渠道的可控性强。销售渠道越长，对于渠道的控制难度越大。作为独立企业的中间商，往往更为关心的是自身的经济利益，如果旅游企业不能有效地对渠道进行控制，会使销售渠道的运作受到影响。

3. 适应标准

旅游企业与旅游中间商的合约时间如果过长，而在有效期内，直接销售若被证实为更加有效，旅游企业却不能解除与中间商的合同，这样的销售渠道则缺乏灵活性和适应性。考虑到旅游企业与中间商的合作关系，旅游企业应选择具有灵活性、适应性的销售渠道，除非在经济效益和控制方面具有十分突出的优势，旅游企业一般不与中间商签订时间过长的合约。

第四节 旅游销售渠道的管理

建立和维持旅游销售渠道需要消耗一定的成本，如果能对销售渠道实施科学有效的管理和控制，销售渠道也可为企业带来更多的回报。但是，很多旅游企业都对企业内部的管理予以了足够的重视，却忽略了对销售渠道的管理。在科技不断进步的知识经济时代，技术的发展也使得销售渠道正在发生新的变化，它给旅游销售渠道的管理也带来了新的机遇和挑战。如果旅游企业仍然对销售渠道的管理漠不关心，就无法根据市场变化及时调整销售渠道，抓住渠道机遇，发展同渠道成员之间的合作。

一、旅游销售渠道的控制

旅游销售渠道是旅游企业的重要资产，在旅游产品从供给企业转移到消费者的过程中，旅游中间商发挥了重要的作用。旅游企业为了通过中间商扩大市场份额，增加产品的销量，纷纷寻求与中间商的长期合作。但是，中间商也是独立的企业，也有自己的经济利益和企业目标，和旅游产品供给企业的利益并不完全一致。因此，旅游产品供给企业必须加强对旅游销售渠道的控制。根据旅游业的实际情

况,供给企业可采用的控制手段主要有:

1. 企业的经营现状和长远规划

作为旅游中间商,不可能不去考虑旅游产品供给企业的经营现状和长远规划,市场机会有限,经营良好的旅游企业更能争取到与旅游中间商的合作。除了用良好的经营状况来证明自己的实力之外,旅游企业主要应当向旅游中间商提供自己的长远发展规划,使其认可旅游企业的发展战略,而从长远的角度来考虑长期利益。即使旅游企业与旅游中间商之间的利益暂时出现问题和冲突,旅游企业也可通过召开旅游中间商会议,表扬业绩好的旅游中间商,向旅游中间商发送带有他们意见和建议的内部刊物,经常与旅游中间商沟通交流等来让旅游中间商更好地了解企业,理解和执行企业各项方针策略。

2. 旅游产品的知名度

旅游产品的知名度对于中间商意味着销量、利润和销售效率。知名度高的旅游产品不需要中间商做较多的市场推广,可节省销售成本,加快资金周转。如果旅游企业能提高知名度,树立产品在消费者心目中的良好形象,就可以影响销售渠道,通过产品知名度给中间商带来高销售效率和低销售成本,从而控制销售渠道。

3. 旅游企业向中间商提供的销售服务

旅游企业通过帮助中间商销售产品,提高销售效率,降低销售成本,提高销售利润,可解决中间商的盈利问题。如果企业能为中间商提供较多的销售服务,开展对中间商的培训以增强中间商的销售能力,那么既提高了中间商的专业水平和销售能力,又加深了与中间商的沟通和联系,最终对于销售渠道形成有效的控制。

4. 旅游企业给予中间商的经济利益

如果旅游企业给予旅游中间商的经济利益微不足道,那么,这样的合作关系对于旅游中间商来说无关紧要,企业也就无法控制旅游中间商。因此,旅游企业应给予旅游中间商足够的经济利益,这样,如果旅游中间商想取消与旅游企业的合作会感到可惜,旅游企业可以通过增大盈利和折扣来提高给予旅游中间商的经济利益。

通过上述这些方式,旅游企业能树立良好的产品形象,使旅游中间商认同自己的发展规划,最终形成对旅游中间商的有效控制和高效运作的销售渠道。

二、旅游中间商的激励

为了更好地实现与旅游中间商的合作,完成旅游产品供给企业的营销目标,旅游产品供给企业还需采取多种措施实现对旅游中间商的激励,借以调动中间商销售旅游产品的热情和积极性,并巩固和改善与旅游中间商的合作关系。旅游产品供给企业对旅游中间商的激励工作包括研究旅游中间商在产品销售过程中的需要、动机和行为;采取措施调动中间商的积极性;解决销售渠道中的各种矛盾等。

1. 奖惩结合

在与旅游中间商的合作中,旅游产品供给企业可采用奖惩结合的方式。一方面通过较大的折扣、丰厚的佣金、特别奖金合作促销、销售竞赛等方法来奖励业绩良好的旅游中间商;另一方面,通过减少折扣和佣金,甚至终止合同来惩罚那些因能力不足或态度不正等原因而导致旅游企业无法实现销售目标的旅游中间商。采取这种激励方式主要是通过正面的和反面的刺激,促使旅游中间商有所反应,以继续维持好的工作方法或改进工作态度,争取客源。但这种方式却没有考虑旅游中间商的需要和他们的问题,因此并不是总能产生良好的激励效果。

2. 建立长期合作关系

旅游产品供给企业要努力谋求与旅游中间商建立长期的业务伙伴关系。他们首先提出对旅游中间商的要求;然后在销售区域、市场开发、产品供应、咨询、促销等方面向旅游中间商提供一定的帮助;最后,促使旅游中间商同意自己的要求并根据中间商的业务完成情况来确定报酬。

3. 实行渠道规划

旅游产品供给企业可建立精心设计、科学管理的纵向联合销售体系,结合旅游企业和旅游中间商的需要,制订销售计划,并协助旅游中间商搞好旅游产品的销售工作。这种方法使旅游中间商认为自己是旅游企业销售渠道体系中的成员,应和旅游企业共同努力来销售旅游产品,从中获利。这种方式有助于减少渠道中旅游企业和旅游中间商的利益冲突。

不管旅游产品供给企业对旅游中间商采用什么样的激励方式,都要有一定的针对性。旅游企业在选用激励方式之前要分析旅游中间商的需求并设法满足。不针对旅游中间商需求采取的激励手段,即使旅游企业付出很多,也未必有效,有时甚至会出现负面效果。旅游企业主要考虑确定合理的激励水平,激励只是一种手段,目的是要从中建立更好的合作关系,实施更高的销量。但是激励也需要支出一定的成本,花费旅游企业的人力和财力,如果激励成本超过了由此而引起的销售额的增长,就说明这样的激励手段是不成功的。此外,旅游企业最好采用多元化的激励手段,如果旅游企业和旅游中间商之间过分注重经济利益,使用单纯的利益激励手段,那么在旅游企业利润下降、市场不稳定时,旅游中间商就可能流失。而如果旅游企业与旅游中间商之间除注重经济利益之外还重视合作关系的维护,企业能帮助中间商进行销售工作,为其提供培训服务,就会扩大其对旅游中间商的影响,也会使双方的合作关系上一个新的台阶,旅游中间商也会更好地服务于旅游企业的产品销售工作,这是对旅游中间商的有效的激励。

三、旅游中间商的评估

旅游企业需定期评估旅游中间商的表现,根据其从事旅游产品销售的能力、条件、销售量及销售费用等,确定旅游中间商的业绩优劣。表现良好的旅游中间商可作为企业争取与之合作的重点,表现不尽如人意的旅游中间商可考虑中止与它的业务合作关系。如表9-1所示。

关键客户分值为12~21分;主要潜在客户为8~11分;普通客户为2~7分。

从表中可以看出,该饭店集团对于旅行社实行多角度和全方位的评估,旅行社与饭店业务往来的一些主要指标的评分,真实地反映了该旅行社在饭店产品销售中所发挥的作用,这将便于饭店评价和挑选合格的、表现良好的中间商。

表9-1 评估旅行社标准

项目细分	分值			得分
	1	2	3	
订房数(间)	≤50	51~90	>90	
停留天数	1天	2天	3天	
季节	8、9、10、11月	全年	12、1、2、3月	
付款方式	根据账单发票	入店登记时	预付	
预订未到	经常	偶尔	极少	
订餐	早餐	早晚餐	早晚餐和酒水	
与本集团饭店往来数	1	2~3	4	

四、旅游中间商的调整

在销售渠道的管理过程中,旅游产品供给企业还要根据每个旅游中间商的具体表现、市场变化及企业营销目标的改变,适时地对旅游中间商进行调整。

调整的方式主要有:

1. 增减旅游中间商数目

通过对旅游中间商的评价,对那些对销售缺乏积极性、经营管理不善、难于合作、给旅游企业造成困难的旅游中间商,旅游企业在必要时可与其中断合作关系。而为了满足企业进一步开拓市场的需要,旅游企业又可根据选择旅游中间商的原则和标准,在旅游中间商愿意合作的基础上,选定新的旅游中间商。

2. 增减销售渠道

如果旅游企业的某条销售渠道的销售额一直都不甚理想,旅游企业可以在全部目标市场或某个细分市场取消这种类型的销售渠道,另外增设其他的销售渠道。当旅游企业在向市场推出旅游新产品时,原有渠道若不能满足迅速打开市场销路和提高竞争能力的需要,也可增加新的销售渠道来做好新产品的销售和推广工作,帮助旅游企业实现销售目标。

    3. 调整整个销售渠道

有时由于市场情况发生了非常大的变化，对于原有销售渠道的部分调整已难于实现旅游企业的要求和适应市场变化，需要对销售渠道进行全面调整，重新设计旅游企业销售渠道，选择新的销售渠道结构模式。

第五节 旅游销售渠道的变化趋势和发展方向

旅游销售渠道是旅游企业的重要资产之一，在市场竞争日益激烈的今天，旅游销售渠道逐渐进入了一个新的发展阶段。新技术革命的影响又使得旅游企业网络营销、电子商务成为可能，并逐渐成为众多旅游企业关注的热点。在此，主要介绍一下在新时代下旅游销售渠道的变化趋势和发展方向。

一、旅游销售渠道的变化趋势

从旅游销售渠道的体制看，销售渠道正逐步向扁平化发展。传统的销售渠道为追求市场覆盖面和产品辐射能力而吸收了众多中间商参与销售渠道。但是这样的销售渠道体制也造成了旅游企业不能有效地控制中间商，无法进行及时准确的信息沟通与交流，并妨碍了销售效率的提高。因而，许多旅游企业正将销售渠道改为扁平化结构，即销售渠道越来越短，销售网点越来越多，这样既加强了企业对于渠道的控制，又提高了产品的销量。

从旅游销售渠道的运作方式来看，销售渠道正在向以终端市场建设为中心的方向发展。旅游企业的销售工作十分繁杂，在过去的渠道运作中，旅游企业总是主要通过中间商来开展，导致企业的销售政策无法得到全面的贯彻执行，在企业与经销商之间的利益矛盾日渐突出，中间商积极性不高，促销效果差。针对这些不足之处，现在旅游企业除了加强销售渠道的管理与控制之外，还直接在终端市场进行各种促销活动，激发消费者的购买动机和行为。

在渠道建设上，过去的销售渠道关系是松散的交易关系，每一个渠道成员之间相互独立，各自为政，只是追求自身利益最大化，而不顾消费者和旅游产品供给企业的利益。现在，旅游企业和中间商之间正在建立长期合作的伙伴关系，中间商被视为整个销售渠道的组成部分，打破了过去分割独立的局面，并形成整合体系。旅游企业与旅游中间商之间可以通过联合促销、信息共享、培训等方式来实现合作，建立紧密的伙伴关系。在紧密的伙伴关系中，旅游企业与旅游中间商共同努力提高销售渠道的运作效率，降低销售成本。为此，从企业角度来说，要重视长期关系，妥善解决渠道纠纷，协助旅游中间商的销售工作，为旅游中间商提供多方面的支持，确保旅游产品供给企业与旅游中间商的共同发展。

在实践中,旅游产品供应企业与旅游中间商之间的这种伙伴关系的建立有以下几种方式:

1. 纵向联合型销售渠道

纵向联合型销售渠道是由旅游供给企业、旅游批发商、旅游零售商组成的完整统一的渠道体系,其中的一个渠道成员控制整个渠道体系,实行专业化管理,统一制订渠道计划,控制渠道销售活动,加强渠道成员合作,降低渠道成本。它又可分为三种类型:

(1)契约式联合销售体系。是指通过契约形式,在一定的利益基础上,将旅游产品从生产者转移到消费者的过程中各个独立经营的实体联合起来,形成一个合同式的销售体系,实行统一集中管理,以节省销售成本,提高销售效率。各渠道成员的权利和义务在契约中作出了明确的规定。特许经营的方式就是一个典型的契约式体系,它通过特许权将旅游产品从生产到经销的各个环节连接起来,形成一个完整的直达终端的经营体系。

(2)管理式联合销售体系。这种销售体系既不通过所有权控制,也不以契约为基础进行联合,而是某一渠道成员依靠自己的市场声誉、产品开发能力或其他力量,得到其他渠道成员的合作与支持,成为整个销售渠道的主导成员,从而将销售渠道中的不同成员联合成一个体系。渠道成员仍独立经营,相互之间是一种非正式联系。但是渠道成员要考虑到整个销售体系的目标,共同努力进行产品促销,实行定价方面的合作。

(3)所有权或联合销售体系。指由旅游产品供给企业通过入股的方式来控制销售渠道,将渠道中的各个独立环节联合起来,实行统一集中的管理。所有权或销售体系的整合水平最高,旅游产品供给企业与中间商的关系最为巩固。在这一体系中,整个销售渠道的活动都要以旅游产品供给企业的目标为前提,大大提高了销售渠道的经营能力。如美国 UAL 公司是联合航空公司和西方国际旅馆公司的控股公司,其预订体系可同时为旅客安排乘机旅游、出租汽车等地面服务及饭店食宿服务。

除了这些由旅游业中的供应商、批发商和零售商组成的由其中一个渠道成员控制整个销售体系的纵向联合销售体系之外,两个或两个以上同一环节的供应商、批发商和零售商也正在进行短期或长期的联合经营,出现了横向联合的销售体系。

2. 横向联合型销售体系

横向联合型销售体系是两个或两个以上同一环节的供应商、批发商和零售商进行短期或长期的联合经营,或者联合起来成立一个新的经营单位。这种横向联合的销售体系可以提高市场营销活动的效率,但不易协调各旅游企业之间的销售活动,缺乏一定的灵活性。

横向联合销售体系在旅游业中也是常见的,航空公司、出租汽车公司之间都可订立契约，进行联合，如美国假日饭店集团就与赫兹出租汽车公司签订了销售契约，可为饭店的消费者提供出租汽车服务。

从上述可知，在新的环境之下，旅游销售渠道已经发生了一些明显的变化，渠道结构的扁平化、渠道运作的转移以及渠道成员关系的变化都表明旅游企业正在积极谋求和探索如何建设和管理销售渠道这一重要资产的办法。旅游企业在销售渠道上所作的一些改革和尝试，在实践中也被证明是有效的。旅游销售渠道的这些变化趋势给旅游企业、旅游中间商和旅游消费者都带来了利益，并促进了旅游企业和旅游中间商之间的合作，使旅游企业能够较好地利用销售渠道网络迅速将新产品推向市场，降低推销新产品的风险；旅游中间商不仅参与旅游产品销售工作，而且还运用自己的知识和经验及所掌握的游客需求动态，提出对旅游产品设计的意见和建议，能使旅游产品更好地适应市场；渠道长度的缩短、渠道结构的扁平化，节约了渠道流通费用，降低了渠道成本，增加了旅游产品的价格优势；而运作高效、成员关系良好的销售渠道具有相对的稳定性，能帮助旅游企业抵抗新的进入者进入，加强竞争优势。在以消费者需求为中心的今天，旅游企业与旅游中间商之间的紧密合作关系使旅游产品能更好地按市场需求来设计和生产，从而更好地满足消费者需求，为旅游企业和旅游中间商都赢得竞争优势，并推动双方合作。

旅游销售渠道中出现的这些新的变化趋势缩短了渠道的长度，使渠道变得更加扁平化，更加可控，减少了渠道冲突，降低了渠道成本。同时，新趋势下的销售渠道也是一种风险共担的销售渠道，旅游企业与旅游中间商共同经营，共同承担市场经营风险，充分利用供给企业和旅游中间商的有利资源，实现供给企业和旅游中间商的双赢，并降低了旅游产品的销售成本，为旅游消费者提供更好的旅游产品和服务。

二、旅游销售渠道的发展方向

新技术革命的影响和互联网的日渐普及使得旅游电子商务成为旅游业的热点。根据资料统计，1999年度全球电子商务销售额突破1400亿美元，其中，旅游业电子商务销售额突破270亿美元，占全球电子商务销售总额的20%以上；全球约有超过17万家的旅游企业在网上开展综合、专业、特色的旅游服务；全球约8500万人次以上享受过旅游网站的服务；全球旅游电子商务连续5年以350%以上的速度发展。在高速发展的互联网时代，旅游电子商务的前景可以说是乐观的。

在我国，拥有真正优势资源的旅游企业"国旅""中旅""青旅"仍垄断着传统旅游市场，没有真正实现互联网与旅游的结合，使得旅游电子商务的发展受到了一定的限制。但是，面对着市场竞争和中国入世后的挑战，保守封闭的传统旅游市场也正在逐步导入以互联网技术为核心服务手段的旅游电子商务。

旅游电子商务将改变旅游消费方式和行业竞争格局。比如当旅游网站组织自己的旅游产品时,网站就扮演了旅游批发商的角色;当网站将旅游产品直接推向市场与消费者见面时,它又成为具有价格优势的旅游零售商。这样,网上旅游便缩短了销售渠道,减少了销售环节,降低了产品成本,提高了工作效率,可以为消费者提供价廉物美的旅游产品。所以,网络旅游的逐渐成熟将给传统的旅游中间商带来较大的冲击。

传统的旅游产品的购买是一个复杂的过程,旅游消费者在作出购买决策之前需要查阅大量旅游产品的信息,以确定旅游产品的价格和购买渠道,并向旅游中间商咨询。由于旅游中间商素质参差不齐,即使消费者决定购买旅游产品,也还是要到旅游中间商那里办理相关手续。旅游电子商务克服了这一缺点,可以为旅游消费者提供全面的服务,包括为消费者的旅游提供参考信息和建议,解决信誉问题,并且不受时空限制,还可用银行卡实现线上支付,对于消费者购买旅游产品极为方便。而且,旅游电子商务提供的旅游产品往往具有比较优惠的价格,更能吸引消费者。

传统的旅游中间商在业务操作上要经历产品设计、订购、促销、结算等诸多环节,效率低下,成本高昂。旅游电子商务的出现可以让旅游中间商在电子商务平台上轻松完成旅游产品的业务运作过程,同时进行宣传推广和在线销售,还可进行内部业务交流与合作,保持旅游业务高效顺畅的运营。

旅游产品的销售实质上只是传递旅游产品信息,没有实物形态进行配送。消费者必须到旅游产品供应企业那里去消费,而旅游电子商务可以更多地履行旅游批发商的功能,即使需要传送一些交通票据也可集中办理。在国外已经开始尝试使用电子机票,这也是旅游业发展的方向。

典型案例

旅游超市越建越"大"

近年来,随着"顾客革命"的兴起和旅游消费者的成熟,顾客对旅游产品、服务品质和流通渠道的便利等提出了很高的要求。在这一背景下,各地出现了一批实体化运作的"旅游超市",集旅游、交易、服务、展示、洽谈、商品销售于一身,是一种旅游消费综合场所。入驻的有旅行社、航空公司、铁路、游船、景点、银行等单位,提供一条龙服务。

这种旅游超市在使交易集中化、消费者选择多样化、服务直接化的同时,也因消费者货比三家而引发了旅游企业之间的进一步的价格竞争。随着信息技术的发展,基于电子商务平台的网络营销方式发展迅猛,这种方式以较低的费用、较短的时间,实现了超越空间约束的资源整合,灵活性远大于传统运营方式,给传统的旅游超市营销带来很大冲击。

在现实中,南京客运旅游中心启动网络化交易平台,与上海旅游集散中心和杭州旅游集散中心实现联网，三地可以实时出票。这个网络售票平台一旦正式推出，江浙沪长三角的旅游联动不久将成为现实。其运作的基础都是网络平台，产品包装、线路组合、实时出售等均在网络上进行，与原来相比，最"实际"的可能就是这些经过包装组合的产品是通过各销售终端发售出去的。

旅游经营具有高度的依赖性，旅游产品具有无形性和综合性，这些是与网络技术天然契合的。网络技术为旅行社企业开阔思路、开拓市场空间提供了可能。实际上，随着区域壁垒的逐渐被打破，旅游行业整个产业链的重组和革新正在进行。只要条件允许，不仅是长三角，在更大范围内建成"旅游超市"的目标也可以实现，从技术上讲没有什么问题，关键是外部环境的优化。

问题：
1. 旅游超市针对何种目标市场，是成熟的旅游消费者还是毫无经验旅游消费者？
2. 结合了网络经营的旅游超市，如何提高顾客满意度？
3. 谈谈"旅游超市"对于提高销售效率、增加经济信息、获取市场信息的贡献。

思考与练习

1. 比较销售渠道和分销渠道这两个概念。
2. 旅游企业应如何设计其销售渠道？
3. 旅游企业应如何选择旅游中间商？
4. 应如何认识旅游销售渠道的发展趋势？

第十章

旅游产品促销策略

本章导读

任何旅游产品,无论在设计开发、价格制定和分销过程方面怎样周密计划、细致安排,如果没有有效促销手段的配合,仍然难以向消费者传递其独特的吸引力及利益。所以,旅游促销的目的,就在于通知、劝告和提醒潜在消费者关于某种旅游产品的存在,借此影响消费者对于旅游产品的意见和态度,并最终导致实质性的购买行为。本章主要介绍:促销策略和营销沟通、旅游广告策略、旅游销售促进、公共关系及宣传、人员推销和旅游印刷品等。

第一节 促销策略与营销沟通

一、旅游促销策略的具体内容

旅游促销策略,是为了将各种促销技巧(如广告推销、公关宣传、销售促进、人员推销、交易展示和印刷材料等)优化利用起来,选择在某一状况下效能发挥最好的促销技巧,最大限度地引起顾客注意,并促进其购买而制订的计划。这些促销技巧结合在一起称为促销组合。衡量一个促销组合是否恰当,应以其是否能满足目标市场的需求,能否实现企业总体目标来进行判断。促销组合是市场营销组合的要素之一,它包括以下五种促销手段:

(一)广告推销

广告,是指由广告主以付费的形式,通过媒体所作的非人员性沟通,目的是影响消费者的行为,促进相关产品的销售。广告主所要传递的信息,可以通过多种形式进行传播,如电视、报纸杂志、广播、户外广告牌等,都是常见的旅游广告传播媒体。近来,随着科学技术的发展,旅游企业也开始选用一些新的途径,如通过国际互联网来发送广告信息。

广告的主要优点:

(1)覆盖面广。广告能在促销人员无法接触到顾客的时间和地点,深入到生活的每一个方面去面向顾客;通过不同的广告方式,可以在较大范围内将信息传递给广大的受众或只局限于小部分的潜在顾客。

(2)单位接触成本低。尽管每次广告活动的总成本一般都非常高昂,但由于广告能在同一时间内向很多人传递信息,所以它的单位接触成本是很低的。

(3)有较强的表现力。广告信息的多样化、丰富化、戏剧化是吸引顾客的重要因素,文字、色彩、音响的综合运用,使得广告具有其他方式所不具备的表现力和感染力,能给消费者留下深刻的印象,并能树立产品形象。

(4)非人员化。广告所采取的是一种非人员化的沟通方式,不需要顾客立即作出评价、回答或选择购买。

广告的缺点:

(1)广告不能像人员推销那样直接完成销售。虽然,广告能有效地建立知晓、改变态度、激发购买欲望,但它很少能直接使顾客作出预订、交钱等最终的销售行为。

(2)广告信息的多样性和纷乱性使得消费者无所适从,广告信息往往难以被注意和吸收。消费者大脑的存储和记忆能力是有限的,而众多的旅游产品广告,也许最终给他们留下的只是一堆杂乱无章的商业信息。

(3)广告很难得到消费者的快速响应。在使消费者快速反应和采取行动方面,人员推销和销售促进显然要有效得多。

(4)针对性不强,不能因人而异。广告的覆盖面虽然很广,但同时也使得一些并不属于目标市场的顾客接触广告,造成大量的"浪费"。

(二)公共关系及宣传

公共关系是旅游企业所从事的旨在保持、提高其与其他组织和个人关系的所有活动,借以树立企业正面的公众形象。它有助于企业与消费者、政府、供应商及其他组织之间的沟通。宣传是公共关系普遍采用的一个技巧,是在大众媒体中以新闻形式出现的介绍旅游企业产品的公共信息。

公共关系及宣传作为促销手段其优点在于:

(1)公共关系及宣传通常都不会被看作是一种商业信息,不会像广告那样受到人们的偏见和质疑。因而,公共关系及宣传的可信度高,可接受性强。

(2)公共关系及宣传借助于专业人士,比如作家和新闻记者的专业技巧,能更好地突出旅游产品独特的利益和功能,表现本企业及产品的竞争优势。

(3)由于公共关系及宣传具有广泛的影响面和较强的影响力,有利于树立并保持旅游企业的旅游产品的持续的、正面的形象。

(4)与其他促销组合要素相比,公共关系及宣传的成本可以说是相当低廉的。

不可避免地,公共关系及宣传手段的使用也有一些局限性:

(1)控制公共关系和宣传的难度较大,不能确保事实或观念的准确描述和成功传达。

(2) 进行公共关系和宣传活动往往需要仔细的计划，花费大量时间和精力，活动设计有一定的难度。

（三）销售促进

销售促进，是通过提供一些短期诱因以刺激消费者购买或提高中间商效率的一种不同于广告、公共关系和人员推销的促销手段。销售促进主要用来在短期内刺激消费需求的增长，和广告一样采取非人员化的沟通方式，它主要包括赠券、奖励、样品等。

销售促进的主要优点是：

(1) 刺激性强，激发需求快。销售促进能产生即刻的购买，还能进行大批量的沟通和销售。

(2) 得到快速的反应。大多数销售促进所提供的激励品都是在短期内有效，必须在一个特定时间之前被使用，需要消费者对此作出快速反应。

(3) 增加产品的吸引力。销售促进所提供的赠券、奖品等，对于消费者和中间商来说都能在一定程度上激发他们的兴趣，使得旅游产品更富吸引力。

(4) 销售促进所提供的"推动力"能在短期内提高销量，尤其在需求的非高峰时期，使用销售促进更为有效。

销售促进在使用过程中也存在一些不足之处：

(1) 只能带来短期利益。销售促进通常只在短期内有效，而不能导致长期的销售增长。一旦销售促进活动结束，销量就会恢复原状甚至更低，而且若企业经常使用销售促进，就会使消费者低估旅游产品，因此销售促进不能被长期单独使用，而应与其他组合要素相结合。

(2) 不能建立顾客忠诚。销售促进会吸引来自于竞争对手的顾客，但他们并非对本企业的旅游产品有较高的忠诚度。一旦对手采用同样的手段，他们又会转向竞争对手。所以要吸引长期的忠诚的客户，旅游企业仍应着眼于消费者需求，不断完善产品质量。

（四）人员推销

人员推销，是促销人员与潜在消费者面对面进行的一种促销方式。它是促销人员与一个或多个潜在消费者之间的直接沟通。

人员推销在某些方面具有明显的优势：

(1) 能够得到立即反馈和进行双向沟通。通过推销人员的努力工作，能够很快地了解消费者的意见和建议、对产品的态度和看法，并在顾客反馈信息的基础上进行及时的修正或改进，在顾客有疑问时能解释、说明，进行有效的双向沟通。

(2) 能够针对目标顾客进行推销。推销人员的工作是为特定的目标顾客特别准备的，以符合目标顾客的特定需要。促销人员通常会仔细地选择和确定潜在顾客，因而基本上不会产生类似于广告那样的"浪费"现象。

(3) 能够促进与消费者之间的关系。推销人员在向顾客开展工作的过程中,通过与消费者的人际接触,可以建立和发展起和消费者的个人关系。这种关系的建立对于推动顾客重复购买旅游产品有特别重要的意义。

(4) 能够完成销售过程。其他促销手段都不能当场完成销售,而人员推销可以让潜在消费者立即作出购买决策,产生购买行为。

人员推销的作用是不可忽视的,但作为促销手段之一,其缺点在于:

(1) 单位接触成本较高。相对于其他促销组合要素,进行人员推销往往需要花费较高的单位接触成本。尽管它对于消费者所产生的购买推动力很大,但却涉及大量的附加支出,导致单位接触成本高昂。

(2) 推销效果有限。人员推销是一种人员沟通,很多潜在消费者在面对这种人际沟通方式时,往往会有所抵制,拒绝接受推销人员的推销,而且由于地理位置和时间安排上的原因,推销人员也不可能接触到所有的潜在消费者。

(五) 旅游印刷品

旅游印刷品是构成旅游促销组合的一个重要内容,它的设计和广泛使用也是旅游促销中常用的一种手段。由于旅游产品的特殊性,使旅游印刷品在促进旅游产品的销售中发挥了很大的作用。它是由旅游组织或旅游企业制作的供旅游消费者、旅游中间商和其他任何人阅读的印刷品,在旅游印刷品的制作上充分体现了实用性和艺术性的有机结合。

旅游印刷品的主要优势在于:有较强的表现力,可有效促进旅游产品的销售;为旅游消费者提供了方便和信息;可加强与旅游消费者之间的沟通;有助于旅游产品生产者利益的实现等。不过,设计制作一份图文并茂、精美大方的高质量旅游印刷品往往需要较大的支出,而且由于在分发过程中的各种原因,使很多旅游印刷品并不是针对特定的目标顾客群体发放或根本就没有机会被目标顾客看到,从而造成了严重的浪费现象。

二、影响旅游促销组合的因素

在实际工作中,促销组合常因产品和行业的不同而不同。旅游企业在制定促销组合时,对四种促销手段的使用程度肯定会有所不同。下面这些因素通常会影响旅游企业选择特定的促销组合:

(一) 产品因素

(1) 旅游产品的性质。旅游产品是一种综合性产品,其包含的内容十分丰富,在选择促销组合时,应因不同的旅游产品而异。对于已有较高知名度、消费者较为熟悉的旅游产品,可以选择以广告为主的促销组合;而对于那些还不太为人所知,且又价格昂贵的旅游产品,则宜选择以人员推销为主的促销组合。

(2) 旅游产品的市场生命周期阶段。旅游产品处于市场生命周期中的哪个阶段,也是企业在设计促销组合时所应考虑的重要因素。一般在介绍期以广告宣传为主;成长期广告和公共关系仍是重点,同时,减少销售促进的使用,利用人员推销来保持分销渠道;在成熟期,广告是很重要的促销手段,同时,还要加强销售促进和人员推销;在衰退期,以销售促进为主,减少其他的促销方式。

(二)市场因素

各个促销组合要素的有效性会因目标市场的不同而不同。在潜在顾客分布广泛的地方,广告显然是最为有效的促销手段,若潜在顾客相对较为集中,人员推销就能发挥其应有的作用。

市场因素主要是市场规模与集中性、购买者类型、消费者心理和行为、竞争对手促销攻势的影响等。

(1)市场规模与集中性。在规模大、范围广、潜在顾客分布广泛的市场,应多采用广告、公共关系、销售促进作为有效的促销手段;对于规模小,且潜在顾客相对集中的市场,应以人员推销为重点促销手段。

(2)购买者类型。对于个人和家庭消费者,应以广告和公共关系宣传为主,辅之以销售促进活动;对于团体消费者,应以人员推销为主,并结合公共关系和广告等活动;对于中间商,则主要通过人员推销,在适当时可运用销售促进来激发其工作积极性。

(3)消费者心理和行为。这主要看消费者正处于购买决策过程的哪一阶段。在认知阶段,广告公共关系发挥主要的作用;在理解阶段,促销组合的重点是广告、公共关系和人员促销;在信任阶段,人员推销成为重点;在成交阶段,则通过人员推销和销售促进强化消费者的购买决心;在重复购买时,应以销售促进和人员推销为主,并配合广告与公共关系。

(4)竞争对手促销攻势的影响。根据竞争对手所采取的主要促销手段及其攻势强弱,再结合自身实力、市场特点和消费者需求,选择针锋相对的促销方式或暂时避其锋芒。

(三)顾客因素

潜在顾客购买决策的类型中,常规决策或复杂决策部分决定着促销组合的使用。对于常规决策,广告和销售促进较为有效;对于复杂决策,人员推销的作用会更明显;对于介于两者之间的购买决策,广告和公共关系都能有助于引起潜在顾客的关注。

在顾客购买过程的不同阶段,各促销手段所起的作用也有不同。广告和公关宣传在建立知晓阶段作用巨大,优于人员推销;在理解阶段,广告和公关宣传的作用减弱,主要是受顾客教育程度影响,而顾客对于产品的信任又主要受人员推销及广告的影响;在成交阶段,主要是人员推销发挥作用。

(四)企业因素

(1)企业营销目标。旅游企业希望达到什么样的目标,直接影响到选择什么样的促销组合。如果某旅游企业希望短期内达到销量的最大化,其促销组合就以销售促进为主;如果企业的目标是在消费者中建立知名度,则其促销组合的重点是广告。

(2)企业资金预算。规模较小、资金预算有限的企业强调低成本的促销,会较多地使用公共宣传和销售促进;而那些资金雄厚、实力较强的旅游企业则有能力将广告和人员推销作为自己促销组合的重点。

(五)策略因素

不同的促销组合会形成不同的促销策略,或以广告为主,或以人员推销为主,如图10-1,一般有两种基本的促销策略:

(1)推式策略,又称从上而下式策略。这是旨在采取人员推销的手段,结合对中间商和消费者的销售促进,说服中间商与消费者购买企业的产品,通过逐层推进的方式,将旅游产品推向市场,最终送达消费者手中的促销策略。

(2)拉式策略,又称从下而上策略。其重点是采用以广告为主的促销手段,通过大量的广告投入,制作创意独特的广告并大规模播放,直接针对消费者展开促销攻势,诱发消费者的购买欲望,使消费者向零售商、零售商向批发商、批发商向供应商产生购买需求,由下至上层层拉动购买,如图10-1。

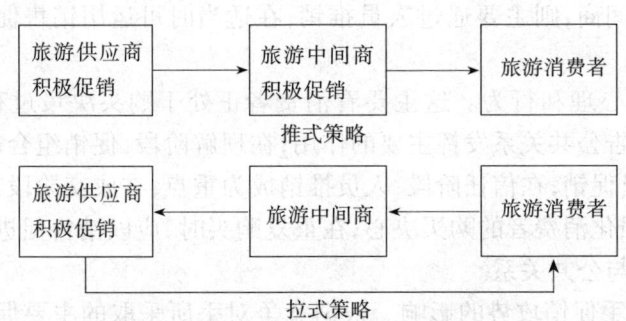

图10-1 推式策略和拉式策略

三、营销沟通

沟通是信息发出者与信息接受者之间所进行的一种双向活动。前面已经讲到,促销组合是市场营销沟通的一部分,旅游营销人员既是信息的发出者,又是信息的接收者。作为发出者,营销人员要力图通知、说服、提醒目标消费者,促使其对旅游产品产生购买行为;作为接收者,营销人员要开发出合适的沟通信息,调整现有信息,并不断寻找新的沟通机会,设计有效的营销沟通信息。旅游营销人员(发出者)必须要理解目标消费者(接收者)以及一般的营销沟通程序。

(一)发出者

发出者是将信息传递给目标消费者的旅游业中的个人和组织。通常有两种发出者:一是商业发出者,是指设计广告和其他促销手段的旅游企业,其发出的受众对象是整体消费者。商业发出者无法及时掌握和了解消费者的反应。二是社会发出者,即指人员推销。这是利用人与人之间直接的、面对面的信息传播渠道,与消费者进行直接交流。社会发出者能随时了解消费者的反应。

(二)译码

信息的发出者要将自己的构想和意向转换成信息传递给消费者,必须借助于一定的方式将信息译成一系列的文字、图形、声音、色彩,等等。信息翻译的目的在于要使接收者正确理会信息的含义。

(三)信息

信息是发出者想要传达,并希望接收者了解的东西。

(四)传递渠道

传递渠道,是发出者所选择的将信息传达给接收者的沟通渠道。沟通渠道可以是大众媒介,如电视、广播、报纸、杂志等。由于通过大众媒介传播的多数信息容易被干扰,接收者的接收效率较低,沟通渠道也可通过中介方式,比如人员推销。在这种双向沟通中,信息的接收率较高。

(五)解码

当消费者接触到促销信息时,需要解释出它的真正意义,并对其正确理解。由于存在选择性曲解和选择性记忆,消费者在接触信息时往往会对其加以改变和修正,导致错误的信息沟通。所以,营销人员应想方设法促进消费者对于信息的理解。

(六)噪音

在信息传递过程中会有各种各样的噪音存在,如来自竞争对手的信息、其他不相关的产品信息等,由于噪音的存在,接收者所感知到的信息是不一样的。

(七)接收者

接收者是注意或听到发出者信息的人。

(八)反馈

反馈是指返回给发出者的接收者对收到信息后的反应的信息。接收者对发出者作出口头的或非口头的反馈,最终是以促销活动对销售的影响表现出来,通常会通过市场营销研究来评定大众媒体的促销效果。

四、促销手段与营销沟通

促销策略与沟通过程紧密相关。沟通是人们借助于一定的方式,交换或分享信息的过程。营销人员通过各种促销手段向目标市场传递有关企业和产品的信息,实际上也是在进行一种沟通工作。

促销组合的各个要素与消费者的沟通可以是直接的,也可以是间接的;信息的流向可以是单向的,也可以是双向的;信息反馈的速度快慢和数量多少存在区别;促销活动的组合者(即沟通者)对信息的传播、信息的内容及灵活性的控制度也存在差异。广告、公共关系和销售促进,一般都是非人格化的大众沟通方式,它们无法提供信息的直接反馈,在适应消费者偏好和个人需求方面存在不足;而人员推销这种直接的人际沟通,则能实现信息的双向交流,能及时反馈消费者的意见,并能根据实际情况及时进行调整。不同促销手段与沟通功能对照,见表10-1。

表10-1 不同促销手段与沟通功能对照表

促销手段 沟通功能	广告	公关宣传	销售促进	人员推销
识别信息发送者	能	否	能	能
控制信息内容	能	否	能	能
进行信息反馈	少	少	少	多
信息到达目标群体的速度	迅速	迅速	迅速	缓慢
信息沟通方式	间接非人格化	间接非人格化	间接非人格化	直接,面对面
信息灵活性	向目标群体发布相同信息	不能直接控制信息	向目标群体发布相同信息	灵活,可随时调整

五、促销效果的衡量

促销策略综合运用了多种促销手段,最终效果如何很难用量化指标去评价。尽管如此,仍需对促销活动的效果进行科学的衡量,以检验促销活动是否达到了预期的目标,并根据实施情况对其作出合理的改进。

衡量促销效果一般有如下标准:

(1)销售量。各种促销手段在形式和内容上有所不同,对于销售量提升的作用也有差别。有的促销手段可在短期内大幅提升销量,有的促销手段却需较长时间才能看到效果。所以,用销售量来衡量促销是否成功,需要结合不同促销手段的特点具体分析。

(2)沟通效果。促销提供了与目标消费者进行沟通的机会,要量化测定沟通效果是比较困难的。可以采取对部分消费者跟踪访问与调查,计算一次促销活动后,消费者对产品了解的指数增加情况及购买比率等。

(3)回想率。成功的促销活动应该能够给消费者留下深刻的正面印象,即有较高的回想率。对回想率的测试主要是调查消费者对促销活动的认知、美誉及联想。如果通过对消费者的跟踪调查,表明消费者对产品并未形成深刻的记忆,产生美好的联想,就说明促销的效果并不理想。

(4) 市场占有率。旅游企业使用促销策略,希望能达到拓展新的消费者群、扩大市场占有率的目的。在促销活动结束之后,可以检查购买企业产品的消费者群是否有所扩大,有没有吸引新的消费者及竞争对手的消费者是否购买本企业的旅游产品。

(5) 重复购买。促销活动对巩固现有消费群体有重要作用,应将现有消费者的重复购买率作为衡量促销活动是否成功的标准之一。

六、促销策略的新发展

促销策略是企业市场营销策略的重要一环。在旅游业中,传统意义上的促销,包括前面已经介绍过的广告推销、公关宣传、人员推销、销售促进及旅游印刷品的使用等。近年来,随着市场环境的变化,促销策略也有了一些新的变化和发展,在促销手段、促销原则和促销形式上,都表现出不同的特点。

在促销手段上,微信、微博等新型网络技术的发展为促销提供了新的手段和发展空间。网络已经成为自电视以后最具生命力和吸引力的媒体,企业上网开展促销的进程也在不断加快。如今,在网络促销中发展最快的就是微信、微博等新型网络平台,这些新型技术虽然起步较晚,但增长速度仍是较快的。微博推广、微信公众平台正逐渐渗透到现代生活的各个方面,提供了无穷的网上商机。虽然已有很多旅游企业都认识到网络技术给促销手段所带来的新的发展机遇,但如何应用网络这一新兴媒体有效地开展促销活动,仍然缺乏科学的观念和完整的认识,还有待于在实践中进一步摸索和探求。

在促销原则上,传统的促销是单方面进行的。旅游企业拥有信息的优势,可向消费者传递对企业有利的信息。现在消费者已掌握了更多的对企业有价值的信息,所以旅游供给企业除了向消费者传递信息之外,还要了解消费者的反应。因而,目前的促销沟通更强调买卖双方之间的互动沟通。在传统的促销形式下,对于促销的效果往往是难以把握的。比如旅游企业很难确定有多少人接触到了企业发布的广告信息和反馈情况。新技术的发展为解决这一问题提供了方法,使促销效果的可测量性成为现实。网络微信、微博平台可以及时统计阅读的用户数目。用户浏览广告的时间分布、地理分布和反映情况,便于企业评估推广宣传效果,作出相应的策略调整。

在促销形式上,现在的促销策略更为强调整合促销或整合沟通。传统的促销策略虽然也是多种促销手段的综合运用,但在实际操作中往往难以发挥整个促销组合的威力。现在的整合促销更强调促销必须建立在充分认识消费者心理的基础之上,强调各种促销手段真正意义上的综合,并希望实现关系营销,建立和维持与消费者的长期关系。

第二节 旅游广告策略

广告是最具劝说性和实力的促销组合要素。旅游广告是由旅游目的地国家和地区、旅游组织或旅游企业出面,用付费的方式选择和制作有关旅游方面的信息,并由媒介发布出去,以扩大影响和提高知名度,树立旅游目的地国家、地区和旅游组织、旅游企业的形象,达到促销目的的一种广告形式。

旅游广告可分为消费者广告和贸易广告两类。消费者广告是向可能使用旅游产品的潜在消费者做广告;贸易广告则是向影响消费者作出购买决策的旅游贸易中介做广告。无论是消费者广告还是贸易广告,都应遵循一定的广告计划,通过一定的科学程序来进行。大体上,制作旅游广告需经过设置广告目标、作出广告预算、设计广告信息、选择广告媒体、评价广告效果等几个阶段。

一、旅游广告目标

旅游广告目标,是指在一个特定时期内旅游企业向目标受众作出的广告宣传应完成的特定沟通任务。旅游广告的目标可以分为通知型、劝说型和提醒型三类:通知型广告主要用于旅游产品的介绍期,起到将现有需求转化为购买欲望,或者激发消费者对新旅游产品的兴趣的作用;说服型广告一般用于旅游产品的成长期,旨在说服消费者购买旅游产品,强调旅游产品的差异化优势;提醒型广告用来保持旅游产品在消费者心目中的形象,在旅游产品生命周期的成熟期经常使用,它的目的在于引发消费者的记忆。见表10-2。

表10-2 旅游广告目标

通知型	树立企业形象,描述产品信息,介绍产品的详细内容,推出新产品。
劝说型	劝说消费者购买,培养消费需求,建立消费者偏好,使消费者在同类产品中选择本企业的产品。
提醒型	保持消费者对该种产品的记忆和连续购买,维持企业和产品的知名度。

二、旅游广告预算策略

旅游广告的费用预算有几种不同的选择方案:

(一)销售百分比法

旅游企业根据过去的经验按计划销售额的一定百分比确定广告预算。这种方法简便易行,但是在实际运作中过于呆板,不能适应市场变化。

(二)目标任务法

旅游企业在明确广告目标后,再计算出为实现这一广告目标所应支出的广告费用。但是广告目标难以用数字精确量化,因此实行起来难度较大。

(三)竞争对抗法

旅游企业根据竞争对手的广告宣传所投入的广告预算相应地确定自己的广告费用支出,可以保证企业在广告宣传中处于与竞争对手平等的地位或优势地位。

三、旅游广告信息策略

旅游广告信息策略就是设计所要传达给消费者的广告信息,以期达到吸引消费者的注意和兴趣,促进销售的目的。旅游广告信息策略的主要内容包括如何设计广告信息及选择独特的方式向消费者表达广告信息。

(一)旅游广告信息的计划纲要

在设计和表达旅游广告信息之前应对广告信息作出周详的考虑和计划,它是开展广告活动的基础。在计划纲要中,旅游企业必须解决以下问题:

(1)广告将要瞄准的目标市场,包括旅游中间商和最终消费者。
(2)广告的核心观念。
(3)支持广告核心吸引力的其他信息。
(4)与竞争对手广告的差异。
(5)广告的表达方式。
(6)广告的运作。
(7)广告与其他促销组合要素的配合。

(二)旅游广告信息的设计

设计一个什么样的旅游广告信息十分重要,它关系到旅游广告要表达的主题。吸引力和利益是吸引消费者的关键所在,也是区别于竞争对手广告的主要方面。一般在设计广告信息时,应以消费者需求为中心结合产品特点来进行广告信息的设计工作,主要是确定广告主题和广告诉求的方式。

广告的主题是广告最能吸引消费者的核心,在广告界中有一句至理名言:"销售的,是烤牛排时的嘶嘶声,而非牛排本身。"要想使广告的主题能引起消费者的注意和兴趣,具备独特的创意和魅力,必须使其建立在充分识别产品优势的基础之上。广告主题必须能向消费者传达旅游产品的独特优势,亦即消费者通过消费旅游产品所能获得和实现的利益,这是旅游广告的吸引力之所在。因此旅游广告的主题策划应以强调旅游产品的优势为中心。通常,旅游企业可以通过市场调查来发现消费者最希望从旅游产品中获得什么利益,据此来开发设计旅游产品,并把它作为旅游广告的主题。

旅游产品优势决定了旅游广告要向消费者传递的主要信息,而旅游广告的诉求方式则决定了旅游广告的整体风格,即旅游广告的诉求。旅游广告的诉求可分为理性诉求和感性诉求两类:理性诉求建立在事实基础之上,更为强调人们在生理和安全等方面的理性需要;相比之下,感性诉求则更强调心理需要。对于大多数旅游企业而言,使用感性诉求会更为有效,针对旅游中间商的贸易广告可以较多地使用理性诉求。旅游广告最终究竟采取理性诉求还是感性诉求,要根据消费者特征、产品市场生命周期阶段等因素来选择。

(三)旅游广告信息的表达

如果说旅游广告信息的设计基本上确定了旅游广告信息的主要内容,那么旅游广告信息的表达,就要为旅游广告信息的内容找到合适的表现形式。旅游广告信息的表达,是指通过什么样的表现形式来向消费者传递旅游广告信息。旅游广告要抓住消费者的注意力,旅游企业就要善于利用广告表现形式,使目标消费者对旅游产品产生兴趣、唤起愿望,并最终促成购买行动。因此,旅游广告信息的表达是旅游广告中最富创意的因素之一。

比较适合用于表达旅游广告信息的形式有:

(1)证明式。这种表达形式通过社会名流、权威人士、专家或满意的客户对旅游产品的证明来突出旅游产品所能提供给消费者的切实的和与众不同的利益与满足。社会名流的证明迎合了消费者模仿名人、追逐名人效应的心理需要;权威人士和专家的意见具有高度的专业性,容易说服消费者;满意的用户(不论其是真实的还是虚构的)来自于广大消费者,他们的亲身经历能增加广告的可信度。

(2)联想式。旅游企业可围绕旅游产品及其给人们带来的利益,给消费者创造一种联想。例如,通过一些优美的自然风光、清新自然的色调、引人入胜的风景名胜等,来表达广告所要宣传的内容,取材含蓄,寓意幽远,能在吸引消费者注意的同时引起消费者的联想,给消费者留下深刻的印象。

(3)生活式。源于日常生活,贴近消费者需求的广告,更容易引起消费者的共鸣。这种以生活片段为基础的广告信息的表达形式,选取消费者日常生活中的片段场景,表现旅游产品怎样满足消费者的实际需要,解决他们的问题,对于消费者具有较大的感染力。

(4)情感式。消费者在购买和消费旅游产品时,都希望能受到友好的礼遇和彬彬有礼的服务,选择情感式的广告表现手法正好满足了消费者的这一心理需要。广告可通过富于人情味的语言、温馨浪漫的氛围来显示旅游产品将会带给消费者愉快的精神满足和享受。

(5)夸张式。精心修饰过或夸张的场景,往往能一下子就抓住消费者的注意力。因此,旅游企业可以运用一些特别的摄影技巧和夸张的表现手法阐明广告信息。这样的表现手法突出了旅游产品的功能和利益,也表现了旅游企业的自信,能收到意想不到的效果。

(6)比较式。为了将企业的旅游产品与竞争对手的旅游产品明确地区分开来,旅游企业可通过将自己产品与竞争者产品对比的方式,突出本企业产品的特色和优势。不过在进行比较时不能对竞争对手的产品进行恶意的攻击和明显的诋毁,可通过一些委婉和暗示的方法,来表现本企业产品的过人之处。

四、旅游广告媒体策略

旅游广告媒体策略,包括决定广告的覆盖范围、传播频率和影响,选择广告媒体类型和具体传播工具,以及决定广告传播时间。

(一)决定广告覆盖范围、传播频率和影响

旅游企业选择广告媒体,是希望找到一个向目标受众传播信息次数最高而花费成本最低的途径。预期的传播次数可以用目标受众的反应来衡量。例如,从消费者对旅游产品的试用率,即可看出广告对消费者尝试购买旅游产品是否起到一定作用。消费者对旅游产品的试用率高低,主要取决于消费者对该产品的认知程度,认知程度越高,消费者对产品的试用率也就越高,说明产品已经引起了目标受众的反应。而目标受众作出反应,需要广告信息的传递达到一定次数,覆盖一定的范围,产生一定的影响。亦即广告信息的展示程度取决于覆盖范围、传播频率和影响。其中,覆盖范围是指在一定时期内有多少不同的消费者能够至少一次接触到该媒体传播的信息;传播频率是指在一定时期内平均每个消费者接收广告信息的次数;影响是指通过媒体所展示的信息的质量价值。

下面我们以示意图来说明产品试用率、消费者认知程度及信息展示程度之间的关系,见图10-2。

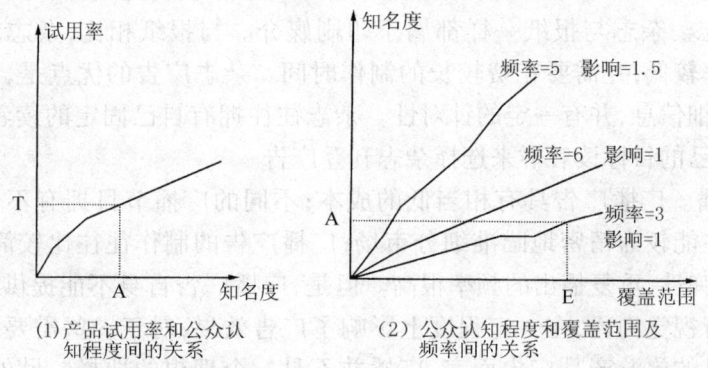

(1)产品试用率和公众认知程度间的关系　　(2)公众认知程度和覆盖范围及频率间的关系

图10-2　产品试用率、公众认知程度和展示程度之间的关系

如图所示,要想达到T的试用率,必须使产品具有A的知名度,而只有展示程度达到E的水平,才会使消费者对于产品的认知程度达到A。

从图10-2(2)图中可以看出,当广告的覆盖范围、传播频率、影响都很大时,目标受众对于产品的认知程度就会提高。旅游企业应努力在广告的覆盖范围、传播频率和影响之间保持平衡。

展示总数和加权展示总数描述了覆盖范围、传播频率和影响之间的关系,旅游企业可以作为参考。

展示总数 = 覆盖范围 × 传播频率

加权展示数 = 覆盖范围 × 传播频率 × 影响

旅游企业可以据此来确定在预算水平一定的情况下,如何购买覆盖范围、传播频率和影响的最佳组合,使加权展示数最大化,即广告对销售能产生最好的效果。

(二)选择广告媒体类型

1. 可供选择的各类广告媒体

旅游广告经常使用的媒体,包括报纸、杂志、广播、电视、户外广告和直接邮寄广告等。随着计算机技术的不断进步,互联网也正成为许多旅游企业所关注的又一新的广告媒体。

(1)报纸。报纸是旅游企业中较为流行的媒体形式。由于报纸拥有不同收入、不同年龄、不同性别、不同职业的广泛的读者群,而且大部分的报纸几乎每天都要发行,使得报纸广告具有较高的接触性和足够的接触频率。与其他媒介相比,报纸广告的成本可以说是很低的。报纸广告向潜在消费者传递的信息也更为详细。当然,报纸广告也有它的局限性。报纸广告可以接触到众多的人群,所以很难瞄准目标市场,尤其是对于使用细分战略的企业而言,报纸广告显然具有较高的"浪费"因素;报纸广告还缺少视听上的沟通,无法展示运动的画面,造成其在信息表达上的局限性;最后,报纸的更新速度很快,报纸广告的生命周期就很短。

(2)杂志。杂志与报纸一样都属于印刷媒介。与报纸相比,杂志的接触面较窄、接触频率较低,并需要花费较长的制作时间。杂志广告的优点是,它能传递有关产品的详细信息,并有一定的针对性。杂志往往拥有自己固定的读者群,广告主可以根据自己的目标读者群来选择杂志刊登广告。

(3)广播。广播广告具有相当低的成本;不同的广播节目拥有不同的听众群体,使广告主能较为精密地瞄准细分市场;广播广告的制作往往比较简单,并具有很强的时间弹性,重复播出的频率很高。但是,广播广告自身不能提供可视性的信息,无法进行视觉沟通,在一定程度上影响了广告效果,对于一些需要传递较为复杂、详细信息的旅游产品广告而言,广播并不是一个理想的选择。另外,广播广告的生命周期很短,容易被遗忘。

(4)电视。电视既有视觉效果,又有听觉效果,丰富的色彩和画面为展现广告信息提供了广阔的舞台,多样的手段使得电视广告具有较好的说服效果,能吸引观众的注意力。随着电视在家庭的普及率越来越高和电视网络的扩展,电视广告能接触到大量的潜在消费者,具有高接触率和高覆盖率。与广播一样,不同电视台、不同节目一般拥有自己固定的观众群,有利于企业瞄准目标市场。但是,制作电视广告和从电视台购买广告时间都需要花费较高的成本,在黄金时间、节假日、重大事件发生时情况尤其如此。而且电视广告也是稍纵即逝的,因此生命周期同样短暂,也由于这个原因,通过电视广告往往不能传递非常详细的信息。现在,随着电视广告的泛滥,使得许多观众对电视广告产生厌烦心理,以至于企业花费大量时间、精力、金钱制作了电视广告,观众却在广告播出时调换频道或去做别的事情。

(5) 户外广告。露天广告牌、建筑物上的标志、公共汽车上的广告、巨大的充气气球等都是近来户外广告的一些通用表现形式。户外广告逐渐被旅游企业所认识并受到欢迎,是因为户外广告以其宏伟、庞大、醒目给目标消费者提供了产生正面影响的视觉刺激因素,能抓住消费者的注意力;和广播电视相比,户外广告无疑具有较长的生命周期;户外广告同时还提供了频繁的接触频率和广泛的接触范围,在城市繁华地段和商业中心的户外广告,无疑能吸引众多消费者的目光和他们的多次关注。不过,户外广告的不足之处在于,它不能有效地瞄准目标客户,因为其所接触的是大范围的人群,没有一定的针对性,会产生较高的"浪费"现象;户外广告的形式本身决定了它不能传达复杂和详细的信息,在表现形式上有一定的局限性;制作户外广告也需要花费较长的时间。

(6) 直接邮寄广告。直接邮寄广告是一种针对性非常强的媒体。它直接瞄准目标市场而不像其他媒体那样产生较高的"浪费";在时间安排上十分灵活;不需要花费大量的制作成本。直接邮寄广告与目标顾客之间进行的是一种个性心理接触,这一特征使它在表现形式上受到一定限制。

(7) 互联网。互联网广告不受任何时空条件的约束,并可进行企业和消费者之间的双向沟通。旅游企业可以通过在互联网站购买广告空间来促销旅游产品。网络用户通过点击广告标志就能了解相关信息。在互联网时代,使用在线广告的企业,也会在消费者心目中树立一个符合时代发展趋势的良好形象,见表10-3。

表10-3 主要广告媒体的特点

广告媒体	优　　　点	缺　　　点
报纸广告	覆盖面宽;读者稳定;传递信息灵活迅速;便于保存;可以多次传递信息;制作成本低廉。	广告有效时间短;设计简单、呆板,表现形式有局限性;读者阅读率低;难以突出广告信息。
杂志广告	阅读有效时间长,便于长期保存;有独特的固定的读者群,便于有的放矢地刊登广告。	广告周期较长,不利于快速传播;时间性和季节性不够鲜明。
电视广告	收视率高,表现形式丰富多彩,给观众很强的感官刺激;传播范围广,速度快。	广告制作成本高,易消失,观众选择性差。
广播广告	播放频率高;收听对象层次广泛;传播速度快;能及时传递最新信息;制作简便;成本低。	缺乏视觉吸引力;听众难于记忆广告信息。

续表

广告媒体	优　　点	缺　　点
户外广告	醒目;展示时间长;灵活选择展示位置;竞争小。	内容有较大局限性;接收对象选择性差。
直接邮寄广告	灵活;直接针对目标顾客;个性化;竞争小;限制较少。	成本较高;易被忽视。
互联网广告	覆盖范围广泛;便于随时改进;费用低廉。	受技术条件限制;需要被动等待。

2. 选择广告媒体的原则

任何一种广告媒体都不是完美无缺的,关键在于要为广告选择一个最好的媒体。在选择广告媒体时,需要综合考虑多种因素,在反复权衡的基础上选择理想的广告媒体。

(1)目标市场的视听习惯。在选择广告媒体时,应注意使广告媒体适合目标市场通常的视听习惯。目标市场接触媒体的习惯应为旅游企业清楚地了解。如果企业以某一城市的居民作为目标顾客,最好选择当地的报纸、广播、电视或户外广告;如果企业以旅游中间商作为目标市场,则可以选择一些专业性的旅游期刊。

(2)各种广告媒体的特点。各种广告媒体都有自己的优点和不足之处,在接触范围、接触频率、生命周期、表现手法、制作成本等方面表现出不同的特征。旅游企业应根据各类媒体的特点,结合产品与企业的具体情况,选择合适的广告媒体。

(3)旅游企业的广告预算。旅游企业的广告预算直接影响旅游企业选择哪一类型的广告媒体。资金有限的小型旅游企业,可以选择一些相对便宜的广告媒体,如报纸和电台;如果企业规模较大,实力雄厚,可以选择从电视广告到电子商务平台的立体式全方位宣传。

(4)旅游企业的定位与促销目标。旅游企业试图树立什么样的市场形象,以及期望实现的促销目标也将决定旅游企业对媒体的选择。如果某饭店定位于高档市场,就可选择一些高级杂志作为广告媒体;如果企业的促销目标是建立消费者偏好,那么电视广告能起到较好的说服效果;如果企业需要市场了解它的新产品,则可选择直接邮寄广告。

(三)确定时间安排

选定广告媒体之后,企业还需确定传播时间,即何时播出广告、以何种频率播出。旅游企业一般有三种时间选择:

(1)持续性安排。即在整个广告计划期内持续不间断地播出,其目的主要是为了提醒消费者。一些饭店在旅游产品生命周期的后期,倾向采用这种安排方式。

(2)间歇性安排。即在整个广告计划期间,每隔一个阶段被大量播出一次,在每段时间里广告的播放数量可能相等,也可能不等。在广告大量播出时,高频率的信息接触,能对观众产生更大的影响。

(3)集中性安排。即在计划期的特定部分安排广告播出,其他时间则不安排。一般是在产品需求的高峰期集中安排广告。

五、广告效果评估

广告活动通常需要花费高额的成本,因此必须对广告活动进行详细的跟踪调查,以便评估广告效果。对于广告效果的评估不仅要看广告有没有达到促进销售的目标,还要看广告是否改善了企业与目标消费者之间的沟通状况。

(一)对销售效果的评估

销售效果主要是看广告活动的运行是否达到了企业预期的销售量和市场份额;是否创造了企业想要实现的利润。在定量分析中,广告的销售效果可用广告成本效率指数来考察。

$$广告成本效率 = \frac{广告引起销量增加数}{广告费}$$

广告成本效率指数越高,说明广告的促销效果越好。

(二)对沟通效果的评估

对广告沟通效果的评估,一般有事前评估和事后评估两种。事前评估是在广告付诸实施的媒介宣传之前进行的研究活动,可以向消费者展示各种可供选择的广告,由他们评比,选出效果较好的广告;也可通过仪器来测量消费者对广告所产生的心理反应等。事后评估通常采用回忆测试和识别测试的方法:回忆测试主要是要求看过广告的消费者回忆广告内容;识别测试则要求消费者指出他们以前曾见过的广告,了解广告为消费者注意过、联想过、仔细阅读过的百分比。

第三节 旅游销售促进

广告向潜在的目标消费者指明了为什么要购买旅游产品的原因,而销售促进则直接促使消费者产生购买旅游产品的动机。销售促进是通过提供降低产品价格和增加产品价值等短期刺激诱因来激励旅游消费者和中间商立即购买旅游产品的一种促销手段。与广告相比,它所需要的成本相对低廉,并且容易测量销售促进的效果。因此,越来越多的旅游企业已经逐步增加了在销售促进上的投入。

一、销售促进的作用

1. 促使顾客尝试使用新的旅游产品

在旅游企业推出一项新的旅游产品时,市场上绝大多数消费者对于该产品还不是十分了解,也就不可能产生积极的反应和强烈的购买兴趣,但是通过销售促进能在较短时间内将旅游新产品推入市场,迅速打开销路。

2. 促使顾客增加消费量

旅游企业的销售促进活动经常以一些赠券、折价或奖品的方式来进行。这些方式对于消费者有一定的吸引力。有时候消费者可能并没有购买旅游产品的意图,但是赠券、优惠券等往往会使他们觉得此时购买旅游产品会比较划算。

3. 扩大非高峰期的销量

旅游产品的需求具有季节性波动的特征,在需求的非高峰期会导致大量的旅游产品卖不出去,造成很大的损失和浪费。销售促进能在需求淡季发挥它的短期推动力作用,提高旅游产品的销售量。

4. 激励中间商

针对中间商进行销售促进活动,能让旅游中间商为旅游企业多提供客源。旅游生产企业通常会给旅游中间商提供奖品、免费的旅行机会,追加佣金,激励他们更好地开展业务。

5. 对抗竞争对手

旅游企业正在面临着十分激烈的市场竞争,如何在市场竞争中保持优势,脱颖而出,是许多旅游企业都十分关心的问题。在市场竞争中,精心策划的销售促进活动能有效地帮助企业抵御和反击竞争对手的攻击,赠券、优惠、奖品都能增加产品吸引力,使竞争者失去一部分顾客。

销售促进在旅游业中的作用是明显的,但要认识到销售促进所提供的许多刺激购买的诱因,如赠券等,是价格竞争的一种形式,当价格竞争愈演愈烈之后,最终不会有真正的胜利者,只能使消费者不断期待新折价的出现,而并没有建立起消费者对于企业和产品的忠诚。因此,销售促进能帮助企业达到短期目标但不应被长期使用,最好是周期性地推出,在使用销售促进时,也应注意与其他促销要素有机配合。

二、销售促进的主要工具

企业进行销售促进的对象通常有顾客、旅游中间商和自己的销售队伍。对于不同的对象,旅游企业会选用不同的销售促进方法。

(一)针对顾客的销售促进

1. 价格优惠

价格优惠可以说是在短期内刺激顾客购买的有效工具,当价格成为旅游需求的主要影响因素时,降价马上就能收到明显的效果。价格优惠可以用于各类旅游产品、各个目标市场、不同地理区域、不同年龄段,适用范围十分广泛。然而,使用价格优惠的一个严重的不良后果,就在于容易演变成价格战,导致恶性竞争。所以,最好不要单纯地使用降价方式。

2. 优惠券

优惠券是证明顾客可以在特定时间内购买旅游产品获得价格减让的一种凭证。它可以鼓励顾客尝试购买或重复购买旅游产品,提高产品的销量。发放优惠券的方式是多种多样的,可以直接邮寄给目标顾客,可以通过报纸、杂志等传统媒介,也可以使用新兴网络媒体发放电子优惠券。由于现在的旅游消费者对旅游产品的价格及其所提供的价值越来越关注,而且旅游市场的竞争也日趋激烈,使得旅游企业必须要依靠优惠券这样的销售促进工具来提高产品的竞争力。企业在制作、发放优惠券时,应该注意优惠券的发放要有明确的目标市场、合适的散发方式、明确的期限,并能与广告和销售促进活动相配合。

3. 奖励

奖励是随着旅游产品的购买而提供的额外奖赏,成功的奖励可以促进消费者的重复购买行为。奖励的形式包括附赠产品和附加服务。旅游景点可在淡季时提供一些免费的游览项目;饭店可以提供包含早餐的住宿而不加价或是赠送小纪念品;航空公司可向旅客提供免费接送机场服务。但是这些奖励的提供都以顾客的购买行为为基础,只有在顾客发生了实际的购买行为之后,才能享受到这些奖励。旅游企业所提供的奖励,应符合企业的市场形象和定位,并要保证其质量。

4. 竞赛、抽奖和游戏

举办竞赛、抽奖和游戏的目的是要吸引消费者对于旅游产品的兴趣。从消费者的角度来看,在竞赛、抽奖和游戏中中奖总是一件令人兴奋的事情,它可以极大地提高消费者对产品的兴趣。竞赛需要参与的消费者凭借一定的知识、技巧和能力,来回答一些与旅游产品有关的问题,或者是写一些有关旅游产品的文章等;抽奖只需提供参与的消费者姓名和地址,完全凭借机遇来获奖。旅游企业在安排竞赛和抽奖活动时,应使竞赛和抽奖的奖品能对目标市场产生吸引力。

5. 交易展示

交易展示,是为了促进销售、宣传产品、引发购买而在一些会所、场馆举办的展览。在交易展示中,旅游企业通常会免费向消费者提供企业的宣传资料、产品介绍,发放礼品,旅游产品的价格往往也比较优惠。交易展示一般被认为是展示企业形象的良好机会,有助于企业吸引消费者的注意,引发购买欲望。如在西湖博览会期间举办的杭州旅游商品交易会,就吸引了许多慕名前来的消费者参观选购。

6. 现场展示

旅游产品的无形性决定了产品无法在现场示范其使用效果,但是我们可以借助于一些有形的手段,来表现人们在购买旅游产品后会得到什么样的利益和满足。现在,已经有很多饭店推出了示范烹调手艺和现场调制鸡尾酒的服务,而旅行社也可以通过播放优美的风景录像带的方法来达到促销的目的。

7. 忠诚顾客活动

旅游企业对于忠诚顾客或频繁购买本企业产品的顾客给予奖励。航空公司和饭店所推出的这类忠诚顾客活动受到了广泛的欢迎,通过这一活动能从已经忠实于企业和产品的顾客身上获得更多的利润,并有助于在企业和其主要顾客之间建立长期、互利的关系。

（二）针对中间商的销售促进

针对消费者的销售促进主要通过创造消费者的需求来推动旅游产品销售,而针对中间商的销售促进,则是希望将旅游产品穿过销售渠道。旅游企业会使用一些销售促进工具来促进销售,但还有一些其他的手段：

1. 超额奖励

由于旅游中间商实现了大规模促销的目标,旅游企业就要为超额的销售支付额外的佣金,这种额外的佣金就是超额奖励。它可以刺激旅游中间商更努力地工作,以获得更多的业务,更好地完成销售目标。

2. 贸易折让

贸易折让是旅游产品生产企业向旅游中间商所提供的价格上的减让。为了促使旅游中间商从事企业推出的旅游新产品的经营,或大批量订购旅游产品,生产商往往会在价格上给予中间商特别的折扣和折让。

3. 旅游贸易展示

很多旅游企业都选择在旅游贸易展示会上作展览。在展示会上,旅游产品的生产商和中间商都有机会向潜在顾客展示旅游产品和提供相关服务。旅游贸易展示会对于介绍旅游新产品特别有效。它更容易打开市场,吸引和发现潜在顾客,同时也有利于展示企业形象,测试市场反应,收集竞争对手信息。进行旅游贸易展示通常需要支付较为昂贵的成本。

4. 培训活动

旅游业中的培训活动,其目的主要在于向旅游中间商通告信息和传授新的知识,以协助旅游中间商更好地完成销售旅游产品的任务。目前这类培训活动主要有研究会、讨论会、招待会,等等。进行这类培训活动的成本很高,但却能产生深远的影响。

5. 表彰

表彰,是对那些达到某一水平销售量的旅游中间商给予一定的奖励。奖励既可以采取现金形式,又可采取非现金形式,如免费旅行等。对旅游中间商的表彰活动,会促使得到表彰的中间商更努力地工作,激发其积极性；而那些没有受到表彰的中间商也会通过反思,寻找原因,积极寻求业务量的上升。

典型案例

奖励旅游：大有可为的市场

北京市旅游局曾经举办过一次"亲历古都文明、感受现代风采"的奖励旅游客商考察北京活动，成果显著。据了解，客商们对考察内容非常满意，对北京的奖励旅游资源和产品表现出极大的兴趣和信心，积极性很高。活动结束刚刚 20 天，各接待单位就已经陆续收到了 27 个组团订单。这些旅游团将陆续来京，总人数超过 2000 人，人均消费可达 2000 美元。

据介绍，27 个奖励旅游团中，主要来自美国和欧洲这些国际奖励旅游团体集中的出游地，各团的规模有 4 个为 250 到 300 人，6 个为 100 到 250 人，行程大多为北京、西安、桂林、上海、香港等地。奖励旅游市场是旅游市场中的一个高端市场，面向"收入高、需求高"的客户群。北京市旅游局正在精心地培育这个市场，以使北京成为世界上最佳奖励旅游目的地之一。北京是个有着三千多年历史的古都，特别适合成为奖励旅游目的地。它历史悠久，文化积淀厚重，古迹众多，人文气氛浓郁。不但数量繁多，而且品位不凡。其中，长城、故宫、天坛、颐和园、明十三陵、北京人遗址被列入联合国世界文化遗产名录。因此，努力开发北京的奖励旅游资源，吸引更多的客源到北京来，对推动北京的经济发展有重要作用。越来越多的奖励旅游客商与接待单位洽谈，准备组团到京。北京奖励旅游市场发展前景令人欣喜，大有可为。

奖励旅游的市场空间虽然大，但究竟应该怎么搞？北京市旅游局提供了一些成功的经验。首先，要对准客户的胃口，使得他们有信心赢得本国客户群的赞许和满足；其次，在考察团接待计划和安排上，要挑选有资质的接待社，选择合适的景点和活动场所，选择极为高档的饭店（五星饭店中的佼佼者）。一位业内人士表示，奖励旅游非一般性质的旅游，参与者均为公司最出色的人员，因此它的行程讲求与众不同，要接触层面广阔，不可走马看花，必须有助加强企业文化教育，要在活动结束后给团友们留下毕生难忘的经验和印象。

（三）针对销售队伍的销售促进

1. 奖金

奖金主要针对那些业务完成较好的销售代表。目的是为了调动他们更大的工作热情和积极性，为旅游企业争取更多的客源。

2. 旅行奖励

近来，为了对那些业绩良好的销售代表进行激励，奖励旅游正逐渐成为一种流行的方式。它更多地考虑了人们较高层次的精神需要，能起到明显的激励作用。

3. 销售竞赛

在企业的销售队伍之间开展销售竞赛，能有效地形成企业内部销售队伍之间的相互竞争，促使他们为扩大销量而不断完善销售的方式方法，不断建立、改善与维持和顾客之间的良好关系。

4. 提供可视性的帮助

销售代表在推销旅游产品时,常会因旅游产品的无形性而面临困境,无法将旅游产品的效果直接示范给消费者。所以,企业可以提供一些幻灯片、录像带、展示品等帮助他们,使目标顾客更好地了解旅游产品。

三、销售促进的策划过程

1. 设置销售促进的目标

销售促进的目标建立在基本的营销目标基础上,通过销售促进活动能在短期内促进产品销售。销售促进一方面鼓励顾客去尝试购买旅游新产品;另一方面,销售促进要鼓励已有顾客和旅游中间商更多地购买和使用旅游产品。如果将销售促进的目标加以量化,可以认为是期望在规定的促销期内,通过销售促进活动实现一定的目标销售量。目标销售量在不同的旅游企业之间有不同的表现形式:作为饭店表现为客房预订量,作为航空公司表现为机位销售量,作为旅游景点表现为游客接待量。

2. 制定销售促进的预算

企业可以根据制定的目标销售量计算在实现目标销售后可以获得的收益,这个收益为企业的销售促进预算设置了限度。

3. 选择销售促进工具

企业可以根据促销目标、市场竞争、产品形象和目标市场来选择对目标顾客最有吸引力的促销手段。

4. 拟定销售促进方案

销售促进方案一要明确阐述销售促进将针对哪一目标市场的消费者,并通过市场调研来了解他们的详细资料。二要确定销售促进的规模,销售促进活动的规模受到预算的限制,它决定了企业准备投入多少经费和人力。三要选择销售促进的时间,频繁使用销售促进会给企业带来一些潜在的危险,如导致价格竞争、易被竞争对手模仿等。所以销售促进只能周期性地使用,服从广告和人员推销活动的时间安排。四要制订销售促进计划,说明销售促进应达到的目标、预算及执行时间表。

5. 评估销售促进结果

通常对销售促进效果的评估目的,在于将销售促进的结果与旅游企业的目标、销售促进的实际成本与旅游企业的预算相互对照,将结果进行评价并将其作为今后销售促进的依据。

(1)比较法。在其他条件不变的情况下,旅游企业可以比较由销售促进引起的销量增加和销售促进的成本,以此来评价销售促进活动的效果。

（2）调查法。就是对旅游企业的目标顾客进行调查，包括在销售促进期间分析顾客数量、购买量、重复购买率等指标；对顾客构成中新老顾客的比例、顾客年龄层次进行调查；收集顾客的建议、要求和评价。通过以上调查分析，可了解销售促进活动对顾客购买行为的影响和作用。

（3）实验法。旅游企业在面向市场进行大规模销售促进活动之前，可邀请消费者对几种不同的销售促进方案（规模、水平、持续时间）作出评价和分析等，也可在局部市场进行试用性测试，了解顾客的反应。

第四节　公共关系及宣传

公共关系对于旅游企业来说是一个重要的促销组合要素。它的作用在于帮助消费者正确了解产品和树立对产品有利的态度。旅游产品丰富的内涵和繁多的形式使其具有强大的吸引力，也为旅游企业的营销人员提供了频繁进行正面公开宣传的机会。公共关系及宣传就是企业宣传产品、展示形象的一个理想途径。在有一些不利事件发生时，公共关系还能起到消除危机、缓解矛盾的效果。

一、公共关系的概念和作用

（一）公共关系的概念

公共关系，是指为了在旅游企业和公众之间建立和维持相互理解的良好关系而特意进行的有计划的、持续的沟通活动。这里的公众包括旅游企业员工和员工的家庭、工会组织、所有者、顾客、旅游中间商、竞争对手、政府、媒体和金融机构等。与公众建立并长期维持良好的关系，实施有效的沟通，是旅游企业进行公共关系活动的主要任务。

（二）公共关系的作用

在旅游业中，由于旅游产品的无形性和顾客在购买旅游产品时的情感因素，使得口碑效应的作用十分明显。人们在作出购买旅游产品的决策时往往在很大程度上会受到来自于周围公众的影响。周围公众所提供的社会信息要比商业传播信息更为真实可靠。所以，旅游企业通过公共关系活动使社会信息尽量有利于企业，并努力消除一些对企业不利的影响。公共关系对于旅游企业的主要作用是：

1. 树立良好的企业形象和产品形象

旅游企业可以通过新闻媒体，发布对旅游企业和产品有利的有新闻价值的信息，吸引相关人士的注意；宣传报道企业产品的特色，强调竞争优势；与各种将会对企业营销活动产生影响的个人和团体保持长期的正面关系；在潜在顾客心目中树立良好的企业形象和产品形象。

2. 改善企业内部沟通和外部沟通

在旅游企业内部，管理者需要处理上下级之间、雇员和股东之间及其他各类人际关系；在旅游企业外部，企业需要树立和保持良好的公众形象，处理好公共事务，了解竞争动态，发展与政府及立法者的关系。这些工作都需要通过持续的公关活动有计划地进行。

3. 进行危机管理

旅游企业在生产经营过程中，因多种因素的影响难免会遇到一些不利的反面宣传报道，给企业的形象和声誉造成严重的负面影响，如果不及时解决，会使危机进一步加深。公共关系活动能适时地对不利报道作出反应，对其进行抵制，并积极寻找解决问题、处理危机的方法和途径。

二、公共关系及宣传的主要形式

1. 新闻发布会

旅游企业将有新闻报道价值的信息提供给新闻媒体，进行公关宣传活动。新闻发布会是旅游企业与公众进行沟通而不需付费的一种工具，在旅游业中被广泛采用。旅游企业在准备新闻发布会时，要向新闻媒体提供构成新闻信息的各个要素，包括"谁""什么""何时""何地""为什么"和"怎么样"。新闻发布会上所发布的信息，应具有新闻价值，主持人要作精心准备，以回答媒体提出的各种问题。

2. 特别事件

特别事件是旅游企业实施公共关系和宣传活动的一个很好的机会。围绕着特别事件的发生，旅游企业一般都会策划一次大型的公共关系及宣传活动，以吸引公众的注意力，建立与公众的正面关系。这些特别事件包括：

（1）新产品的宣传报道。旅游企业通过新闻媒介发布有关新产品的信息，来更好地解释产品的新颖独特之处，为新产品打入市场、获得消费者感知奠定良好的基础。

（2）庆典和开业。当旅游企业举办有特别纪念意义的庆典活动，或者是一个新的企业的开业仪式时，企业的公共关系宣传活动之一将会是邀请新闻媒体参加，并通过新闻媒体的宣传报道向公众传递有关旅游企业的信息，以提升旅游企业形象，给公众树立良好的印象。

3. 支持公益事业

关注社会利益，热心于社会公益事业的旅游企业，总是会赢得社会公众的普遍好感，旅游企业也可选择赞助和支持一些公益事业来吸引公众的注意和偏好。旅游企业可以将利润的一部分拿出来，捐献给目标市场所支持的公益事业，如环保活动、教育事业、医疗事业等。随着消费者对环境保护的关注程度越来越高，旅游企业可以针对这一趋势宣传企业的"绿色营销"，表明旅游企业不仅关注消费者需求和企业的经济效益,而且关心整个社会效益及未来的可持续发展。这样的公共关系及宣传活动,对于建立目标消费者的偏好和忠诚度很有好处。

4. 赞助活动

旅游企业可以赞助一些具有新闻价值的事件和活动,以扩大新闻覆盖面和提高企业知名度。这些赞助活动包括对体育、音乐和艺术活动的赞助。这些活动也可包括企业自己组织的一些活动以吸引公众的关注,比如饭店举行烹调比赛,也会吸引媒体的宣传报道。

5. 旅游消费者教育

对于旅游业和旅游产品,消费者不可能有足够深入的了解。因此,旅游企业可以通过举办一些培训和教育活动,来帮助消费者了解更多的消费知识和旅游常识,这样的消费者往往忠诚度更高。比如,旅行社可以向消费者提供一些有关旅游常识的介绍、旅行中意外事故的处理方法,使消费者更多地了解产品,并最终影响其购买决策。

6. 处理反面宣传

反面的宣传报道对于旅游企业所造成的不良影响是不言而喻的,一味回避、推脱责任并不是解决问题的方式。公共关系活动在这种危急时刻应发挥主要作用,不是掩盖事实真相,而是以正确完整的描述尽量说明事实,驱散对旅游企业不利的传闻,并表明愿以实际行动来弥补损失。

7. 建立旅游企业内部良好的人际关系

在旅游企业内部形成良好的人际关系,有助于创造稳定的工作环境、和谐的工作气氛,加强旅游企业的凝聚力,提高工作效率。因此,公共关系的重要职能之一也在于旅游企业内部良好人际关系的建立。建立旅游企业内部公共关系的主要方式有:

(1)内部宣传刊物。包括旅游企业的经营理念、方针政策、战略目标、大的事件、员工心声、员工奖励和培训等。

(2)员工宣传栏。报道旅游企业管理层的管理动态、通知精神、业务调整、顾客的感谢信、优秀员工照片等。

(3)员工活动。组织员工参加各种类型的文体活动,丰富业余生活,注重对员工的情感投资,如员工生日聚会等,提高员工对旅游企业的向心力。

三、公共关系及宣传活动计划

1. 市场调查和研究

为保证公共关系活动的效果,在实施具体行动之前,应对与公共关系活动相关的环境、公众、产品等方面的信息进行认真的分析和研究。在此过程中,应了解旅游企业的优势和劣势及其在公众心目中的形象,消费者的意见和要求,竞争对手的情况,与该项公共活动相关的资料数据等,进而为制订切实可行的公共关系活动计划和方案提供可靠的依据。

2. 制定公共关系目标

旅游企业需要关注其中可能涉及的每一类公众,对每一类公众企业希望达到什么样的目标都需经过慎重考虑,并明确提出旅游企业的公共关系目标。它们一般包括:加强与各类公众的沟通联系,保持正面形象;提高企业声誉,增加经济效益;优化组合资源,增强经营活力。

3. 制订公共关系计划

公共关系计划包括:

(1)确定公共关系的基本原则。公共关系活动应本着真实、准确、互惠互利的原则,不传播虚假信息,不损害他人名誉,客观、真实、全面、公正地报道事件,维护企业与公众的利益。

(2)公共关系的对象。即企业的这次公共关系活动主要针对哪类公众,是外部公众还是内部员工,是针对新闻界还是针对顾客等。

(3)公共关系的活动方式。公共关系活动有多种方式可供选择。

(4)公共关系的媒体。选择向公众传递信息的媒体,应建立在目标公众和公共关系目标的基础之上,并结合各类媒体的特点来进行。旅游企业应与媒体保持长期的联系。

4. 评估公共关系及宣传的效果

在公共关系及宣传活动结束之后,是否树立了对企业有利的正面形象?是否加强和改善了与公众之间的沟通交流?有多少新闻媒体报道了与企业有关的新闻信息?这些都是企业必须回答的问题。对公共关系效果的评估可从以下几个方面来进行:

(1)目标评估。公共关系及宣传计划的执行与实施是否达到了它的预期目标,公共关系在媒体上的出现率如何,对企业的销售额和利润是否起到应有的作用。

(2)企业的形象和公众观念态度的改变。在企业的公共关系及宣传活动计划执行之前和之后,公众对于企业及其产品的观念和态度是否发生了有利于企业的变化;企业的形象是否被公众接受和肯定;在处理危机事件时,是否能有力地消除不利影响并弥补损失。

(3)可见性。企业得到公共宣传的数量有多少,有多少新闻媒体愿意报道与企业有关的信息。

(4)公共关系人员的工作效率。在关键时刻,比如有重大事件发生和反面宣传时,公共关系人员是否总能以高效率开展工作?是否随时准备解决紧急事件?是否有解决未预料事件的能力?

第五节 人员推销

人员推销是销售人员与潜在顾客之间,通过面对面交谈或电话方式所进行的直接沟通,目的是劝说潜在顾客购买企业的产品。与广告和销售促进不同,人员推销采取的是一种个人化的沟通方式。任何广告和销售促进活动都不可能直接面向单个消费者,而人员推销却能真正实现与单个消费者的一对一交流,并与之建立和谐的个人关系。

一、人员推销的作用

1. 确认有资格的购买者

广告、销售促进及促销手段虽然覆盖范围广、接触面大,但同时也造成了较大的浪费,无法精确地找出潜在消费者。人员推销通过销售人员的查询和信息收集,可以确认谁最有可能成为旅游产品的购买者,能有针对性地对其开展推销攻势。这样就能避免与无意购买产品的消费者之间的沟通,减少了失误和浪费。

2. 向客户提供详细的信息

人员推销能对旅游产品进行详细的解释,通过辅助性手段,还能对某些旅游产品进行展示,在客户对旅游产品提出疑问时,销售人员能及时解答,并能针对不同的客户设计不同的推销信息。这些都是广告和销售促进所无法做到的,它们通常只能传递有限的信息且无法进行双向交流。

3. 促进销售

有效地使用人员推销能在很大程度上提高顾客购买产品的可能性和增加顾客的购买数量,达到促进销售的目的。而要保证人员推销的效果,必须挑选有能力的销售人员,并对他们进行科学的培训和管理。

4. 保持与主要客户的良好关系

人员推销的个人化沟通方式,使得销售人员能和主要客户建立良好的个人关系。这种关系的建立对于交易的达成大有帮助。有经验的销售人员还会重视这种关系的维持和改善,赋予推销活动更多的个人情感色彩,提高销量及促进客户重复购买旅游产品。

5. 收集市场信息

销售人员在从事推销工作的同时,会接触到各种类型的消费者。他们对旅游产品的意见和态度会直接反馈给销售人员,成为企业及时调整策略、完善产品的依据。另外,销售人员在推销过程中也会受到来自竞争对手的竞争,了解竞争对手采取什么样的行动、推出什么样的产品等信息都有利于企业制订营销计划,实施营销控制。

二、人员推销的种类

1. 外部推销

外部推销是在旅游企业营业场所之外，由销售人员与目标客户之间进行的面对面的产品介绍。外部推销又可分为不同的类别：

（1）一般性推销。这类推销的重点是介绍旅游产品的质量和特色，宣传企业形象。销售人员应努力与客户个人建立关系，以促使其产生购买行为，提高销量。

（2）特殊目的推销。指销售人员进行推销时一般抱有特殊目的。

2. 电话推销

电话推销是销售人员借助于电话与目标客户进行的交流沟通。它包括销售人员打电话给顾客推销产品，销售人员接到顾客电话后进行推销。电话推销能帮助企业获取信息，确认客户要求，安排面谈时间。在旅游业中，电话推销还能完成产品预订和处理查询。

3. 内部推销

内部推销是在旅游企业的业务发生地为增加销量而进行推销。当目标客户到旅游企业所在地参观时，推销人员的服务态度和接待工作十分关键，有时对能否达成交易具有决定性的作用。内部推销最主要的形式是建议性推销。

三、人员推销的模式

1. 刺激——反应模式

销售人员通过提出特别设计的问题，讲述特定的短语，展示特定的行为举止来刺激目标客户，以期引起客户的预期反应。这种模式常用于内部推销和电话推销。当消费者到饭店进餐时，常常会有服务员询问他们所需要的食品，就是一个很好的实例。推销人员不是询问顾客"你需要什么"，而是问顾客"你要××吗"以刺激客户购买旅游产品。这种人员推销的模式忽略了消费者需求的差异性，但实践证明其仍然是有效的。

2. 购买决策模式

销售人员通过影响顾客的购买决策过程来促进销量的增长。顾客的购买决策可分为需要感知、信息调查、替代品评价、购买和购后评价等5个阶段。在5个阶段中，销售人员可以根据顾客的心理状态来开展推销活动，最终影响顾客的购买决策和购买行为。这种模式主要用于外部推销。

3. AIDA 模式

AIDA 模式假设顾客在购买决策过程中一般遵循注意（Attention）、兴趣（Interest）、愿望（Desire）、行动（Action）4个步骤，销售人员可以利用 AIDA 模式来开展推销工作。通过调查目标客户的信息做好前期准备，通过可视性的销售展示引起目标客户的注意和兴趣,通过推销过程中的双方交流来排除异议,使顾客产生购买欲望,最终采取购买行动。

4. 满足需要模式

这个模式建立在消费者具有不同需要的基础之上。根据这个模式,旅游企业的推销人员在从事推销活动时,应首先去采取多种手段了解顾客的需要,然后向客户展示旅游产品能满足他们的需要,接着回答客户的疑问,使客户确信产品能满足他们的需要,最后完成销售,确保满足客户需要。

5. 解决问题模式

解决问题模式也认为每一位顾客都具有不同的需要,它要求推销人员首先能发现顾客的问题所在,并寻找解决问题的可能方案,根据科学标准选择最佳的解决办法,确保销售出去的旅游产品解决了客户的问题。

四、人员推销的发展趋势

过去人们往往认为推销的唯一目的就是达成交易,为此需要向顾客进行有计划的产品介绍和展示。在推销人员和顾客之间只有交易关系,没有人际关系;只有经济利益,没有关系利益。交易关系与人际关系之间、经济利益和关系利益之间是相互矛盾的,推销人员经济利益的实现往往以牺牲关系利益为代价,在推销人员与顾客之间只有一个胜利者。近来,越来越多的销售人员已注重通过交易的实现,来维系一种与顾客的"双赢"结局,即双方都能从交易中获利。销售人员要重视建立与目标客户之间的关系,并将之长期维持下去。也就是说,传统的利益型的人员推销,正在逐步向人性化的关系推销发展。通过关系推销,销售人员与顾客之间能建立和维持相互合作的关系,形成双方都满意的局面。销售人员不再单纯追求一锤子买卖式的一次性销售,而是更加注重长远利益。推销人员和顾客之间除了交易关系之外,还可以有良好的人际关系,双方能相互合作、相互理解,寻找解决问题的办法,最终使双方的利益都得到实现。如表 10 – 4。

表 10 – 4　传统的人员推销与关系推销的主要区别

传统人员推销	关系推销
单纯销售产品	不仅销售产品,还提供咨询、销售建议和帮助
以达成交易为目的	以满足顾客需求、提高顾客根本利益为目标
工作重点是向顾客介绍、宣传产品	工作重点是倾听顾客意见,与顾客一起解决问题
主要介绍产品价格、特性和功能	主要强调产品给顾客带来的利益
产品销售完成后基本没有后续工作	后续工作侧重于维持、巩固和改善长期关系

五、人员推销的销售程序

在三种推销方式中,外部推销的程序较为复杂,一般要经过以下几个阶段:

1. 寻找并筛选可能的购买者

销售人员在开展推销活动之前应先作一些探测和筛选工作,以找到最有可能购买旅游产品的消费者。应避免那种毫无目的,没有针对性的四处推销。寻找可能成为购买者的客户,可以通过现有顾客的介绍,供应商、中间商、行业协会的介绍,有关的旅游贸易报刊,信函和电话,各种社交活动等多种渠道去获取有价值的推销线索。推销人员还要对这些预期客户进行筛选,找出最有可能的购买者。最有可能的购买者应具备如下条件:

(1)存在旅游产品可以满足的需求。预期客户具有未被满足的需求,而这种需求恰是该旅游产品可以提供的。

(2)购买能力。预期客户有购买旅游产品的经济实力并愿意支付。

(3)权力。预期的客户有权作出购买此项旅游产品的决策。

(4)接受性。预期的客户要愿意与销售人员见面,并能为销售人员所接近。

2. 准备销售计划

成功的人员推销需要在事前周密计划和准备。销售人员要充分了解预期客户的情况和要求,为与客户建立良好关系和进行销售展示打下良好的基础。同时,销售人员对于旅游企业和旅游产品应有丰富的资料和信息,以便于向客户介绍和回答客户的疑问。一般在作销售访问前销售人员应准备一份提纲,说明旅游产品给顾客的利益,考虑顾客可能的疑虑,决定推销时采用的策略和技巧等。

3. 开始洽谈业务

销售人员的业务洽谈包括:

(1)约定面谈时间。销售人员应提前或准时到达约定地点,这表明对客户的尊重和责任感。

(2)上门推销。应作自我介绍并说明来访目的,注意仪表形象,给对方留下良好的第一印象。

(3)重复访问。推销人员在访问老客户时可将以前的交往作为话题,借此来展开正式的业务洽谈。

4. 介绍产品

销售人员通过对旅游产品的介绍和一些展示手段,向顾客强调产品可以满足他们的需要,使目标顾客产生购买产品的欲望。在介绍产品过程中,销售人员要用简洁的语言清晰地描述产品将会带给顾客的利益,适时地采用一些视听性的展示手段,以加强表现效果。还有很重要的一点就是在介绍过程中要注意仔细聆听,不要打断客户的讲话。

5. 处理异议和问题

产品介绍结束之后,顾客一般都会提出一些异议和问题。这些异议和问题通常的表现形式有:

(1)需求异议。顾客认为不需要销售人员推销的旅游产品。
(2)财力异议。顾客认为无钱购买推销的旅游产品。
(3)权力异议。顾客认为无权购买此旅游产品。
(4)产品异议。顾客认为不应购买推销的旅游产品。
(5)价格异议。顾客认为推销的旅游产品价格过高。

有经验的销售人员应事先预测到顾客可能会有什么样的异议和问题,并对此加以解释。对于不好回答的异议和问题,也必须进行有技巧的处理,而不是忽略和回避。在处理异议和问题的过程中,销售人员应始终保持清醒的态度、冷静的头脑。即使在顾客出现错误抱怨时,也应本着对事不对人的原则,耐心地对顾客解释。

6. 达成交易

当顾客作出明确的购买行为和预订行为时,就意味着销售进入到达成交易的实质性阶段。销售人员常常通过观察顾客的表情、动作、姿态和语言等来判断顾客是否有达成交易的意愿。在这一阶段,销售人员还可使用如下一些技巧来促使交易尽快完成:

(1)直接要求客户购买或预订。
(2)帮助对方填写订单。
(3)给予对方最后的让步,如价格折扣和额外优惠。
(4)强调现在是购买产品的最佳时机。

7. 后续工作

顾客购买产品并不意味着整个销售过程的结束,而是代表了一个新的销售过程的开始。销售人员在旅游产品售出后还须从事以下工作:

(1)保证按期交付产品。
(2)保证产品的质量。
(3)对顾客进行跟踪调查。
(4)维持与顾客的关系。

六、人员推销的管理

(一)销售人员的选择与培训

在人员推销中,"人"显然发挥着第一位的作用。旅游企业应选择一些有能力的人来担任企业的销售代表,以更好地完成销售工作,在工作过程中,还要通过培训来强化组织观念,学习推销技巧。

1. 销售人员的选择

成功的销售人员应具备一定的销售能力和技巧,以及独特的个人特征。他们应有:高起点的个人目标;自信的心理素质;善于超越自我;较强的独立工作能力;敏锐的洞察能力;良好的判断能力;善于倾听;富有团队精神;可通过自我培训不断完善销售技巧。

2. 销售人员的培训

对销售人员的培训有两种:一是针对新员工的培训。员工通常要接受公司经营理念、策略方针、产品知识、顾客特征、推销技巧等方面的培训。二是针对所有销售人员的培训。目的是不断提高他们的推销技巧和与顾客建立关系的能力。培训方案既要强调推销技巧,又要强调人际交往技巧。

(二)销售人员的报酬与激励

给销售人员制定适当的报酬方式,有利于保持销售人员高度的工作热情,提高他们的工作效率,增强促销效果。

1. 销售人员的报酬

给予销售人员的报酬一般有三种形式:(1)工资形式。不管销售人员完成了多少工作量,都要向销售人员支付的固定工资。(2)佣金形式。就是以销售人员的工作业绩为基础支付给他们一定比例的佣金。(3)基本工作加激励奖金的形式。这种形式是前两种形式的结合。基本工资是固定给付的,不随业务量的多少变动,而佣金与销售人员的销售量、利润量挂钩,基本工资有助于控制销售人员,佣金和奖金则提供了动力。

2. 销售人员的激励

给予销售人员的报酬也能起到激励推销人员的作用,不过其力度和强度相对较弱。旅游企业主要为销售人员提供足够的动力。对于销售人员的激励,可以分为经济上的激励和非经济激励。经济上的激励包括加薪、提高佣金、免费度假、免费医疗、现金奖励;非经济的激励有表彰活动和升职机会。

(三)销售人员的监督控制和考核

1. 销售人员的监督控制

销售经理对销售人员所进行的监督控制有周期性的会谈、查阅报告和其他书面信函等。

2. 销售人员的考核

旅游企业对于销售人员的考核分为定量考核和定性考核两部分。定量考核主要考核销售人员的销售结果,包括销售额、回款额、利润额、市场占有率和客户数;还要考核销售人员的销售行动,包括销售人员每天平均拜访次数、每次访问所用时间、访问的成功率、每天销售访问的平均收入、每百次访问平均得到的订单数、销售费用与销售费用率、一定时间开发的新客户数、一定时间内失去的老客户数、客户满意度。除了这些定量考核之外,旅游企业还需要对销售人员进行定期的定性考核,如考核销售人员的团队合作精神、工作热情、创新能力、学习精神、对企业的忠诚责任感等,还要考核销售人员作业是否规范。旅游企业对销售人员的考核结果是决定销售人员报酬、奖惩、升迁的重要依据,同时也可分析销售人员的销售业绩,分析其中存在的问题,帮助他们提高销售技巧,增加销售额。

第六节 旅游印刷品

在有形产品的营销过程中,企业几乎总是采用包括广告、公共关系、销售促进和人员推销在内的营销组合,而很少将印刷品列为促销工作的重点。然而,在旅游业中,印刷品却频繁地被使用,并发挥了重大的作用,这也正是旅游市场营销的特色之一。

一、旅游印刷品的概念和功能

旅游印刷品是旅游企业制作的用以向目标顾客宣传产品、刺激需求并为其购买和消费产品提供便利的印刷材料。旅游产品的无形性和不可储存性,使得旅游印刷品在某种程度上成为旅游产品的有形替代品。对于一些顾客参与购买决策程度较高的旅游产品来说,旅游印刷品向顾客提供了全面详尽的信息,并能与其保持持续性的沟通,因而,旅游印刷品在旅游产品的营销中履行着多项职能。

1. 创造顾客对于产品的认知

在饭店、机场和旅行社,顾客通常都可以接触到各种类型的旅游印刷品。这些印刷品都对产品进行了详细的介绍,有助于帮助顾客建立对产品的认知。但是,旅游企业需要解决的一个问题是如何让旅游印刷品吸引顾客的注意力。印刷品不像广告和公关宣传那样有声有色,因而可能容易被顾客忽视。所以,旅游企业应精心设计旅游印刷品的封面,以吸引顾客的目光,这对于旅游印刷品来说十分关键。

2. 旅游产品的代用品

旅游产品是无形的,顾客无法对其进行事先的观察和评价,而旅游印刷品能帮助顾客了解在作出购买行为之后,会享受到何种质量的产品和服务,以使顾客在心目中建立起对于产品价值、形象和地位的期望。在顾客消费旅游产品时,他所享受到的应与他的期望一致,因此,从这一点上说,旅游印刷品就是旅游产品的代用品。

3. 促进旅游产品的销售

旅游印刷品具有展示功能,发挥着与广告类似的作用。精心设计的旅游印刷品能用丰富的色彩图画及动人的文字表现产品、展示产品,吸引消费者的注意,让他们确信购买此项旅游产品能满足他们的需要,进而产生购买动机和行为。

4. 给顾客使用旅游产品提供便利

旅游印刷品能给顾客使用旅游产品提供指导,如航空公司提供飞行常识的小册子;饭店提供服务指南及店内指路牌;景点提供主要游览点的分布图等。这样的旅游印刷品会使顾客感到,他们是受到旅游企业热情欢迎的客人,并将受到良好的接待;使他们感到,企业是在从他们的需要和利益出发,为他们着想,因而顾客会提高对使用产品的满意度,产生较好的购后评价,并将影响今后的购买行为。

5. 培养正确的消费观念

在社会市场营销观念导向下,企业的利益应与消费者利益、社会利益统一起来。旅游活动对社会环境、文化环境和自然环境都将产生一定的影响,旅游企业有责任帮助旅游消费者培养正确的消费观念,教育消费者热爱自然、保护环境、进行绿色消费。而旅游印刷品就提供了这样一个对旅游消费者进行教育的途径,企业可以印制一些有关环保和绿色消费知识的宣传册,引导消费者的消费观念。

二、旅游印刷品的类型

旅游企业印制旅游印刷品的目的在于介绍旅游产品信息,方便顾客消费旅游产品和促进旅游产品销售。因此,旅游印刷品可分为提示性印刷品和促销性印刷品。

1. 提示性印刷品

(1) 旅游景点的概况介绍、方位指南和地图。

(2) 饭店的服务指南、店内指路牌、菜单、招贴。

(3) 产品介绍传单。

(4) 交通时刻表。

2. 促销性印刷品

(1) 旅游企业的宣传册。

(2) 政府旅游机构的宣传册。

(3) 具体产品的宣传册。

(4) 销售促进传单。

(5) 海报和招贴画。

(6) 旅游景点传单。

三、旅游印刷品的制作过程

1. 确认目标顾客的基本需要

目标顾客的需要是旅游企业制作印刷品的出发点。为此,旅游企业需要了解目标顾客的规模、类型和喜好,确保旅游印刷品传达的信息是目标顾客所需要的并会引起反应的信息。

2. 考虑企业营销战略和定位

旅游印刷品的制作要以符合企业营销战略和定位为前提,印刷品的使用要与其他促销组合要素相互配合。具体设计制作要依照目标市场的偏好,与企业和产品的市场形象相一致。

3. 说明制作目标

旅游企业通过制作和发放旅游印刷品,期望达到某种目标。这个制作目标应根据企业总的市场营销目标,结合目标顾客的具体情况来选定。

4. 进行创意

这是决定旅游印刷品将以什么样的方式向顾客传达产品理念和形象的一个步骤。旅游印刷品应对目标顾客产生足够的吸引力,因此必须要有独到的创意设计,设计人员可以运用色彩、氛围、照片、文字,实行有效的结构和布局,并为印刷品选择合适的纸张和包装。

四、旅游印刷品的发放

设计制作一件对目标顾客充满吸引力的旅游印刷品,并不是最重要的事情,关键在于要将印刷品送到企业预期的目标顾客手中。只有在足够多的目标顾客收到印刷品时,印刷品的作用才能体现出来。旅游企业发放旅游印刷品有多种方式可以选择:

(1)投寄。直接邮寄给以前购买过旅游产品的顾客,或按姓名和地址直接邮寄。

(2)附送。夹在报刊或广告中附送。

(3)发送。可向目标居民上门逐户发放,也可通过旅游零售商、旅游交易展示会、报亭、书店等柜台销售方式发放旅游印刷品。

五、旅游印刷品的效果评估

(1)直接与目标顾客进行接触会谈,挑选顾客最满意的封面设计和文字内容。

(2)抽样选取同等数量的目标顾客,向他们发放不同版本的印刷品进行对照测试,比较最后的结果,选择出较优的设计方案。

(3)对收到印刷品的目标顾客进行调查,测试顾客的反应。

(4)通过简短的测试来判断顾客对印刷品的记忆和使用情况。

典型案例

案例一:天山天池(www.xjtstc.com)风景名胜区既是国务院 1982 年首批确定的 44 处国家重点风景名胜区之一,同时又是 1990 年联合国教科文组织批准的国际

"博格达峰生物圈保护区"和国家首批公布的4A级风景旅游区。

随着互联网的普及,网民人数的暴增,网络逐渐成为人们获取信息的重要渠道。天山天池管理人员敏感地认识到这一点。但是从天山天池相关负责人对互联网的天山天池信息统计,天山天池有价值的信息仅为13%,且多为广告或景区介绍,可信度不高。有关网友自发性介绍的风土人情及旅游线路信息几乎为零;不能充分发挥电子商务平台的优势以达到预期效果,更不能带动天山天池的旅游。而且天山天池旅游刚刚建立起来的网络电子商务平台不为人知,怎样最快地通过网上售票管理系统为天山天池带来更多的游客?

天山天池制订一系列网络营销执行方案,重新打造新的天山天池网站,打造新疆旅游第一品牌。首先,结合天池的相关历史资料普及大众对景区的了解,在知名网站比如百度知道、新浪爱问、天涯问答等及论坛中开设景区知识有奖问答。与一游网和丝绸之路官方网站合作,带来直接的用户流量和人气。在中国旅游报、中国旅游网、新浪旅游等知名旅游网站或门户网站的旅游频道进行全面的广告交换与投放。通过即时消息工具设立网上热线,与客户建立联系,处理电子订单和客户咨询。开展网上门票、酒店、机票预订,通过获取手续费实现网站直接赢利。经过一系列得当的网络营销措施,提升了天山天池景区在人们心中的形象,激发了网友的热情,天山天池的旅游人数比往常增加了10倍。

案例二:"千岛湖女岛主"评选活动备受瞩目。"千岛湖女岛主征集令"活动是由千岛湖风景旅游局、千岛湖旅游集团联合主办,网易、天涯、腾讯、爱情公寓、POCO等主流媒体全程支持的大型网络选秀活动。活动从2010年5月初开始并将一直持续到8月,整个网络报名参赛人数近2万,总投票数已突破100万,活动影响力辐射全国,受到众多网友热捧。

"千岛湖女岛主征集令"活动,结合千岛湖拥有1078个岛屿,绿色低碳的旅游形象。利用网络平台上大家喜闻乐见的形式,选出受网友喜爱的、符合千岛湖自然清新气质的女孩,并以女岛主的身份进行为期一年的千岛湖旅游网络推广宣传活动。"女岛主"将畅游千岛湖,赢得大众关注,千岛湖在网友的心中建立富有亲和力的形象,针对目标受众做口碑传播,这无疑是景区和个人共赢的一次盛举,也是传统旅游营销所无法达到的高度。清华大学总裁班特聘营销专家刘东明表示,美女元素、互动征集元素是提升活动影响力的重要因素。

"千岛湖女岛主征集令"上线伊始,就充分利用网络资源,在开心网等网站上广发生动、有趣的宣传信息,引发了网友的大量关注和转帖,为女岛主选拔造势。随着活动的推进,撰写不同的主题帖定时发布传播,提高了活动的传播力和影响力。而SNS精准和互动的两个特点,保证了话题能针对目标受众完成有效传播。

小小的"女岛主",却撬动起整个旅游市场板块,如何借助各种网络资源进行有机整合,最终服务到品牌,千岛湖无疑在这里给了我们一个良好的启示。

问题:
1. 网络促销与传统促销手段的区别?
2. 网络促销的优势与不足?

思考与练习
1. 促销策略的内容是什么?
2. 影响促销组合的因素有哪些?
3. 比较分析推式策略和拉式策略。
4. 旅游企业应如何进行广告促销?
5. 怎样认识公共关系在旅游促销中的作用?
6. 怎样利用旅游印刷品进行促销?

第十一章

旅游服务市场营销

本章导读

旅游服务是旅游业的基础,旅游服务营销在旅游营销中占有重要的地位。在研究旅游服务营销时,要跳出传统产品营销的思维框框,把旅游的特点和服务的特点两者有机地结合起来,有针对性地进行探讨研究。本章主要介绍:旅游服务的含义、特征及质量测定,提高服务质量的策略,服务品牌、服务定价、服务促销及服务公关等内容。

第一节 旅游服务营销概述

一、服务与旅游服务的含义

由于服务的多样化及复杂性,对服务的含义难以有一准确的界定,因此,很多专家和学者从不同的角度给服务下了定义。在这里,我们从市场营销学的角度,以把服务作为一种产品为基础进行研究,并借用美国市场营销学会(AMA)给服务下的定义,即:"所谓服务,就是用于出售或者是同产品连在一起进行出售的活动、利益或满足感。"

在旅游服务业中,以接待服务最为重要,包括餐饮、饭店、旅行社、娱乐场所、广播、电视、度假村等。相对于服务而言,旅游服务范围更加明确、具体,它是指为满足旅游者食、住、行、游、购、娱等方面的需要而提供的一种旅游产品。需要指出的是,这种产品,是旅游者的一种"经历"产品,与其他一般意义上的旅游产品有明显的不同。一般意义的旅游产品是指旅游者在旅游过程中所购买的有形商品,如纪念品、食品、土特产品、装饰品等,同其他有形商品一样,都存在一种基本效益和核心功能。而旅游服务除了其功能服务之外,主要是一种心理服务,它是无形的,不能用一般商品的外在质量和内在标准进行统一的评定和衡量。

二、旅游服务的特征

旅游服务被定位为一种产品,但其与传统意义上有形的产品有很大的差别(见

表11-1），分析这些差异，再结合旅游服务自身的特点，就可总结出旅游服务作为一般服务的基本特征。

表11-1 服务和实物产品的差别

实物产品	服 务
实体	非实体
同质性	异质性
生产与消费不同时发生	生产与消费同时发生
一种物品	一种行为或过程
核心价值在工厂里被生产出来	核心价值在买卖双方的相互作用中产生
顾客一般不参与生产过程	顾客参与生产过程
能够储存	不能够储存
所有权发生转移	无所有权转移

（一）无形性

这种无形性主要表现在：首先，服务的特质与组成服务的元素往往是无形无质的，让人不能触摸或凭肉眼看不见其存在，如电视台和电台所提供的服务。其次，服务不同于实体产品，它在被消费之前一般是看不见，摸不着，难以感觉到，甚至使用服务后的效益也很难被觉察，或是要等到一段时间后享用服务的人才能感觉到利益的存在。如女士减肥，在使用减肥药之前是看不见什么效果的，只购买一次甚至使用较短的时间都难以有什么明显的效果，只有持之以恒地坚持较长的时间，才会有一定的"质变"，才会有明显的感觉。但是这种无形性或不可感知性只是相对的，不是绝对的。除了极少数的纯服务，如心理咨询、照看老人等外，绝大多数的服务都是和有形的实体联系在一起，有一些是需要利用有形实体进行生产，另外一些则是需要和有形商品一起出售。现在，服务和有形产品的界限已日益模糊，服务产品和实体产品构成了一个从高度无形到高度有形的连续体。所以一般来讲，服务是无形的内容占主导地位，实体产品则是有形的内容占主体。

（二）不可分离性

这是服务最本质最突出的一个特征，即服务的生产和消费必须同时进行，也就是说服务的提供者和顾客都必须同时参与。而有形产品在从生产流通到最终消费的过程中，往往要经过一系列的中间环节，生产与消费的过程具有一定的时间和空间间隔。如现在市场大降价的老型号彩电，一般都是积压了很长一段时间的产品，再不处理掉，就可能成为废品了。服务的这种特征，就决定了顾客同服务人员之间存在着一种密切关系，服务质量不仅仅由服务人员控制，顾客也是重要的影响因素。如顾客在美发的时候，往往对发型的设计和式样有自己的意见。这就需要服务提供者和顾客之间紧密配合，才能把服务搞好。

(三) 不可贮存性

这是由服务不可分离性的特征所引发出来的一个特征。由于服务的生产和消费必须同时进行,使得服务不可能像有形的消费品和产业用品一样被贮存起来,以备未来出售。而且顾客在大多数情况下,也不能将服务携带回家存放。如一场足球赛或一场音乐会的门票不能因当时没售完而留在以后再卖;医师、律师、美容师也不能重新找回因没有顾客光顾而损失的时间和收益。服务这种不可储存性的特征,造成了供需的不平衡,如何平衡这种供需就成了服务企业营销管理的关键。这就要求服务营销人员通过制定有效的价格策略,选择高效畅通的营销渠道,进行科学灵活的管理,来进行调节,以达到两者的平衡。但是随着科学的进步,服务的这种不可贮存性也不是一成不变的。如网上营销的发展,使得"远程教育"的发展悄然兴起,改变了现在这种教育模式。

(四) 差异性

差异性是指服务质量经常变化,其判定标准也难以统一和标准化。这可以从以下几方面体现出来:首先是服务提供者自身因素的影响,如情绪、性格、熟练程度等,使得服务水平难以稳定。如初学者的水平肯定要低一些;不同的营业员表现也不一样,有的热情周到,有的冷冰冰,只会像机器人一样工作,即使同一个营业员也会因情绪变动而使服务有所不同。其次是顾客本身的原因。这对服务又有两方面的影响:一是对服务质量,因其亲身参与服务过程,其自身的性格、情绪等对服务质量会有影响。二是对服务质量的评价标准也受自身很多因素的影响,如欣赏水平、兴趣、爱好等。如在挑选衣服时,年轻人对时尚、不同风格的衣服更感兴趣,而中年人更钟情于大方得体的服装。

(五) 不涉及所有权的转移

指在服务的生产和消费过程中,不涉及任何东西的所有权转移。这可以从以下两方面体现出来:其一是在服务的过程中,可能会借助一些有形的中间媒介,但不会涉及这些媒介所有权的转移。如航空公司把游客从北京送往纽约,下飞机后,飞机本身与游客没有丝毫关系。其二是服务本身。除了极少数技术转让之类的服务,绝大多数的服务在交易之后便完成了,顾客并没有"实质性"地拥有服务。服务的这种特征往往会使顾客购买服务时会感受到有一定的风险。如乘坐飞机时,乘客对飞机的性能和先进性没有发言权,这就要求服务营销人员采取各种措施进行有效的宣传,消除顾客的种种顾虑。

旅游服务除了这些服务所具有的基本特征外,还有一些自己的行业特征。如对旅游景点的参观,往往只有一次,除非特殊原因,旅游者很少重复甚至多次参观同一景点,特别是比较远的景点。此外,旅游行业涉及旅游者的食、住、行、购、游、娱等多方面,具有系统性的特点。

三、旅游服务营销与产品营销的差异性

前面列表分析了服务与有形产品的区别，与此相适应，旅游服务营销与产品营销有很大的差异，这些差异主要体现在以下几个方面：

（一）产品特点不同

有形产品是一种看得见、摸得着，可以明显感觉到的东西；而服务往往是无形的，是一种过程、行为、尝试、努力，旅游者事先难以感知，使用后对其质量水平也难以统一测定。

（二）顾客参与程度不同

在有形产品的生产过程中，几乎不涉及顾客的参与，而旅游服务的生产和消费是同时进行，旅游者必然参与其中，因此，旅游者就成了旅游产品的一部分。这就使得旅游企业在管理旅游服务生产的同时，必须花更多的精力来管理好旅游者这个活体。

（三）旅游服务无法储存和运输

由于旅游服务的不可分离性，旅游者不能把"景点"搬回家中欣赏。同时，旅游服务也不能像有形产品那样随时停留，层层批发，这就要求必须适时、适地地完成消费过程，否则就会造成浪费。

（四）质量标准难以统一

由于旅游服务涉及服务的提供者和旅游者两方面的因素，服务的质量很难像有形产品那样用统一的标准来衡量，其缺点和不足也不易被发现和改进。

四、旅游营销组合

由于旅游服务的特殊性，传统的产品营销组合不能完全适应服务领域，旅游营销组合要素的确定应该比传统营销组合因素更丰富，更有针对性。综合国内外营销理论研究者的研究，我们提出旅游服务营销组合应包括以下八个方面，即产品、价格、促销、渠道、人员、过程、有形展示和顾客服务。它们之间的关系见图11-1。

1. 产品

由于旅游服务的多样性与复杂性，旅游服务产品的内涵非常丰富，至少应从顾客利益、服务观念、服务水平和递送体系等几个方面考虑。

2. 价格

由于旅游服务的不可储存和不可运输，旅游服务价格的制定必须要体现高度的灵活性，主要是根据目标顾客的收入水平、需求渴望、可替代品等方面考虑，同时要建立一套数据库的支持系统。

3. 渠道

旅游服务企业不像其他生产企业那样能通过各种营销渠道把产品从工厂运送

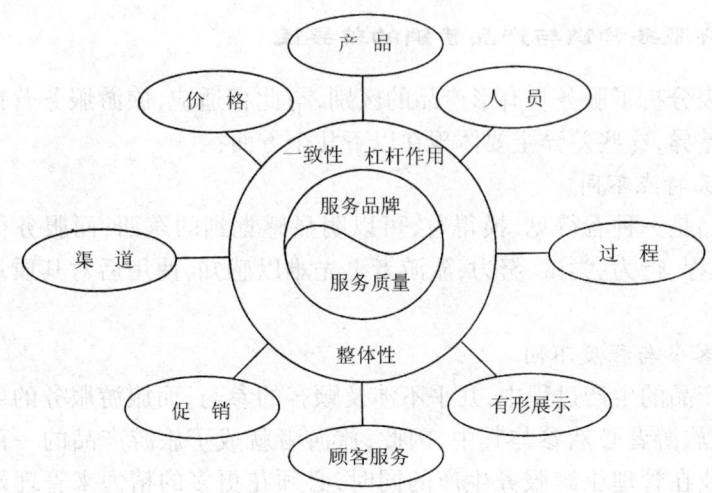

图 11-1 旅游服务营销组合图

到顾客手里,而是主要借助信息网络或是把生产、销售和消费的地点连在一起推广产品。旅游服务的特点决定了其营销渠道的直接性和高效性。

4. 促销

旅游服务促销更多强调的是通过宣传、公关等手段,树立强有力的品牌形象。

5. 人员

提供旅游服务的操作人员担负着服务表现和服务销售的双重任务。因此,旅游企业要高度重视企业的职工,特别是那些经营"高度接触"服务的企业的员工,同时,要稳定企业的高级管理人员,尤其是客户管理人员,以免客源流失。

6. 有形展示

有形展示一般包括实体环境、信息沟通和价格三方面。充分利用有形展示,能给顾客一个评判标准,以形成一种合理的预期,同时也能吸引和诱惑顾客购买服务。

7. 过程

在服务传递的过程中,由于人的主观因素的增多,很容易导致服务的"变异",因此,要加强服务在传递过程的管理,如酒店服务人员的微笑,导游方式的得体及高雅,景点服务的承诺等。

8. 顾客服务

顾客服务的各要素主要包括服务交易前、服务交易中、服务交易后这三个阶段的要素,内容很广泛。为搞好顾客服务,首先要从"优质"的角度搞好顾客服务的各个环节,同时要正确引导顾客形成一种合理的预期和良好的口碑。

典型案例

指鹿为马

北京某宾馆粤菜餐厅,一大公司经理宴请客人,服务员小孔给客人上花雕酒。她先给这位经理酒杯里放了一颗话梅,不料这位经理伸手挡住酒杯说:"小姐,您的操作方法不对,喝泡话梅黄酒,应该先倒酒,后放话梅。"小孔一愣,根据以往所学知识,明知客人的说法不对,小孔还是按照客人的说法做了。

上的第一道菜是滑炒虾仁,这位经理尝了一口,眉头一皱说:"这虾仁味道太淡了。"小孔说道:"是吗?""哦,这样吧,我马上拿到厨房去请师傅加工一下。"小孔向餐厅经理汇报了此事,餐厅经理和厨师长品尝后认为咸淡合适。经理联系前后发生的事,认为这位客人好面子,爱自我表现,应该尽量满足其表现欲,妥善处理好此事,遂让厨师长放了点盐回炒了一下,然后让小孔把菜重新端回餐桌,并对这位经理说:"先生,对不起,刚才确实淡了点,现在加盐了,请品尝。"这位经理尝了一口,笑着点头说:"这还差不多。"小孔松了一口气。

过了一会儿,最高档的菜——鱼翅上来了,这位经理照例邀大家趁热品尝,他刚尝了一口,果然"发难"了,对小孔说:"这鱼翅有问题。"小孔大吃一惊,这时早在远处留心观察的餐厅经理马上走了过来,和气地说:"我是餐厅经理,欢迎您对这道鱼翅多提宝贵意见。"这位经理一口咬定鱼翅有问题,餐厅经理毫不犹豫地说道:"那就取消。""取消"就是白送,这时在座的客人有些看不下去了,纷纷劝解。这位经理一点也没想到店方会主动提出取消,在众人的劝说下也觉得过意不去,便说:"取消就不必了。"餐厅经理见形势缓和下来了,就退一步说:"那就打8折。"这时,这位经理颇有点不好意思,又显得扬扬得意。

从此后,这位经理和他的公司属员便成了该餐厅的常客。

问题:作为旅游服务人员,从中可以受到哪些启示?

第二节 旅游服务质量

一、旅游服务质量的含义

理论界对服务质量的界定历来有争议,到现在还没有一个统一的认识。争议的焦点在于服务质量到底属于主观的范畴还是属于客观的范畴,或者说主观或客观的因素哪一种占主导地位。现在似乎持前者观点,即认为服务质量是一种主观范畴的学者多些。如刘易斯和鲍姆斯就把服务质量定义为一种衡量企业服务水平满足顾客期望程度的工具。葛罗劳斯则明确认为服务质量是一种感知服务质量,它取决于顾客对服务质量的预期,即预期质量同其实际感知的服务水平即体验质量的对比。巴塞尔和吉尔甚至认为无论是有形产品还是无形服务,其质量都是由顾客说了算,并取决于顾客对产品的质量的感知程度。这类观点显然是符合市场营销理论的。因为市场营销理论的实质就是以消费者为中心,"顾客是上帝""顾客永远都是对的"是其真实的体现。

的确如此,顾客的感性认识在服务营销中有着很大的作用,以至于服务质量的高低并非完全由企业自己决定,而是与顾客的感受有很大关系。但这并不意味着服务质量完全由顾客的感知所决定是由顾客说了算。我们认为服务质量是由企业和顾客两方面共同决定的,包含着客观标准和主观感知两方面的内容,但本质上,从界定服务质量的因素上看,客观因素占主导地位,因而服务质量是一个属于客观范畴的概念。其理由有以下两个方面:

第一,完全按照国际标准 ISO9004—2 制定的中华人民共和国国家标准 GB/T19004.2—1944《质量管理和质量体系要素第 2 部分:服务指南》给服务质量所下的定义是:"反映产品或服务满足明确或隐含需要能力的特征和特性的总和。"所谓明确需要,是指在合同、标准、规范及其他文件中已经作出规定的需要。如宾馆星级标准中已经明确了对硬件和软件的不同要求即属于服务质量中的明确需要。所谓隐含需要,是指顾客和社会对产品或服务的期望,如热心、周到、方便。虽然这些没有写进相关文件,但这些属于顾客的期望,企业也不能忽视。很显然,服务质量的制定标准是以满足顾客的明确需要为主的,这属于一种客观标准。此外,美国学者白瑞、巴拉苏罗门和西斯姆等提出的服务质量测定模型,确定了测定服务质量的五个标准,即可感知性、可靠性、反应性、保证性和关爱性。这五个标准,至少有三个,即可感知性、可靠性和保证性,是客观标准,这也从一个方面说明了客观属性在服务质量中占主导地位。

第二,有人可能认为,虽然服务质量的评定标准是客观的,但顾客对这种客观标准的运用却是主观的,其对服务质量的评价总是从自己的感知出发的,顾客在服务质量的评价中应该起主导作用。这种观点至少有两个方面的缺陷:

首先,从理论上分析,市场营销理论绝不是十全十美的,它也有明显的缺陷。这种缺陷主要表现在:企业只是由顾客牵着鼻子走,只专心于对顾客作出反应,不知该如何引导顾客,创造市场;容易造成产品雷同、营销组合相似,导致激烈的竞争、资源的浪费;只注意近期利益,忽视长远利益。这种缺陷在市场上已经造成了一定的危害。因此,在服务质量的测定问题上,不能完全由顾客说了算。

这里有个典型的例子,即如何理解"顾客永远是对的"这句话。这句话最早是由瑞士贵族饭店的经营管理者塞萨·里兹提出来的,后来被上升为一种服务理念,作为一条服务定律,成为一种格言。

事实上,"顾客永远是对的"这句话并不是对客观事实所作的判断,它只是为了实现优质服务而提出的口号,是服务的一种策略。"人非圣贤,孰能无过",顾客有对的时候、有对的地方,同样有不对的时候、有不对的地方。坚持"顾客总是对的",

是为了提醒旅游服务人员,不要去挑顾客的毛病,更不要去和顾客争输赢,这是满足顾客心理和脸面需要的一种策略。但不挑毛病、不争输赢绝不是意味着不分清是非。遇到一些小是小非,如顾客在酒店用餐后忘了付钱或是延期住宿,服务人员就不能因为"顾客永远是对的",而不催促交钱,只是在要钱的时候,讲究一定的策略就可以了。服务人员可以进行这样的提醒:"真对不起,我没有及时把账单给您送来。""麻烦您告诉我您准备退房的时间,以便我们能及时给您预订车船票及提供其他服务。"遇到一些大是大非,如顾客损坏酒店内的贵重物品,则应照章赔偿。甚至在发生顾客有重大的盗窃行为以及其他重大违法犯罪的活动时,酒店又无法处理时,必须请公安部门出面解决。

其次,从实际操作上看,对服务质量制定统一的标准进行测定也是有益的。否则,完全按顾客的感知来测定会造成很大混乱。因为顾客自身成长经历、所处阶层、心境情绪等方面的影响,不同的顾客对同一种服务会有不同的服务预期,如一个总统和一个农民对酒店的服务预期会有很大的差别。就是同一个人其预期质量也会不同,这会使服务企业茫然不知所措,甚至陷入迷途。这也是国际上为什么制定一个统一标准的原因。如一个不常住酒店的工薪人员偶然住过一次三星级酒店,享受了酒店给他提供的正常服务,就会使他非常满意,觉得服务质量很高。后来他发达了,经常住豪华酒店,对五星级酒店的服务质量也觉一般。我们能从这位顾客的感受来认定五星级酒店的服务质量就比三星级酒店的差吗?

因此,评价旅游服务质量时应以统一的标准特别是国际标准为准。在为顾客提供服务时,应以这种标准为客观主导,同时针对不同的顾客,提供尽可能的差异化的服务,搞好顾客服务,让顾客满意。

二、提高旅游服务质量的策略

旅游服务质量包含旅游企业提供的技术服务,也包括顾客的感知水平,因此要想提高旅游质量,就得从这两个方面入手。因此,可制定如下策略:

(一)提高旅游服务标准

高标准意味着高质量。一方面,旅游企业要参照国际旅游企业的标准,如星级酒店评定标准,提高自己的服务;另一方面,向竞争对手学习,将自己的服务标准与竞争对手的服务标准相比,留高去低,取长补短。同时,还要从营销策略、内部管理等方面向竞争对手学习,不断进行服务创新。

(二)分解服务过程,抓住关键点

诺曼曾把顾客同企业进行服务接触的过程形象地称为"真实瞬间",它意味着在特定的时间和地点,旅游企业才真正有机会向顾客展示自己产品的质量。一旦真实瞬间过去了,顾客也就离开了,旅游企业很难再用其他办法改变顾客对产品的感知。而如果在这一时间内,产品质量出了问题,旅游企业想补救也来不及,如果真的要补救,也只能在下一个"真实瞬间"进行。

因此,旅游企业首先要找出这些"真实瞬间"。这就要求旅游企业分解组织系统和架构,找出顾客同服务人员的所有接触点,对这些接触点进行区别、管理和分类,在搞好每一接触点服务的基础上,对一些关键点进行重点监控。一般地,服务过程包括从前台服务到后勤服务的所有环节和方面,它通常被分为四个步骤:

第一,描绘服务的所有成分,使得服务过程能够清楚地、客观地展现出来。

第二,找出在服务过程中容易出现的失败点。

第三,制定执行标准和规则,以充分体现服务的质量标准。

第四,提供顾客看得见的服务展示,并把每一个展示看成企业与顾客的服务接触点。因此,在每一个接触点,雇员都会向顾客提供不同的服务职能质量和服务技术质量,而这种差异性将影响顾客对整个服务企业的服务质量的评价。

此外,作为提高服务质量的其他方法,企业还可以从降低顾客"质量风险"的顾虑着手,因为顾客在消费服务前,经常会担心所期望的服务质量与实际感受的服务质量相差太大。

三、搞好对客服务,管理顾客期望

对客服务是个相当复杂的过程,要搞好对客服务,最基本的一点是准确把握顾客的心理,首先要了解顾客在旅游过程中的一般心理要求。如在游览景点时,需要导游具有良好的个人心理素质和高超的导游服务艺术。住宿时,在前台需要服务人员提供快速、热情、全面的服务;在客房里需要服务人员提供舒适、周到、安全卫生的服务;在进餐时,需要服务人员提供方便、可靠、熟悉和尊重的服务。此外,旅游服务人员还应掌握不同顾客的不同心理。如旅游者在旅游商店购物时,并不是都需要服务员"全面、热情"的各种服务,有时,让其静静欣赏,独自挑选,反复回味,其效果可能会更好些。在进餐时,不要当着一桌子人的面,给顾客尽推荐一些"昂贵"的特色菜。这样做,会令顾客左右为难,进而对服务人员和酒店产生不良印象,甚至深恶痛绝。

由于顾客的心理差别大,对服务的预期差异也很大,因此要制定行之有效的策略,管理好顾客期望。一般而言,企业是通过自身的承诺来引导和管理顾客的期望,以下两种策略可供选择:

(一)现实质量等于实际质量

这是绝大多数企业所采用的一种策略,这对企业和顾客都是公平有利的。它不会给企业增加压力,顾客也不会形成过高的预期。这种策略要求企业要准确地完成所承诺的服务,许多以优质服务著称的企业都是通过这种方法来建立自己的信誉。IBM公司的口号是"IBM就意味着最佳服务!"它承诺:"世界任何地方的

IBM 电脑发生故障,它都会在 24 小时之内派人上门维修。"有一次,在圣诞期间,位于加利福尼亚大山深处的一家美国军事单位的大型电脑发生故障,IBM 公司马上急令其在外度假的高级工程师结束休假,迅速赶回国内。为争取时间,不惜花巨资调用直升机硬是在 24 小时之内把维修人员送到大山深处的基地所在地。现在的一些旅行社,在组织远期和远程旅行时由于各种原因,如机船费、住宿费的上涨等,往往不愿按合同规定的内容完成旅游服务而节外生枝,使其服务质量低于承诺水平。这样做,虽然可以减少一些经济损失,但损坏了企业的整个形象,游客的抱怨和口传可以使其失去很多潜在的顾客。"一诺千金",只要没有发生不可抗力的变故,旅游企业一定要按承诺完成服务任务。

(二)现实质量高于承诺质量

为使现实质量高于承诺质量,有三种方法可供企业选择:

第一,保证承诺质量不变,提高现实服务水平。这种方法对企业的压力最大,需要企业能提供更优质的服务。

第二,保证承诺质量和实际质量都不变化。采用适当的方法,给顾客形成一种优质服务的心理感知,如利用服务传送和有形展示等方式。在服务传送的过程中,顾客亲自经历了服务者的服务技能和服务态度,有助于保持更低期望和更大的容忍,从而使超出这些期望成为可能。在有形展示过程中,企业把无形的服务让顾客明显地从各方面感觉到,会引起顾客好奇心理,产生一种满足和安全的感觉,这也会增加其对服务质量的感知。

第三,保证实际质量不变,降低承诺质量。这是一种先抑后扬的心理策略,不能被广泛使用,但在关键时候,往往会产生意想不到的效果。美国西北航空公司的一架飞机在乘客都已登机后,突然发现飞机有故障,要维修。凭经验,机组人员知道问题不大,用不了一小时,飞机就会被修好,可以正常飞行。可乘务员通过广播向乘客宣布:"飞机由于机械故障,需要维修,三小时后可以保证起飞,请大家安静,如有乘客要改乘其他航班,本公司将退票,并积极协助。"同时,给乘客道歉,及时送上报纸、杂志、咖啡,打开录像机放映精彩节目。刚开始听到这个信息时,乘客们高声抱怨,但没有人退票,因为乘务员保证三个小时内可以起飞,他们不愿再折腾了。过了半个小时,乘务员的声音再次响起:"由于机组人员的努力,飞机维修时间将比原来预计的时间大大减少,大约一小时内,飞机就可以起飞了,感谢各位乘客的理解和支持。"这时,机舱里慢慢变得安静起来。又过了半个小时,乘务员悦耳的声音又一次响起:"由于我机组人员急乘客之所急,想乘客之所想,加紧维修,现在飞机可以起飞了。"此时机舱里响起了一片欢呼声。在使用这种策略时,要准确地把握一个"度"的问题,不能促使顾客从量变过渡到质变。如上例中的飞机的延误时间定为三小时就比较合理,太长了可能乘客就真的退票了;太短了,又不会有很好的效果。

现在,我国有些旅游企业为吸引顾客,往往人为提高自己的服务承诺。这是一种短期行为,危害很大。旅游企业既要练好真本领,提高服务质量,同时也要会根据服务的特殊性,准确把握顾客的心理,制定恰当的营销策略。只有这样,才能使自己处于有利位置,这才是一种长久之计。

第三节 旅游服务的有形展示

在传统的产品营销过程中,企业需要借助一些抽象的想象来推广自己的产品。如德国皮尔·卡丹的服装产品就使人想起其高贵和浪漫的形象;日本索尼公司的产品就令人想起其技术创新、卓尔不凡的形象。而旅游服务产品却反其道而行之,它需要借助一些有形的东西使其服务有形化,传递各种信息,增强顾客的感知性、好奇心和安全感。重庆一家广播电台,在三面临街的地方设计了一个全透明和隔音好的工作场所,现场制作节目,改变了电台过去"只闻其声不见其人"的惯例,市民闻风而至,大大提高了电台的影响和收听率。元宵节前,商家在商场里面现包现卖元宵,也增加了元宵的销量。一些中式餐厅,改变过去那种封闭厨房的做法,把厨房尽量开放出来,让食客亲眼目睹厨房良好的卫生状况及厨师精心炒菜的过程,真正是"好吃看得见",取得了很好的效果。

一、有形展示的类型

理论界从多种角度对有形展示进行分类。而从构成要素的角度把有形展示分成物质环境、信息沟通和价格三要素,被认为最合理。如图11-2所示。

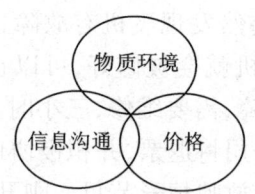

图11-2 有形展示的类型

(一)物质环境

物质环境可分为三大类:周围因素、设计因素和社会因素。如表11-2所示。

1. 周围因素

周围因素通常被旅游者认为是构成服务产品内涵的必要组成部分。它主要包括一些不易引起人们重视的背景条件,如整洁度、气温、湿度等。这些条件达到规定的要求,旅游者不会感到极为满足和高兴,而一旦达不到要求,则会形成强烈的不满和失落。

2. 设计因素

这是最能引起旅游者注意的因素,包括美学因素和功能因素两方面。主要用于改善服务产品的包装,使产品的功能更加明显和突出,以建立有形的、赏心悦目的服务形象。

3. 社会因素

这类要素是指在服务场所内一切参与及影响服务产品生产的人,主要包括服务员工及周围出现的各类人士。

表 11-2 物质环境的要素构成

周围因素	不易引起顾客立即注意的背景条件		空气的质量 气温 湿度 通风情况 噪声 气氛 整洁度
设计因素	顾客最易察觉的刺激	美学因素	建筑 颜色 尺度 材料 结构 形状 风格 附件
		功能因素	陈设 舒适 标识
社会因素	环境中的人	众（其他顾客）	数量 外貌 行为
		服务职员	数量 外貌 行为

(二)信息沟通

信息沟通是有形展示的另一种形式,它包括服务有形化和信息有形化两方面,如图 11-3 所示。这些信息主要来自于企业本身、旅游者和媒体三方面,从企业的对外传播、旅游者的口传效应到媒体的各种评论都传递了有关服务的线索。

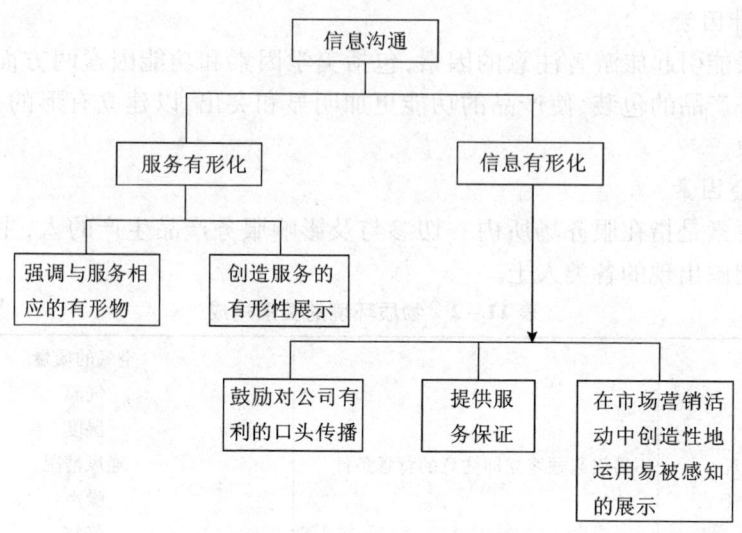

图 11-3　信息沟通与服务展示

（三）价格

价格的高低同样也可给旅游者提供服务的线索，它既能展示"空洞"的服务，也能展示"饱满"的服务；既能培养旅游者对产品的信任，也能降低这种信任。旅游者往往根据企业制定的价格线索来期望或评价企业服务所具有的价值。

二、有形展示的作用

有形展示作为服务企业实现其产品有形化、具体化的一种手段，在服务过程中占有重要地位。它作为旅游市场营销服务的要素之一，在服务品牌的建立和企业战略的实施过程中，起着重要作用。具体来说，有形展示有以下作用：

（1）通过感官刺激，让旅游者感受到服务将要给自己带来的好处。

（2）正确引导旅游者对服务产品的期望。有形展示能够将旅游者对服务的期望值与服务产品的利益较好地联系起来，使旅游者对企业的服务有一个较为合理的期望。

（3）影响旅游者对服务产品的第一印象。有形展示作为部分服务内涵的载体，无疑是旅游者获得第一印象的基础，有形展示的好坏直接影响到旅游者对企业服务的第一印象。

（4）容易使旅游者产生对服务的"优质"感觉。

（5）约束员工并协助员工的培训。对于企业内部的员工而言，必须在实质上与有形展示相一致。因此，企业可利用有形展示所突出的服务的特点和优点来约束和培训企业员工。

三、有形展示的管理

服务产品具有不可感知的特性。而对"不可感知"则可以从两个方面理解：一是指服务产品不可触及，即看不见摸不着；二是指服务产品无法界定，难以从心理上进行把握。因此，服务企业要想克服市场营销方面的难题，采用有形展示策略，也就应以这两个方面为出发点，一方面使服务有形化，另一方面使服务易于从心理上进行把握。

（一）服务的有形化

使服务有形化就是使服务的内涵尽可能地附着在某些实物上。服务有形化的典型例子是银行信用卡。虽然信用卡本身没有什么价值，但它显然代表着银行为旅游者所提供的各种服务，以至于只要"一卡在手，便可世界通行"。

（二）使服务在心理上较容易把握

除了使服务有形化之外，服务企业还应考虑如何使服务更容易地为旅游者所把握。通常有两个原则需要遵循：

1. 把服务同易于让旅游者接受的有形物体联系起来

由于服务产品的本质是通过有形展示表现出来的，所以，有形展示越容易理解，则服务就越容易为旅游者所接受。运用此种方式时要注意两点：

（1）使用的有形物体必须是旅游者视为很重要的，并且也是他们在该项服务中所寻求的一部分。如果所用的各种实物都是旅游者不重视的，则往往产生适得其反的效果。

（2）必须确保这些有形实物所暗示的承诺，在服务被使用的时候一定要兑现，也就是说，各种产品的质量必须与承诺相符。

如果以上的条件不能做到，那么所创造出来的有形物体与服务之间的联结，必然是毫无意义的和具有损害性的联结。

2. 把重点放在发展和维护企业同旅游者的关系上

使用有形展示的最终目的是建立企业同旅游者之间的长久关系。服务产品的消费者，通常都被鼓励去寻找和认同服务企业中的某一个人或某一群人，而不只是认同于服务本身。因此，服务提供者的作用很重要，他们直接与旅游者打交道，不仅其衣着打扮、言谈举止影响着旅游者对服务质量的认知和评价，而且他们之间的关系将直接决定旅游者同整个企业的关系和融洽程度。

第四节 服务品牌、定价、促销和公关

一、服务品牌

我国改革开放的过程有一条清晰的轨迹，即，随着商品—资金（技术）—品牌—文化这条路线逐步深入。改革开放之初，百废待兴，商品大量短缺。为改善人民的

生活,国家进口大量国外商品,特别是日本货几乎占领了所有较富裕的家庭。一段时间过后,国家从调整产业结构、维持汇率稳定、提升竞争力等方面考虑,采取很多优惠的政策,鼓励国外企业来我国投资办企业。这个时期,主要是引进其资金和技术。在合资和合作的过程中,国内企业与国外企业逐渐产生了关于企业和商品的品牌之争。刚开始,由于我国企业的不重视,我们处于下风,现在则趋向于激烈化。现在消费者都明白他们所吃的麦当劳餐厅里的薯条和汉堡包、所喝的可口可乐和百事可乐,都全部本土化了,只有一点最后的也是最核心的东西即品牌是美国的。加入WTO后,我们更强烈地感受到来自品牌里最深层的内涵——文化的冲击。现在我国已全面开放,国与国、企业与企业之间竞争的最后胜负在很大程度上将由文化定分晓。当然,这种结果不会是简单地消灭一些所谓"弱势文化"和"落后文化",更多的是体现一种文化的主导性和融合性。

由此可见,品牌在竞争中的巨大作用。对于旅游企业来说,服务品牌是展示服务产品及服务企业很好的"窗口",它的基本性能是把服务企业及其产品与其他企业和产品区分开来。由于服务缺乏有形性,在树立服务品牌时会遇到很大困难。因此,旅游企业应当充分利用各种方法,比如企业硬件、印刷媒体、电视媒体、电台、流动媒体、职工服饰等多种影响因素将服务品牌提供给目标市场顾客或广大公众。在众多影响服务品牌的因素中,品牌的名称和品牌的树立是两个关键因素。

(一)为服务品牌起一个好名称

名称是服务品牌的核心,一个好的名称能让顾客联想起服务所能带来的利益或好处,有助于旅游者购买行为的发生。一般而言,在给旅游企业命名时,应遵循以下原则:

1. 简洁性

名字应单纯、简洁、明快,旅游者易读易记。冗长和复杂的店名,不易被人辨识和记忆。

2. 独特性

任何名称都应具有独特的个性,不能与其他任何店名重复。据悉,我国现在两个字的企业名称已经用尽了,为避免与他人重复,必须用3个字以上的企业名称,而且三个字以上的名称,必须避免有两个字与他人重复。例如,位于香港筲箕湾东大街的"安利鱼蛋粉面",以片头捞面驰名全港,吸引不少名人顾客,但早年同一条街有另一间"安利大排档"使得不少食客产生误解,这起招牌名"双胞胎"的事件最终闹上法庭才得以解决。

日本索尼公司(sony),原名为"东京通信企业公司",本想取原来名称的三个字的第一个拼音字母组成的TTK作名称,考虑到商品将要打入美国,而美国的这类名称多如牛毛,如NBA、ABC、RCA等。公司老板盛田昭夫为了给企业起一个独特的名字,而且这个名称无论在哪个国家,都必须保持相同的发音,他查了不少字典,终于找到"SONY"这一理想名称。SONY源于"SONUS"(声音)与"SONNY"(精力旺盛的小伙子、可爱的小伙子)两者的综合,发音朗朗上口,寓意明确深刻,与众不同,后来就成了全球的驰名品牌。

3. 新颖有气魄

企业名称要有新鲜感、时代感、创新性。如柯达(KODAK)一词在英文字典里根本找不到,本身也没有什么特殊含义,但"K"字的图案标志新颖独特,消费者第一次看到它,觉得很新颖,会留下很深的印象。同时,企业名称要有气魄,起点高,冲击力强,给人以震撼向上的感受。如珠海的海蓉贸易公司易名为"卓夫"。"卓夫"是英语"Chief"的音译,英文意思为领袖、最高级的,中文含义为"卓越的大丈夫"。中英文合二为一,演绎出一种高雅、俊逸、不同凡响的风格。正如设计者所言:"作为产品,它是高级、高档、高质的象征;作为企业,它是卓越领先、超众的代表。"

4. 含蓄有寓意

企业名要有一定的寓意,让旅游者一见到或听到店名,就能产生愉快的联想,对企业产生好感。

5. 规范而受法规保护

企业名称的不规范在我国比较普遍,出售商品房的小区和一些娱乐场所就有山庄、花园、度假村、广场等多种称呼,不仅不规范,还名不副实。旅游企业一定要避免这种现象的发生。

旅游企业在给企业命名时,除了查找字典、引经据典外,还可以集思广益,通过多种途径进行征集与筛选。诸如采用发动自己单位职工为本企业命名、委托专业公司起名和向全社会有奖征集企业名称等方式。

(二)确立服务品牌的原则

1. 从调查一些重要的问题开始

比如调查企业现有品牌的含义是什么,它与主要竞争对手相比有何区别,对于企业及其竞争对手而言,服务概念、质量、价值对品牌含义有何影响等。

2. 选择适当的纠正品牌的方式

在激烈的市场竞争中,服务品牌会遇到各种挑战和影响,有时这些影响会引起品牌在公众心目中的形象下降。这时,企业必须想方设法维持乃至提高它的形象。一些企业习惯于注重品牌的外表,比如换个名称、更换颜色、使用时髦用语、增加广告预算等。实际上,企业纠正品牌形象还是应该练好"内功",即努力提高服务产品质量,并在现有品牌的基础上,通过多种媒介,以更新的方式来稳定并提高品牌知名度。

3. 把品牌的树立与服务员工紧密联系在一起

如前所述,服务不同于有形产品,人的因素在服务的推广过程中起着十分重要的作用。向市场传播品牌最强有力的媒体是企业员工,员工的一言一行都能强烈地影响服务品牌。因此,企业应强化员工对品牌意识的参与和融合,使每位员工关心并培育品牌。

4. 善于总结

好的品牌不能长时间地掩盖劣质的服务，企业必须善于及时总结品牌的得失，使品牌在市场中保持良好的形象，以保持顾客对企业服务的高度信任。

二、旅游服务定价

价格是营销组合中唯一能带来收益的因素，而其他因素则都表现为支出和费用。所以，制定准确的服务价格是使旅游企业达到利润最大化的一个基本前提和保证。鉴于前面已介绍了旅游价格的策略的基本内容，这里只重点分析旅游服务特征对服务定价的影响以及旅游服务定价的基本技巧两个内容。

（一）旅游服务特征对旅游服务定价的影响

1. 服务的无形性对定价的影响

服务是不可感知的、无形的，这使得顾客在购买服务时，难以客观地、准确地检查无形无质的服务。他们在判断价格是否合理时，更多的是受服务产品中实体要素的影响，从而形成自己对服务的"价值"认识，并把这种价值同价格进行比较，确认是否"物"有所值。因此，服务企业定价时应主要考虑顾客对服务价值的认识，而不仅是服务成本构成因素。一般说来，在服务生产过程中，实物成分越高，定价则越倾向于使用成本导向定价方式；反之，实物成分越低，则更多采用顾客需求导向定价。后者使得定价缺少一定的标准，因而，服务产品价格的变动幅度一般要比有形产品的定价范围大得多，即定价的弹性很大。

2. 服务的不可贮存性对定价的影响

服务容易消失，这对于企业来说，把握不好就很容易造成浪费。对此，服务企业必须使用优惠价及降价等方式，以充分利用服务的生产能力，因而，采用边际定价是常用的手段。当然，经常采用这种方式容易强化顾客的等待降价的心理，因此，企业应当做好提前预约服务，并对提前预约服务的顾客给予价格上的优惠。

3. 服务的同质性与否对定价影响很大

如果服务是同质的，那么企业价格竞争是非常激烈的。为了维护行业利润，政府经常会出面干预，即政府行为对定价影响很大。而在大多数情况下，服务的差异性很大，因而，同种类型的服务，其价格差异就十分明显。

4. 服务的不可分割性对定价的影响

服务的不可分割性使得旅游者必须定时、定点去消费服务，这很容易加剧企业之间的竞争，从而影响企业的价格确定。

（二）旅游服务的定价技巧

1. 差别定价法

差别定价法是一种根据旅游者需求强度的不同而制定不同价格的定价法，主要用于:建立基本需求,尤其是对高峰期的服务最为适用;用以缓和需求的波动(常见于许多服务业),降低服务的易消失性的不利影响。差别定价的形式包括:价格/时间的差异、顾客支付能力差异、服务产品的品种差异、地理位置差异。

2. 折扣定价法

大多数市场都可以采用折扣定价法。服务企业通过折扣定价法可达到两个目的:一是促进服务的生产和消费;二是鼓励提早付款、大量购买高峰期以外的消费。

3. 偏向定价法

当一种服务原本就有偏低的基本价或服务的局部形成低价格结构形象时,就会产生偏向价格现象。比如,商品价位较低的超市,现在也开始经营市场价格统一的家电产品,其销售往往比大商场还好,这就是价格偏向的原因。

4. 保证定价法

保证必有某种结果产生后再付款就是典型的保证定价法。比如职业介绍所,必须等到当事人获得了适当的工作职位后,才能收取费用。保证定价法适用于以下三种情况:保证中的各种特定承诺可以得到肯定和确保;高质量服务无法在削价的竞争环境中获取应有的竞争力;顾客所寻求的是明确的保证结果(如防锈服务、有保障的投资报酬率)。

5. 高价位维持定价法

这是当旅游者把价格视为质量的体现时使用的一种定价技巧。在某些情况下,某些服务企业往往有意地造成高质量、高价位姿态。已建立起高知名度的服务企业,适宜采取这种定价方法。

6. 牺牲定价法

此种定价方法是指第一次订货或第一个合同的要价很低,希望借此能获得更多的生意,而后来生意则要较高的价格。当顾客不满意目前的供应者或不精通所提供的服务时,适合采取这种做法。

7. 阶段定价法

此种定价方法与前一种类似,即基本报价很低,但各种"额外事项"则要价较高。

8. 系列价格法

价格本身维持不变,但服务质量、服务数量和服务水平则充分反映成本的变动。特别适用于固定收费的系列标准服务,即服务产品的质量、数量和水平的差异必须容易为顾客所了解(如航空长途旅行)。

三、旅游服务促销

旅游服务促销是指旅游企业把服务向目标顾客进行宣传、说服,以促使顾客了解和接受服务的沟通过程。它主要包含以下几种促销方式:广告、人员推销、销售促进、公共关系、口头传播等。

（一）服务促销的作用

服务促销在旅游营销中起着重要的作用。

1. 刺激旅游需求,扩大旅游产品销售

旅游产品不是必需的。它具有需求弹性大的特点。通过灵活运用各种促销手段,可以唤起潜在旅游者内心的旅游消费需求,甚至创造出"首次需求",从而增加旅游企业的市场销售量,获取更多利润。据香港旅游协会资料,每增加1美元的旅游宣传投资,可增加123美元旅游收入。促销的作用可见一斑。

2. 提供信息,沟通供需关系

服务促销的直接作用就是进行信息传递,实现与旅游者的沟通,通过各种促销手段,可以不断将旅游服务的信息传播到旅游者那里,并获得反馈,以使旅游企业及时调整供需关系,确定合适的市场定位。

3. 突出特点,强化竞争优势

旅游服务不仅是无形产品,而且和人们日常生活联系也不紧密,因而旅游者在同类产品中很难辨出高下。促销能够放大服务之间的差别,突出本企业服务的特色,激发旅游者对本企业服务的偏爱,从而在激烈的市场竞争中获得优势。

4. 树立良好形象,提高抗风险能力

市场瞬息万变,而旅游业还受季节等不可测因素的影响,因而波动性较强。通过旅游促销活动,树立良好的企业形象,能够博得旅游者的信赖和品牌忠诚,避免大幅波动,从而在市场中站稳脚跟。

（二）服务促销组合的原则

1. 充分利用有形展示

由于服务的不可感知性和无形性,在服务促销的过程中必须尽可能多提供有形线索,以使顾客减少疑虑等,化解心理风险,形成合理的质量预期。

2. 重视顾客的口碑效应

服务的无形性使得服务效果具有一定的滞后性和明显的主观性特点,顾客的口碑在服务质量的传递和树立品牌方面有重要作用。美国马萨诸塞州一家销售咨询公司经调查证实,服务人员怠慢一位顾客,会影响40个潜在顾客;而一个满意的顾客至少会带来8笔潜在生意,其中至少有一笔会成交。因此,旅游企业要对顾客口碑加以正确引导,以利树立良好的形象。

3. 保持与雇员的直接沟通

旅游行业属于一种"高度"接触的行业,在提供服务的过程中,雇员是保证优质服务的关键。雇员不是一般的"机器",他有自己的情绪、情感和价值取向,会直接影响服务质量。旅游企业要准确了解雇员的心理,用自己的企业文化引导雇员,增强其凝聚力,激发其积极性、创造性。

4. 保持传播的连续性

如果促销组合出现中断，那么就不利于企业集中体现服务的差异性和中心内容。旅游企业要制订促销组合的细则计划，并严格按计划执行。

5. 兑现企业的服务承诺

首先要让旅游者了解旅游企业对各项服务的内在和外在要求，让他们形成一种准确的质量判断标准，旅游企业再对照这个标准，提供相应的或更优质的服务。

（三）服务促销的组合方式

服务促销的方式一般包括广告、人员推销、公共关系、销售促进、口头传播及直销等形式，在这里主要讨论前三种形式的作用与应用。

1. 广告

现代社会是一个广告的社会，广告无时不在，无处不在，任何人都无法躲避。但人们对广告的关注度大大降低，甚至有些讨厌和害怕。这使得企业陷入了一种两难境地，不做广告，是万万不可的；做广告，特别是花巨资做广告，其效果又不得而知。旅游企业要充分利用广告进行促销，扬长避短，取得最佳效益。在制定广告策略时，旅游企业要注意以下几个方面的问题。

（1）保证真实性。这是任何广告都必须遵从的基本原则。虽然广告形式可以适当夸张和灵活，但关键信息必须真实，否则就会误导消费者，使其反感讨厌。这也是目前广告作用大大下降的主要作用。北京亚运村附近的旅游度假村，为强调其地理位置的便利，在做广告时，强调那地方离前门火车站只有10分钟的路程。只要对亚运村和前门稍有常识的人都会知道这是不可能的。而对媒体记者和顾客的疑惑，该企业的负责人解释说这段距离是指地图上这两地之间的直线距离。当时就有顾客戏谑地说："以后当我们以火箭代步时，从前门到亚运村只需几秒钟了。"这种公然造假的广告宣传给该企业造成恶劣影响。作为旅游企业，要保证广告的真实性，就只能宣传承诺可提供顾客能得到的服务。

（2）量力而行。在广告费用的支出上，要有一套科学的预算体系，并严格执行。在确定广告费用时，可借鉴国外旅游企业的做法，按销售额的百分比确定。有限的费用要用在刀刃上，而不能像现在我国的很多国内企业按竞争对等法确定。后者的做法只会肥了媒体，拖瘦甚至拖垮企业。在媒体的选择上，不要只盯着电视、报纸那些所谓影响大的媒体，它们的要价太高，特别是影响比较大的电视和报纸。旅游企业要根据自身的特点，广泛选择路牌、户外设施、交通工具，以散发传单等多种形式做广告宣传。仁川亚运会举办前期，仁川市政府选择在中国的各大主要城市地铁上张贴广告进行宣传，印有都教授的宣传画给市民留下深刻的印象。

（3）强调服务的利益。广告所重点强调的内容不一定是一些技术性环节，而是服务的利益。过分强调顾客亲自参与或能明显感知的细节，对企业不一定有利。服务的利益特别是整体的利益能吸引旅游者的兴趣和注意。在强调服务利益的时候,要尽量使用明确的信息,以简单的文字和图形,传达提供服务的领域、深度、质量和水准。美国西北航空公司所强调的低价格的利益优势、IBM 所强调的及时服务的优势都是典型的例子。

（4）追求创意领先。广告作用下降的另一个重要原因是广告泛滥成灾而又缺乏创意。广告不在多,而在精,好的广告一个抵十个,一遍抵十遍。因此,创意已成了广告的灵魂。在实际运作的过程中,旅游企业和广告代理商有很大的空间,只要内容真实,其形式几乎是不受限制的。如美国西南航空公司巧用名人和事件所做的一则广告。

1990 年 7 月,波斯湾战争中最令人瞩目的莫过于史瓦兹考夫将军了。1991 年 5 月,美国各大报纸出现一幅令人心动的全版广告,一位酷似诺曼·史瓦兹考夫将军的人身着迷彩服,左手指着三行大字:"宣布为民众取得空中优势。"乍看这幅广告,不明就里的人会猛然一惊,在波斯湾战争一战成名的史瓦兹考夫将军怎么突然做起了广告？在好奇及惊愕驱使下仔细一看,才发现此公乃美国著名谐星 Jonathan Winters,他所宣布的空中优势其实是美国西南航空公司机票打折 40%。该广告在广播网同步播出,电视台广告也随即出笼。美国发行量第二的《今日美国时报》曾专门报道:航空公司广告嘲弄史瓦兹考夫。

2. 人员推销

由于"人"成为服务的一部分,因而,旅游者所得到的服务和服务推销人员有着密切的和不断发展的关系。相比促销的其他因素而言,人员推销有着特别的优势和作用：

（1）直接与旅游者打交道。人员推销在服务的销售过程中起着销售、服务和监督的三重功能的作用。

（2）加强与旅游者之间的关系。

（3）便于提供配套服务。服务人员不仅能介绍服务、销售服务,而且由于直接与旅游者打交道,更容易收集旅游者意见,发现尚未满足的需求,提供与服务相配套的东西,销售多种企业服务。

正由于人员推销在服务的推广过程中意义重大,所以,营销理论工作者还突出地将"口头传播"作为促销的一大要素。

3. 公共关系

现在市场竞争日趋激烈,企业之间所提供的产品越来越雷同,营销组合越来越相似,重要和常用的营销方法企业都已掌握,并且加以充分利用。为进一步加强竞争力,很多企业开始广泛使用公共关系这一手段。

（1）公共关系与市场营销的关系。

市场营销学权威美国西北大学教授菲利普·科特勒把公共关系作为市场营销组合的一种手段,强调了其在市场准入活动中的重要作用。因此,有人把公共关系只作为市场营销的一种促销手段,这大大弱化了公共关系的职能和作用。事实上,公共关系学和市场营销学是两种不同的学科,各有其成熟的理论体系和实践重点,但两者的关系又确实很密切,这就决定了它们之间既有联系又有区别。

首先,市场营销和公共关系两者是相互促进的。良好的公共关系可以为市场营销铺平道路,而有效的市场营销活动又可促使良好公共关系的建立和维持。

其次,它们两者之间又有明显的区别。市场营销是关于一个组织与顾客在互为补偿的交易中所发生的关系,而公共关系是关于一个组织与较为广泛的各种公众的相互影响或制约关系。两者的具体区别如下:

①对象不同。市场营销的主要对象是消费者和其他顾客。公共关系的对象既包括企业的外部公众又包括企业的内部公众。

②目的不同。市场营销的目的侧重于产品销售,是直接的"王婆卖瓜"。公共关系的目的则侧重于塑造形象,提升企业的知名度和美誉度。

③活动方式不同。市场营销的活动方式可以采用创新、夸张的形式。公共关系的活动方式则必须以事实为准则。

④发挥作用的时期不同。市场营销在企业发展的初期有着不可替代的作用,企业离不开它,而到后期,公共关系则发挥愈来愈大的作用,往往能"四两拨千斤"。

(2)公关活动的形式。

①公关宣传。这是一种传统的方式,也是一种有效的方式,主要分对外宣传和对内宣传两种。对内宣传是指制定各种规章制度,规范内部职工的行为,维护产品和企业形象,利用各种资料,传递各种信息,以激励职工,调动其积极性。如松下职工在开始工作时都要背诵"松下七精神"。对外宣传是指散发各种资料和借用媒体传播企业的各种视听信息,让尽可能多的公众了解企业。散发的资料主要包括企业通讯、刊物、年度报告和小册子等,这种方式成本低,但接触面有限。利用传媒,传播面广、影响大、效果好,但其成本很高。按国外的理解,真正的公关宣传是免费的,只要企业提供的信息有传播的新闻价值,传媒就应该给予播放,而不能收费,因为传媒和企业的关系是平等的。目前,我国的传媒基本上主宰着企业,因此很少有免费新闻的播放,企业只好忍痛来做有偿宣传了。在不久的将来,随着市场秩序的规范化,这种状况会有所改变,企业公关宣传的天地将更宽。

②发布公关广告。在美国,企业和各类机构发布的公关广告已占到了整个广告的10%以上。而目前,我国还远没有达到这个比例。有人还根本没弄清公关广告与产品广告的区别。一般而言,公关广告包含企业广告、致意广告、倡导广告和公益广告等几类,主要是用来介绍宣传企业或表明企业的观点和理念。公关广告策略运用得当,可以收到很好的效果,特别是公益广告。企业可以就公众所关心的一些社会热点、难点问题,如当前的环境、教育、下岗、社会公德等,来作为公益广告的主题,关注焦点、弘扬正气、激励民众。如北京的某生发剂厂商,利用著名丑星葛

优做广告,把其光头喻为地球,人们在地球肆意破坏植被就好比在不断剪去人们的头发,最后,葛优抬起他那闪亮的光头,用其特有的幽默来了一句:"人还是要有头发的好!"一语双关,地球需要植被保护环境,人们需要某生发剂保护自己。

③制造新闻。在公关活动刚在中国企业之间开展时,一些企业认为公关是制造"无中生有"的事情,对此不屑一顾。殊不知,正是这"无中生有",往往给企业带来意想不到的收获。如"九寨沟小萝莉"的小女孩的图片被疯传于各大网络。旅游景区利用此网络新闻不断进行宣传,就掀起了九寨沟旅游热潮,并使九寨沟地区旅游业继黄金周后再次进入旺季。

当然,有时候新闻故事本身就存在于客观环境之中,而有时则需要去创造一些新闻故事。事实上,"制造新闻"是真正意义上的公关活动,其内涵最丰富,难度最大,反应也是最激烈的,需要公关人员有杰出的创意、丰富的知识和经验。

④利用事件。这是一种常见的公关活动,是指公关人员有意利用一些事件来吸引公众对企业和产品的注意力来扩大影响。这些事件主要包括组织参观访问、记者招待会、庆典、竞赛、展览会等活动。2013年上半年我国多地遭遇持续雾霾天气,空气重度污染,引起人们广泛关注。上海春秋旅行社针对掌控的资源特点,实时推出"洗肺之旅",线路涉及泰山、三亚、桂林、长白山、张家界等地,受到游客广泛好评。

⑤支持公益事业。现代企业不能唯利是图,一毛不拔。企业的利润来自于社会,自然应该回报社会,至少要部分回报,这是公众对现代企业的基本要求。企业的公关人员就可以投其所好,投入一定的时间和金钱来从事一些公益性的活动,以提升企业在公众中的形象。公关人员首先要支持社区的公益事业,如修建公路、建小学、扶助特困家庭,以获得一个安全的基地。其次是赞助一些有影响的活动,如赞助运动会、赞助某项球类活动、赞助某项选拔赛等,往往能起到很好的宣传效果。

典型案例

"城市生活"——超出想象的家庭氛围

在新西兰的首都惠灵顿,有一家令所有客人流连忘返的"城市生活"饭店。所有客人都认为这里是全世界最富有家庭氛围的公寓式饭店。

进到客房,设施齐全的大厨房立时就让人兴奋起来。灶具、烤箱、微波炉、洗碗机及餐具一应俱全,给人一种可以居家过日子的感觉,连日来在空中飞来飞去的中国游客们,立时便有了希望在这里"安居"几天的冲动。

于是,在惠灵顿游玩的几天中,这些中国游客们便增加了一项活动——集体做晚餐,以在异国演奏锅碗瓢盆交响曲结束。结束了一天的游览考察活动后,大家进入超市购物。商品之丰富如同超市的广告所言:永远超出你的钱。

在厨房里,众人可谓八仙过海,各显其能。出外游玩的成员大多数是各地的政府官员、企业家，平时由于工作繁忙的缘故，他们都很少下厨房，可一旦有了"演出"机会，他们无须排练，一举成功。不出一小时，北方的凉菜熟肉加面食，南方的炒菜海鲜加米饭就上桌了。在新西兰吃上这么一桌南北荟萃、东西合璧的美味佳肴，大家都直喊"过瘾"。

酒足饭饱后，客人们的主动性也就跟上了，经常有人主动申请洗碗、洗衣服。这活儿倒很轻松，由机器帮忙，只要按几下钮就完成了。体验了几个晚上"城市生活"后，客人们对这种公寓式饭店感觉良好。它将刻板单调的宾馆生活转化为有几分温馨几分随意的城市生活，给人舒适放松的感觉。

值得一提的是，这套公寓的价格为每天100美元，与星级宾馆相比，不失经济实惠。眼下，这种公寓式饭店在欧美国家越来越流行。

思考与练习

1. 简述旅游服务的特征。
2. 旅游服务营销与产品营销有哪些区别？
3. 如何理解"顾客永远是对的"这句话？
4. 如何提高旅游服务质量？
5. 如何管理有形展示？
6. 旅游服务的公共关系活动有哪些？

第十二章

旅游市场营销活动的管理与控制

本章导读

本章首先介绍如何对旅游营销活动进行计划管理,包括计划的摘要、主体部分和计划的执行,接着介绍旅游营销活动组织管理的概念、旅游市场营销组织的演变历程、旅游市场营销的组织形式,以及旅游营销组织部门的任务,最后,指出了对旅游营销活动的控制方法。

旅游营销活动是一项复杂而动态的过程,充满着不确定性,因此,旅游企业必须建立适当的组织机构、制订科学的计划和采用科学的方法来有效地控制营销活动。从这个角度来看,本章的知识是旅游企业营销活动获取成功必不可少的。

第一节 旅游市场营销活动的计划管理

旅游市场营销计划是旅游企业根据自身的实力,在充分分析市场发展态势的基础之上,确定未来的发展目标,以及实现目标的步骤和行动方案的工作过程。市场营销计划在旅游企业市场营销活动中的作用日益突出,它不仅为旅游企业市场营销活动指明了方向,而且还为旅游企业市场营销目标的实现规定了具体的行动步骤。

旅游市场营销计划由三大部分组成,分别是计划摘要、计划的主体部分和计划的执行。

一、计划摘要

这部分是计划中重要部分的简要介绍,要求高度概括,用词准确,使高层管理人员和有关方面能迅速抓住计划的要点,同时还要把内容目录附在计划概要的后面,让人一目了然地知道旅游企业发展的目标,达到目标的战略和策略,以及营销活动的行动方案等。

二、计划的主体部分

旅游市场营销计划的主体部分,主要解释市场营销计划建立的基础,即所有的事实、分析和假设,它描述市场营销的战略、目标市场、定位手段和一段时期内的市场营销目标。

1. 状况分析

这一部分主要是对营销状况进行分析,主要包括:

(1)宏观营销环境状况分析。主要是对对旅游营销将产生影响的一些因素及其发展趋势进行分析,包括政治与法律环境、经济环境、社会和文化环境、科学技术环境、生态环境等。

(2)市场情况分析。包括对目标市场的规模以及增长情况进行分析,对本企业过去和现在的绝对市场占有率和相对市场占有率进行分析,同时还对有关旅游消费者的需求、观念和消费行为的现状和未来的变化趋势作出详细的分析。这些分析有一些是定性的,而另一些必须是定量的;或者既要有定量的,又要有定性的。

(3)竞争情况分析。要分析谁是本旅游企业的主要竞争者,以及他们的实力、目标市场、市场占有率、服务质量及其竞争的战略和策略、优势和劣势,知己知彼,方能百战不殆,认真分析竞争的情况,是旅游营销成功的前提。

(4)旅游产品情况分析。旅游产品情况分析包括两个方面:一要分析旅游消费者需要什么样的旅游产品,二要分析本企业所提供的旅游产品是不是旅游消费者所需要的。还有现有旅游产品的重要性分析,即哪些旅游产品最重要,哪些不是很重要,哪些需要改进,以及未来旅游产品的变化趋势等。

(5)分销情况分析。首先,要分析各个分销渠道上的旅游产品的销售量,哪一些销售量大,哪一些销售量小,造成分销渠道销售量差异的原因是什么。其次,要分析各个分销渠道上销售量变化的趋势以及提高销售量的措施。

(6)SWOT 分析。即对优势(Superiority)、劣势(Weakness)、机会(Opportunity)和威胁(Threaten)进行全面分析。只有这样,才能够在制订营销计划时,扬长避短,规避风险,抓住机会。

2. 旅游市场营销战略

旅游企业市场营销战略是用以达到和实现其目标的基本方法,包括市场营销目标、市场细分和目标市场、市场营销战略、营销组合方案和定位手段等。

(1)市场营销目标。在分析旅游企业的市场营销状况并对未来的风险和机会作出预测后,就要确立旅游企业的市场营销目标。市场营销目标是市场营销计划的核心,它分为两大类:一类是以利润为核心的市场营销目标,包括计划期内要达到的销售量、市场占有率和利润额等;另一类是以旅游企业形象和顾客满意度为主要内容的市场营销目标。

旅游企业确定市场营销目标时要符合以下标准:首先,目标的确定要科学合理。其次,目标要具体化、量化,并能层层分解、落实。最后,所确定的目标要能够进行测评,并有具体的完成期限。

（2）市场细分和目标市场。在确立营销目标之后，就要对整体市场进行细分和确立旅游企业进入的目标市场。要阐述市场细分的方法和依据，以及各细分市场的规模、本旅游企业进入各子市场的能力、本旅游企业选择的目标市场和选择的原因。

（3）营销组合方案。营销组合方案是由采用和实施的各种有关营销技术手段组成的行动方案。它是在一个既定的营销过程中，由产品、价格、渠道和促销等多个要素组成的组合策略。

（4）定位手段。即旅游企业在市场中的定位问题。需要解决的问题包括本旅游企业打算在市场中定什么样的位、定位的方法、定位的原因、定位的可能结果等。

三、计划的执行

一个成功的营销计划，必须要有详细的行动方案。这个行动方案要明确所有的活动、责任、时间、费用预算以及控制和评估的程序。许多旅游营销计划之所以失败，就是因为方案制订得不够详细具体。

1. 行动方案

在旅游市场营销战略和策略的计划内容确定后，必须制订详细具体的行动方案。具体内容为：做什么（What）、由谁做（Who）、什么时间做（When）、什么地点做（Where）、如何做（How），即将任务、人员、经费、时间、方式具体化。

2. 营销预算

营销预算是营销人员在分析和判断的基础上，认为实现既定市场营销目标所必需的费用总额。测算和确定营销预算是一项十分重要的工作，但难度较大。这是因为营销费用是一项不可少的，并且又必须预先花费的费用，对于旅游企业来说，这些费用只能在将来某一时刻从扣除营业费用之后的营业利润中得到补偿，因而具有较大的不确定性。营销预算太低，可能不利于市场营销计划的执行；营销预算太高，可能增加营销成本，最终会影响旅游企业的经济效益。

3. 控制

控制是营销活动的一个管理功能，目的是为了监控整个计划的顺利实施。通常要将旅游营销计划的目标和预算按月份或季度进行分解，便于旅游企业的上层管理者进行有效的监督检查，督促未完成任务和未达到目标的部门和人员改进工作，以确保旅游营销计划的完成。

4. 评价

所谓评价是指将执行结果参照计划目标进行比较，从而评估市场营销目标达到的程度。对营销计划的评价包括计划期结束后的总体评价和计划执行期间对每一项计划执行情况的评价。评价的标准是已定的计划目标，一般说来，计划目标分解的指标制定得愈详细和精确，评价起来就越容易和有效。

第二节　旅游市场营销活动的组织管理

为了成功地进行旅游市场营销,就需要有相应的市场营销组织予以保证。旅游市场营销活动是一种全体员工共同参与的活动,为了实现市场营销目标,旅游企业的所有部门和全体员工必须围绕这一目标进行有效的合作,因此,合理有效的市场营销组织是旅游市场营销成功的基础和保证。

一、旅游市场营销组织的概念

旅游市场营销组织是指一个旅游企业或一个旅游目的地的全面负责执行和管理其市场营销工作的组织机构,如销售部、市场营销部等,也包括涉及旅游市场营销活动的其他组织和机构,如公关部、广告部等。旅游市场营销组织的概念包含三个方面的含义:

首先,旅游营销活动是一种全体员工共同参与的活动,不可能由一个组织来完成,它是旅游企业内所有组织和机构的共同活动。

其次,不同的旅游企业对营销组织的划分是不同的。

最后,旅游企业要根据需要来设置专门的营销组织,规模较小的旅游企业销售量小,旅游产品也少,权衡成本和效益,就没有必要设置专门的市场营销组织,即使设立,人员配置也只限于一至二名。相反,规模较大的旅游企业市场营销活动频繁,销售量也大,目标市场也较大,因而,必须设置专门的营销组织。

二、旅游市场营销组织的演变历程

市场营销活动经过长期的演进才形成了现代旅游企业健全、有效的市场营销组织,其发展历程大致上经历了五个显著的阶段:

1. 单纯销售部门

在这个阶段,旅游企业的市场活动是在生产观念指导下进行的,其目标的确定、产品的开发和生产、价格的制定等主要由生产和财务部门来完成,销售部门几乎没有发言权,其职能仅限于推销产品,甚至在有的企业中,销售部门是从属于企业的供销部门之下的职能小组,不是一个独立的单位。这一阶段的销售部门情况见图12-1。

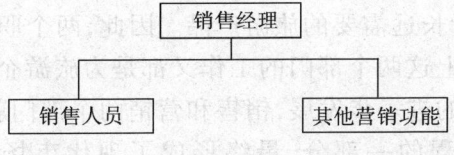

图12-1　单纯销售部门结构示意图

2. 带有营销职能的销售部门

随着生产的进一步发展,旅游产品的供给日益增加,导致市场竞争日趋激烈,从而迫使旅游企业更新其市场营销观念,旅游企业的"生产观念"逐渐被"推销观念"所取代。旅游企业为实现营销目标需进行经常性的市场调查、市场分析、市场预测、广告宣传、为旅游消费者服务,以及其他的促销活动,因此,在此阶段,销售负责人除了继续管理推销员外,还必须根据逐渐形成的多种促销专门职能,设置营销主管去计划、指挥、控制和调节这些营销功能。见图12-2所示。

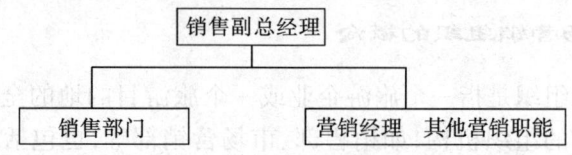

图12-2 带有营销职能的销售部门结构示意图

3. 独立的营销部门

随着企业规模和经营范围的进一步扩大,一些与营销有关的活动,如广告宣传、市场调研、市场分析、市场预测、新产品开发、新市场的开拓,以及产品售后服务等需要进一步加强。营销部门独立存在的必要性日益凸显,营销与销售就成为各自独立的但又联系十分紧密的两个平行的职能部门,如图12-3所示。

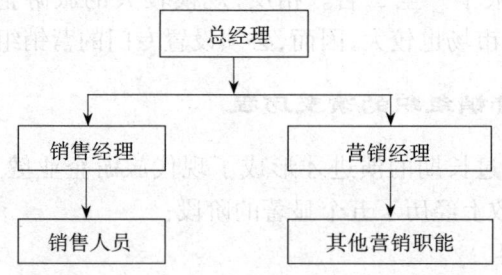

图12-3 独立的营销部门结构示意图

4. 现代营销部门

在前一阶段,旅游企业的销售部门与营销部门已经发展成为两个平行并列的部门,但是销售部门注重短期销售目标的完成,而营销部门则关心长期目标的实现和开发满足旅游消费者长远需要的旅游产品。因此,两个职能部门之间就经常产生矛盾和冲突,但实质上这两个部门的工作又都是为旅游企业的营销服务的。因此,随着市场营销观念的进一步发展,销售和营销两个部门就被合并为一个部门,销售成为市场营销过程的一部分,最终形成了现代市场营销部门的雏形,如图12-4所示。

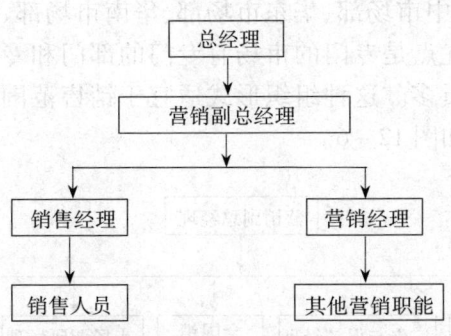

图 12－4　现代营销部门结构示意图

5. 现代营销公司

所谓现代营销公司指企业不仅有现代营销部门,统一负责企业的全部营销职能,而且还必须具备现代营销观念,即以顾客的需求为中心,把营销作为贯穿公司运营始终的公司哲学。只有在现代营销观念武装下的营销部门,才能称为现代营销公司。

三、旅游营销的组织形式

现代旅游营销的组织形式是多种多样的,但主要有四种基本的营销组织形式。

1. 职能式组织形式

即按不同的旅游营销活动职能而建立相应的职能部门,在营销副总经理的统一领导下,协调各职能部门的活动的旅游营销组织形式。这种组织形式的优点是简便易行,职能内的活动效率较高;缺点是随着旅游产品品种的增多和市场的扩大,相互协调比较困难,就会导致某些产品或市场无专人负责,而且每个职能部门都强调自己职能的重要性,因而相互竞争,不利于旅游企业内部协调,这种组织形式就会难以发挥应有的效果。其组织形式示意图见图 12－5。

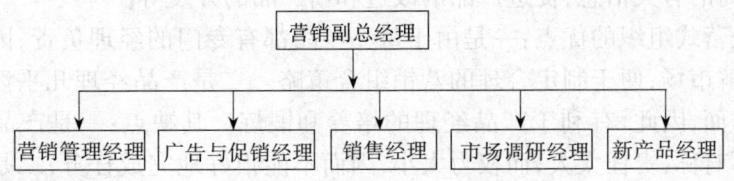

图 12－5　职能式营销组织

2. 地区式组织

所谓地区式组织就是旅游企业根据地理区域来安排自己的营销组织,从较大区域依次到较小地区,确定一定的管理幅度,安排销售人员,形成一个严密的销售网络的组织形式。如中国某大型旅行社的地区式组织就是在营销副总经理下设多个地区市场部门,如华中市场部、华东市场部、华南市场部、华西市场部、东北市场部等。地区式组织的优点是专门的市场有专门的部门和专门的人员负责;缺点是可能导致部门多和人员多。这种组织形式适宜于销售范围较大、推销任务复杂的旅游企业。其示意图如图12-6。

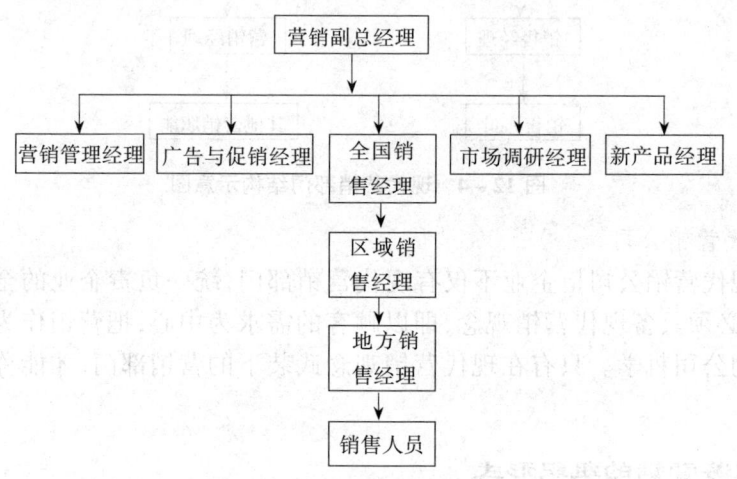

图12-6 地区式营销组织

3. 产品经营式组织

一些旅游企业经营多种类业务或多品牌的产品,由于各种产品或各种品牌的差异性较大,因此,这些旅游企业常按产品或品牌建立营销组织。即由营销副总经理统一领导,协调各职能部门的活动,其中由一产品经理管理若干个产品线经理,产品线经理又管理各具体产品的经理。在产品管理型组织形式中,产品经理发挥着重要作用,如制定产品的长期竞争策略;制订产品年度销售计划;与广告代理商和经销商共同策划广告活动;激励销售人员和经销商对产品进行销售;收集产品、顾客、经销商的有关信息;促进产品的改进和新产品的开发等。

产品经营式组织的优点:一是由于每一产品都有专门的经理负责,因此便于接近市场、了解市场,便于制定合理的营销组合策略。二是产品经理几乎涉及业务经营的各个方面,因此,有利于产品经理的培养和锻炼。其缺点:一是产品经理的权力与责任不对称,责任太大,而权力太小,因而不能很好地完成任务;二是营销费用较高。这种形式适宜于那些产品种类多、差异性大的旅游企业。其示意图见图12-7。

4. 市场管理式组织

许多大型的旅游企业将产品出售给不同的细分市场,这时就可以采取市场管理式组织。所谓市场管理式组织就是由企业营销副总经理统一领导,协调各职能

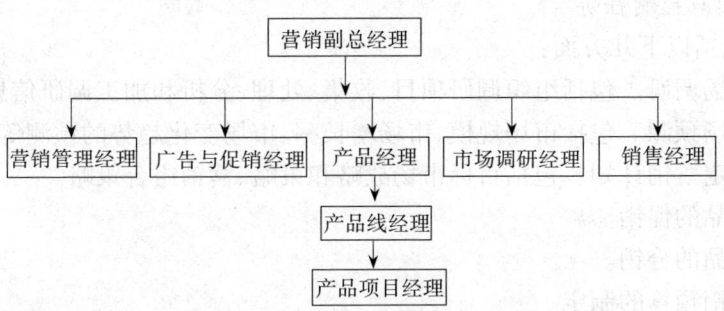

图 12 – 7　产品经理式营销组织

部门的营销活动,其中,市场经理监督管理若干个细分市场的经理。这种组织结构类似于产品管理型组织形式,所不同的是面对的是不同类型的市场,如某一饭店的市场管理组织包括客房部、餐饮部和娱乐部等。市场经理的职责:要分析其服务的市场的变化趋势和对旅游新产品的需求,并要制订中长期营销计划和年度计划。这种组织形式的主要优点表现为:旅游企业克服了产品或地区式组织彼此分立的弊端,围绕特定旅游消费者的需要开展一体化的营销活动,即这种组织形式的营销活动同旅游者更加贴近了。除此之外,这种组织形式可较为充分地体现出"以消费者为中心"的营销观念。主要缺点是:市场经理的责任大而权力小,难以完成其使命;另一方面就是费用较高。这种组织形式的示意图见图 12 – 8。

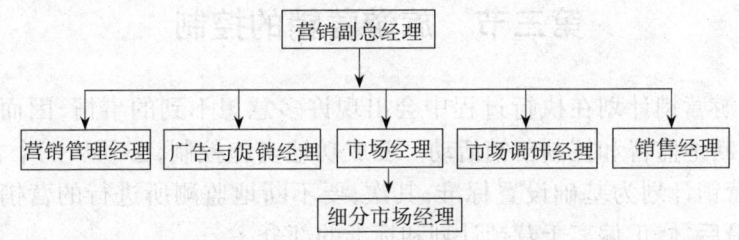

图 12 – 8　市场管理式营销组织

除了以上几种旅游营销组织形式以外,还有一些其他的组织形式。不同的旅游企业根据本身的条件,可分别采用不同的组织形式。

四、旅游营销部门的任务

旅游营销部门是旅游企业进入市场的桥梁,它的任务就是以满足旅游消费者的需求为中心,指导和协调旅游企业的经营活动,以确保旅游企业经营目标的顺利实现。具体讲,旅游营销部门的任务包括制订、实施营销计划,并协调相关部门的工作,以保证旅游企业能在恰当的时间、恰当的地点,以恰当的价格向恰当的旅游消费者提供恰当的产品。

1. 计划与控制任务

主要包括以下几方面：

(1)市场调研。包括组织调研项目、收集、处理、分析和加工调研信息。

(2)市场预测。包括市场规模、市场增长率、市场变化趋势的预测等。

(3)拟定营销计划。包括目标市场战略和策略、营销组合策略。

(4)产品的促销。

(5)产品的分销。

(6)营销预算的制定。

(7)控制和评价营销结果。

2. 实施任务

主要包括以下几方面：

(1)举办和出席业务洽谈和交易会。

(2)与旅游中间商建立联系，并定期访问。

(3)利用广告、公共关系等进行促销活动。

3. 协调任务

主要是与有关部门如营业部、财务部等进行协调，就与旅游营销有关的问题进行沟通，以确保营销计划的顺利执行。另外，也将顾客消费后的信息反馈及时传达到相关部门，便于相关部门作出适当的调整。

第三节 旅游营销的控制

由于旅游营销计划在执行过程中会出现许多意想不到的事情，因而旅游营销部门必须不断地监督和控制营销活动。要成功地实施控制，必须从三个方面着手：首先，要以营销计划为基础设置标准；其次，要不断地监测所进行的营销活动是否符合标准；最后，修正偏离于营销计划和标准的部分。

根据旅游营销控制内容的不同，可将旅游营销控制概括为四种类型：年度计划控制、盈利能力控制、效率控制和战略控制。

一、年度计划控制

(一)年度计划控制过程

年度计划控制的目的是确保旅游企业能够实现年度计划规定的各项目标。实施年度计划控制的手段是目标管理，它包括以下四个步骤：

(1)管理者必须将年度计划分解成月度、季度目标。

(2)管理者要监督营销计划的执行情况。

(3)管理者要及时发现造成严重绩效偏离的原因。

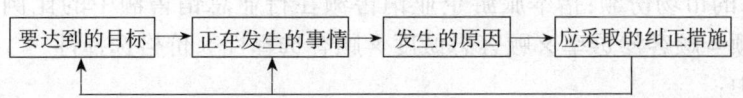

(4)管理者要采取必要的补救措施来缩小差距。

这一控制模式适用于旅游企业内各层次,最高管理层可以用它来控制整个旅游企业年度计划的执行情况,而各部门或地区经理可用它来控制各个局部计划执行情况。

(二)年度计划执行情况检查

年度计划执行情况检查主要是通过对销售情况、市场份额、营销费用以及顾客满意度的分析来进行。

1. 销售分析

销售分析主要是测定和评估实际销售额与目标销售额之间的差距。具体有两种方法:销售差额分析和微观销售分析。

(1)销售差额分析。销售差额分析是用来衡量不同因素对形成销售差距的影响程度。

例如:一家拥有100间客房的饭店,营销计划要求在第一月日均销售70%,即第一月应销售 $100 \times 70\% \times 30 = 2100$ 间;营销计划还规定每间客房每天销售价格平均为200元,第一月应销售总额为 $200 \times 2100 = 420\,000$ 元。但到第一月结束时,实际销售客房1500间,而销售价格平均为150元,总销售额为 $1500 \times 150 = 225\,000$ 元,销售差额为195 000元。显然销售量减少和销售价格下降是造成销售差距的根本原因,但两者的影响程度是不同的。

因降价引起的差额 = $(200 - 150) \times 1500 = 75\,000$ 元(约占18%)

因销售量减少引起的差额 = $(2100 - 1500) \times 200 = 120\,000$ 元(约占30%)

结论:约有18%的销售差额是因降价引起的,约有30%的销售差额是因未达到销售量目标造成的。

(2)微观销售分析。微观销售分析是从产品、服务及其他有关方面去分析未完成销售量的原因。通过微观销售分析,营销人员可以发现旅游企业销售量变化的原因,以便采取强有力的措施,改变销售量大幅度下降的状况。

2. 市场份额分析

一家旅游企业销售额的变化,可能由多方面的原因造成,既可能是旅游企业竞争力改变了,也可能是竞争者的竞争力发生了变化,还有可能是宏观营销环境发生了巨大的变化。只有通过市场份额分析,才能反映本旅游企业与竞争者之间关系的变化。市场份额的分析一般采用以下衡量标准:

(1)相对市场份额:指本旅游企业销售额与一个或几个最大竞争对手的销售额的比例。

(2) 总的市场份额：指本旅游企业销售额在行业总销售额中的比例。或者：总的市场份额 = 顾客渗透率×顾客忠诚度×顾客选择性×价格选择性

上式中：

顾客渗透率：指向本企业购买产品的顾客数占顾客总数的比例；

顾客忠诚度：指顾客购买本企业的产品数量占他们购买同类产品总数的比例；

顾客选择性：指顾客向本企业购买的平均数量占他们向其他企业购买的平均数量的比例；

价格选择性：指本企业的平均价格与所有其他企业的平均价格的比例。

假如本旅游企业用金额表示的市场份额在近期有所上升，根据上述情况，公司可以得出四种可能的解释：

第一，本企业新增了一部分顾客（较高的顾客渗透率）；

第二，现有顾客向本企业购买的数量在其购买总量中所占比例上升（较高的顾客忠诚度）；

第三，向本企业购买的那部分顾客购买量较大（较高的顾客选择性）；

第四，本企业的价格竞争力增强（较高的价格选择性）。

总之，只有通过市场份额分析，才能了解本企业在市场竞争中的地位。

3. 营销费用率分析

年度计划控制要求在保证实现企业营销目标的同时，没有过多的营销费用支出，营销费用率比较低。

$$营销费用率 = \frac{营销费用}{销售额} \times 100\%$$

营销管理者要对营销费用率进行动态的分析和监控，以保证将营销费用率控制在规定限度之内。营销费用率在各个时期的波动可通过费用率控制图模型进行监控。下面以某旅游企业的营销费用率为例加以说明：

某旅游企业营销费用率通常在 8%~12% 波动，但在第 15 期，这一比率超过了控制上限。

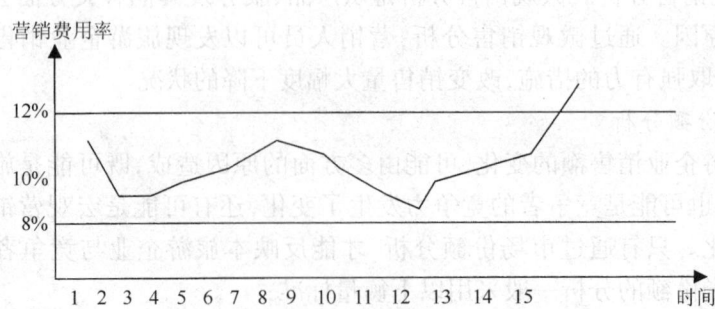

通过该模型,可以很直观地、动态地了解营销费用率,当营销费用率超过控制的上、下限时,就要分析原因,采取措施,予以纠正。

4. 顾客满意度追踪

建立顾客满意度追踪制度的内容包括:

(1)建立吸收顾客意见及建议制度。旅游企业一方面要积极听取顾客的意见和建议;另一方面要及时处理顾客的投诉,力争能让顾客满意。

(2)建立典型顾客调查制度。旅游企业有必要将一些有代表性的顾客组成典型调查样本,定期征求他们对本企业的意见和建议,以及对旅游产品和服务质量的评价。

(3)建立随机顾客调查制度。旅游企业应定期征求一些随机抽取的顾客的意见和建议,请他们评价企业的旅游产品和服务质量。

二、盈利能力控制

旅游产品和服务是旅游企业的利润之源,因而对营销计划的控制就是要落实到这些与营销目标紧密相关的产品和服务上,通过对旅游产品和服务盈利能力的控制,来保证营销计划及其目标的最终实现。由于各类产品在不同地区、不同市场,通过不同销售渠道出售的实际获利能力不同,盈利能力控制就是要测算出各自的实际获利能力,以帮助营销决策人员决定哪些产品或市场应当扩大,哪些应该收缩,哪些应该取消。

例如:某星级饭店对其经营的餐饮产品的获利能力所作的简要分析,如下表:

某星级饭店餐饮产品获利能力情况表

单位:万元

菜肴 指标	鄂菜	川菜	粤菜	西餐
销售收入	300	150	200	20
生产成本	180	60	90	8
营销费用	60	30	20	2
净利润	60	60	90	10
销售利润率	20%	40%	45%	50%

从上表可知:该星级饭店餐饮产品营销都比较成功,尤其是西餐和粤菜的获利能力最强,分别达到了50%和45%,但鄂菜的获利能较差,只有20%,而鄂菜的销售额最大,达到了300万元,因此,有必要对鄂菜的营销进行调查分析。经调查研究发现:鄂菜深受该星级饭店所在地顾客的欢迎,且大部分顾客收入水平不高,饭店实行的策略是薄利多销。从实际出发,饭店高层管理者采纳了营销人员的建议,进一步降低鄂菜的生产成本,提高鄂菜的盈利能力。

三、效率控制

旅游企业的盈利能力与营销的效率密切相关,一般地,营销效率高,旅游企业的盈利能力就强;反之,就弱。因此,要提高旅游企业的盈利能力,就必须对营销效率加以控制。

1. 销售队伍的效率

要提高销售队伍的效率,主要监控以下销售效率指标:

(1)每个销售人员每天平均销售访问的次数;
(2)每次访问的平均时间;
(3)每次销售访问的平均成本;
(4)每一次访问预订的百分比;
(5)每个期间增加的新顾客和流失的顾客数;
(6)销售人员费用占总销售额的百分比;
(7)每次销售访问的平均收益。

旅游企业通过以上指标的分析,能够发现销售人员存在的问题,并判断其效率的高低,以便及时纠正。

2. 广告效率

广告具有传播广的特点,能够把旅游企业产品销售的信息传递给广大的旅游消费者。广告效率的高低,直接影响旅游企业额的多少,因此,旅游企业应重视广告的效率。判断广告效率从以下几方面入手:

(1)媒体所触及的每千名目标顾客所需的广告成本;
(2)顾客对广告内容和效果的意见;
(3)顾客在广告前后对产品态度变化的测量;
(4)受广告刺激而引起的访问次数。

管理部门可以采取多种措施来提高广告效率,如确定好广告目标,搞好广告创意,搞好广告的事中跟踪和事后监测等。

3. 促销效率

如同广告效率影响旅游企业的销售一样,促销效率也直接影响旅游企业的销售,因此,必须对旅游企业的促销效率进行监控。管理部门要权衡每项促销的成本与效果,诸如以下统计数字:按优惠方法售出的销售额百分比;每一单位销售额的陈列成本;促销演示引起的咨询次数等。

四、战略控制

所谓战略控制是指对整体旅游营销活动进行全面审查与评价,并采取一系列行动对战略进行修正,以确保旅游企业营销目标、战略、计划等与变化的营销环境尽可能地保持一致。由于经济的全球化、市场竞争的国际化,旅游企业不得不面临不断迅速变化的营销环境,而迅速变化的营销环境,必然导致原定的营销目标、战略和策略等不合时宜,甚至失去效用。因此,旅游企业必须要对营销战略实施过程实行战略控制。旅游企业在进行战略控制时,可以运用营销效果等级评定和营销审计两种方法:

1. 旅游营销效果等级评定

旅游营销效果等级评定可以从顾客宗旨、整体营销组织、营销信息、策略导向和营销效率等方面来进行衡量。营销的管理人员根据这五个方面的内容编制营销效果等级评定表,并根据实际发生的情况来填写。通过相关内容的比较分析,就可以发现营销中存在的问题,并能及时采取措施,加以改正。

五个方面的内容如下:

(1) 顾客宗旨:①管理部门是否认识到要使公司去满足目标市场的需要和欲望的重要性;②管理部门是否对不同的细分市场提供不同的产品,并制定不同的营销计划;③管理部门是否用整体市场营销和系统观念来规划其经营业务。

(2) 整体市场营销组织:①对主要的市场营销功能是否有高水平的营销一体化和营销控制;②营销部门是否和调研、生产、采购、分销以及财务部门之间建立了良好的合作关系;③新产品开发过程组织得如何。

(3) 市场营销信息:①最后一次对顾客、购买影响因素、渠道和竞争行为的调查研究是在何时;②管理部门对不同的细分市场、顾客、地区、产品、渠道和订货规模的销售潜力和盈利能力了解多少;③公司为测定并提高不同营销费用和成本效益作出了多大努力。

(4) 策略导向:①正式营销计划的制订情况如何;②现行营销策略的质量如何;③应急考虑和规划的程度如何;④营销策略有没有问题,其贯彻执行如何;⑤管理部门是否有效地利用了自己的营销资源;⑥管理部门能否具备对现场出现新问题作出迅速有效的反应的良好能力。

(5) 营销效率:营销效率是基于以上四项的综合评定。

2. 旅游营销审计

旅游营销审计是指对一个旅游企业的营销环境、目标、战略、策略、组织以及营销活动诸方面进行综合的、系统的、独立的定期审查。旅游营销审计的目的在于发现旅游营销中存在的问题,并提出短期和长期的改正建议,以提高旅游企业的整体营销效果。

(1) 旅游营销审计的基本要求。①全面性:即对旅游企业的主要营销活动进行全面审计;②系统性:即把旅游企业看作一个开放的系统,用系统的观念对其进行检查;③独立性:对旅游企业的营销审计必须是独立的,不应受到其他因素的干扰;④定期性:对旅游企业的营销审计必须是定期而持久的,只有这样,才有利于旅游企业营销活动的成功开展。

（2）旅游营销审计的基本内容。旅游营销审计是一项重要的工作，包括的内容较广：旅游营销环境审计；旅游营销战略审计；旅游营销组织审计；旅游营销系统审计；旅游营销职能审计；旅游营销盈利水平审计。

思考与练习

1. 旅游市场营销计划的内容。
2. 市场营销组织是怎样演变的？
3. 从哪几个方面检查年度计划执行情况？
4. 举例说明怎样进行盈利能力控制？
5. 效率控制的主要内容有哪些？
6. 如何开展营销效果等级评价？
7. 营销审计有哪些基本要求？
8. 营销审计的基本内容有哪些？

第十三章

旅游营销策划

本章导读

本章首先介绍旅游营销策划的概念、特点、类型,以及旅游营销策划的基本程序和实用技巧,并在此基础上,介绍了两个旅游营销策划案例,以示范如何运用前面所学营销知识进行实际旅游营销策划。本章着眼于营销理论知识和方法在实践中的综合运用,因此,它是本教材的出发点和最终归宿。

第一节 策划与旅游营销策划

一、策划

所谓策划,就是计策的谋划,亦即人们针对未来所做的安排和打算。正如《哈佛企业管理通书》对策划的定义:"策划是一种程序,在本质上是一种运用脑力的理性行为,基本上所有的策划都是关于未来事物的,也就是说,策划是针对未来要发生的事情作当前的决策。事先决定做什么(What)、何时做(When)、何地做(Where)、何人做(Who)、如何做(How)等。"

策划既是一门科学,同时又是一门艺术,成功的策划正是把科学性与艺术性正确相结合的策划。

二、旅游营销策划

(一)旅游营销策划的内涵

旅游营销策划是指旅游策划者为实现旅游组织的目标,通过对旅游市场营销环境等的调查、分析和论证,创造性地设计和策划旅游方案,谋划对策,然后付诸实施,以求获得最优经济效益和社会效益的运筹过程。

旅游营销策划是对旅游企业未来的营销行为、营销活动的筹划。其本质即是,旅游企业围绕某一具体的目标或某一具体的问题,充分激发创意而进行的运筹。现代市场经济日益发达,市场竞争愈演愈烈,在经济全球化、市场竞争国际化、通信技术网络化的今天,企业要想赢利,用常规的方法与策略是难以破解其面临的种种难题的,一般的规划、一般的行动方案也是难以奏效的,企业需要富于创新的、巧妙统筹的营销策划。正如古人所云"谋定而后动","先谋后事者昌,先事后谋者亡"。这种筹划是建立在对市场环境和市场竞争充分了解的基础之上,综合考虑外界的机会与威胁,自身的资源条件及优、劣势,竞争对手的竞争战略和策略,以及市场变化趋势等因素,编制出规范化、程序化的行动方案,从构思、分析、归纳、判断,直到拟定策略,实施方案,跟踪、调整和评估方案的实施。

(二)旅游营销策划的三要素

旅游营销策划包含创意、目标和可操作性三个要素,如果没有独辟蹊径、令人耳目一新的营销谋略,不能称之为营销策划;没有具体的营销目标,策划也落不到实处;而不能操作的方案,无论创意多么巧妙杰出,目标多么具体、富有鼓动性,也都没有任何实际价值,策划的过程也就是资源浪费的过程。

1. 独特的创意

营销策划必须要有独特的创意,所谓创意就是与众不同、新奇而又富有独特魅力的构思和设想。营销策划的关键是创意,可以说,创意是营销策划的核心和灵魂。创意并不是什么高深莫测的东西,独特的创意来源于长期的积累。另外,必须充分发挥想象力、联想力和创造力,开阔思路。除此之外,还要运用独特的思维方式,打破常规、习惯、定式的思维方式,而采用多种新的思维方式。

2. 明确的目标

营销策划是为了解决某一难题,达到某一目标,有很强的目的性,因此,必须为营销策划确立一个恰当的目标。恰当的营销案例目标包括如下三个方面:

(1)目标要具体化、量化。

(2)目标要包括长期目标、短期目标。短期目标是长期目标的分解,各阶段的短期目标之间要保持连续性和协调性。

(3)目标要具有价值。营销策划目标的价值表现在两个方面:一是对企业的所有员工是有意义、有价值的,与他们的利益息息相关,并能取得他们的认可和支持,能充分调动他们的积极性;二是对旅游企业的发展是有促进作用的。

3. 可操作性

要使营销策划能够实施、易于实施,就要求营销策划不仅要有新颖奇特的构想和具体的目标,而且还要有很强的可操作性。可操作性是指在企业现有的人、财、物、信息、信誉、品牌的条件下可以实现,同时,又与外部环境不冲突;另外,要有具体的可操作的行动方案,使营销策划的各种参与者都知道如何去行动。

第二节 旅游营销策划的特点和类别

一、旅游营销策划的主要特点

(一)创新性

旅游营销策划最重要的特点就是创新性,旅游营销策划的过程就是创造性思维发挥的过程。旅游营销策划从创意开始,经构想变成概念,再提炼出主题,然后由主题衍生出各类行动计划,并在参与者中加以推行。作为旅游营销策划生命力源泉的创造性思维,贯穿于旅游营销策划活动的方方面面和全过程。旅游营销策划一般都是围绕旅游企业某一具体目标或某一问题而进行,其目的是力争最大限度地达到目标和寻求到解决问题的有效途径。依靠传统的营销方法,模仿他人成功的营销策略,或重复自己过去的经验,是远远不够的,是难以在激烈的市场竞争中取胜的。因为旅游企业的营销环境是在不断地变化的,将来不可能是过去和现在的简单重复,因此,必须要有创新性,打破思维定式,充分发挥想象力和创造力,要有独特新颖的构思、不落俗套的方法、巧妙周密的策划,才能获得最大的营销效果。

这里所指的"新"是相对的,相对于过去和现在,它是一个发展的概念。当然创新并不是高不可攀、难以企及的,只要不断地进行思考,升华实践的经验,就能实现创新。旅游营销的创新范围广泛,主要包括旅游产品的创新、技术的创新、价格和分销渠道的创新、促销方式的创新,也包括多种营销组合因素的重新组合等。

(二)可行性

旅游营销策划是有一定的目的并且要被实施的,因此,它不能是抽象的设想,而应该有具体的实施方案和行动指南,要充分考虑其操作的可行性,即在旅游企业现有的人、财、物、信息等资源条件的约束下,是可以实现的。因此,营销策划的目标应该是明确具体的,并且要进行量化,长、短期目标还要协调一致,要得到全体员工的认可和支持。营销策划的内容要完整和具体,既有完整的程序和行动的步骤,又有具体的易于操作的实施方案。一般地,策划方案在实施过程中需要多方面的密切配合,如供应商、旅游者、新闻媒体和其他社会公众等,为了确保策划方案的顺利实施,就需要让他们了解其可行性和易操作性,调动他们参与的积极性。

(三)应变性

旅游营销策划是根据事物内在的因果关系,对旅游企业未来的旅游营销活动进行当前的决策,决定未来可供选择的行动方案。而从现在到未来的实施过程中,不确定性的因素很多,既有旅游企业自身条件的变化,又有外部客观环境的变化,难免会有可预见或不可预见的突发性事件对营销策划形成冲击,如政策的变化或自然灾害的发生等,都会使精心设计的营销策划难以实施,这就要求旅游营销策划还要具有较强的应变性。为此,首先,在营销策划实施前对可能发生的突发性事件进行周密的分析,建立预警系统,准备防范措施,尽量增加营销策划的灵活性和应变能力;其次,一旦出现意料不到的突发事件影响营销策划的实施时,要立即采取应变措施,减轻突发性事件造成的不良影响,力争达到预期的目标。

二、旅游营销策划的分类

旅游营销策划是旅游企业对其未来营销活动的谋划,其内容非常丰富,涉及的领域十分广泛,依据不同的标准,可以划分为不同的类别。

(一)按旅游营销策划所涉及的范围和涵盖的内容划分

1. 综合旅游营销策划

综合旅游营销策划指旅游企业从战略的高度出发,对其营销活动进行全面的、综合性的策划。它具有涉及范围广、内容丰富、活动延续的时间较长的特点。综合旅游营销策划活动关系到旅游企业生存和发展的根本大计,涉及旅游企业的方方面面,旅游企业的所有职能部门包括市场的调研部门、产品研究与开发部门、生产部门、销售部门、人事部门和财务管理部门等都要参与综合策划。并且,策划活动从旅游产品的设计、生产到分销、促销、信息管理等所有环节都要贯穿始终,是旅游企业重大的营销策划。如旅游企业发展战略策划、市场竞争战略策划、旅游企业形象战略策划等均属综合旅游营销策划。

2. 旅游专项营销策划

旅游专项营销策划是旅游企业针对某一项具体的营销活动进行的策划,因而涵盖面较窄,延续的时间也较短。如各种节庆活动的策划、旅游新产品的新闻发布会策划、旅游产品展示会策划、某一促销活动策划、广告策划、公关危机策划等。

3. 旅游专题策划

旅游专题策划是旅游企业为了突出某一主题展开的大型专题活动,如某一旅游企业为了加强旅游者的环保意识举行的大型生态旅游活动。旅游专题策划有鲜明的主题,针对性和目的性均较强。成功的专题活动策划,能够提高旅游企业的知名度和美誉度,甚至产生巨大的轰动效应,取得意想不到的策划效果。

(二)按旅游企业不同的营销活动划分

1. 旅游形象策划

旅游形象策划是旅游企业运用视觉设计,将其经营理念与本质视觉化、规范化、系统化,通过商标或企业标志的造型与色彩的设计,将旅游企业的经营理念、管理思想以及经营战略与策略等,通过视觉艺术和再现技术传播给企业职工和社会公众,以塑造其良好的旅游企业形象,使公众对旅游企业产生一致的认同感,从而赢得社会大众及旅游消费者对企业的肯定和信赖,树立良好的旅游企业形象。

通过旅游形象策划,有利于塑造旅游企业的良好形象,而良好的形象,必然增强旅游企业的竞争力,提高旅游企业的知名度。

2. 旅游产品策划

旅游产品策划是旅游企业为强化其整体产品各个因素的竞争力,实现旅游产品的差异化,延长其市场生命周期所进行的策划。旅游产品是旅游企业占领市场、在市场竞争中取胜的物质基础,也是制定价格策略、分销渠道策略和促销策略的基础。如何制定行之有效而又独具特点的旅游产品策略是旅游产品策划的主要任务。具体而言,旅游产品策划包括:如何加强整体产品各个因素,尤其是质量、商标、包装、服务等的竞争力?如何将旅游产品组合的广度、深度、密度进行有机的结合?如何实施旅游产品差异化?如何选择旅游产品市场生命周期各阶段的营销策略等。

旅游活动是一个综合性的活动,旅游产品是一种以游客需求为中心的包括行、住、食、游、娱、购六个要素的整体产品,因此,需求不同,对行、住、食、游、娱、购要求的组合也不同。

旅游产品策划就是根据旅游者的需求对单项旅游产品进行选择、编排、组合,以满足旅游需求多样化和个性化的趋势。它包括单项旅游产品策划、整体旅游产品策划、旅游服务策划以及旅游新产品开发策划。

3. 旅游服务策划

旅游服务策划是指旅游企业以旅游者的需求为中心,设计和适时地提供旅游者所需求的服务,以满足多样化和个性化的游客服务需求所进行的策划。当今的世界经济已进入"服务经济时代",服务业正以前所未有的速度成为第一大产业,作为服务业内的支柱产业——旅游业,更是以超常规的速度在增长;与此同时,旅游者对旅游服务的需求也正在发生深刻的变化,旅游服务需求的多样化和个性化趋势日益凸显。因此,对于旅游企业来说,设计适当的服务,适时地去满足旅游者的需要,是解决日益扩大的市场需求与需求个性化和多样化矛盾的关键。

旅游服务策划包括:旅游服务的内部策划和旅游服务的外部策划,其中旅游服务的内部策划是旅游服务外部策划的基础,而旅游服务外部策划是实现旅游服务策划目标的关键。

4. 旅游广告策划

旅游广告策划是旅游企业为广泛地传播信息,引起旅游者的注意与兴趣,提高旅游企业知名度和美誉度而综合利用多种广告所进行的策划。旅游者的旅游决策主要依赖于对旅游目的地或旅游产品的感知,而旅游者对旅游目的地的感知是通过间接获得的信息来实现的。旅游广告是传达旅游信息的主要渠道,因此,旅游广告策划在旅游企业的经营中占有非常重要的地位,它在旅游信息的传递和沟通、促进销售、提高旅游企业的经济效益方面发挥着非常重要的作用。

旅游广告策划由如下几个环节组成:成立策划组织、进行市场调研、广告定位、广告创意构思、广告媒体策划、广告发布和广告效果评定。在旅游广告策划过程中,要将创新性、可行性以及应变性有机地结合起来。

5. 旅游节庆策划

旅游节庆策划是通过举办一些大型的节庆活动,以刺激旅游消费需求,提高经济效益和社会效益而进行的策划。旅游节庆活动具有规模大、影响广、参与者多的特点。按照旅游节庆活动的性质,可分为政治性旅游节庆活动、宗教性旅游节庆活动、文化性旅游节庆活动、体育性旅游节庆活动和商业性旅游节庆活动。

旅游节庆活动策划,不仅系统性强、涉及面广,而且工作难度大,对策划人员的专业素质要求高。旅游节庆活动策划是一种全方位、多角度的策划。首先,要明确旅游节庆活动策划的目的,确定旅游节庆活动的主题;其次,要确定旅游节庆活动的初步方案,并进入策划启动和拟订方案与审查方案阶段;再次,进入各种项目的具体落实阶段,大力推进活动开展前的操作阶段,指挥、组织和实施旅游节庆活动;最后,对旅游节庆活动计划进行全面评估,为下一次的旅游节庆活动积累经验。

第三节 旅游营销策划的基本程序

旅游营销策划是科学性和艺术性的结合,具有很强的逻辑性,其运作的程序由环环相扣的六个步骤组成,即确定旅游营销策划的目标、调查和分析旅游营销环境、进行策划创意、撰写策划书、实施与调整方案、评估方案实施的绩效。

一、确定目标

旅游营销策划,一定要围绕达成某一目标或解决某一具体问题进行,确定目标显然是最重要的第一步。好的开始是成功的一半,明确界定旅游营销策划所要达到的目标或要解决的问题,可为整个策划指明方向,并奠定良好的基础。在明确目标、界定问题时应该注意:

(一)目标要明确、具体

旅游营销策划的目标应该明确具体,切实可行,并可量化。常用的旅游营销策划目标有:旅游者人次、销售增长率、市场占有率和利润等。在实际运作中,旅游企业的多个营销目标之间难免相互冲突,这就要求在确定目标时要分清主次,协调一致,适当取舍,以保证主要目标的实现。

(二)集中力量于重要问题

旅游营销实践中面临的问题是复杂多样的,不同的问题其影响力不一样,一些重要问题对达到旅游企业目标具有重大的影响力。因此,旅游营销策划应专注于重要的问题,只有解决了重要问题,其他的问题才能迎刃而解。

(三)注意改变提出问题的角度

同样一个问题,从不同的角度提出,就可能带来不同的认识、不同的解决方法。旅游营销策划的新思维,往往来源于提出问题、认识问题的角度的改变。

二、调查和分析旅游营销环境

对旅游营销环境的调查和分析是旅游营销策划成功的基础。

(一)旅游营销环境调查

调查是对市场资料的搜集与获取,是旅游企业信息的重要源泉,是旅游营销策划的前提条件和重要保证。

1. 确定调查的内容

旅游者方面:旅游目的地在旅游者心目中的形象,旅游者对宣传、促销的反应,旅游者对旅游设施、服务水平、旅游价格、旅游分销渠道的看法,旅游者旅游的主要动机和方式(散客、家庭、团体、经济、豪华等),对未来旅游变化趋势的预期。

旅游市场方面:旅游市场的规模,旅游市场的地理位置,旅游市场的人口分布特点,旅游市场细分情况,旅游市场分类,旅游目的地市场竞争的基本策略,竞争对手旅游产品的长处和短处,竞争对手的市场营销策略等。

旅游市场环境方面:旅游目的地或旅游客源地的政治制度、政治局势和政府的经济政策,经济形势,消费者的政治倾向,旅游市场人口特点,城乡人口的生活习惯和闲暇时间,消费者文化教育水平,家庭规模和消费习惯,社会风俗和传统习惯,劳动和就业情况,不同阶层的家庭及收入,对旅游产品的购买力等。

旅游目的地方面:旅游目的地的自然资源、人文资源、自然环境以及基础设施。包括内部交通道路系统,水、电、气、热的供应系统,排污处理系统,邮电通信系统等;从客源地到目的地的外部交通基础设施,如汽车、火车、飞机、游船、缆车等交通工具;住宿设施如旅馆、汽车旅馆、别墅、度假村、野营帐篷、游船、农舍等;提供餐饮的餐厅、咖啡屋、茶馆、烧烤场所等;提供娱乐服务的娱乐场所、影剧院、夜总会等;提供购物的旅游商店、摊点等;提供其他服务的旅行社、咨询服务处、医院、银行和保险公司等。

另外,需要了解的还有旅游服务,分基本服务和辅助服务。基本服务有客房服务、餐饮服务、交通服务、导游服务、购物服务、娱乐服务等;辅助服务有理发、医院、洗衣、金融、保险、通信咨询、出入境手续、托运、签证等。

2. 拟定调查计划和设计调查方案

在确立了调查内容之后,首先要拟订调查计划,调查计划包括:调查目的、对象、时间、地点、内容、方法以及调查所需费用预算等。上述诸因素的确定都要与营销策划保持一致,为其服务。其次,根据调查计划的要求,设计出调查方案,拟定调查的行动步骤。

3. 实施调查方案

根据调查方案,有序地开展调查活动,在调查中,要注意有目的地收集第二手资料。在第二手资料不能满足调查目的需要时,就着手搜集原始资料。

在实施调查方案过程中,如发现方案有不合理之处,就需要进行适当的调整,以确保调查能达到预期的目的。

4. 整理资料并编写调查报告

对收集来的资料分门别类、去粗取精、去伪存真,并遵照旅游营销策划的要求编写调查报告,为旅游营销策划提供充分的有价值的参考资料和建议。

(二)旅游营销环境分析

在对旅游营销环境进行调查的基础之上,要对旅游营销环境进行分析研究。因为旅游营销环境总是处在不断变化之中,而营销环境的变化既可以给企业带来营销机会,也可以带来营销风险,旅游营销策划对营销环境分析的目的就是要趋利避害,及时捕捉和利用营销环境变化带来的机会,最大限度地避免和减少营销环境变化造成的风险。

三、进行策划创意

创意乃旅游营销策划的点睛之处,创意是否新颖、独特、切合主题,直接关系到旅游营销策划的成败,因此,在进行策划创意时,一定要把新颖性、独特性以及与主题的密切相关性作为首要的条件加以考虑。旅游企业多采用如下方法广泛收集旅游营销策划的创意。

(一)营销策划人员的构想

好的策划创意往往来自于策划人员的灵感,也就是创意暗示、创意联想、模糊印象、灵机闪现等,将灵感经过整理、变形、加工和组合,就可形成创意。旅游企业应遴选出卓越的策划创意人才,他们应拥有广博的知识,具有丰富的想象力,掌握大量的信息资料,并且有创新精神,思路敏捷,善于观察,勤于思考。具备这些能力的营销策划人员,只要他们能正确地把握策划的主题,深入地认识问题,发挥丰富的联想,就能够提出独特、新颖且切合主题的创意。

(二)公开征集

通过媒体向社会公众公开征集营销策划创意。在向社会公告时,一定要告之旅游策划的目的和主题,以便应征者能够提出切合主题的创意。

四、撰写旅游营销策划书

旅游营销策划书是策划创意的文字化和具体化,它是实施策划创意的具体方案,因此,有了较为成熟和完善的营销策划创意之后,就要着手设计和撰写旅游营销策划书。

旅游营销策划书的主要内容有：

(1) 策划书的标题。力求将策划的主题、内容、性质等以简洁的文字加以表述。

(2) 策划者的基本介绍。如姓名、工作单位、职称等。

(3) 策划书完成的日期。

(4) 策划的目标及概要说明。

(5) 策划书的正文内容。即策划的提出、背景、机会、问题，关键的创意，创意的实施等。

(6) 进程安排和费用预算。

(7) 效益预测。

(8) 参考文献及资料附录。

(9) 注意事项。

(10) 备选方案的概要说明。

五、实施方案与调整方案

策划方案制订出来以后，经过营销决策人员的批准，就可付诸实践，进入策划的实施阶段。在实施过程中，要对营销策划进行有效的监督和管理，尤其要注意保持策划的连续性、权威性，要按照策划的内容来实施，不得随意改变策划的内容。为确保营销策划书的顺利实施，要注意以下三个问题：

(1) 要确保策划方案实施所需的人、财、物和信息等资源的落实到位。营销策划方案的实施，需要一定量的人员、资金、物质和信息，它们是营销策划方案实施的前提和保证，因此，一定要落实到位。

(2) 密切跟踪营销策划方案实施的全过程。营销策划方案的实施是一个动态的、发展的过程，在实施过程中，可能会发生一些变化，没有追踪，就难以及时准确地掌握整个方案的实施情况，一旦方案的实施发生了偏差，就难以发现，也就无法改进。

(3) 严格按照策划方案既定的程序和时间进度表实施。在重大的营销环境没有发生变化，既定的旅游营销策划方案没有表现出错误时，就不要改变既定的程序和进度，而应该严格按照策划方案的既定程序和进度时间表实施。

当然，策划方案的实施可能是一个较长的过程，在此过程中，企业面临的营销环境可能会发生一些重大的变化，对营销策划方案的实施产生较大影响，这时，就必须根据旅游营销环境的变化对原策划方案作适当的调整，以更好地加以实施。

六、对旅游营销策划的实施结果进行评估

营销策划方案在实施过程中和实施完成后，都应对其实施情况进行跟踪评估，以便对方案的设计和运行情况作出科学的评价。它包括检查预期的目标是否达

到;实际目标效果与预期目标之间有什么差距,造成差距的原因是什么;费用预算是否合理;营销策划进程安排是否恰当;活动是否按时间进度表有序进行;出现了哪些意外、例外情况,其对策划方案的实施造成什么影响;营销策划的实施积累了哪些成功的经验,有哪些问题和教训;策划的实施引起了什么样的社会反响,企业的知名度、美誉度是否得到提高等。

实施结果评估的方法主要有两种:

(1)实施过程中的评估。实施过程中的评估是营销策划方案实施过程中进行的测评工作。其目的是评估前一阶段方案实施的效果,找出存在的问题,为下一阶段的实施方案提供建议和指导。

(2)策划完成后的评估。策划完成后的评估是营销方案实施全过程结束后进行的总结性和全面性评估工作。其目的是评估整个方案的实施效果,总结经验和教训,为以后更有效地开展市场营销策划提供依据和参考。

第四节 旅游营销策划的技巧

旅游营销策划要想先发制人、胜人一筹,就必须熟练掌握和运用旅游营销策划的运作技巧,即要巧妙地运用"势""时""术"三要素。

一、旅游营销策划中的"势"

一般认为,旅游营销策划中的"势"是指旅游营销环境的发展变化,也就是通常所说的"氛围""大环境""形势""趋势""潮流"等。旅游营销策划者在实施策划之前,务必先"度势",后"运势",只有认清了"势"的发展规律,并且顺应它的发展,才能用好"势"。

(一)借势

借势就是借他人之势为自己所用。"狐假虎威"便是借势的范例。借势最常用的办法就是利用他人的优势,如请一些名人为自己做广告,就是利用了名人有"名"的优势。例如,武汉的一些酒店,经常请一些名人光顾,并请其代为做广告。

(二)顺势

顺势就是顺应潮流之势。例如,武汉市政府顺应人们购物、娱乐、休闲的大潮流,将被誉为武汉商业一条街的江汉路,由拥挤、破落的街道,改成宽广、亮丽的步行街,一方面繁荣了武汉的商业,另一方面也为人们提供了一个购物、娱乐、休闲的好去处。

(三)转势

转势就是将某种势,通过一定的手段和方法,转化为另一种对自己有利的势。任何事情都可能有利和弊的两面,关键是能否改变一下看问题的角度,变不利为有利,将劣势转化为优势。

（四）造势

造势就是制造声势。造势的方法很多,一般都要通过媒体,因为媒体具有传播范围广、影响大的特点。通过广播、电视、报纸等媒体的广泛传播,大造声势,就能够达到造势的目的。

二、旅游营销策划中的"时"

"时",就是时机、机会和机遇。时来去不定,转眼即逝,可遇而不可求,因而旅游营销策划中对时的把握最为复杂,也最难以把握。旅游营销策划中如能捕捉到时机,就能取得事半功倍的效果,否则,将是事倍功半。因此,对旅游营销策划人员来说,时机的把握尤为重要,成功的旅游营销策划者总是能够审时度势,见机行事。

要把握"时机"必须做到两点：

（一）要做有心人

"机会总是落到那些有准备之人"的手中,可见,要做一个成功的旅游营销策划者,平时就要未雨绸缪,针对可能出现的时机,做好充分的准备,在时机真正来临之际,才能够迅速作出反应,适时抓住机遇。

（二）细心观察,准确预测

时机的出现虽然是偶然的、随机的,但时机出现之前,总是有一些细微的征兆,旅游营销的策划者要能够觉察出各种细微的征兆,并根据这些征兆对时机的出现作出准确的预测。如根据人们收入的提高和对回归大自然的迫切愿望,就可以预测出生态旅游的潮流必将兴起。

三、旅游营销策划中的"术"

"术",是指旅游营销策划过程中所采用的策略。旅游营销策划者根据不同的形势和时机,采用不同的策略和手段,就能使旅游营销策划收到事半功倍的效果。

旅游营销策划中"术"的运用,可谓五花八门,并且还在不断地创新。下面介绍两种常用的技法。

（一）以情感人

人的需要分为生理需要和心理需要,而情感需要是人的心理需要的主要内容,因此,旅游营销的策划人员必须在策划过程中,针对旅游者的情感心理需要,以人的情感为本,设计出具有感染力的旅游产品或旅游活动,只有这样,才有可能满足旅游者对情感的需要。

（二）出奇制胜

在市场经济条件下,人们每天都会接触到大量的商业信息,因此,循规蹈矩的营销策划难以吸引人们的注意,只有那些新奇独特的营销策划才能触动旅游者,从而达到引起注意—提起兴趣—激发欲望—加深印象—引起激动的心理功效,才能在激烈的旅游营销策划竞争中出奇制胜,赢得市场竞争的优势。

第五节　旅游营销节庆策划案例

一、旅游营销策划案例

哈尔滨冰雪大世界旅游项目策划实施案例

随着假日经济掀起的消费热潮,各地在开发旅游项目上也开始挖空心思,大做文章,其中,最受推崇的项目形式,要算是以展示人文景观为主的主题公园了。但据统计,目前有近90%的主题公园经营不善,其中最主要的原因是:在中国诸多的主题公园里,极少有自己的研发机构,缺乏创意策划的持久性、专业性,这也就决定了其持续发展的局限性。而从另一个角度来讲,政府及企业投资倾向于主题公园,存在着一劳永逸的思想,这也是主题公园不能获利的重要原因之一。

令人欣慰的是,仍然有一批以市场为基础,以绝妙创意制胜的主题项目破土而出,一鸣惊人。其中,哈尔滨的"冰雪大世界"在千年之交表现突出。在资金短缺、时间紧、任务急的情况下,成功地运作了这个意义重大的旅游项目,并使投资商如期获得利润回报。

(一)市场环境

(1)哈尔滨在兆麟公园连续举办了15届冰灯节,但是随着人们生活水平的日益提高,对旅游的要求也发生了变化,单纯的"观赏"已不能满足游客的欲望,而集观赏、参与、娱乐为一体的项目越来越受到人们的青睐。市场的变化,使哈尔滨的冰灯节失去以往的魅力,游人越来越少。

(2)为迎接新千年的到来,国家旅游局和中央电视台决定:在举行世纪庆典之际,向海内外宣传全国十个城市兴办的千年庆典活动。哈尔滨以其自身的特色,入选十大城市之一,同时也成为国家旅游局联办神州世纪游首游式的城市。

(3)哈尔滨市政府决定在松花江江心沙滩上建立前所未有的松花江冰雪大世界,占地面积28万平方米,工程总用冰量为7万立方米,总用雪量13万立方米,冰雪作品万余件,工程总投资3300万元,活动历时八周。规划的四个主要景区为欢乐广场、世纪之声、冒险乐园、卡通世界。松花江冰雪大世界是融思想性、趣味性、观赏性、参与性、娱乐性为一体,规模空前的冰雪精品工程。从当时情况看,路、桥、电、通信等基础配套设施部分必须在11月前全部建好,运作资金必须在10月份全部到位,否则冰雪大世界有可能流产。

(二)项目问题点

(1)从3月份立项以来,政府前期投资1300万元(其中基础设施投入1000万元,宣传促销投入300万元),而实际所需总投入为3300万元,截止到8月份还有2000万元的资金缺口没有得到解决。

(2)由于众所周知的暖冬现象,缩短了结冰期,时间短、任务急、资金短缺等问题摆在哈尔滨市政府与哈尔滨市旅游局的面前。

(3)厂家赞助、广告招商、经营权、冠名权拍卖、客流量预测,以及冰雪大世界的宣传等方面还没有一套切实可行的完整方案,招商赞助搞了半年,资金用得差不多了,但还未见起色。

(4)冰雪大世界的项目有别于其他项目的地方是它不能重复使用。如果成功,将成为哈尔滨市旅游业的又一拳头产品;如果失败,浩大的工程等到来年春天将融化为一摊雪水,造成巨大的经济损失。该项目的特点是收益大,风险也大,一投几千万,一般企业不敢冒如此大的风险。

(三)市场调查与诊断策划

(1)随着倒计时的钟声与新千年的临近,国家旅游局指定了中国十大千年庆典城市,将国内的庆典活动推向高潮,随之各大小城市种类繁多的庆典活动也随着新千年脚步的临近而火爆起来。泰山的千年庆典、世纪坛的千年庆典、三亚的千年庆典,无不对哈尔滨的"冰雪大世界"提出挑战。哈尔滨市政府决定迎着困难上,只能成功,不能失败,并把该项目列入《哈尔滨市旅游发展规划纲要》。

(2)以往哈尔滨市兆麟公园五光十色的冰灯完全是靠灯光打上去的,没有真实感,随着科学技术的不断创新,又研制出彩色冰雕技术。这一科研成果运用到"冰雪大世界"中去,使得冰雕艺术更富有真实感,更富有吸引力。

(3)"冰雪大世界"工程总投资3300万元(预计),在诊断策划时,前期上千万启动资金基本上已用的差不多了,可是后期投资一直悬而未决。尽管政府的思路是"政府支持,市场运作,企业经营",但企业看不到实实在在的利益,是不会贸然投资的,如此大的资金缺口,在1~2个月全部到位显得十分棘手。

(4)其他包括诸如总经营权、分区经营权、门面摊位的招租、总冠名权、分区冠名权、门票广告权、景区墙体广告权、冰建筑景点广告权、市内主要街道广告权、通向景区四个桥体广告权、景区内空中宣传广告权、沿江一条街广告权、转播权等每一项工作都必须细化。开价既不能过高也不能太低,每一项赞助、制作都必须一家一家谈……所有这些,对人力物力都有限的"组委会"无疑是一个巨大的考验。

(四)总体运作思路

(1)新项目在松花江畔构筑占地28万平方米的冰雪大世界,与原来搞了多年"冰灯节"的兆麟公园相比,从内容、形式、技术、功能上都要求有重大创新。如果说兆麟公园的突出点是五颜六色的冰灯,则冰雪大世界应重在"参与""刺激""喜庆"。

(2)"冰雪大世界"是一个即将推出的新产品,由于它采用了彩冰技术,加上碰巧赶上"千年等一回"的"千年庆典"时光，完全可以以此搞"项目交叉复合"，即以"冰雪大世界"为核心，把兆麟公园的冰灯、松花江的冬泳、太阳岛的雪雕冰雕及亚布力、二龙山的滑雪等诸道"名菜"整合在一起进行"打包"——推出"千年冰雪节"系列套餐，从而使早已吃惯、吃腻了"冰灯节"老菜的人们找到新的兴奋点，从而大大增加游客流量。

另一方面，在哈市总体形象上以"千年冰雪节"的面目出现，无疑是原来"冰灯节"名片的提升。以国家旅游局作为主办单位之一，借助全球"千年庆典"大潮的良机，在国内外众多媒体关注我国十大"千年庆典"城市，尤其是中央电视台将要推出24小时的"相逢 2000 年"全天直播的情况下，所有这些资源如把它们再"打包"进来，经过多层包装，无形之中已把"冰雪大世界"放到了一个良好的操作平台上。

另外面对时间紧、任务重、资金严重缺口的现实，传统的流程：计划—投资—建设—广告招商—门票的做法已经来不及了。必须将创意与房地产运作、旅游门票运作、资本市场运作、广告运作、电视转播运作等整合在一起进行超常规运作，才有可能在一个月内解决重大的资金缺口，赶在冬季来临之前将基础设施搞好。

（五）创意构思

（1）旅游一条龙。整个哈尔滨并不是仅有"冰雪大世界"这样一个卖点，可以以"冰雪大世界"为核心，将哈尔滨周边的其他旅游景点包括进来，如亚布力的滑雪场、东北虎园等。这样，旅游景点穿成了一条线，人们可以在一次旅游中尽情领略不同特色的北国风光。"冰雪大世界"组委会可以设计几条不同的旅游路线，分别适用于一日游、二日游、三日游等，来满足不同游客的需求。

（2）融资必须搞资本运营。在知识经济时代，网络的作用不可忽视，所以更离不开第四媒体——网络的宣传与经营。整个冰雪大世界是"产品经营 + 文化经营 + 旅游经营 + 房地产经营 + 资本经营 + 网络经营"的全方位整合经营。

（3）总体打包。从宏观上讲，整个"冰雪大世界"由四个部分组成，它和哈市周边的旅游景点构成了一个有机的整体，只有这些景点的全部才算构成了哈尔滨千年冰雪旅游节。所以，在对"冰雪大世界"提升形象、内容创新的基础上，应对其进行整体性创意、策划、包装、设计、营销，使各组成部分整合成一个有机体，宣传要突出总体而不是某个子项目。

（六）创意

任何旅游项目都是由硬件与软件构成，同样的硬件，创意策划不一样，其效果就会大相径庭。更有人说，旅游就是编故事来吸引游客。面对"冰雪大世界"这样的现代主题项目，28 万平方米这样大的容量必须有丰富的创意才能把它搞活。为此，策划者构想了一连串创意：

（1）千年白雪公主评选。哈尔滨向来以冰雪著称，冰雪节要在"冰"和"雪"上下功夫、做文章；白雪公主则是家喻户晓的童话人物，在人们心目中有一定的号召力和影响力。如何将这两者有机结合,为冰雪节吸引注意力,是策划者着重考虑的,千年白雪公主评选便应运而生了。在国外,特别是像委内瑞拉、泰国等国家,选美已成为一种产业,成为经济发展的支柱之一。在冰雪节,则要把评选白雪公主作为辅助活动之一,目的是利用人们对选美的关注和好奇心理,一方面为冰雪节打造良好的声势,吸引住人们的注意力;另一方面可以以此吸引广告与赞助,扩大冰雪节的辐射范围。这项评选活动分为三个评选范围,12 岁以下评选娃娃白雪公主,12 岁到 18 岁评选青少年白雪公主,18 岁以上评选成年白雪公主,三种一共评选 2000 名。待这 2000 名白雪公主评选出来后,在冰雪节中组成方队,在哈尔滨主要街道和冰雪大世界现场巡游,必将会造成极大的轰动效应,使人们争相关注冰雪节。这次评选的范围是全国性的,这样就可以使全国各地人们的目光聚焦于此,大大加强了全国人民的参与性,即造成"冰雪节"不但是哈尔滨的,也是中国的。就像米老鼠与唐老鸭是迪士尼的名片一样,这项活动将使白雪公主以后亦可能成为哈尔滨"冰雪节"的一张亮丽的名片。"白雪公主"亦成了此活动的吉祥物。

(2) 空中飞毯。从地理位置来看,黑龙江的乌苏里镇在中国地图大陆的最东边缘。为了满足人们争相观看新千年第一缕阳光的要求,可以在乌苏里镇举办主要由青少年学生参加的冬令营,迎接新千年的晨光。在 12 月 31 日午夜的钟声敲响后,人们都载歌载舞,欢庆新千年的到来,接着大家等待新千年的阳光,等到天亮之时,用摄像机将太阳升起进行全程拍摄……然后用充气飞毯把祝福、晨晖迅速送到"冰雪大世界",通过大屏幕电视放映出来,让在场的人们共同感受到新千年的来临。飞毯也可用飞艇或其他空中飞行物代替,这样可以引起"眼球效应",大大增强冰雪节的影响力。

(3) 千年雪龙。世纪之交恰逢中国传统的龙年,炎黄子孙是龙的传人。黑龙江名字的由来也与龙有关。龙在中国人心目中有着特殊的地位,为此,有必要在冰雪大世界中突出"龙"。最好的做法就是将大世界的门建成二龙戏珠的形象,使人们从很远处就能感受到龙的气息。而大世界的围墙则雕塑成龙身,围墙上盖上千米长的绣有龙头、龙珠、龙鳞、龙爪的"龙布",使整个冰雪大世界由两条龙环绕。这两块龙布是开放式的,可承载成千上万游客的签名,让大家在龙身上表达自己对新千年的美好祝愿。以阿城金代遗址的千年铜座龙为此次活动的标志,名曰"千年雪龙"。

(4) 门票形式。以往一些主题公园或娱乐场所的门票一般采用两种,一种是单项门票,另一种是通票或联票,即一票到底。对于通票来说,有些游客并不是对每个景点都感兴趣,而是钟情于某几个景点,这样通票对他来说意义不大。策划者设计了这样一种门票:这种门票使用次数不限,用打孔结算。本次冰雪大世界具有世纪之声、冒险乐园、欢乐广场、卡通世界四个景区,拿着这张门票可以在某个景区里玩四次。比如说,一家三口来玩,家长一般要照顾孩子的要求,儿童喜欢在卡通世界里游览,这样就可以让他拿一张门票在此多玩几次。

(5) 多层次景区。如果说整个哈尔滨冰雪大世界是一篇大文章的话,那么这篇大文章下还包含着"世纪之声"等四篇中文章,之下还有若干小文章,而这些小文章下又有小小文章。要进一步深化冰雪的内涵,增加冰雪窗口的创意内容,这样使整个冰雪大世界成为一篇多层次立体性的动态大文章。上万件作品亦有上万个创意,做到"一步一风景,一品一创意",人们来到此后可以满足其各方面的多样化需求。

(七) 融资策略与营销推广

从8月底到10月,只有两个月的时间,在短期间内要筹得几千万资金,对于一般企业来说,确实有极大的风险。因为冰雪属短期项目,如果当年收不回成本,开春冰雪融化也就再无取得收益的可能。

(1) 上市公司。策划者提出,合作的伙伴不应该是普通的公司,应着眼于上市公司。而实际上,很多公司有资金而苦于没有项目,应该积极争取这样的公司来投资。问题的关键是项目是否对路,是否有好的创意与回报。事实也证明,新闻发布会一开,多家上市公司都表态对冰雪节项目感兴趣,愿意进行投资。

(2) 有奖门票和彩票。如果在短期内还是没有筹集到所需资金,可策划一个方案:特别门票——预售有奖门票或彩票来融资,即项目尚未建好,先卖"期货"。可以发行社会福利彩票,这种彩票可当场兑奖,奖品丰厚,但同时这种彩票也是冰雪节的门票。试想一想:一方面哈尔滨市民对冰灯节已有十几年的感情,另一方面有大奖的刺激,就算发行100万张,每张以50元计的话,这种门票收入就有5000万元,而发行了100万张就意味着100万人次前往冰雪节,这样,100万人次在实际参与冰雪节时的消费也会给组织者和经营者带来不小的一笔收入。过了冰雪节收回全部投资之后,将余下的利润全部用于社会福利事业,并由公证处公证,也算是一举两得。

(3) 组委会之所以在前面招商中没有取得预期的效果,关键在于招商手段不科学,招商项目定位不准,广告价目要价过高,造成企业害怕难以取得收益不敢投资的心态。策划者提出,招商应与社会实际相结合,广告费、资助费等应使企业既能承受,又能取得收效。而这要求招商项目细分,也可细分定位后一次性抛售。以"白雪公主"全国征集等名义积极地走出去,走到外边去推广冰雪节这个项目,积极利用各地媒体进行裂变式报道,从而提高冰雪节的知名度。此外,考虑到现今的人们越来越喜欢在网上获取信息,可在网络上发布信息,进行项目介绍,同时进行广告宣传。如果有可能的话,可以建立专门的冰雪节网站,系统、翔实地宣传冰雪节……

(八) 实施结果

在哈尔滨市委、市政府及冰雪大世界组委会的领导下,在社会各界的大力支持下,短期内,组委会就迅速解决了资金来源问题(某上市公司投资),同时对活动内容、运作思路进行了许多调整。冰雪节期间,哈市住宿、交通、餐饮爆满,哈尔滨成了春节期间全国最为火爆的去处,年旅游收入达107个亿,相关产业收入达700亿。

可以想象,以"冰雪大世界"为核心的旅游项目起了相当大的作用。

(资料来源:《中国经营报》2000年8月1日第15版)

点评:冰雪大世界创意值得"雪藏"

去年"十一",京郊公路一眼望不到边的车队让所有出游者开了眼,原本两小时的车程,由于车多,四小时还没有到达目的地;今年"五一",全国旅游景点火车站、飞机场人满为患,宾馆旅店全部客满,据统计,在这短短的七天时间里,国内旅游收入就高达181个亿。据世界旅游组织预测,到2020年,中国内地旅游将成为世界排名第一的旅游热点。届时,我国每年旅游入境人数将达1.35亿~1.45亿人次,旅游总收入将超过3.3万亿人民币。

消费群足够多,按理说挣钱应该不难,但目前的实际情况却是许多旅游项目长期亏损,其中最惨的当数人文景观项目——全国主题公园90%亏损:如投资8个亿的现代乐园"福禄贝尔",开业一年就关门了;北京的朝阳公园,号称亚洲第一大公园,每天一开门就要有5万元的开支,但公园内的游客却寥寥无几;浙江海宁的观潮胜地公园,除观潮节外,整个公园罕有人迹;深圳的"锦绣中华""世界之窗",算得上是主题公园突出的代表,但其经营情况也呈逐年下降趋势……在千禧年之交运作的人文旅游项目——哈尔滨"冰雪大世界",为所有靠旅游挣钱的经营者们提供了一个成功的案例。在短短的几个月时间里,策划者与当地政府通力合作,对前期项目诊断之后,提出了将附近多个旅游景点"打包"的策划思路,在资本运作方面提出了多个可以在短时间内实施的方案,最后得到了上市公司的青睐。其实,人文旅游项目就是靠故事来吸引游客,靠无懈可击的论证方案来吸引投资者,故事和论证方案是人文旅游项目成功的关键。如今,哈尔滨"冰雪大世界"由于季节变化已经冰消雪融,但这个项目的创意却值得"雪藏"。

二、案例讨论

1. 该项旅游营销节庆策划是否成功?如成功,成功在哪些地方?如不成功,失败在哪些地方?

2. 就此项目,另提供一个策划方案,要求有新的创意。

第六节 旅游营销综合策划案例

一、旅游营销策划案例

向美国推销加拿大

本案例旨在详细介绍加拿大旅游局如何以市场为导向制定和改进其针对美国各目标细分市场的营销战略,并将着重介绍整体营销活动中的广告运作。加拿大旅游局经过仔细研究,给这次营销活动的口号定为"加拿大,隔壁的世界"(Canada, The World Next Door)。这次营销活动始于1986年,经过一段时间的实施,得到不断发展和完善,直到1992年,该营销活动仍在进行。正如营销成果所显示的那样,这次营销活动在改变美国目标群体的态度和感知上起到了一定的作用。同时也可以断定,该活动在扭转美国访加人次数连续10年下滑的颓势方面功不可没,而且在1985年到1990年期间,帮助加拿大取得了访加人次年均增长75万人次的好成绩。

本案例解释了需要开展新的营销活动的原因,并重点说明市场调研的战略重要性。市场调研不仅有助于选定目标细分市场,而且为各阶段营销战略的制定提供了可靠的依据,并对广告材料的制作具有指导意义,同时,还可用来跟踪营销活动和评估营销效果。

（一）背景

加拿大旅游局,即加拿大国家旅游办公室,是加拿大联邦政府的分支机构。1986年,这项营销战略启动的时候,加拿大旅游局还仅是地区产业发展部的一个机构,现在(1992年)已隶属工业与科技部。加拿大海外旅游事务的归口部门是外交部。加拿大旅游局最高长官是一位副部长助理。20世纪80年代末,该局有三个部门,即营销部、开发部和政策研究部。1985年以来,组织机构历经多次微调,但主要职责一直没有改变。就营销领域而言,其工作对象是访加的外国游客。加拿大各省区都有一个政府部门或代理机构负责旅游营销和开发工作。显而易见,联邦旅游局一方面需要和各省有关政府部门密切合作,另一方面又需要与旅游业界紧密合作。

在1973—1982年间,访加的美国旅游者人数从1350万减少到1050万,10年内减少了300万,下降20%以上。这与世界旅游业的增长形成鲜明对比。而且这是发生在美国出境旅游人数增加的情况下。1984年,加拿大对国家旅游局的各项工作进行了全面评议,并发表了一份具有历史里程碑意义的文献——《旅游业的明天——加拿大旅游战略》。这个报告公布之后,加拿大旅游局又花了4个月的时间向全国各地业界人士征求意见,并于1985年10月在渥太华召开了为时3天的总结大会。一套新的、针对美国市场的营销战略就这样逐步形成并得到采纳。

为了更好地了解美国市场,并为制定适合20世纪80年代中期的市场营销战略提供必要的信息,1985年6月,加拿大旅游局委托开展了一项庞大的市场调研活动。这次调研的初步成果被提供给1985年10月召开的总结大会,最终调研结果于1986年1月完成。本次调研对9000个家庭进行了个人采访,平均每次采访时间为50分钟。为了使调查结果既适用于全国又适应于各地的情况,工作人员在美国9个调查区的每个区都抽取了1000个样本。这次调查确认美国市场有8种类型的消遣旅游,而加拿大在"观光旅游""户外活动""都市风情"这三个方面具有良好的市场机会。调查还反映了加拿大在开展这些类型的旅游方面的优势和不足。新的营销活动就是针对这三种主要类型的细分市场进行策划的,旨在发挥加拿大所具备的优势并消除不良印象。

(二)现状分析和战略考虑

市场调研和分析发现,加拿大有三大细分市场有着吸引美国人访加的巨大潜力。在该市场调研中还清楚地分析了加拿大可以利用的优势以及与三大细分市场相关的旅游产品所存在的实际的不足,或已经认识到的不足。这些不足必须加以克服。这三大细分市场是:

(1)观光游览:加拿大区别于美国的重要之处在于它不是美国,因而被认为能提供一种不同的文化经历和生活方式。这个细分市场的顾客重视文化因素,他们生活在主要的中心城市,而且从社会经济角度上看,很可能是"中上流阶层"。就这个市场而言,加拿大的主要不足之处在于基础设施——饭店、餐馆、观光名胜以及娱乐去处。

(2)户外活动:加拿大在美国人心目中的传统形象就是一个有着丰富多彩的户外活动的地方。但是市场调研显示,美国人对自己的户外活动场所同样赞许有加,而且这些场所离家更近。加拿大的户外场地被认为比美国的更为接近自然,未经雕琢,并且加拿大具有另一种生活方式。不足之处主要是:知名度不高,气候欠佳,使得许多水上活动无法开展;距离太远;可看的景物、可玩的活动太少,而且有点太荒凉。研究表明,对市场最具吸引力的户外活动是那些适合特定市场的活动——垂钓、打猎和能带来冒险刺激的对荒野地区的探索。

(3)都市风情:美国人对加拿大城市的印象很好,但他们对自己城市的印象更好。加拿大城市的优势有以下几点:不太贵、清洁、不拥挤、安全、美丽,具有不同的文化和生活方式。不足之处是:名气不大,住宿、饮食、娱乐设施欠佳,没有多少可看可玩的去处。人们对加拿大城市的认知与加拿大城市实际上能够提供的东西之间存在着不小的差距。

那么,由此而涌现出来的战略问题就是如何令这三个细分市场相信加拿大能够提供他们所寻求的东西,而且在许多情况下,产品的实际情况远比他们想象的更好。

(三)营销目标和营销策略

1. 目标

增加加拿大旅游出口收入。

2. 手段

(1)提高加拿大作为国际旅游目的地的知名度。

(2)强化加拿大作为独具特色的国际旅游主要目的地的形象。

(3)通过实施多种旅游发展计划,通过传播市场和产品信息,为从加拿大国内外旅游业界遴选出来的经营者提供帮助。

3. 指导原则

（1）加强联邦政府与公营和私营部门合作伙伴的协商。

（2）尽可能地与公营和私营部门合作实施市场开发行动。

（四）目标细分市场

美国的目标市场分为三大块：

（1）观光游览：观光游览旅游者的行程一般是由若干单个产品组合而成，平均时间为 8 天。小汽车是主要交通工具，但也有超过一半的游客乘坐飞机、公共汽车或租赁的小汽车，接近一半的人在汽车旅馆住宿，1/3 以上的人在饭店住宿。

（2）户外活动：喜欢户外活动的旅游者通常是带着孩子的年轻夫妇。他们乘坐小汽车、卡车或其他娱乐性交通工具去一些自然地区。旅游者对行程只是稍加计划安排，时间为 3~4 天。

（3）都市风情：这个市场的旅游者一般都是中年已婚夫妇，他们的收入和接受的教育都在平均水平以上。他们选择那些美丽著名、受旅游者欢迎、拥有各种服务和设施的城市。这样的旅行在许多方面像是一个延长的周末，平均延长 3 天。

（五）涉及的产品

加拿大市场目前存在大量的产品构成元素，要满足目标细分市场的需求，就必须把这些元素集中起来或集结成"捆"，发挥自己的优势，消除负面形象。观光产品的设计是以一系列选来做电视和印刷品广告的形象为中心的，它们主要突出加拿大的文化传统和"异国"情调。户外产品把加拿大的原野定位为一个对每个人都开放的自然淳朴—舒适宜人的游乐场。都市产品主要围绕着加拿大城市的娱乐、游戏和夜生活进行开发。以上三种产品全都着重宣传旅游基础设施，如住宿餐饮和其他旅游设施等的质量和选择空间。

（六）营销活动细节——广告

促销活动围绕四大主要媒体展开：电视广告、印刷品广告、合作广告和促销材料。本文将着重介绍电视广告。所有的媒体信息都是围绕与目标细分市场关系密切的三个主题设计的。观光游览市场的宣传主题或理念为"古老的世界"（Old World），户外活动市场的主题叫"野性的世界"（Wild World），都市风情市场的主题叫"新奇的世界"（New World）。

这场新的促销活动在启动前首先进行了一次大范围的论证。为这三个主题制作的第一稿"构思草案"（描述广告表现形式）的草图被送往亚特兰大、波士顿、芝加哥、纽约和旧金山进行了专题小组讨论。这些论证表明"野性的世界"和"新奇的世界"还需要进一步完善。"野性的世界"在进入性、家庭活动和设施等方面仍有存疑，"新奇的世界"能使市场相信加拿大确实存在现代都市，但对游客能否找到乐趣却不太明确。在电视和印刷品广告的进一步设计完成时，又组织专题小组进行了新一轮的讨论和评估。

与此同时,有关方面还对这次活动征集的口号进行了测验。该活动对于异国情调的强调,对于能够在近在咫尺的地方体验文化差异的强调,使得"加拿大,隔壁的世界"这一口号脱颖而出。

到1985年底,新营销活动已准备就绪,预备在1986年春夏活动中启动。将大力运用电视来扩大宣传和丰富形象,印刷广告则主要用来介绍具体的入境口岸、游览细节以及各省区的电话号码,以备查询。

多年来,加拿大旅游局对美国市场的促销预算大部分都用在了春夏季的消费者营销活动上,"加拿大,隔壁的世界"活动并没有改变这种在季节上有所侧重的模式。

"加拿大,隔壁的世界"营销活动开展的头3年,春夏活动所占预算份额较低,这主要是因为秋季和冬季活动花费较高。秋季和冬季活动在1984~1985年和1985~1986年财政年度还不是本次营销活动的组成部分。

与新营销活动同时启动的是对本次活动绩效的跟踪和评估,其目的是"确定加拿大旅游局针对美国市场的这次春夏广告活动是否奏效"。评估的依据是对抽样选取的应答者所做的电话采访,样本从波士顿、芝加哥、纽约和旧金山抽取以使之能代表目标市场。评估由两阶段组成:第一轮电话采访是在活动开始前进行,第二轮是在活动刚刚结束之后进行。自1986年起,每年都要进行评估调研。

(七)营销成效和案例小结

本次营销活动的目标是增加美国人访加的旅游出口收入。为了衡量最后结果是否实现了当初目标,人们采用的办法是把在加过夜的美国旅游者人次的变化作为衡量的标准。在加旅游的实际花费本来也可以作为衡量的标准,但计算旅游者人数更为合适,因为这样就不用扣除通货膨胀的影响。不管采用哪种方法,有两个重大活动必须考虑在内:一个是1986年在温哥华举办的博览会,另一个是1988年在艾伯塔省的卡尔加里(Calgary)举办的冬季奥运会。这两个重大活动吸引了大量的游客,而且增加了加拿大在美国市场的知名度。1986年,访加的美国旅游者人数大量增加,比1985年多200万,增长率几乎达到18%。从较长时间来看,1985年至1990年期间,旅游者人数年平均增加75万,增长率为6.6%,单是1990年旅游者总数就超过1230万。由此可见,从1986年营销活动开始起,旅游者人数就在增加,这个结果同时也说明在1972~1983年期间困扰市场的游客人数下降趋势已扭转过来,本次营销活动实现了增加旅游出口收入的总目标。

本次营销活动制定了两个具体目标:一个是提高加拿大作为国际旅游目的地的知名度,另一个是提升加拿大作为旅游目的地的形象。广告评估调研的结果可以用来衡量这些目标的完成情况。1986年至1990年,美国人对加拿大的自发的认知按旅游类型的不同而呈现出不同的趋势。1986年的营销活动大大增加了加拿大的知名度,尤其是在观光游览和户外活动方面的知名度。都市旅行的知名度在1988年达到一个高点。在1986年的观光游览、户外旅行以及1988年的都市旅行的知名度高峰过后,出现了一段时间的回调。

营销活动之后的指标

年度	持肯定意见的应答者所占百分比(%)		
	对加拿大有所感知	对广告有所感知	能回忆起口号
1986	38	60	45
1987	37	59	50
1988	38	60	60
1989	38	60	60
1989	31	59	72
1990	28	58	59

资料来源:安格斯·里德.1990年美国广告跟踪研究最终报告.1990.

加拿大在具体特性方面的形象

年度	持肯定意见的应答者所占百分比(%)				
	文化差异	旅行度假	异国情调	令人兴奋	夜生活
1986年前	69	69	47	49	23
1988年后	73	73	56	62	37
1989年后	72	69	53	58	36
1990年后	75	74	57	58	39

资料来源:安格斯·里德.1990年美国广告跟踪研究最终报告.1990.

自1986年研究开始之后,加拿大作为度假目的地的形象得到很大改善。该研究所衡量的所有形象特性在5年间的某些时期都得到了提高,其中"异国情调""夜生活""令人兴奋"三个特性呈现长期增长态势。"文化差异"和"旅行度假"这两面在开始时就是主要优势,这种优势后来又得到进一步巩固。跟踪研究的另一项内容是人们能自发回忆或经过提示能回忆起本次营销活动的口号的比例。结果显示,1986—1989年该比例呈现连续增长趋势,但1990年有所下降。

也许可以得出这样的结论:本次营销活动在提高美国人对加拿大的认知和对加拿大形象的认识方面起到了积极的作用。

对本次营销活动效果的跟踪仍在继续,而且随着时间的推移,营销战略也做了一些必要的调整。回顾从1986—1990年陆续播出的不同电视广告便能说明这些创造性调整的性质。最初的三部广告片,即:《古老的世界》《野性的世界》和《新奇的世界》,在1986年春、夏、秋季营销活动中以及1987年的春夏两季营销活动中,都是以每片长60秒钟的版本播出的。

1987年营销活动结束时的评估调研显示,加拿大的"异国情调"还应该加大力度予以宣传。根据这一研究结果和制作前对顾客反应测试的结果,又制作出两部新的广告片。这两部名为《高空秋千》(Trapeze)和《牧马骑术表演》(Rodeo)的电视广告采用蒙太奇手法,把三种类型的旅行融入到特别的创意之中。每部广告片都制作成30秒钟的短片,并被用作1988年和1989年春夏季营销活动的基础。1989年又增加了一部名为《开拓者》(Pioneer)的30秒钟广告片,该片着重描绘加拿大的秋季形象,目的在于在旅游淡季时吸引美国游客前往。

1989年营销活动结束时所做的评估调研显示,《高空秋千》和《牧马骑术表演》这两部广告片已经出现了受岁月侵蚀的迹象,许多对营销活动的积极反响是因广告本身的创意引起的,而不是因加拿大作为一个旅游目的地所带来的。1989年,加拿大旅游局参与了一个名曰"长途森林旅行——美国"的新的研究活动。通过这项活动,加拿大旅游局更新了通过1985年调研所获得的对市场的认识。新研究的成果肯定了前一次调研得出的许多结论,而且使人们得以衡量加拿大自1986年以来在市场上的表现。这次市场调研和评估研究导致加拿大旅游局在1989年营销活动结束后对其电视广告进行了修订。

此外,加拿大旅游局还制作了四部新的电视广告片以着力渲染加拿大在美国市场的优势,同时也使来自加拿大的信息与大量充斥美国市场的杂乱的蒙太奇广告片明显不同。这四部新广告片展示了加拿大在文化、异国情调、都市风情和户外活动四个方面的独特风格。它们在最后评审和制作前都按常规进行测验。这四部片子分别叫《两个咖啡馆》(Deux Cafes)、《渡鸦》(The Raven)、《我的梦想》(My Dream)和《外出走走》(Out and About),每部片子长30秒,它们成为1990年和1991年电视广告活动的主力。

(八)案例小结

"加拿大,隔壁的世界"营销活动阐述了作为发达国家的国家旅游办公室要获得营销成功的几大关键因素,即:

(1)通过精心设计和认真实施的调研活动,获得对市场全面深入的了解。对调研结果必须仔细进行分析,其对市场营销的意义应得到明确诠释并使之成为开展营销活动的合理依据。

(2)调查研究的成果必须是实现目标和制定创造性策略不可或缺的一部分。

(3)对所有创造性构思和已制作完的材料进行的市场测试必须成为广告制作过程中的规范化步骤。

(4)必须建立精心设计、认真执行、可持续跟踪和评估的研究程序,并须持之以恒。

(5)必须根据评估结果对营销活动做适当调整。

(6)对市场的了解可能很快就会过时,因此必须定期进行后续调研。后续调研必须与前期研究保持一致。

所有这些步骤都是成功实施创造性营销活动的基础,并且在很大程度上有助于完成并实现营销活动的各项目标。

(资料来源:维克多·密德尔敦.旅游营销学.向萍,等,译.中国旅游出版社,1999.)

二、案例讨论

1. 该旅游营销综合策划是否成功?如你认为成功,成功在哪些方面?如你认为不成功,失败在哪些方面?

2. 就此旅游项目,另提供一份策划方案,要求有新的创意。

参考文献

[1] 林南枝. 旅游市场学. 天津:南开大学出版社,2000.
[2] 万后芬. 现代市场营销学. 北京:中国财政经济出版社,1999.
[3] 邹益,杨丹. 旅游市场营销学. 福州:福建人民出版社,2001.
[4] 杜靖川. 旅游市场营销学. 昆明:云南大学出版社,2001.
[5] 赵西萍. 旅游市场营销学. 天津:南开大学出版社,2000.
[6] 维克多·密德尔敦. 旅游营销学. 向萍,等,译. 北京:中国旅游出版社,2000.
[7] 李力,章蓓蓓. 旅游与酒店业市场营销. 沈阳:辽宁科学技术出版社,2001.
[8] 尼尔·沃恩. 饭店营销学. 程尽能,等,译. 北京:中国旅游出版社,2001.
[9] 沈祖祥,张帆. 旅游策划学. 福州:福建人民出版社,2000.
[10] 菲利普·科特勒. 营销管理:分析、计划、执行和控制. 上海:上海人民出版社,1996.
[11] 徐德宽,王平. 现代旅游市场营销学. 青岛:青岛出版社,1998.
[12] 罗明义,等. 旅游经济学. 昆明:云南大学出版社,1994.
[13] 陈钢. 饭店市场营销学. 北京:中国旅游出版社,1992.
[14] 甘朝有,等. 旅游心理学. 天津:南开大学出版社,1994.
[15] 李强,等. 饭店市场营销学. 大连:东北财经大学出版社,1995.
[16] 汪纯孝,等. 服务营销与服务质量管理. 广州:中山大学出版社,1996.
[17] 黄辉实. 旅游营销学. 上海:同济大学出版社,1991.
[18] 侯敏. 国际旅游经营谋略. 北京:中国发展出版社,1996.
[19] 郭国庆. 市场营销学. 武汉:武汉大学出版社,2000.
[20] 王文君. 饭店市场营销原理与案例研究. 北京:中国旅游出版社,1999.
[21] 何建民. 现代酒店营销实务. 沈阳:辽宁科学技术出版社,1999.
[22] 王怡然,等. 现代饭店营销策划书与案例. 沈阳:辽宁科学技术出版社,2001.
[23] 牛海鹏. 服务营销. 北京:企业管理出版社,1996.
[24] 梭伦. 现代宾馆酒店营销. 北京:中国纺织出版社,2001.
[25] 刘纯. 旅游心理学. 天津:南开大学出版社,2000.
[26] 沈祖祥. 旅游心理学. 福州:福建人民出版社,1998.

[27] 马勇. 旅游市场营销管理. 大连:东北财经大学出版社,1999.
[28] Philip Kotler, Gray Armstrong. Marketing: An Introduction. Prentice Hall, Inc, 1997.
[29] K. Douglas Hoffman, John E. G. Bateson. Essentials of Service Marketing. The Dryden Press, 1997.
[30] Adrian Payne. Essence of Service Marketing. Prentice Hall Co. ,1993.
[31] Berry, A. Parasuraman. Marketing Service—Competing Through Quality. The Free Press, A Division of Macmillan, Inc. ,1991.